Himmelreich/Andreae/Teigelack   AutoKaufRecht für Neu- und Gebrauchtwagen

ANWALTSPRAXIS
DeutscherAnwaltVerlag

AutoKaufRecht
für Neu- und Gebrauchtwagen

Von
Rechtsanwalt
Dr. Klaus Himmelreich, Köln,
Rechtsanwalt
Dr. Martin Andreae, Bergisch Gladbach
und
Rechtsanwalt/Fachanwalt für Verkehrsrecht
Dr. Lenhard Teigelack, Essen

3. Auflage 2007

DeutscherAnwaltVerlag

Zitiervorschlag:
Himmelreich/Andreae/Teigelack, AutoKaufRecht, Rn 1

Copyright 2007 by Deutscher Anwaltverlag, Bonn
Satz: Reemers publishing services GmbH, Krefeld
Druck: Hans Soldan Druck GmbH, Essen

Bibliografische Information der Deutschen Bibliothek
Die Deutsche Bibliothek verzeichnet diese Publikation in der Deutschen Nationalbibliografie; detaillierte bibliografische Daten sind im Internet über http://dnb.ddb.de abrufbar.

ISBN 10:   3-8240-0828-9
ISBN 13: 978-3-8240-0828-5

Vorwort

Seit der Veröffentlichung der 2. Auflage sind aufgrund der Rechtsprobleme, die sich durch das Gesetz zur Modernisierung des Schuldrechts seit dem 1.1.2002 stellen, zahlreiche neue obergerichtliche Entscheidungen ergangen. Auch die Veröffentlichungen im Schrifttum und in der Kommentarliteratur haben sich vervielfacht. Dies macht es notwendig und sinnvoll schon nach einem Jahr die 3. überarbeitete Auflage dieses Werks zu veröffentlichen.

Im Vordergrund der Diskussion in Rechtssprechung und Lehre steht derzeit vor allem die Frage der Beweislastumkehr im Rahmen des Verbrauchsgüterkaufs (§ 476). Der Standpunkt des BGH, die Rückwirkungsvermutung zugunsten des Verbrauchers solle sich nur auf den Zeitpunkt des Bestehens des sich erst nach Gefahrübergang zeigenden Mangels beziehen, wird von der Literatur überwiegend kritisiert. Hier ist die Diskussion in Rechtssprechung und Lehre noch nicht abgeschlossen.

Einheitlicher ist die Auffassung zum Verbot der Selbstvornahme der Nachbesserung vor der Aufforderung und Fristsetzung zur Nacherfüllung als Voraussetzung für den Rücktritt (§ 323 Abs. 1 S. 1). Der BGH lehnt hier jeden Kostenerstattungsanspruch ab. Die Literatur folgt ihm weitgehend, obwohl in diesem Punkt im Ergebnis von einer eindeutigen Verschlechterung des Verbraucherschutzes gesprochen werden muss, die eigentlich mit der Schuldrechtsreform nicht beabsichtigt war.

Darüber hinaus werden in Rechtssprechung und Literatur vor allem diskutiert die Frage der Erheblichkeit der Pflichtverletzung als Rücktrittsvoraussetzung (§ 323 Abs. 5 S. 2), der Erfüllungsort für die Nachbesserung (§§ 269, 439) und die Umgehung des Verbrauchsgüterkaufrechts durch andere Vertragsformen, insbesondere Agenturgeschäfte (§ 475 Abs. 1 S. 2).

Einer kritischen Betrachtung werden die Neuwagenverkaufsbedingungen und die dazu ergangene Rechtssprechung unterzogen und insbesondere im Hinblick auf die dort geregelten Fristen Diskussionsbedarf aufgezeigt.

Eine ausführliche Zusammenstellung der obergerichtlichen Rechtssprechung zur Fabrikneuheit eines Kfz unter besonderer Berücksichtigung der grundsätzlichen Rechtssprechung des BGH zu diesem Thema fehlt ebenso wenig, wie eine eingehende Auseinandersetzung mit der Systematik der Gewährleistungsansprüche, deren Verständnis grundlegende Voraussetzung für eine erfolgreiche Tätigkeit im Autokaufrecht ist.

Dieses Buch wendet sich sowohl an Fachanwälte für Verkehrsrecht als auch an Rechtsanwälte, die den Erwerb dieser Fachanwaltsbezeichnung erst anstreben oder im Verkehrsrecht lediglich einen Interessen- oder Tätigkeitsschwerpunkt sehen. Herausgeber, Autoren und Verlag bitten die Leser, ihnen für die Neuauflage mit entsprechenden Anregungen Hinweise zu geben. Dies kann unter folgenden Anschriften geschehen:

Vorwort

Dr. Klaus Himmelreich: HECKER, WERNER, HIMMELREICH & NACKEN, Rechtsanwälte, Wirtschaftsprüfer, Steuerberater, Partnerschaft, Brabanter Straße 2, 50674 Köln, Tel.: 02 21/92 08 11 13 und 02 21/92 08 11 20, Fax: 02 21/9 20 81 92, E-Mail Praxis: hi@hwhn.de; privat: Rechtsanwalt@himmelreich-dr.de; mobil Praxis: 01 71/9 74 54 41 und 01 72/2 65 77 72; privat: 01 72/2 64 13 62

Dr. Martin Andreae: Müller-Frank u. Dr. Andreae, Rechtsanwälte, Jan-Wellem-Straße 8, 51429 Bergisch Gladbach, Tel.: 0 22 04/5 23 30, Fax: 0 22 04/5 52 01, E-Mail: m.andreae@t-online.de

Dr. Lenhard Teigelack: Dr. D. Teigelack, W. Vollenberg, H. Fromlowitz, Dr. J. Teigelack, Dr. L. Teigelack, Dr. M. Engel, Rechtsanwälte und Notare, Kettwiger Straße 20 (Wetzel-Haus), 45127 Essen, Tel.: 02 01/23 00 01 oder 02 01/23 00 02, Fax: 02 01/23 00 04, E-Mail: rae-teigelack@t-online.de

Um Ergänzungen oder Verschiebung der Randnummern zu ermöglichen, sind diese nicht fortlaufend durchnummeriert. Paragraphen ohne nähere Angaben sind solche des BGB. Die Ausführungen in diesem Buch basieren auf dem Stand der Rechtsprechung bis einschließlich Juni 2006.

Köln, am 4.8.2006

Herausgeber und Autoren

Dr. Klaus Himmelreich

Rechtsanwalt, Köln, geb. 1937, ADAC-Vertragsanwalt, Autor zahlreicher Fachbeiträge in jur. Zeitschriften (z.B. DAR, NZV, NStZ); Hrsg. und Mitautor vieler Fachbücher (u.a. Himmelreich/Halm/Bücken, Kfz-Schadensregulierung; Himmelreich/Bücken, Formularbuch Verkehrsstrafrecht, 4. Aufl. 2003 sowie Himmelreich/Bücken, Verkehrsunfallflucht, 4. Aufl. 2005; Mitherausgeber von Himmelreich/Halm, Handbuch des Fachanwalts Verkehrsrecht, 2006); Mitglied der ARGE Verkehrsrecht und Strafrecht.
Rechtsanwalt@himmelreich-dr.de; www.himmelreich-dr.de

Dr. Martin Andreae

Rechtsanwalt, Bergisch-Gladbach, geb. 1954, seit 1981 Rechtsanwalt, Mitglied der ARGE Verkehrsrecht, ADAC-Vertragsanwalt, Mitautor des Fachbuchs Himmelreich/Halm, Handbuch des Fachanwalts Verkehrsrecht, 2006.

m.andreae@t-online.de

Dr. Lenhard Teigelack

Rechtsanwalt, Essen, geb. 1965, Rechtsanwalt seit 1996, ADAC-Vertragsanwalt, Fachanwalt für Verkehrsrecht, Mitglied der ARGE Verkehrsrecht und Finisher des 100-km-Laufes von Biel 2005.

l.teigelack@rae-teigelack.de

Inhaltsverzeichnis

Literaturverzeichnis 17

Abkürzungsverzeichnis 19

Teil 1: Der Neuwagenkauf 23

§ 1 Neuwagenverkaufsbedingungen und Vertragsschluss 23
    I. Allgemeines 23
    II. Vertragsschluss 23
        1. Einbeziehung der NWVB 23
        2. Bindung an die Bestellung 25
    III. Widerrufsmöglichkeiten unter Verbraucherschutzgesichtspunkten 28
        1. Fernabsatzvertrag 29
        2. Finanzierungskauf 33
        3. Haustürgeschäft 35
    IV. Annahme 38
        1. Schriftliche Bestätigung 38
        2. Ausführung der Lieferung 41
    V. Form 41
    VI. Übertragung von Rechten und Pflichten aus dem Kaufvertrag 42

§ 2 Der Kaufpreis 45
    I. Kaufpreisvereinbarung 45
    II. Wegfall von Rabattgesetz und Zugabeverordnung 45
        1. Grenzen der Gewährung von Zugaben 46
        2. Grenzen der Rabattgewährung 48
        3. Preisangabeverordnung und Preisauszeichnung 49
    III. Preisänderungsvereinbarung 50
        1. Vertragliche Preisänderungsvereinbarung 50
        2. Formularmäßige Preisänderungsvereinbarung 51
        3. Folgen einer unwirksamen Preisänderungsklausel 53
    IV. Zahlung 54
        1. Kaufvertrag mit Ersetzungsbefugnis 54
        2. Mischvertrag aus Kauf und Tausch 55
        3. Rechtslage nach der Schuldrechtsreform 58
    V. Zahlungsverzug 61
    VI. Aufrechnungs- und Zurückbehaltungsrecht des Käufers 63

Inhaltsverzeichnis

§ 3 Die Lieferung 65
   I. Lieferung 65
   II. Unverbindlicher Liefertermin und unverbindliche Lieferfrist 68
      1. Folgen der Lieferzeitüberschreitung 70
         a) Beendigung des Verzuges 71
         b) Umfang der Haftung 72
         c) Ersatz des Verzugsschadens 73
      2. Rücktritt 74
      3. Schadensersatz statt der Leistung 75
      4. Ersatz vergeblicher Aufwendungen 77
   III. Verbindliche Lieferfrist und verbindlicher Liefertermin 78
   IV. Höhere Gewalt und Betriebsstörungen 78
   V. Änderungen des Kaufgegenstandes während der Lieferzeit 79

§ 4 Die Abnahme 82
   I. Probefahrt 82
   II. Abnahmefrist und Folgen verspäteter Abnahme 84
      1. Annahmeverzug 85
      2. Schuldnerverzug 85
      3. Schadensersatz statt der Leistung 85

§ 5 Der Eigentumsvorbehalt 89
   I. Einfacher Eigentumsvorbehalt 89
   II. Erweiterter Eigentumsvorbehalt 90
   III. Kontokorrentvorbehalt 90
   IV. Verbleib des Fahrzeugbriefs 92
   V. Verfügungsverbot 93
   VI. Folgen des Eigentumsvorbehalts bei Pflichtverletzung durch den Käufer   93

§ 6 Die Sachmängelhaftung 97
   I. Überblick 97
   II. Sach- und Rechtsmängel 97
      1. Sachmangel 97
         a) Beschaffenheit 98
         b) Beschaffenheitsabweichung 98
            aa) Beschaffenheitsvereinbarung 98
            bb) Fabrikneuheit als vertraglich vereinbarte Beschaffenheit ... 98
         c) Die „gesetzliche" Beschaffenheit 105
         d) Maßgeblicher Zeitpunkt 114

  2. Rechtsmangel 114
III. Abgestufte Gewährleistungsrechte des Käufers 115
  1. Nacherfüllung 116
   a) Kosten 117
   b) Weigerung des Verkäufers 118
  2. Nachlieferung 121
  3. Nachbesserung 122
  4. Rücktritt 125
   a) Mangel der Sache 126
   b) Erhebliche Pflichtverletzung 126
   c) Verantwortlichkeit des Gläubigers und Annahmeverzug 127
   d) Nachfristsetzung 128
   e) Wirkungen des Rücktritts 130
  5. Minderung 134
  6. Schadensersatz 135
   a) Schadensersatz neben der Leistung 137
   b) Schadensersatz statt der Leistung 139
    aa) Voraussetzungen 139
    bb) Rechtsfolgen 139
   c) Schadensersatz wegen eines Leistungshindernisses bei Vertragsschluss 140
  7. Ausschluss der Gewährleistungsansprüche 141
  8. Aufwendungsersatz 141

§ 7 Verjährung der Gewährleistungsrechte 143
 I. Regelmäßige Verjährung 143
 II. Arglistige Täuschung 144
 III. Hemmung 145
 IV. Ablaufhemmung 146
 V. Neubeginn der Verjährung 146
 VI. Vereinbarungen 148
 VII. Übergangsregelung 149

§ 8 Haftung des Verkäufers 150
 I. Allgemeine Haftung 150
 II. Haftung nach dem Produkthaftungsgesetz 150
 III. Haftung aus unerlaubter Handlung 151

§ 9 Gerichtsstandvereinbarung 153

§ 10 Die Gruppenfreistellungsverordnung ... 154
   I. Einleitung ... 154
   II. Wesentliche Änderungen ... 154
      1. Vertriebssysteme ... 155
      2. Mehrmarkenvertrieb ... 156
      3. Vertriebspartner ... 157
   III. Auswirkungen der neuen GVO für den Verbraucher ... 158

Teil 2: Der Gebrauchtwagenkauf ... 161

§ 1 Kaufvertrag ... 161
   I. Abgrenzung Gebraucht/Neu ... 161
   II. Vertragsschluss ... 162
      1. Verbindliche Bestellung und Annahme ... 163
      2. Lieferfristen ... 164
      3. Verpflichtungen des Verkäufers ... 164
         a) Übergabe ... 164
         b) Mitteilungspflicht ... 165
         c) Übereignung ... 166
         d) Freiheit von Sach- und Rechtsmängeln ... 166
      4. Verpflichtungen des Käufers ... 166
         a) Zahlungspflicht ... 166
         b) Abnahmepflicht ... 167
         c) Ummeldepflicht ... 168
         d) Steuerpflicht ... 168
         e) Versicherungspflicht ... 169
         f) Halterhaftung ... 170
   III. Widerrufsmöglichkeiten ... 170

§ 2 Sachmängelhaftung ... 172
   I. Sach- und Rechtsmängel ... 172
      1. Vereinbarte Beschaffenheitsmerkmale ... 173
         a) Begriff ... 173
         b) Vereinbarung ... 174
         c) Zulässigkeitsgrenze ... 175
         d) Anpreisungen ... 175
         e) Beschreibungen laut Vorbesitzer ... 177
      2. Eignung für die nach dem Vertrag vorausgesetzte Verwendung ... 177
      3. Außervertragliche Eignungsmerkmale ... 178

4. Beschaffenheitsmerkmale aufgrund öffentlicher Äußerungen 179
      a) Öffentliche Äußerung über bestimmte Eigenschaften 180
      b) Verkäufer, Hersteller oder Gehilfe 180
      c) Fehlende Kenntnis, unverschuldete Unkenntnis 181
      d) Berichtigung der Werbeaussage 182
      e) Fehlende Ursächlichkeit der Werbung 183
   5. Unsachgemäße Montage 184
   6. Falschlieferung 184
   7. Rechtsmängel 184
II. Rechte des Käufers bei Mängeln 185
   1. Nacherfüllung 185
      a) Nachlieferung 186
      b) Nachbesserung 188
      c) Erfüllungsort 190
      d) Kosten der Nacherfüllung 191
      e) Kostenbeteiligung des Käufers 192
      f) Kosten einer Selbstvornahme 193
      g) Ablehnung durch den Verkäufer 194
         aa) Unmöglichkeit 194
         bb) Unverhältnismäßig hohe Kosten 195
            (1) Relative Unverhältnismäßigkeit 196
            (2) Absolute Unverhältnismäßigkeit 196
      h) Verletzung der Nacherfüllungspflicht 199
   2. Rücktritt und Minderung 199
      a) Rücktrittsvoraussetzungen 200
         aa) Erhebliche Pflichtverletzung 200
         bb) Angemessene Nachfrist 202
         cc) Unmöglichkeit, Verweigerung und Fehlschlagen der Nacherfüllung 203
            (1) Unmöglichkeit 203
            (2) Verweigerung 204
            (3) Fehlschlagen 205
         dd) Unzumutbarkeit für den Käufer 205
         ee) Sonstige besondere Umstände i.S.d. § 323 207
      b) Rücktrittsabwicklung 207
      c) Rücktrittsfolgen 208
         aa) Verwendungsersatz 209
         bb) Vertragskostenersatz 210
         cc) Nutzungsersatz 210

dd) Verzinsung 212
ee) Verbundener Finanzierungsvertrag 212
d) Minderung 213
aa) Minderungsberechnung 213
bb) Minderungserklärung 214
cc) Überlegungen vor Ausübung des Wahlrechts 215
3. Schadensersatz 216
a) Schadensersatzarten 216
aa) Schadensersatz wegen unbehebbaren Leistungsmangels
(§ 311a) 217
bb) Schadensersatz neben der Leistung (§ 280 Abs. 1) 217
cc) Schadensersatz statt der Leistung (§§ 280 Abs. 3, 281 Abs. 1
S. 1) 218
dd) Schadensersatz statt der ganzen Leistung (§ 281 Abs. 1 S. 3,
Abs. 5) 218
ee) Ersatz vergeblicher Aufwendungen (§ 284) 219
ff) Verzugsschaden 220
b) Vertretenmüssen 221
aa) Vorsatz 221
bb) Fahrlässigkeit 222
(1) Untersuchungs- und Aufklärungspflicht des Händlers . . . 223
(2) Pflichten des Privatverkäufers 227
(3) Einfache oder grobe Fahrlässigkeit 228
cc) Übernahme einer Garantie 228
(1) Abgrenzung zu Beschaffenheitsvereinbarungen 230
(2) Stillschweigende Garantieübernahme 231
dd) Zurechnung bei Handeln Dritter 232
ee) Beweislastumkehr 233
4. Konkurrierende Ansprüche 234
a) Anfechtungsrechte 234
b) Verschulden bei Vertragsschluss 235
c) Garantien 235

§ 3   Rechtsprechung zur Mängelhaftung 238

§ 4   Sachmängelhaftungsausschlüsse 271
I. Kenntnis oder grob fahrlässige Unkenntnis 271
1. Positive Kenntnis 271
2. Grob fahrlässige Unkenntnis 272
a) Privatmann 272

             b) Händler 273
             c) Garantieübernahme durch Verkäufer oder Arglist 273
                aa) Garantieübernahme 273
                bb) Arglist 273
        II. Haftungsausschluss durch Vereinbarung 276
             1. Ausschluss durch Kaufvertrag 277
             2. Ausschluss durch AGB und Formularverträge 279
                a) Haftungsausschluss für Körperverletzungen und grob fahrlässige Pflichtverletzungen 280
                b) Haftungsausschluss für fahrlässige Pflichtverletzungen 281
                c) Einschränkungen des Wahlrechts des Käufers 282
                d) Einschränkungen von Beschaffenheitsvereinbarungen 282
                e) Einschränkung „soweit bekannt" 283
        III. Haftungsausschluss durch Verzicht und Verwirkung 283

    § 5 **Sonderregelungen zum Verbrauchsgüterkauf** 285
        I. Verbraucher/Unternehmer 285
        II. Verbot des Mängelhaftungsausschlusses (§ 475 Abs. 1) 287
        III. Beweislastumkehr (§ 476) 289
        IV. Umgehungstatbestände 294
             1. Beispiele für Umgehungen 294
             2. Umgehung durch Agenturgeschäfte 295

    § 6 **Verjährung** 298
        I. Abweichende Vereinbarung 298
        II. Beginn der Verjährung 299
        III. Hemmung und Neubeginn 300
        IV. Übergangsregelung 301

    § 7 **Gutgläubiger Erwerb vom Nichtberechtigten** 302
        I. Guter Glaube 302
        II. Abhandenkommen 304
        III. Rechtsfolgen 304

    § 8 **Erwerb über einen Vermittlungsvertrag** 306

    § 9 **Erwerb über das Internet** 308

    Stichwortverzeichnis 311

Literaturverzeichnis

Albrecht/Flohr/Lange, Schuldrecht 2002, 2001

Bamberger/Roth, Bürgerliches Gesetzbuch, Bd. 1 (§§ 1–610), Kommentar, 2. Auflage 2006

Baumbach/Hefermehl, Gesetz gegen den unlauteren Wettbewerb; Zugabeverordnung; Rabattgesetz und Nebengesetze, Wettbewerbsrecht, 23. Auflage 2001

Creutzig, Recht des Autokaufs, 5. Auflage 2002

Creutzig, EG-Gruppenfreistellungsverordnung (GVO) für den Kraftfahrzeugsektor, 2003

Dauner-Lieb/Arnold/Dötsch/Kitz, Fälle zum neuen Schuldrecht, 2002

Dauner-Lieb/Heidel/Lepa, Das neue Schuldrecht in der anwaltlichen Praxis, 2003

Dauner-Lieb/Heidel/Lepa/Ring, Anwaltkommentar Schuldrecht, 2002

Dauner-Lieb/Heidel/Ring, AnwaltKommentar BGB, Bd. 2 – Schuldrecht, 2005

Diez, GVO 2002, Die neue Herausforderung im Autohandel, 2002

Dörner/Ebert/Eckert/Hoeren/Kemper/Saenger/Schulte-Nöltke/Schulze/Staudinger, Handkommentar zum BGB, 2002

Ensthaler/Funk/Stopper, Handbuch des Automobilvertriebsrechts, 2003

Erman, Bürgerliches Gesetzbuch, Handkommentar, 11. Auflage 2004

Ernst/Zimmermann, Zivilrechtswissenschaft und Schuldrechtsreform, 2001

Gelberg, Preisangabenverordnung, Kommentar, 1973

Graf von Westphalen, Vertragsrecht und AGB-Klauselwerke, 2001

Haas/Medicus/Rolland/Schäfer/Wendtland, Das neue Schuldrecht, 2002

Härtling, Kurzkommentar zum Fernabsatzgesetz, 2000

Heinrichs/Löwe/Ulmer, Zehn Jahre AGB Gesetz, 1987

Henssler/Graf von Westphalen, Praxis der Schuldrechtsreform, 2. Auflage 2003

Hentschel, Straßenverkehrsrecht, 38. Auflage 2005

Hoeren/Martinek, Systematischer Kommentar zum Kaufrecht, 2002

Huber, Autokauf, 1996

Huber/Faust, Schuldrechtsmodernisierung, 2002

Jauernig, Bürgerliches Gesetzbuch, Kommentar, 11. Auflage 2004

Köhler/Piper, Gesetz gegen den unlauteren Wettbewerb, Kommentar, 3. Auflage 2002

Kullmann, Aktuelle Fragen der Produkthaftpflicht, 4. Auflage 1993

Literaturverzeichnis

Larenz, Lehrbuch des Schuldrechts, Bd. I, Allgemeiner Teil, 14. Auflage 1987, Bd. II, 1. Halbb., 13. Auflage 1986

Löwe/Graf von Westphalen/Trinkner, Gesetz zur Regelung des Rechts der Allgemeinen Geschäftsbedingungen, Kommentar, 2. Auflage 1983

Lorenz/Riehm, Lehrbuch zum neuen Schuldrecht, 2002

Ludovisy, Praxis- und Straßenverkehrsrecht, Teil 5, 2. Auflage 2003

Medicus, Bürgerliches Recht, 19. Auflage 2002

Medicus, Schuldrecht I, Allgemeiner Teil, 12. Auflage 2000

Münchner Kommentar, Bürgerliches Gesetzbuch, Kommentar, 4. Auflage 2003, 2004

Palandt, Bürgerliches Gesetzbuch, Kommentar, 65. Auflage 2006

Prölss/Martin, Versicherungsvertragsgesetz, 27. Auflage 2004

Reinicke/Tiedtke, Kaufrecht, 7. Auflage 2004

Reinking/Eggert, Der Autokauf, 9. Auflage 2005

Ring, Fernabsatzgesetz, Kurzkommentar, 2000

Rödel/Hembach, Handbuch Autorecht, 2001

Roniger/Hemetsberger, Kfz-Vertrieb neu – Praxishandbuch zur GVO für den Kfz Sektor, 2003

Schimmel/Buhlmann, Frankfurter Handbuch zum neuen Schuldrecht, 2002

Schimmel/Buhlmann, Fehlerquellen im Umgang mit dem neuen Schuldrecht, 2002

Schulte, Schadensersatz in Geld für Entbehrungen, 1978

Schulze/Schulte-Nölke, Die Schuldrechtsreform vor dem Hintergrund des Gemeinschaftsrechts (Tagungsband Münster 2001), 2001

Soergel, Bürgerliches Gesetzbuch mit Einführungsgesetz und Nebengesetzen, Kommentar, 13. Auflage 2005

Staudinger, Bürgerliches Gesetzbuch, Kommentar, Recht der Schuldverhältnisse (§§ 433–534), 2004

Stiefel/Hofmann, Kraftfahrversicherung, 17. Auflage 2000

Thomas/Putzo, Zivilprozessordnung, 27. Auflage 2005

Ulmer/Brandner/Hensen, AGB-Gesetz, Kommentar, 9. Auflage 2001

Wolf/Horn/Lindacher, AGB-Gesetz, Kommentar, 4. Auflage 1999

Abkürzungsverzeichnis

a.A.	anderer Ansicht
a.a.O.	am angegebenen Ort
abl.	ablehnend
Abs.	Absatz
ABS	Anti-Blockiersystem
a.F.	alte Fassung
ADAC e.V.	Allgemeiner Deutscher Automobil-Club e.V.
ADAJUR	ADAC-Rechtsprechungs- und Literaturdatenbank
AG	Amtsgericht
AGB	Allgemeine Geschäftsbedingungen
AGBG	Gesetz zur Regelung des Rechts der Allgemeinen Geschäftsbedingungen
AKB	Allgemeine Bedingungen für die Kraftfahrtversicherung
AnwBl.	Anwaltsblatt
AO	Abgabeordnung
Art.	Artikel
BAnz.	Bundesanzeiger
BayVerfGH	Bayerischer Verfassungsgerichtshof
BB	Betriebs-Berater
Bd.	Band
BGB	Bürgerliches Gesetzbuch
BGB-InfoV	Verordnung über Informations- und Nachweispflichten nach bürgerlichem Recht (BGB-Informationspflichten-Verordnung)
BGBl	Bundesgesetzblatt
BGH	Bundesgerichtshof
BGHZ	Bundesgerichtshof, Entscheidungen in Zivilsachen
BT-Drucks	Bundestag-Drucksache
BVerfG	Bundesverfassungsgericht, Entscheidungen
ca.	circa
c.i.c.	culpa in contrahendo
DAR	Deutsches Autorecht, Rechtszeitschrift des ADAC
DAT	Deutsches Automobil Treuhand GmbH
DB	Der Betrieb, Zeitschrift
EGBGB	Einführungsgesetz zum Bürgerlichen Gesetzbuch
etc.	et cetera
EuGH	Europäischer Gerichtshof

Abkürzungsverzeichnis

f.	für
f., ff.	folgende, fortfolgende
FernAbsG	Fernabsatzgesetz
GbR	Gesellschaft bürgerlichen Rechts
GewA	Gewerbearchiv
ggf.	gegebenenfalls
GRUR	Zeitschrift für gewerblichen Rechtsschutz und Urheberrecht
GVO	Gruppenfreistellungsverordnung
GWB	Gesetz gegen Wettbewerbsbeschränkungen in der Fassung vom 26.8.1998
GWVB	Gebrauchtwagenverkaufsbedingungen
Hdb.	Handbuch
HGB	Handelsgesetzbuch
HK	Handkommentar
h.M.	herrschende Meinung
Hs.	Halbsatz
HWiG	Gesetz über den Widerruf von Haustürgeschäften und ähnlichen Geschäften
i.d.R.	in der Regel
inkl.	inklusive
insb.	insbesondere
insg.	insgesamt
InsO	Insolvenzordnung
i.S.d.	im Sinne des
i.S.v.	im Sinne von
Jura	Juristische Ausbildung
JuS	Juristische Schulung
JZ	Juristen-Zeitung
Kfz	Kraftfahrzeug
KG	Kammergericht
Kom.	Kommentar
KraftStG	Kraftfahrzeugsteuergesetz
krit.	kritisch
LG	Landgericht
MDR	Monatsschrift für Deutsches Recht
MüKo	Münchener Kommentar zum Bürgerlichen Gesetzbuch
m.w.N.	mit weiteren Nachweisen

Nds.Rpfl.	Niedersächsischer Rechtspfleger
NJW	Neue Juristische Wochenschrift
NJW-RR	Neue Juristische Wochenschrift-Rechtsprechungs-Report
Nr.	Nummer
n.v.	nicht veröffentlicht
NWVB	Neuwagenverkaufsbedingungen
NZV	Neue Zeitschrift für Verkehrsrecht
OHG	offene Handelsgesellschaft
OLG	Oberlandesgericht
OLGR	OLG-Report
OLGZ	Entscheidungen der Oberlandesgerichte in Zivilsachen
PAngVO	Preisangabenverordnung
pFV	positive Forderungsverletzung
Pkw	Personenkraftwagen
r + s	Recht und Schaden
Rn	Randnummer
S.	Seite/Satz
SMG	Schuldrechtsmodernisierungsgesetz
StGB	Strafgesetzbuch
st. Rspr.	ständige Rechtsprechung
StVG	Straßenverkehrsgesetz
StVZO	Straßenverkehrs-Zulassungsordnung
SVR	Zeitschrift für Straßenverkehrsrecht
TÜV	Technischer Überwachungsverein
u.	und
Urt.	Urteil
UWG	Gesetz gegen den unlauteren Wettbewerb
v.	vom
VDA	Verband der Automobilindustrie e.V.
VDIK	Verband der Importeure von Kraftfahrzeugen e.V.
VerbrKrG	Verbraucherkreditgesetz
VersR	Versicherungsrecht, Zeitschrift
vgl.	vergleiche
VRS	Verkehrsrechtsammlung
VuR	Verbraucher und Recht
VVG	Versicherungsvertragsgesetz

Abkürzungsverzeichnis

WRP	Wettbewerb in Recht und Praxis
ZAP	Zeitschrift für die Anwaltspraxis
z.B.	zum Beispiel
ZDK	Zentralverband des Kraftfahrzeuggewerbes
zfs	Zeitschrift für Schadensrecht
ZGS	Zeitschrift für das gesamte Schuldrecht
ZIP	Zeitschrift für das gesamte Wirtschaftsrecht
ZPO	Zivilprozessordnung
zust.	zustimmend

Teil 1: Der Neuwagenkauf

§ 1 Neuwagenverkaufsbedingungen und Vertragsschluss

I. Allgemeines

Der Kauf eines Kraftfahrzeugs kommt durch Abschluss eines gegenseitigen schuldrechtlichen Vertrages zustande. Grundlage sind die Regelungen der §§ 433 ff.[1] Der Vertrag bedarf keiner besonderen Form. Die gesetzlichen Bestimmungen des Kaufrechts werden aufgrund ihres dispositiven Charakters in der Praxis des Kraftfahrzeughandels regelmäßig durch Einbeziehung der „Allgemeinen Geschäftsbedingungen für den Verkauf fabrikneuer Kraftfahrzeuge und Anhänger – Neuwagenverkaufsbedingungen (NWVB)" modifiziert. Entwickelt wurde dieses Klauselwerk bereits 1977 von Automobil- und Verbraucherverbänden, anlässlich der Einführung des AGB-Gesetzes. Anlässlich der Schuldrechtsreform vom 1.1.2002 wurden die NWVB von den Verbänden der deutschen Automobilwirtschaft (VDA, VDIK, ZDK) umgestaltet und im April 2003 in die jetzt gültige Fassung vom 1.1.2002 gebracht.[2]

II. Vertragsschluss

Das Angebot auf Abschluss eines Autokaufvertrages i.S.d. § 145 unterbreitet regelmäßig der Käufer, indem er eine verbindliche Neuwagenbestellung unterzeichnet. Die Annahme dieser Bestellung steht dem Verkäufer grundsätzlich frei. Sie führt zum Vertragsschluss, sofern sie nach Maßgabe der §§ 146 ff. rechtzeitig erfolgt.

1. Einbeziehung der NWVB

Auf der Rückseite der verbindlichen Neuwagenbestellung sind die AGB des Verkäufers abgedruckt. Sie entsprechen nahezu ausnahmslos den vom ZDK, VDA und VDIK empfohlenen NWVB. Die Einbeziehung der AGB unterliegt zwingend den Voraussetzungen des § 305 Abs. 2.[3]

Nach § 305 Abs. 2 Nr. 1 hat bei Vertragsschluss ein ausdrücklicher Hinweis auf die AGB durch den Verkäufer zu erfolgen, der so gestaltet und angeordnet werden muss,

---

1 Alle §§ ohne Gesetzesangabe beziehen sich auf das BGB in der Fassung ab 1.1.2002. Nur auf Schuldverhältnisse, die vor diesem Datum zustande gekommen sind, sind das BGB und die Nebengesetze in der bis dahin geltenden Fassung anzuwenden (Art. 229 § 4 Abs. 1 EGBGB).
2 *Reinking/Eggert,* Rn 19; Palandt/*Heinrichs,* § 307 Rn 118.
3 Palandt/*Heinrichs,* § 305 Rn 25, 26.

§ 1 Neuwagenverkaufsbedingungen und Vertragsschluss

dass ein Durchschnittskäufer ihn bei flüchtiger Betrachtung nicht übersehen kann.[4] Ist auf der Vorderseite des Bestellformulars ein ausdrücklicher Hinweis enthalten, wonach der Käufer „von den AGB auf der Rückseite Kenntnis genommen" hat oder „mit den AGB auf der Rückseite einverstanden" ist, erachtet der BGH dies für die Einbeziehung der umseitigen AGB als ausreichend.[5] Sind die AGB nur unvollständig abgedruckt, geht dies zu Lasten des Verkäufers, der sich gegenüber dem Käufer nicht auf die Einbeziehung des fehlenden Teils berufen kann. Den Käufer trifft insofern keine Prüfungspflicht.[6]

6 Ein versteckter oder missverständlicher Hinweis ist nicht ausreichend, ebenso wenig der bloße Abdruck der AGB auf der Vertragsrückseite ohne jeden Hinweis.[7]

8 Nach § 305 Abs. 2 Nr. 2 muss der Verkäufer dem Käufer die Möglichkeit schaffen, in zumutbarer Weise vom Inhalt der AGB Kenntnis zu nehmen. Was unter einer zumutbaren Kenntnisnahme zu verstehen ist, richtet sich nach den jeweiligen Umständen des Vertragsschlusses und nach den Bedürfnissen der beteiligten Käuferkreise.[8] Liegen die AGB dem Käufer in gedruckter Form vor, müssen sie für den Durchschnittskäufer inhaltlich verständlich und klar formuliert[9], sowie mühelos lesbar sein.[10] Bei übermäßigem Kleindruck oder einer drucktechnisch schwachen Wiedergabe ist das nicht der Fall.[11] Ist der Käufer erkennbar körperlich behindert, hat der Verkäufer diesem den Inhalt der AGB auf andere Weise zugänglich zu machen, wie z.B. bei einer Sehbehinderung durch Übergabe der AGB in akustischer Form.[12]

11 Weitere Voraussetzung der wirksamen Einbeziehung der AGB ist das Einverständnis des Käufers hinsichtlich ihrer Geltung.[13] Dies wird beim Neuwagenkauf regelmäßig mit dem Unterschreiben des Bestellformulars ausdrücklich erklärt, wenn ein schriftlicher Hinweis auf die Einbeziehung der rückseitigen AGB vorhanden ist.

14 Auch bei Vertragsschluss via Internet oder Btx müssen die Voraussetzungen des § 305 Abs. 2 erfüllt sein. Bei kürzeren AGB genügt die bloße Einblendung des Textes an prägnanter Stelle nur, wenn sie dem Käufer eine kritische Prüfung ihres Inhalts ermöglichen. Der Hinweis, dass die Bedingungen auf einer Btx-Seite kostenfrei abrufbar sind, reicht aus, wenn es sich um kurze, klar gegliederte Texte handelt, die sich einfach abrufen lassen.[14]

---

[4] BGH NJW-RR 1987, 113; LG Freiburg NJW-RR 1992, 1018; *Wolf/Horn/Lindacher*, § 2 Rn 42, 62, 68; Palandt/*Heinrichs*, § 305 Rn 8, 25.
[5] BGH NJW 1982, 1388.
[6] OLG Frankfurt DAR 1989, 66.
[7] OLG Düsseldorf VersR 1982, 872; LG Münster VersR 1980, 100.
[8] LG Freiburg NJW-RR 1992, 1018; OLG Köln NJW-RR 1998, 1277.
[9] Palandt/*Heinrichs*, § 305 Rn 41.
[10] OLG Schleswig NJW 1995, 2858.
[11] OLG Brandenburg NJW-RR 2001, 488.
[12] BT-Drucks 14/6040, 150.
[13] Palandt/*Heinrichs*, § 305 Rn 43.
[14] LG Freiburg NJW-RR 1992, 1018; LG Köln NJW-RR 1998, 1277; *Löhning*, NJW 1997, 1688.

II. Vertragsschluss § 1

Längere AGB können wirksam einbezogen werden, wenn der Käufer sie aufgrund eines unübersehbaren Hinweises durch Herunterladen kostenlos kopieren kann.[15] Dieses Vorgehen bietet sich auch für die Einbeziehung der NWVB an.   **16**

Liegt eine der Voraussetzungen bei Vertragsschluss nicht vor, richtet sich der Vertragsinhalt gem. § 306 Abs. 2 allein nach den Regeln über den Kaufvertrag, §§ 433 ff. Eine nachträgliche Einbeziehung der AGB ist nur durch eine Änderungsvereinbarung möglich, auf die § 305 Abs. 2 sinngemäß anzuwenden ist.[16]   **18**

Praxistipp
Bei der Überprüfung von Neufahrzeugkaufverträgen empfiehlt sich eine routinemäßige Prüfung, ob die AGB des Verkäufers mit den NWVB übereinstimmen. Ist dies zu Lasten des Käufers nicht der Fall, besteht zumindest ein gewichtiger Anhaltspunkt für die Nichtigkeit der Bestimmung gem. § 307.

2. Bindung an die Bestellung

Der Käufer gibt mit der „verbindlichen Neuwagenbestellung" das Angebot auf Abschluss eines Kaufvertrages ab. Obwohl der Käufer die „verbindliche Bestellung" üblicherweise in den Räumlichkeiten und in Anwesenheit eines Mitarbeiters des Verkäufers aufgibt, gilt sie als Angebot unter Abwesenden und bindet den Käufer einseitig, was grundsätzlich gem. § 147 Abs. 2 zulässig ist.[17] Hinsichtlich der Dauer der Bindung sieht § 147 Abs. 2 vor, dass ein Antrag nur bis zu dem Zeitpunkt angenommen werden kann, bis zu dem hier der Käufer den Eingang der Antwort unter regelmäßigen Umständen erwarten darf. Abweichend davon kann gem. § 148 eine Annahmefrist für den Neuwagenkauf bestimmt werden, die der Anwendung des § 147 Abs. 2 vorgeht.   **21**

Die NWVB regeln in Abschn. I. Ziff. 1 Bindungsfristen, die „höchstens bis vier Wochen, bei Nutzfahrzeugen bis sechs Wochen, sowie bei Fahrzeugen, die beim Verkäufer vorhanden sind, bis zehn Tage, bei Nutzfahrzeugen bis zwei Wochen" betragen.   **23**

Unter Nutzfahrzeugen sind alle mehr als zweirädrigen Kraftfahrzeuge mit Ausnahme derjenigen zu verstehen, die nach Bauart und Einrichtung nur zur Beförderung von Personen bestimmt sind und nach dem Verkehrsrecht nicht mehr als neun Sitzplätze haben.[18] Wohnmobile sind keine Nutzfahrzeuge, da ihre Funktion als Fortbewegungsmittel für diese Beurteilung maßgeblich ist und es während der Fahrt nur der nichtgewerblichen Personenbeförderung dient. Daher gilt für Wohnmobile die vierwöchige Bindungsdauer und nicht die von sechs Wochen.[19]   **24**

---

15 *Löhning*, NJW 1997, 1688.
16 BGH NJW 1984, 1112; BGH NJW 1983, 817; BGH NJW-RR 1987, 112, 114.
17 BGH WM 1968, 1103; BGH NJW-RR 2001, 484.
18 *Creutzig*, Recht des Autokaufs, Rn 1.1.4.
19 LG Marburg DAR 1996, 148.

28 Die Wirksamkeit der Angebotsbindungsklausel wird in Rechtsprechung und Literatur kontrovers diskutiert.[20] Der BGH erachtete in seinem Urteil vom 13.12.1989 zugunsten der Verkäuferseite eine Antragsbindung von vier Wochen aufgrund der besonderen Sachumstände in Kraftfahrzeughandel mit Neufahrzeugen als angemessen.[21] Dem schloss sich ein Großteil des Schrifttums an.[22] Die Länge der Bindungsdauer sei durch die Vielzahl an organisatorischen Maßnahmen, die bei einer ordnungsgemäßen Bearbeitung einer Neuwagenbestellung anfielen, gerechtfertigt. Da die bestellten Neuwagen im Regelfall nicht beim Verkäufer vorrätig sind, müsse erst beim Hersteller nachgefragt werden, ob das Fahrzeug in der vom Käufer gewünschten Ausstattung geliefert werden könne. Daraufhin erfolge die Bestellung und das Abwarten der Bestätigung des Herstellers. Weitere Zeit nehme die abschließende Klärung der Finanzierung des Kaufpreises, die der Verkäufer regelmäßig „mitzuliefern" habe, in Anspruch sowie die Verwertbarkeit eines in Zahlung gegebenen Gebrauchtfahrzeugs und bei Abzahlungsgeschäften zusätzlich noch die Prüfung der Kreditwürdigkeit des Käufers. Demgegenüber stehe das Käuferinteresse an der Vermeidung einer langen Schwebezeit, während der er günstigere Angebote nur unter der Gefahr einer Doppelverpflichtung annehmen könne, zurück.[23]

30 Dieser Argumentation wird heute zunehmend nicht mehr gefolgt. Zu Recht wird vor allem in der Literatur, aber bereits auch in der Rechtsprechung[24] vertreten, dass die vier- bzw. sechswöchige Bindungsfrist des Käufers, die aus dem Jahr 1977 stammt, gründlich überholt ist.[25] Dieses Ergebnis resultiert aus einer Interessenabwägung wie sie der BGH 1989 in seinem Urteil zugrunde legte. Die Wirksamkeit der Annahmefristregelung nach den NWVB entfällt und die gesetzliche Regelung des § 147 Abs. 2 gilt stattdessen, wenn der Verkäufer an der Fristdauer kein schutzwürdiges Interesse hat, hinter dem das Interesse des Käufers am baldigen Wegfall der Bindung zurücksteht. Die Gewichtung beurteilt sich erneut nach den typischen Erfordernissen des Geschäfts, die sich nunmehr zugunsten des Käufers verschoben haben.

32 Zwar ist dem Verkäufer zuzugestehen, dass nur in fünf Prozent aller Fälle das vom Neuwagenkäufer gewünschte Fahrzeug vorrätig ist.[26] Es muss erst vom Hersteller bezogen und zuvor noch produziert werden. Daher ist die Frage der Lieferbarkeit vor Annahme des Käuferangebots mit dem Herstellerwerk zu klären.

33 Jedoch entfallen lange Postlaufzeiten zwischen Händler und Hersteller, da E-Mail, Telefon, Telefax und Internet regelmäßig zur Verfügung stehen. Die interne Entschei-

---

20 *Reinking/Eggert,* Rn 28 f.
21 BGH DAR 1990, 95 ff.; OLG Köln NJW-RR 1988, 504; a.A. LG Hamburg NJW 1988, 1150.
22 *Creutzig,* Recht des Autokaufs, Rn 1.1.1; *Wolf/Horn/Lindacher,* § 10 Nr. 1 Rn 15; Soergel/*Stein,* § 10 AGBG Rn 6.
23 BGH DAR 1990, 95 ff.
24 LG Lüneburg NJW-RR 2002, 564; LG Hamburg NJW 1988, 1150.
25 *Mehnle,* DAR 1990, 174 f.
26 *Reinking/Eggert,* Rn 29.

dung beim Händler beansprucht allenfalls wenige Tage, deren Übermittlung per Post an den Käufer dauert wiederum höchstens drei bis vier Tage. Selbst wenn im Einzelfall eine längere Bearbeitungszeit anfallen sollte, kann dies nicht Maßstab für die Angemessenheit einer längeren Frist sein. Aussagekräftig für eine Mehrzahl der Fälle ist vielmehr ein Durchschnittswert.

Auch bei dem sog. „verbundenen Geschäft" aus Darlehen und Kauf, das den Ratenkauf weitgehend verdrängt hat, prüft der Darlehensgeber die Bonität und nicht der Händler. Die Verwertbarkeitsprüfung des Altwagens ist dank moderner Medien, wie dem Abruf von Kaufangeboten via Internet, ebenfalls zügig an einem Tag zu bewerkstelligen. Sie findet zudem im Interesse des Käufers durch die Bank vor Unterzeichnung der „verbindlichen Bestellung" statt. Insgesamt ist für die Neuwagenbestellung daher nur noch ein Zeitraum von durchschnittlich zwei Wochen zu veranschlagen.[27] **34**

Wird vor Beginn des Fristlaufs, also vor Unterschreiben des Bestellformulars die Frage der Finanzierung und der Verwertbarkeit zwischen Käufer und Verkäufer geklärt, damit der Käufer alle Kalkulationsposten in seine Entscheidung mit einbeziehen kann, spart dies nochmals Zeit ein. **36**

Zusammenfassend bleibt das gewichtigste Argument die technische Entwicklung im Bereich der Kommunikation, Datenspeicherung und Datenweiterleitung. Sie lässt eine Bindungsfrist nicht vorrätiger Neufahrzeuge von vier bzw. sechs Wochen für Nutzfahrzeuge, unzeitgemäß erscheinen. Dem folgend ist die vierwöchige Bindungsfrist in Abschn. I. Nr. 1 S. 1 NWVB für nicht vorrätige Fahrzeuge gem. § 308 Nr. 1 als unangemessen lang zu bewerten und daher unwirksam. Nach § 306 Abs. 1, 2 bleibt der Neuwagenkaufvertrag im Übrigen wirksam, für den gem. § 147 Abs. 2 eine zweiwöchige Annahmefrist zugrunde zu legen ist. Das LG Lüneburg hält sogar eine nur 10-tägige Bindungsfrist gem. § 147 Abs. 2 für richtig.[28] **37**

Bei vorrätigen Neufahrzeugen beträgt die Bindung des Käufers an seine Bestellung bis zehn Tage, bei Nutzfahrzeugen bis zwei Wochen. Diese Fristen werden zwar als großzügig, jedoch nicht als unangemessen lang eingestuft.[29] Tatsächlich besteht aber gerade bei vorrätigen Nutzfahrzeugen keine allgemeingültige Rechtfertigung, dem Käufer eine von § 147 Abs. 2 abweichende Bindungsfrist aufzuerlegen.[30] **38**

Praxistipp
Der technische Fortschritt in der Fernkommunikation lässt die Bindungsfristen des Käufers zunehmend als zu lang erscheinen. Es lohnt sich, gegen die Wirksam-

---

27 *Mehnle*, DAR 1990, 174 f.; LG Lüneburg NJW-RR 2002, 546.; LG Hamburg NJW 1988, 1150; *Reinking/Eggert*, Rn 31; a.A. *Creutzig*, Recht des Autokaufs, Rn 1.1.1.
28 LG Lüneburg NJW RR 2002, 564; vgl. dazu auch OLG Frankfurt NJW-RR 1998, 566.
29 *Wolf/Horn/Lindacher*, § 10 Nr. 1 AGBG Rn 15; *Reinking/Eggert*, Rn 33, 1083; a.A. LG Bremen NJW 2004, 1050.
30 *Bülow*, NJW 2002, 1148.

keit des Kaufvertrages unter entsprechender Argumentation die verspätete Annahme der „verbindlichen Bestellung" einzuwenden, auch wenn die Fristen der NWVB eingehalten wurden.

III. Widerrufsmöglichkeiten unter Verbraucherschutzgesichtspunkten

40 Unter Verbraucherschutzaspekten ist ein Widerruf der auf Abschluss des Kaufvertrages über einem Neuwagen gerichteten Willenserklärung ausnahmsweise aufgrundlage der Vorschriften über Fernabsatzverträge gem. §§ 312b ff. (Fernabsatzgesetz a.f.), Verbraucherdarlehen gem. §§ 491 ff. (Verbraucherkreditgesetz a.f.) und Haustürgeschäfte in § 312 (Haustürwiderrufsgesetz a.f.) möglich. Die Vorschriften korrespondieren mit denen der §§ 355 ff., welche übergreifend die Ausübung und die Rechtsfolgen des Widerrufs regeln. Voraussetzung für die Anwendung der einschlägigen Vorschriften ist stets die Beteiligung eines Unternehmers i.S.d. § 14 als Verkäufer bzw. Darlehensgeber und Verbrauchers i.S.d. § 13 als Käufer bzw. Darlehensnehmer am Kauf- bzw. Darlehensvertrag. Der Begriff des Unternehmers i.S.d. § 14 birgt im Bereich des Neuwagenkaufs keine nennenswerten Probleme. Unter den Begriff des Verbrauchers i.S.d. § 13 fallen auch Unternehmer bei der Ausführung nicht unternehmensbezogener Geschäfte und Personenmehrheiten, wie z.B. eine GbR soweit sie nicht rechtsfähig sind, nicht also eingetragene Vereine, die als juristische Person kein Verbraucher sein können. Die unabdingbaren Vorschriften der §§ 491 ff. zum Verbraucherdarlehen schützen alle natürlichen Personen (§ 13), die mit dem entgeltlichen Darlehen nach dem Inhalt des Vertrags nicht eine bereits ausgeübte gewerbliche oder selbständige berufliche Tätigkeit fördern wollen. Dies können auch Gesellschaften bürgerlichen Rechts sein, wenn sie rein aus natürlichen Personen bestehen.[31] Eingetragene Vereine sind demgegenüber nicht verbraucherrechtsfähig. Entscheidend ist der Darlehenszweck im Zeitpunkt des Vertragsschlusses.

Auch Unternehmer, die Privatgeschäfte verfolgen, handeln als Verbraucher. In Mischfällen ist auf den überwiegenden Zweck abzustellen; bei Zweifeln ist dieser aus dem Vertragsinhalt, den tatsächlichen Umständen sowie ggf. durch Auslegung gem. § 157 zu ermitteln.[32] Die Beweislast für die Verbrauchereigenschaft trägt der Darlehensnehmer.[33] Der Anwendungsbereich der Vorschriften ist – ebenso wie der des Verbraucherdarlehens – auf natürliche Personen, die zu privaten Zwecken den Vertrag schließen (gem. § 13), begrenzt. Darunter fallen auch Personenmehrheiten wie Eheleute, die gemeinsam ein neues Auto bestellen[34] und auch Dritte, die sich hin-

---

31 BGH NJW 2002, 368.
32 OLG Hamm WM 2001, 2339; Palandt/*Putzo*, § 491 Rn 7.
33 *Bülow,* NJW 1998, 3454.
34 *Henssler/Graf von Westphalen,* § 312 Rn 5.

sichtlich der Kaufvertragserfüllung verpflichtet haben, z.b. durch Gesamtschuldnerschaft oder Schuldbeitritt. Auch der Bürge, der sich im Rahmen eines Haustürgeschäfts hinsichtlich der Kaufpreisschuld verpflichtet, hat ein Widerrufsrecht, wenn die kaufvertragliche Hauptschuld ebenfalls als Haustürgeschäft zustande kam.[35]

Dem privaten Käufer muss ein Verkäufer gegenüberstehen, der geschäftsmäßig, in Ausübung seiner gewerblichen oder selbständigen Tätigkeit als Unternehmer handelt (§ 14).[36]   **41**

1. Fernabsatzvertrag

§ 312b definiert Fernabsatzverträge als Verträge über die Lieferung von Waren und Erbringung von Dienstleistungen zwischen einem Unternehmer und einem Verbraucher, die ausschließlich allein unter Verwendung von Fernkommunikationsmitteln (§ 312b Abs. 2) abgeschlossen werden, wobei der Vertragsschluss im Rahmen eines dafür organisierten Vertriebs- oder Dienstleistungssystems zu erfolgen hat.[37] Fernkommunikationsmittel sind insbesondere Kataloge, Telefon und Telefax, E-Mails, SMS-Nachrichten, Teleshopping und vor allem das Internet. Sie ermöglichen eine Kommunikation ohne körperliche Anwesenheit der Vertragsparteien.[38] Diese Unsichtbarkeit von Vertragspartner und Produkt und die erschwerte Erfassung von nicht verkörperten Informationen begründen eine besondere Schutzbedürftigkeit des Verbrauchers. Dem soll durch ein Widerrufsrecht des Verbrauchers und der Informationspflichten des Unternehmers begegnet werden.[39] Dementsprechend schließt nach zutreffender Ansicht jeder persönliche Kontakt der Vertragsparteien in der Phase der Vertragsanbahnung, z.B. die Probefahrt mit einem Vergleichsfahrzeug, einen Fernabsatzvertrag aus.   **42**

Das Internet ist für einen Neuwagenkauf per Fernabsatzvertrag das bedeutsamste Medium. Es existieren zahlreiche Autobörsen, wobei jedoch erst 20% der Neuwagenbestellungen nicht in den Geschäftsräumen eines Händlers aufgegeben werden[40] und davon wiederum nur ein Bruchteil mittels Internet geschlossene Fernabsatzverträge sind. Häufig wünscht der Kunde vor Kaufabschluss persönlichen Kontakt zum Händler, möchte das Fahrzeug in Augenschein nehmen und eine Probefahrt durchführen. Dennoch hat der einst für den Handel problematische Vertriebsweg über das Internet mittlerweile an Reiz gewonnen.   **45**

---

35 *Reinking/Eggert*, Rn 119; zur Bürgschaft weiterführend EuGH NJW 1998, 1295, 1296; BGH NJW 1998, 1295, 1296; a.A. *Pfeiffer*, ZIP 1998, 1136; *Reinicke/Tiedtke*, ZIP 1998, 893 f.
36 Palandt/*Heinrichs*, § 312 Rn 4.
37 MüKo/*Wendehorst*, § 1 FernAbsG Rn 49 ff.
38 Palandt/*Heinrichs*, § 312b Rn 7.
39 *Martinek*, NJW 1998, 207; *Grigolet*, NJW 2002, 1151.
40 *Creutzig*, Recht des Autokaufs, Rn 141.

46 Dem Käufer steht beim Fernabsatzvertrag ein zweiwöchiges Widerrufsrecht gem. § 312d i.V.m. § 355 zu, das er binnen einer Frist von zwei Wochen ausüben muss, sofern er bei Vertragsschluss darüber belehrt (§ 355 Abs. 2) und gem. § 312c Abs. 2 informiert wurde. Die Frist beginnt erst ab Wareneingang beim Käufer (§ 312d Abs. 2).[41] Das Vorliegen dieser Voraussetzungen ist vom Unternehmer zu beweisen. Fehlt es an einer ordnungsgemäßen Belehrung, so erlischt das Widerrufsrecht nach § 355 Abs. 3 S. 3 gar nicht. Ist der Informationspflicht nicht genügt worden, wird die 14-tägige Widerrufsfrist nicht in Gang gesetzt, aber das Widerrufsrecht erlischt sechs Monate nach Lieferung der Ware.[42] Durch § 312d Abs. 2 wird eine Vereinbarung der Vertragsparteien im Sinne von § 308 Nr. 1 Hs. 2, das Neufahrzeug erst nach Ablauf der Widerrufsfrist zu liefern, ausgeschlossen.

Da Neufahrzeuge nur solche sind, die bis zum Zeitpunkt der Veräußerung ihrem bestimmungsgemäßen Gebrauch als Verkehrsmittel noch nicht zugeführt wurden,[43] trug bis zum In-Kraft-Treten des Schuldrechtsmodernisierungsgesetzes der Händler das wirtschaftliche Risiko, dass er vom Käufer, der sein zweiwöchiges Widerrufsrecht ausübt, ein nicht mehr „neues" Fahrzeug zurück bekommt und einen entsprechenden Gewinnverlust erleidet. Nach den allgemeinen Vorschriften des § 346 Abs. 2 Nr. 3, Abs. 3 Nr. 3 ist eine Haftung für Verschlechterungen durch Ingebrauchnahme ausgeschlossen, sowie für Verschlechterungen, die trotz Beobachtung der Sorgfalt in eigenen Angelegenheiten eingetreten sind. Die Haftung umfasste gem. §§ 357 Abs. 1, 346 Abs. 1, 2 Nr. 1 aufgrund der Ausschlusstatbestände nur Wertersatz für gezogene Gebrauchsvorteile. Die Wertminderung durch erstmalige Ingebrauchnahme eines Fahrzeugs, insbesondere eines ca. 20%-igen Wertverlustes durch die Erstzulassung wurde dem Händler nicht ersetzt, da die Höhe des Wertersatzes nach dem Wert des Gebrauchsvorteils und damit zeitlich linear nach der Dauer des Gebrauchs im Verhältnis zur Gesamtnutzungsdauer des Vertragsgegenstandes zu bestimmen war.[44]

48 Mit Einführung des § 357 Abs. 3 durch das Schuldrechtsmodernisierungsgesetz wurde dieses Risiko auf den Verbraucher abgewälzt. Der Händler kann aufgrund dieser Norm Wertersatz für den Wertverlust durch eine bestimmungsgemäße Ingebrauchnahme des Fahrzeugs vom Käufer verlangen, auch wenn der Käufer die Sorgfalt in eigenen Angelegenheiten beachtet.

49 Voraussetzung ist die ausdrückliche Belehrung des Käufers darüber gem. § 355 Abs. 2 i.V.m. § 14 BGB-InfoV.[45] Die Belehrung hat u.a. darüber Auskunft zu geben, wie der Verbraucher die Wertminderung vermeiden kann. Sie ist dem Käufer in Textform bis

---

41 *Lorenz/Riehm*, Rn 132; Palandt/*Heinrichs*, § 312d Rn 3, 4.
42 *Meinhof*, NJW 2002, 2274; OLG Karlsruhe, Urt. v. 27.3.2002 – 6 U 200/01 – n.v., wonach ein Link zur Widerrufsbelehrung unzureichend ist, der Verbraucher muss sie gelesen haben; siehe auch BGB-InfoV.
43 BGH NJW 1980, 1097, 1098; DB 1980, 1836; OLG München DAR 1965, 272; OLG Hamm DAR 1980, 285.
44 BT-Drucks 14/6040, 93; Palandt/*Heinrichs*, § 346 Rn 10.
45 Für Verträge im elektronischen Geschäftsverkehr siehe § 312e Abs. 3 S. 2.

III. Widerrufsmöglichkeiten unter Verbraucherschutzgesichtspunkten § 1

spätestens zur Auslieferung der Ware mitzuteilen. Zudem legt § 312c Abs. 2 i.V.m. § 1 Abs. 4 Nr. 1 BGB-InfoV dem Unternehmer zusätzliche Informationspflichten gegenüber dem Käufer bis zur Lieferung der Ware auf. Sie sollen dem Käufer nähere Informationen über den Vertragsinhalt geben, um ihn in die Lage zu versetzen, sich für oder gegen die Ausübung seines Widerrufsrechts zu entscheiden.[46]

Begründet wird die Deprivilegierung des Verbrauchers damit, dass der Widerruf nicht von einer Vertragsverletzung des Unternehmers abhänge. Der Verbraucher könne den Eintritt des Wertverlustes vermeiden, wogegen der Unternehmer die Lieferung nicht bis zum Ablauf der Widerrufsfrist hinauszögern könne. Es sei nicht sachgerecht, das Risiko eines erheblichen Wertverlustes allein aufgrund der Erstzulassung durch den Käufer dem Händler aufzubürden.[47]

56

Dem ist entgegenzuhalten, dass die bisherige Regelung des § 361a Abs. 2 nicht an einen Vorwurf an den Unternehmer anknüpfte, sondern dem Gedanken der Kompensation gestörter Vertragsparität Rechnung trug. Die einstige Abwicklungsregelung bezweckte, den Verbraucher nicht in seinem freien Entschluss hinsichtlich der Ausübung des Widerrufsrechts zu beeinträchtigen, indem er sich Ersatzansprüchen ausgeliefert sehen könnte.[48] Die Neuregelung läuft somit der einstigen ratio des Gesetzes entgegen.

Eine weitere Verschärfung gegenüber dem bisherigen § 361a Abs. 2 S. 4, der nur eine Haftung bei Vertretenmüssen vorsah, liegt in der Zuweisung des Zufallsrisikos an den Verbraucher. Nach § 357 Abs. 3 S. 3 findet die Privilegierung des § 346 Abs. 3 S. 1 Nr. 3 keine Anwendung, so dass eine Begrenzung der Haftung entfällt. Der Haftung entgehen kann der Verbraucher nur, wenn er darlegen und auch beweisen kann, dass die Verschlechterung allein auf die Prüfung der Sache zurückzuführen ist (§ 357 Abs. 3). Eine Probefahrt ist demnach für den Neuwagenkäufer risikolos möglich.[49] Unklar ist hingegen noch die Abgrenzung der privilegierten Warenprüfung von einer bestimmungsgemäßen Ingebrauchnahme, für die der Käufer ohne wenn und aber haftet. Der Umfang einer solchen Warenprüfung durch den Käufer und die damit einhergehende Abgrenzung zur bestimmungsgemäßen Ingebrauchnahme wird jedoch diskutiert.

58

Eine enge Auslegung des Prüfrechts wird vom Gesetzgeber und teilweise in der Literatur vertreten. Eine Zulassung des Fahrzeugs zum Zweck einer Probefahrt sprenge den Umfang des Prüfungsrechts bereits, aufgrund der damit verbundenen Wertminderung. Eine Probefahrt auf Privatgelände, zusammen mit der Besichtigung des Fahrzeugs sei ausreichend.[50] Dabei könne der Motor gestartet, der Wagen auf kurzer Stre-

61

---

46 Palandt/*Heinrichs*, § 357 Rn 10, § 312c Rn 6 f.; *Bülow*, NJW 2002, 1147, 1149.
47 *Grigoleit*, NJW 2002, 1154; Schulze/Schulte-Nölke/*Lorenz*, S. 359 f.; *Lorenz/Riehm*, Rn 448; *Kohler*, JZ 2001, 336.
48 *Bülow*, NJW 2002, 1147, 1149.
49 *Artz*, Jb. J. ZivR Wiss. 2001, 227, 251; *Bülow*, NJW 2002, 1147, 1149; Ernst/Zimmermann/*Hager*, S. 447 ff.
50 BT-Drucks 14/6040, 200.

cke außerhalb des öffentlichen Verkehrs vor- und zurückgefahren und die Bedienungselemente ausprobiert werden.[51] Dies gilt neben dem Fernabsatzkauf erst Recht für den Neuwagenkauf direkt beim Händler, da dort regelmäßig ein Vergleichsfahrzeug zur Probe gefahren werden könne.[52]

63 Folgte man dieser Auffassung unbeschränkt, käme das praktisch einem Ausschluss des privilegierten Rechts des Verbrauchers zur Warenprüfung gleich. Nur selten besteht die Gelegenheit zur Probefahrt außerhalb des öffentlichen Verkehrsraums. Damit würden die Prüfmöglichkeiten auf solche im Stand beschränkt. Es entfiele ohnehin eine Überprüfung wesentlicher Eigenschaften, wie Beschleunigungs-, Brems- und Fahrverhalten im Zusammenspiel mit den täglichen Erfordernissen des öffentlichen Straßenverkehrs an das Fahrzeug.

Eine Überprüfung gerade dieser Eigenschaften durch Probefahren ist beim Kauf eines Neuwagens aber als unerlässlich anzusehen,[53] um festzustellen, ob die Beschaffenheit vertragsgemäß ist. Dafür bietet auch die Vergleichsfahrt im Vorführwagen des Händlers keinen adäquaten Ersatz. Nach dem Wortlaut des § 357 Abs. 3 („..., wenn die Verschlechterung ausschließlich auf die Prüfung der Sache zurückzuführen ist.") bezieht sich das Prüfrecht ausdrücklich auf die konkrete Kaufsache, deren Verschlechterung ansonsten eine Wertersatzpflicht ausgelöst hätte. Dies ist sinnvoll, um Mängel am gekauften Neuwagen zu erkennen, die das Vergleichsfahrzeug gerade nicht aufweist.[54]

Dem mit der Erstzulassung verbundenen Wertverlust kann einfach durch eine Fahrt mit einem roten Kennzeichen oder Kurzzeitkennzeichen im öffentlichen Straßenverkehr begegnet werden. Dies bedeutet keine Zulassung zum Straßenverkehr[55] und damit keine Wertminderung. Eine Verschlechterung durch Ingebrauchnahme ist ebenfalls nicht zu befürchten, wenn sich die Fahrt im Rahmen der üblichen zwanzig Kilometer hält und allein der Erprobung des Fahrzeugs dient.

65 Gerade vor dem Hintergrund der Haftungsverschärfung des Verbrauchers ist eine noch weitergehende Einschränkung der Entscheidungsfreiheit über die Ausübung des Widerrufsrechts durch eine enge Auslegung des Prüfrechts abzulehnen. Es ist vielmehr sachgerecht, dem Käufer bei Anschaffung eines der teuersten Verbrauchsgüter ein angemessenesPrüfungsrecht einzuräumen. Dieses ist auch nötig im Hinblick auf die Entscheidung, ob das vom Händler gelieferte Fahrzeug die Voraussetzungen einer Annahme als Erfüllung gem. § 363 mit sich bringt. Ansonsten wäre er der mit der Annahme verbundenen Beweislastumkehr ohne nachhaltige Möglichkeit der Prüfung ausgesetzt.[56]

---

51 *Henssler/Graf von Westphalen*, § 357 Rn 13; Dauner-Lieb/Heidel/Lepa/Ring/*Graf von Westphalen*, § 357 Rn 33.
52 Regierungsentwurf BR-Drucks 338/01, 465; *Henssler/Graf von Westphalen*, § 357 Rn 8.
53 *Rott*, VuR 2001, 78 ff., mit dem Unterschied, dass er die Zulassung nicht als Ingebrauchnahme einstuft und damit keine Wertminderung durch die Probefahrt eintritt; *Reinking*, DAR 2002, 145, 149.
54 Ernst/Zimmermann/*Hager*, 427 ff.
55 *Hentschel*, § 28 StVZO Rn 9; *Mindorf*, DAR 1985, 110 ff.
56 *Reinking/Eggert*, Rn 104.

III. Widerrufsmöglichkeiten unter Verbraucherschutzgesichtspunkten § 1

Wer heute als Privatperson einen Neuwagen erwirbt, wird sich überlegen müssen, ob er sich die Ausübung seines Widerrufsrechts noch leisten kann, wenn er das Fahrzeug bereits in Gebrauch genommen hat. Der beabsichtigte Schutz des Verbrauchers bei Fernabsatzverträgen ist zugunsten eines minimierten Unternehmerrisikos faktisch ausgehöhlt worden.[57]

Ein Widerrufsrecht besteht nach § 312 d Abs. 4 Nr. 1 u.a. nicht für Waren, die nach Kundenspezifikation angefertigt werden oder eindeutig auf die persönlichen Bedürfnisse zugeschnitten sind. Eine Anfertigung nach „Kundenspezifikation" oder einer „eindeutig auf die persönlichen Bedürfnisse" des Verbrauchers zugeschnittene Sache liegt vor, wenn der Verbraucher verschiedene Komponenten des Angebots zu einer seiner Vorstellungen entsprechenden Sache zusammenfügen lässt. Aufgrund der speziellen Zusammensetzung muss der Unternehmer dann außerstande sein, die Ware anderweitig oder nur mit einem unzumutbaren Preisnachlass abzusetzen.[58] Der BGH hat die Anfertigung nach Kundenspezifikation bei einem Notebook verneint, da es aus vorgefertigten Standardbauteilen zusammengefügt sei, die sich ohne größere Beeinträchtigung der Substanz und Funktion wieder trennen ließen.[59]

Hinsichtlich Farbe, Ausstattung und anderer Komponenten ist eine spezifische Zusammenstellung eines Fahrzeugs möglich. Dies wird eine anderweitige Veräußerung jedoch nicht unzumutbar erschweren. Neuwagen sind in der Regel häufig georderte Gebrauchsgegenstände mit standardisierten Komponenten, so dass eine Anfertigung nach Kundenspezifikation, wie etwa bei maßangefertigter Kleidung, nicht vorliegt. Ein Widerrufsausschluss nach § 312 d Abs. 4 Nr. 1 ist daher für Serienfahrzeuge ausgeschlossen.

2. Finanzierungskauf

Häufig wird der Neuwagenkauf fremdfinanziert. Der Verkäufer vermittelt dem Käufer ein Darlehen, dass der Darlehensgeber entweder direkt an den Verkäufer auszahlt oder dem Käufer zweckgebunden zur Kaufpreisbegleichung gewährt. Diese Finanzierung durch Dritte besteht aus zwei Rechtsgeschäften, dem entgeltlichen Darlehensvertrag (gem. § 488) zum einen und dem Kaufvertrag zum anderen. Agiert dabei ein Unternehmer i.S.d. § 14 als Darlehensgeber und ein Verbraucher i.S.d. § 13 als Darlehensnehmer, gelten die §§ 491 ff. über den Verbraucherdarlehensvertrag.

Nach § 495 i.V.m § 355 steht dem Verbraucher auch hier ein zweiwöchiges Widerrufsrecht zu.[60] Dem Verbraucher soll aufgrund der wirtschaftlichen Bedeutung eines Darlehensvertrages die Möglichkeit eingeräumt werden, innerhalb dieser Bedenkzeit eine übereilte Bindung zu lösen. Voraussetzung ist auch hier, dass der Verbraucher bei

---

57 OLG Dresden, Urt. v. 23.8.2001 – 8 U 1535/01 – n.v.; *Bülow*, NJW 2002, 1149.
58 *Backu*, DAR 2001, 106, 112; Palandt/*Heinrichs*, § 312d Rn 9.
59 BGH ZIP 2003, 851.
60 Siehe § 312a sowie *Meinhof*, NJW 2002, 2273.

§ 1 Neuwagenverkaufsbedingungen und Vertragsschluss

Vertragsschluss eine Widerrufsbelehrung erhalten hat und zusätzlich dem § 355 Abs. 2 S. 3 i.V.m. § 492 hinsichtlich Schriftform und Vertragsinhalt genügt worden ist.[61] Die widerrufliche Willenserklärung ist schwebend wirksam.[62]

77 Dem Neuwagenverkäufer ist es möglich, gem. § 308 Nr. 1 durch formularmäßig ausdrückliche Gestattung, eine Lieferung des Wagens erst nach Ablauf der Widerrufsfrist mit dem Käufer zu vereinbaren. Auf den Leistungsvorbehalt kann sich der Verkäufer allerdings nicht berufen (§ 242), wenn er dem Käufer keine ordnungsgemäße Widerrufsbelehrung erteilt hat. Dem Käufer ist dringend davon abzuraten, sich auf einen Leistungsvorbehalt einzulassen, schon um sein Warenprüfrecht wahrnehmen zu können und sich das im Vergleich zur Gewährleistung stärkere Recht zu erhalten. Denn eine sofortige Lösung vom Vertrag durch Widerruf ist häufig günstiger für ihn, als sich auf eine Nacherfüllung verweisen lassen zu müssen.[63]

80 Aus der rechtlichen Aufspaltung des wirtschaftlich einheitlichen, finanzierten Rechtsgeschäfts „Neuwagenkauf" ergibt sich das Risiko des Verbrauchers, einen nach § 495 widerrufbaren Verbraucherkreditvertrag und einen weiteren, u.U. nicht widerrufbaren Vertrag einzugehen. Das Widerrufsrecht wäre überflüssig, wenn es hinsichtlich des Darlehensvertrages ausgeübt werden könnte, zugleich aber eine Zahlungsverpflichtung aus dem finanzierten Vertrag fortbestehen würde.[64] Der Verbraucher soll jedoch nicht schlechter stehen, als er ohne die rechtliche Aufspaltung stehen würde.[65] Daher erstreckt § 358 Abs. 1, 2 das nur für einen Vertrag bestehende Widerrufsrecht des Verbrauchers jeweils auch auf den anderen Vertrag, ist also in „zwei Richtungen" anwendbar.[66] Es bedarf daher weder des Rechtsinstituts der Störung der Geschäftsgrundlage (§ 313), noch einer Konstruktion, dass der Kaufvertrag auflösend bedingt sei für den Fall, dass der Darlehensvertrag nicht zustande kommt oder durch den Abschluss des Darlehensvertrages aufschiebend bedingt sei (§ 158).

83 § 358 Abs. 1, 2 setzen voraus, dass es sich um „verbundene Verträge" i.S.v. § 358 Abs. 3 handelt. Sie liegen vor, wenn der Kredit zur Bezahlung der Ware gewährt wird und Verkäufer und Darlehensgeber wie eine Vertragspartei dem Käufer gegenüberstehen.[67] Letzteres wird nach § 358 Abs. 2 S. 2 unwiderlegbar vermutet, wenn sich der Darlehensgeber hinsichtlich des Abschlusses des Darlehensvertrages des Verkäufers bedient, wie es beim finanzierten Neuwagenkauf häufig der Fall ist.

84 Ausnahmen betreffen Kleindarlehen, Arbeitgeber- und Förderdarlehen gem. § 491 Abs. 2, sowie Existenzgründerdarlehen bis netto 50.000 EUR gem. § 507.

---

61 Palandt/*Heinrichs*, § 355 Rn 4.
62 *Masuch*, NJW 2002, 2931, 2932.
63 *Fischer*, ZAP 2002, 621, 632.
64 *Lorenz/Riehm*, Rn 455.
65 BGHZ 37, 99; 66, 165 ff.
66 *Lorenz/Riehm*, Rn 456.
67 OLG Köln ZIP 1995, 21; Palandt/*Heinrichs*, § 358 Rn 13 f.

III. Widerrufsmöglichkeiten unter Verbraucherschutzgesichtspunkten § 1

3. Haustürgeschäft

Die Widerrufsregelung bei Haustürgeschäften schützt den Verbraucher vor übereilten, nicht bedarfsgerechten Vertragsschlüssen, die durch Überrumpelung erzielt wurden.[68] Neuwagenbestellungen, die nicht in den Geschäftsräumen des Händlers unterschrieben werden, sind nur selten Haustürgeschäfte. Der Außendienst im Neuwagenhandel ist auf gewerbliche Kunden fixiert. Private Kunden werden meist nur aufgesucht, wenn sie zuvor ein Auto bestellt haben.[69] Wann in diesen und den Fällen eines unaufgeforderten Besuchs die Verbraucherschutzvorschriften greifen, ist in §§ 312, 312a normiert.

87

Die Vertriebsorte und Vertragssituationen sind in § 312 aufgelistet.[70] Die Norm bezweckt den Schutz des Kunden vor Situationen, die ihn in seiner rechtsgeschäftlichen Entscheidungsfreiheit überfordern, da er keine Möglichkeit hat, andere Angebote zu prüfen oder sich den Vertragsschluss hinreichend überlegen zu können. Allen Situationen ist gemein, dass es dem Kunden schwerfällt, einen meist psychologisch geschulten Verhandlungspartner abzuweisen, und er sich dem anderen auch nicht durch Verlassen des Ortes entziehen kann.[71] Der Kaufdruck ist daher als besonders hoch einzustufen. Für den Fahrzeughandel ist der Vertragsschluss am Arbeitsplatz, in der Privatwohnung oder aus Anlass einer Freizeitveranstaltung von Belang.

89

Der Begriff des Arbeitsplatzes meint nur den des Verbrauchers und ist extensiv auszulegen. Dazu gehört jeder Ort im Betriebsgebäude oder auf dem Betriebsgelände, da dort potentiell überall überraschende Einflussnahmen möglich sind.[72] Es wird auch vertreten, der Arbeitsplatz des Selbständigen unterfalle dem Schutz des § 312, wenn der Vertrag Privatzwecken dient.[73]

91

Auch der Begriff der Privatwohnung ist weit auszulegen. Räumlich erfasst wird auch der Hausflur und Garten.[74] Ebenso kann es sich auch um die Wohnung eines Dritten handeln.[75] Dem Schutzzweck steht auch nicht entgegen, dass in der Wohnung regelmäßig Geschäfte abgeschlossen werden.[76] Allein die Wohnung des Unternehmers fällt nicht unter den Schutzzweck der Norm, da es dem Kunden in diesen Fällen leichter möglich ist, sich den Verhandlungen zu entziehen. Es besteht insoweit kein Unterschied zum Geschäftslokal des Unternehmers.[77]

92

---

68 BGH NJW 1992, 1889, 1890; *Grigoleit,* NJW 2002, 1151.
69 *Reinking/Eggert,* Rn 118.
70 *Henssler/Graf von Westphalen,* § 312 Rn 13.
71 BGH NJW 2000, 3499 m.w.N.
72 *Pfeiffer/Dauck,* NJW 1996, 2077; OLG Düsseldorf BB 1999, 1784.
73 A.A. MüKo/*Ulmer,* § 1 HWiG Rn 21.
74 Darstellung bei OLG Zweibrücken NJW 1995, 140; BT-Drucks 8/130, 17; Palandt/*Heinrichs,* § 312 Rn 11.
75 OLG Hamm NJW-RR 1991, 121; a.A. *Fischer/Machunsky,* vor § 1 HWiG Rn 124.
76 Palandt/*Heinrichs,* § 312 Rn 12; a.A. Erman/*Klingsporn,* § 1 HWiG Rn 12.
77 BGH NJW 2000, 3499, der insbes. auf Gesetzesentwurf des Bundesrats BT-Drucks 10/2876, 11 verweist; MüKo/*Ulmer,* § 1 HWiG Rn 20; a.A. Palandt/*Putzo,* § 1 HWiG Rn 9.

§ 1 Neuwagenverkaufsbedingungen und Vertragsschluss

94 Freizeitveranstaltungen sind Verkaufsveranstaltungen, deren Gesamtbild von einem Freizeiterlebnis ausgeht, auch wenn die gewerbliche Zielsetzung von den Teilnehmern nicht völlig übersehen wird, wie z.b. bei Kaffeefahrten, Kultur- und Sportereignissen, Butterfahrten u.Ä. Sie unterfallen den rechtlich missbilligten Situationen des § 312, da eine Bindung des Verbrauchers vermieden werden soll, in der für den Kunden der Geschäftszweck hinter die vom Veranstalter herbeigeführte freizeitliche Stimmung zurücktritt und Preis- und Qualitätsvergleiche unterbleiben, ebenso die Möglichkeit zu ruhiger Überlegung und Umkehr.[78]

95 Messeveranstaltungen werden nach der Rechtsprechung des BGH regelmäßig nicht als Freizeitveranstaltungen eingestuft. Aufgrund der Vielzahl der Verkaufsstände in großen Hallen und der Masse der Besucher ist es dem Einzelnen im Vergleich zu den typischen Freizeitveranstaltungen unschwer möglich, sich den Verkaufsbemühungen der Händler vor Ort zu entziehen und in der Anonymität der Besucherfluten unterzutauchen.[79]

96 Im Neuwagenhandel spielen Verbraucherverkaufsausstellungen ebenfalls eine untergeordnete Rolle im Gesamtbild des Vertriebs. Neben dem Pkw-Verkauf (z.B. Messe „Auto Mobil International") ist dieser Absatzweg bei Nutzfahrzeugen (z.B. Messe „Caravan + Camping") für den Käufer relevant. Dabei sollte er stets im Auge behalten, dass ihm bei der derartigen Vertragsschlüssen kein Widerrufsrecht schützend zur Seite steht.

99 Für das Vorliegen eines Haustürgeschäfts ist Voraussetzung, dass der Unternehmer ein persönliches Gespräch mit dem Verbraucher führt. Die physische Anwesenheit[80] der Vertragsparteien ist Abgrenzungskriterium zum Fernabsatzgeschäft. Die Kontaktaufnahme muss ferner auf Initiative des Unternehmers zustande gekommen und für den Vertragsschluss kausal, mindestens mitursächlich[81] gewesen sein, damit der Verbraucher „zum Vertragsschluss ... bestimmt" wurde.

100 § 312 Abs. 1 Nr. 1 setzt ferner eine mündliche Verhandlung voraus, die ursächlich für die Abgabe einer auf Abschluss eines Vertrages gerichteten Willenserklärung des Kunden sein muss. Unter mündliches Verhandeln fällt jedes Ansprechen des Verbrauchers mit dem Ziel des Vertragsschlusses. Das Verhandeln ist kausal für den Vertragsschluss, wenn er ohne die besonderen Umstände der Kontaktaufnahme nicht oder nicht in der geschehenen Form passiert wäre.[82] Diese Voraussetzungen sind bereits

---

[78] BGH NJW 1990, 3265, 3266; NJW 1992, 1889, 1890.
[79] BGHR 2002, 964, 965; ebenso: BGH NJW 1992, 1889, 1890; LG Braunschweig NJW-RR 1992, 1401; AG Ludwigsburg DAR 1995, 490, 492; OLG Düsseldorf OLGR 1999, 193; a.A., den Charakter einer Freizeitveranstaltung zuerkennend OLG Stuttgart NJW-RR 1988, 1323; OLG Dresden NJW-RR 1997, 1346.
[80] Dazu schon BGH NJW 1996, 931 f.
[81] *Gilles*, NJW 1996, 1131, 1139.
[82] BGH WM 1996, 387; OLG Stuttgart OLGR 1997, 71.

III. Widerrufsmöglichkeiten unter Verbraucherschutzgesichtspunkten § 1

erfüllt, wenn aufgrund eines unangemeldeten Verkäuferbesuchs Änderungswünsche vertraglich umgesetzt werden oder der Kunde erst später, in Abwesenheit des Verkäufers, die Vertragserklärung unterschreibt.[83]

Auch die Willenserklärung zum Abschluss eines Haustürgeschäftes ist mit einer Frist von zwei Wochen widerrufbar gem. §§ 312 Abs. 1, 355 Abs. 1, sofern der Verbraucher bei Vertragsschluss belehrt wurde. Nach § 312 Abs. 2 muss die Belehrung auch auf die Widerrufsfolgen gem. § 357 Abs. 1, 2, insbesondere die Wertersatzpflicht für Verschlechterung bei Ingebrauchnahme, hinweisen.[84] **101**

Die Frist beginnt nach § 355 Abs. 2 S. 1 frühestens mit der Erteilung einer ordnungsgemäßen Belehrung bei der Lieferung von Waren jedoch nicht vor dem Tag ihres Eingangs beim Empfänger, § 355 Abs. 3 S. 2.[85] Die entgegenstehende Ansicht möchte den Fristbeginn auch im Falle der Warenlieferung von der Erteilung einer ordnungsgemäßen Widerrufsbelehrung abhängig sein lassen, überzeugt aber nicht. Sie übersieht schlicht, dass § 355 Abs. 3 S. 1 das Erlöschen des Widerrufsrechts regelt und § 355 Abs. 3 S. 2 deren Beginn. Aufgrund des unterschiedlichen Regelungsgegenstandes ist der gegen den eindeutigen Wortlaut konstruierte grammatische Bezug des § 355 Abs. 3 S. 2 auf § 355 Abs. 3 S. 1 nicht vertretbar. Vielmehr stehen § 355 Abs. 3 S. 1 und § 355 Abs. 3 S. 2 als selbständige Regelungen nebeneinander und betreffen jeweils sämtliche in § 355 Abs. 2 S. 1 genannten Fälle. **102**

Praxistipp
In Anbetracht der fehlenden obergerichtlichen Rechtsprechung zu § 355 Abs. 3 S. 2 sollte die Einhaltung der Widerrufsfrist bei deren Beginn mit Auslieferung des Fahrzeugs überprüft werden.

Das Widerrufsrecht erlischt nach § 355 Abs. 3 S. 3 nicht, wenn der Verbraucher nicht oder nicht ordnungsgemäß belehrt worden ist, was den zwingenden Vorgaben des Gemeinschaftsrechts zu Haustürgeschäften entspricht.[86] **103**

Auch bei Haustürgeschäften ist dem Käufer dringend von einer Vereinbarung der Vertragsparteien gem. § 308 Nr. 1, das Neufahrzeug erst nach Ablauf der Widerrufsfrist zu liefern, abzuraten. **104**

Gesetzlich ausgeschlossen ist das Widerrufsrecht nach § 312 Abs. 3, wenn der für den Vertragsschluss maßgeblichen Verhandlung eine Bestellung des Kunden vorangegangen ist. Zum Schutz des Verbrauchers wird die Annahme einer vorherigen Bestellung äußerst restriktiv gehandhabt. Sie soll nur gegeben sein, wenn der Verbraucher den Unternehmer ausdrücklich zu Vertragsverhandlungen mit einem konkreten **105**

---
83 BGH NJW 1999, 575, 576.
84 *Lorenz/Riehm*, Rn 121.
85 *Reinking/Eggert*, Rn 124; a.A. LG Dortmund NJW 2003, 3355, 3356; Palandt/*Heinrichs*, § 355 Rn 12.
86 EuGH NJW 2002, 281, 283; *Lorenz/Riehm*, Rn 444; *Timmerbeil*, NJW 2003, 569, 570; *Staudinger*, NJW 2002, 653, 654.

Angebot oder Kostenvoranschlag und nicht zur bloßen Information oder Präsentation von Waren an den Arbeitsplatz oder in die Wohnung bestellt hat.[87]

106 Eine Anwendung von § 312 scheidet nach § 312a ebenfalls aus, wenn der Vertrag auch unter die dort genannten verbraucherrechtlichen Sondervorschriften fällt und diese dem Verbraucher ein Widerrufsrecht einräumen. Steht dem Verbraucher ein solches nach den einschlägigen Vorschriften nicht zu, gilt § 312. Wurde z.B. ein Kaufvertrag als Haustürgeschäft geschlossen und gleichzeitig inhaltlich unter die Regelungen über Verbraucherdarlehensverträge fällt, ist § 312 subsidiär gegenüber der Widerrufsregelung in § 495.

107 *Praxistipp*
Hat der Verbraucher unter Verbraucherschutzgesichtspunkten ein Widerrufs- oder Rückgaberecht, empfiehlt es sich in jedem Fall die Widerrufs- oder Rückgabebelehrung auf Übereinstimmung mit dem Muster nach Anlage 2 oder 3 zu § 14 BGB-InfoV zu überprüfen. Diese sind abgedruckt in Palandt/*Heinrichs*, Anhang zu § 355.

IV. Annahme

108 Der Vertrag über den Kauf eines Neuwagens kommt mit Annahme der Bestellung des Käufers durch den Verkäufer zustande. Sind die NWVB Grundlage des Vertrages geworden, kann nach Abschn. I. Ziff. 1 S. 2 NWVB der Verkäufer den Vertrag innerhalb der Bindungsfrist des Käufers nach Maßgabe der vorstehenden Ausführungen zur Wirksamkeit der Fristen durch schriftliche Bestätigung oder Ausführen der Lieferung annehmen.

1. Schriftliche Bestätigung

109 Die Wahrung der Schriftform ist keine Wirksamkeitsvoraussetzung für das Zustandekommen des Kaufvertrages, sondern hat lediglich Beweisfunktion. Die Annahme kann auch formlos mündlich, stillschweigend oder konkludent erklärt werden.

110 Der Vertrag kommt gem. § 130 in dem Zeitpunkt des Zugangs der Annahmeerklärung beim Käufer zustande. Zugegangen ist die Willenserklärung des Verkäufers, wenn sie so in den Machtbereich des Käufers gelangt ist, dass dieser unter normalen Umständen die Möglichkeit hat, von ihrem Inhalt Kenntnis zu nehmen.[88]

111 Der Möglichkeit eines formularmäßigen Verzichts auf den Zugang der Annahmeerklärung im Sinne des § 151 begegnet die Rechtsprechung aus guten Gründen mit Skepsis.

---

87 Palandt/*Heinrichs*, § 312 Rn 23 f., m.w.N.
88 Z.B. BGH NJW 1980, 990; 1983, 929.

IV. Annahme §1

Der Verbraucher würde gem. § 307 Abs. 2 Nr. 1 unangemessen benachteiligt, wenn der als Ausnahme konzipierte Tatbestand des § 151 zur Regel erhoben werde. Innerhalb der Bindungsfrist des Käufers an seinen Antrag wisse er nicht, wie weit der Entscheidungsprozess auf Verkäuferseite gediehen sei, was ihn in seiner wirtschaftlichen Dispositionsfreiheit quasi neutralisiere. Der Verkäufer könne hingegen seine wirtschaftliche Bestätigung ungehindert fortsetzen.[89] Zudem gebe es keine dem Wortlaut des § 151 entsprechende Verkehrssitte im Autokauf, die einen Zugang der Annahme entbehrlich mache.[90] Die Tatsache, dass beim Verbraucherdarlehensvertrag auf den Zugang der Annnahmeerklärung des Darlehensgebers im Massengeschäft aus Gründen der Praktikabilität formularmäßig verzichtet werden kann, sei keine Vorgabe für den Neuwagenkauf, da er kein Massengeschäft sei und der Fall der Darlehensgewährung durch den Verkäufer nur selten vorkomme. Aufgrund der Angebotsbindung habe der Käufer ein berechtigtes Interesse an dem tatsächlichen Zugang der Annahmeerklärung des Verkäufers, um nicht im Ungewissen darüber zu bleiben, ob und wann der Verkäufer sein Angebot angenommen hat.[91]

112

Dem ist zuzustimmen. Regelmäßig stellt der Neuwagenerwerb für den Verbraucher eine bedeutsame Anschaffung von erheblichem finanziellen Gewicht dar, die eine klare Regelung unentbehrlich macht. Dem Käufer ist im Hinblick auf die zeitliche Bindung seiner finanziellen Ressourcen nur eine Angebotsannahme durch tatsächliche Erklärung zuzumuten, die ihm zugeht und keinen Raum für Ungewissheit lässt, der mit einem Verzicht auf den Zugang der Erklärung verbunden wäre.

114

Dies kommt auch durch die Verpflichtung des Verkäufers in Abschn. I. Ziff. 1 S. 3 NWVB, den Besteller unverzüglich zu unterrichten, wenn er die Bestellung nicht annimmt, zum Ausdruck. Auch wenn diese Regelung dem Käufer in erster Linie – wenn auch schwer nachweisbare – Schadensersatzansprüche gegen den Verkäufer im Falle zeitlicher Verzögerung sichern soll,[92] ist ihr Hintergrund die Erkenntnis, dass die Phase der Ungewissheit für den Käufer durch eine zügige Weiterleitung der Verkäuferentscheidung, die einen Zugang erfordert, zeitlich limitiert sein muss. Ein formularmäßiger Verzicht auf den Zugang steht neben dem Verstoß gegen §§ 307 Abs. 1 Nr. 1, 308 Nr. 6[93] auch im Widerspruch zu Sinn und Zweck dieser Klausel.

115

Den fristgerechten Zugang der Annahmeerklärung beim Käufer hat der Verkäufer zu beweisen.

116

Allein die Absendung der Erklärung schafft keinen Anscheinsbeweis für den Zugang beim Käufer.[94] Der Zugang wird durch den Einwurf in den Briefkasten bewirkt, so-

117

---

89 OLG Hamm NJW-RR 1986, 927.
90 *Löwe/Graf von Westphalen/Trinkner*, Bd. 2, § 10 Nr.1 Rn 17; LG Frankfurt NJW-RR 1987, 1268.
91 *Reinking/Eggert*, Rn 23.
92 *Reinking/Eggert*, Rn 31.
93 Graf von Westphalen/Emmerich/*von Rottenburg*, § 4 VerbrKrG Rn 32; *Löwe/Graf von Westphalen/ Trinkner*, Bd. 2, § 10 Nr.1 Rn 17.
94 BVerfG NJW 1991, 2757, 2758.

bald mit Entnahme zu rechnen ist, wobei ein bis 18 Uhr eingeworfener Brief noch am selben Tag zugeht.[95] Dasselbe gilt für Einwurfeinschreiben. Ein Einschreibebrief mit Rückschein ist nicht zugegangen, wenn der Postbote dem abwesenden Empfänger einen Benachrichtigungszettel hinterlässt; ansonsten genügt der Rückschein als Nachweis der Zustellung.[96] Der Zugang wird nicht angenommen, wenn es der Käufer trotz Benachrichtigung versäumt, das Einschreiben abzuholen. Er wird jedoch fingiert, wenn der Käufer die Annahme grundlos verweigert oder arglistig vereitelt.[97]

Praxistipp
Zur Vermeidung von Beweisschwierigkeiten hat sich die im Gegensatz zum Einschreiben-Rückschein deutlich günstigere Form des Einwurf-Einschreibens bewährt.

118 Gibt der Verkäufer durch sein Verhalten zu verstehen, dass er von einem Vertragsschluss ausgeht, kann er sich nicht auf einen fehlenden Zugang der Annahmeerklärung berufen (venire contra factum proprium, § 242). Die Ansicht des AG Köln, auch dem Käufer sei es nicht möglich, sich auf die fehlende Auftragsbestätigung zu berufen, wenn eine formlose Einigung der Parteien vor Ort stattgefunden hat, da die schriftliche Mitteilung in diesen Fällen rein deklaratorische Bedeutung haben soll, ist dagegen unzutreffend. Die mündlichen Verhandlungen der Parteien enden regelmäßig mit der Unterzeichnung der „verbindlichen Bestellung", so dass eine den NWVB vorgehende Individualabrede nicht getroffen wurde und es beim Schriftformerfordernis verbleiben muss.[98]

120 Erfolgt der Zugang nach Ablauf der Bindungsfrist, die nach der hier vertretenen Meinung gem. § 147 Abs. 2 zwei Wochen beträgt, ist kein Vertragsschluss erfolgt. Die verspätete oder inhaltlich von den Angaben im Bestellformular des Käufers abweichende Annahme gilt gem. § 150 Abs. 1, 2 als neues Angebot. Ein neues Angebot liegt bei Angabe eines höheren Preises und anderer Ausstattung des Nachfolgemodells in der Auftragsbestätigung oder einer abweichenden Angabe der Lieferfrist von sechs Monaten gegenüber der Bestellung des Käufers vor. Die fehlende Angabe über Farbe und Polsterung führt zu einem Einigungsmangel nach § 154 Abs. 1, 2.

121 Dem Käufer obliegt die Entscheidung, das neue Angebot des Händlers anzunehmen oder auszuschlagen. Üblicherweise geschieht dies durch eine Gegenbestätigung des Käufers. Ein Verzicht darauf wäre im Geschäftsverkehr mit privaten Kunden als untypisch einzustufen.[99]

---

95 Str., BayVerfGH NJW 1993, 518; LG Stuttgart BB 2002, 380; a.A. BAG NJW 1984, 1651; OLG Hamm NJW-RR 1995, 1187.
96 Palandt/*Heinrichs,* § 130 Rn 7 m.w.N.
97 BGH NJW 1983, 929; BB 1989, 289.
98 AG Köln, Urt. v. 11.5.1989 – 122 C 354/88 – n.v.
99 AG Korbach NJW-RR 1991, 347.

2. Ausführung der Lieferung

Die zweite Annahmemöglichkeit ist nach den NWVB die Ausführung der Lieferung durch den Verkäufer. Darunter ist nach *Creutzig* ein einseitiger Realakt, die Übergabe des Fahrzeuges samt Zulassung, der Fahrzeugpapiere und Schlüssel durch den Händler an den Käufer, zu verstehen.[100] Nach zutreffender Ansicht ist die Zulassung jedoch nicht begriffsnotwendig Voraussetzung der ausgeführten Lieferung, sondern nur, wenn die Parteien eine entsprechende Vereinbarung getroffen haben.[101]

122

Praktische Bedeutung wird die Unterscheidung kaum erlangen, wenn man davon ausgeht, dass die Bereitstellungsanzeige des Verkäufers eine konkludente Annahmeerklärung ist, die bereits den wirksamen Vertragsschluss zur Folge hat.

123

Verzögert sich die Auslieferung aus Gründen, die der Verkäufer nicht zu vertreten hat, obwohl er alle Vorraussetzungen für eine termingerechte Lieferung geschaffen hatte, kann nach Treu und Glauben der Käufer nicht einwenden, dass kein Vertrag zustande gekommen sei.[102]

124

> *Praxistipp*
> Insbesondere bei Fahrzeugmodellen mit einer längeren Lieferfrist oder bei einer Lieferverzögerung verstreicht die Bindungsfrist häufig ungenutzt, weil die schriftliche Bestätigung des Verkäufers im Vertrauen auf eine rechtzeitige Lieferung unterblieben ist. Rechte aus der verbindlichen Bestellung können dann vom Verkäufer nicht mehr und vom Käufer nur eingeschränkt geltend gemacht werden.

125

V. Form

Der Abschluss eines Kaufvertrages über einen Neuwagen ist formfrei möglich. Die NWVB enthalten für Erklärungen und Vereinbarungen zwischen den Vertragsparteien keine konstitutive Schriftformklausel, wenn sie auch aus Beweissicherungsgründen an einigen Stellen Schriftform vorsehen, wie die bereits genannte schriftliche Bestätigung der Bestellung. Der BGH hatte in den früheren Neuwagenverkaufsbedingungen eine Klausel für unwirksam erklärt, nach der sämtliche Vereinbarungen schriftlich niederzulegen sind. Er stellte einen Verstoß gegen § 9 AGBG (jetzt § 307) fest, denn durch die Altklausel trete eine unangemessene Benachteiligung des Kunden ein, dadurch dass ihm der Eindruck vermittelt werde, die Nichtbeachtung der Schriftform führe zur Unwirksamkeit der getroffenen Vereinbarung und hindere die Durchsetzung von Ansprüchen.[103]

126

---

100 *Creutzig*, Recht des Autokaufs, Rn 1.1.8.
101 *Reinking/Eggert*, Rn 27.
102 *Reinking/Eggert*, Rn 27.
103 BGH DAR 2001, 64.

127 Eine gesetzliche Formvorschrift greift allerdings bei Kaufverträgen mit Teilzahlungsvereinbarung, gem. § 492 Abs. 1 S. 1 i.V.m. § 501. Wird das Formerfordernis missachtet, ist der Vertrag nichtig, es sei denn, eine Heilung nach § 494 Abs. 2 tritt ein.

VI. Übertragung von Rechten und Pflichten aus dem Kaufvertrag

129 Die NWVB sehen in Abschn. I. Ziff. 2 für die Übertragung von Rechten und Pflichten aus dem Kaufvertrag durch den Käufer auf Dritte die schriftliche Zustimmung des Verkäufers vor. Dies gilt für alle Rechte und Pflichten des Käufers, eingeschlossen der Ansprüche auf Eigentumsverschaffung und aus Sachmängelhaftung. Die Nichteinhaltung der Schriftform bei der Zustimmungserteilung ist unschädlich.[104]

131 Der BGH hat die Wirksamkeit der Klausel anerkannt. Eine unangemessene Benachteiligung des Käufers gem. § 307 tritt nicht ein. Sein Interesse, das Fahrzeug vor Lieferung ggf. mit Gewinn an Dritte zu veräußern, tritt gegenüber dem des Verkäufers zurück. Er kann sicherstellen, den Vertrag mit seinem Vertragspartner auch abzuwickeln und nicht unerwartet einem anderen, nicht solventen Käufer gegenüber zu stehen. Zudem verhindert die Klausel eine Weiterveräußerung auf dem „grauen Markt", der entsteht, wenn Wagen während der zum Teil sehr langen Lieferzeit gegen höhere Preise als dem Lieferpreis weiterveräußert werden. Damit stützt die Klausel auch die Aufrechterhaltung des Vertragshändlersystems.[105]

132 Da Kraftfahrzeuge vom Endabnehmer typischerweise zum eigenen Gebrauch – nicht zur spekulativen Weiterveräußerung vor Lieferung – erworben werden, ist das auch aus Käufersicht akzeptabel. Zwar entspricht die freie Verfügungsbefugnis den mit dem Eigentumserwerb verbundenen Rechten und dem Grundsatz der Vertragsfreiheit. Eine gewinnorientierte Veräußerungsabsicht ist ebenfalls weder rechts- noch sittenwidrig. Die Einschränkung der Rechte begründet jedoch noch keine derartige Rechtseinschränkung, dass daraus eine Unangemessenheit folgt.[106]

134 Der Verkäufer darf die Zustimmung nicht ohne sachlichen Grund verweigern. Die Zustimmung kann der Verkäufer nach Treu und Glauben verweigern, wenn an der Solvenz oder der Vertragstreue des Übernehmers berechtigte Zweifel bestehen[107] oder der Verkäufer eine Weiterveräußerung auf dem „grauen Markt" verhindern will.[108] Rechtsmissbräuchlich verhält sich dagegen der Verkäufer, wenn er den Neuwagen an den Nachkäufer veräußert, der Vertragsübernahme aber nicht zustimmt, um erneut Gewinn zu erzielen.[109] Ein treuwidriges Verhalten kann auch vorliegen, wenn der

---

104 *Reinking/Eggert*, Rn 65; *Creutzig*, Recht des Autokaufs, Rn 1.3.1.
105 BGH NJW-RR 2000, 1220, 1221; NJW 1981, 117, 118; NJW-RR 1989, 1104.
106 BGH DAR 1982, 66, 68.
107 OLG Karlsruhe DAR 1986, 151.
108 *Creutzig*, Recht des Autokaufs, Rn 1.3.4.
109 OLG Karlsruhe DAR 1986, 151.

VI. Übertragung von Rechten und Pflichten aus dem Kaufvertrag § 1

Käufer seine Rechtsposition aus dem Kaufvertrag übertragen möchte, etwa weil er den sich daraus ergebenden Pflichten infolge Erkrankung, Fahruntauglichkeit oder wegen Überschuldung zwischenzeitlich nicht mehr nachkommen kann, aber der Verkäufer die Zustimmung verweigert.[110]

Fehlt die Zustimmung des Verkäufers zur Übertragung von Rechten und Pflichten, ist die Übertragung unwirksam. Die rechtliche Einordnung der Unwirksamkeit wird unterschiedlich beurteilt. Die Klausel beinhalte ein unter dem Vorbehalt der Zustimmung des Verkäufers stehendes und damit relatives Verbot zur Abtretung der Rechtsposition aus dem Kaufvertrag.[111] Bei entsprechender Anwendung des § 135 ergebe sich daher eine nur gegenüber dem Verkäufer geltende Unwirksamkeit.[112] Im Verhältnis zur Allgemeinheit würde der Erwerber Träger der Rechte und Pflichten, im Verhältnis zum Verkäufer verblieben sie beim Käufer.[113] Die relative Unwirksamkeit könne durch Genehmigung entsprechend § 185 Abs. 2 „ex tunc" vollwirksam werden.[114] **136**

Abtretungsverbot und Zustimmungsvorbehalt der NWVB sind jedoch mit der überwiegenden Auffassung den gesetzlichen Verfügungsbeschränkungen zuzurechnen, weil sie bewirken, dass der Forderung die Veräußerungsfähigkeit genommen wird, gem. § 399.[115] Die Regelung bezweckt eine Beschränkung des rechtlichen Könnens des Käufers mangels Rechtsmacht, es stellt sich nicht die Frage, ob er verfügen darf. Eine Abtretung ohne Zustimmung ist absolut unwirksam[116] und kann auch Dritten entgegengehalten werden. Dritte können sich ebenfalls auf die Unwirksamkeit berufen, da die Forderung aufgrund der Unwirksamkeit der Verfügung im Käufervermögen verbleibt.[117] **138**

Eine Heilung durch einseitige Genehmigung seitens des Verkäufers scheidet aus; §§ 184, 185 sind unanwendbar. In der Genehmigung ist vielmehr ein Angebot zum Abschluss eines Änderungsvertrages zu sehen, gerichtet auf die Aufhebung des Abtretungsausschlusses. Bei Annahme des Käufers wird eine verbotswidrige Abtretung „ex nunc" wirksam.[118] **139**

Die Zustimmung des Verkäufers muss vom Käufer eingeholt werden. In welcher rechtlichen Ausgestaltung sie Eingang in den Vertrag zwischen ihm und dem Dritten findet, bleibt den Parteien überlassen. Möglich ist die Vereinbarung einer Bedingung (§§ 158 ff.)[119] oder sie zur Geschäftsgrundlage zu erklären. Ferner könnte eine Risiko- **141**

---

110 OLG Hamm, Urt. v. 9.7.1987 – 28 U 268/86 – n.v.
111 *Creutzig,* Recht des Autokaufs, Rn 1.3.2. unter Hinweis auf OLG Karlsruhe DAR 1978, 13.
112 BGH NJW-RR 1991, 764; *Creutzig,* Recht des Autokaufs, Rn 1.3.2.; *Scholtz,* NJW 1960, 1837.
113 *Bülow,* JuS 1994, 7; Palandt/*Heinrichs,* § 136 Rn 6.
114 *Scholtz,* NJW 1960, 1837.
115 BGHZ 40, 156, 160; 56, 229, 231; *Bülow,* NJW 1993, 901, 901; *Reinking/Eggert,* Rn 62.
116 Palandt/*Heinrichs,* § 136 Rn 2, 2a; BGH NJW 1983, 636.
117 BGHZ 102, 293, 301; 108, 172, 176.
118 BGHZ 108, 172, 176; 70, 302.
119 Palandt/*Heinrichs,* vor § 182 Rn 5.

übernahme durch eine der Vertragsparteien vereinbart werden, hinsichtlich der Haftung für das Versagen oder die Erteilung der Zustimmung mit der Folge der Schadensersatzpflicht (§ 280), wenn sich verschuldet das Risiko realisiert.[120]

142 Alternativ ist auch die Übertragung des gesamten Schuldverhältnisses, des Eintritts des Dritten in die Rechtsposition des Käufers möglich, wenn dies der Intention der Vertragsparteien entspricht. Eine solche rechtsgeschäftliche Vertragsübernahme (§ 305) tangiert die Rechtsstellung aller drei Beteiligten; sie ist Verfügung über das Schuldverhältnis im Ganzen und bedarf daher der Zustimmung aller.[121]

---

[120] *Kasten*, DAR 1985, 265, 266; *Reinking/Eggert*, Rn 62.
[121] Palandt/*Heinrichs*, § 398 Rn 38a; *Kasten*, DAR 1985, 265, 266.

§ 2 Der Kaufpreis

I. Kaufpreisvereinbarung

Der Kaufpreis für einen Neuwagen wird zwischen den Parteien individuell vereinbart. Grenzen setzt allein § 138. Orientierung bieten die unverbindlichen Preisempfehlungen der Hersteller, deren Verwendung nach § 23 GWB gestattet ist. Abweichungen bleiben aber ohne Einfluss auf die Wirksamkeit des Kaufvertrages.[122]   **143**

Der vereinbarte Kaufpreis ist das Entgelt für die sachmängelfreie Übergabe und Übereignung des Kaufgegenstandes. Er umfasst grundsätzlich die zu entrichtende Umsatzsteuer,[123] wenn nicht eine davon abweichende Regelung besteht. Ist die Mehrwertsteuer nicht gesondert in der „verbindlichen Bestellung" oder Kaufvertrag ausgewiesen, kann sie dem Käufer nicht berechnet werden.[124]   **144**

Auf der Vorderseite des Bestellformulars ist neben dem Gesamtpreis in EUR auch jede einzelne Komponente des Preises aufgeführt. Vor allem die Auflistung der Einzelpreise von Nebenleistungen, die nicht im Gesamtpreis enthalten sind, wie Transport- oder Zulassungskosten, ist sinnvoll, um Missverständnissen vorzubeugen.[125] Bei Werbeangeboten zum Verkauf von Neuwagen gehören die zwangsläufig anfallenden Überführungskosten zu den Angaben der Preisbestandteile.[126]   **146**

II. Wegfall von Rabattgesetz und Zugabeverordnung

Rabattgesetz und Zugabeverordnung wurden am 25.7.2001 ersatzlos gestrichen. Motiv dafür war das Streben nach einer Modernisierung des deutschen Wettbewerbsrechts, aber auch die Vermeidung von Wettbewerbsnachteilen für deutsche Unternehmer infolge der E-Commerce Richtlinie der EU, die beim Vertrieb von Waren das Recht des Herkunftslandes zugrunde legt.[127] Die Begriffe „Rabatt" und „Zugabe" sind weiterhin im Rechts- und Geschäftsverkehr in Gebrauch. Rabatt ist der auf den Normalpreis der Ware oder Leistung gewährte Nachlass. Unter Zugabe ist in Anlehnung an den ehemaligen § 1 ZugabeVO eine Ware oder Leistung zu verstehen, die als Kaufanreiz kostenfrei und im Zusammenhang mit einer entgeltlichen, andersartigen Ware oder Dienstleistung abgegeben wird.[128]   **148**

---

[122] *Bechtold,* § 14 GWB Rn 13.
[123] Zu der Frage der Umsatzsteuererhöhung zwischen Vertragsschluss und Lieferung siehe unten, § 2, III. 2. „Formularmäßige Preisänderungsvereinbarung" Rn 193.
[124] BGHZ 103, 287 f.
[125] OLG Hamm OLGR 1998, 222.
[126] OLG Hamm DAR 2005, 157.
[127] *Nordemann,* NJW 2001, 2505, 2506; Begründung des Gesetzesentwurfs der Bundesregierung, BT-Drucks 14/5594, 5–7.
[128] *Köhler,* BB 2001, 1589; *Baumbach/Hefermehl,* Wettbewerbsrecht § 1 ZugabeVO Rn 1 ff.; *Köhler/Piper,* UWG, § 1 ZugabeVO Rn 1 ff.; *Nordemann,* NJW 2001, 2505, 2506.

§ 2 Der Kaufpreis

150 Der Wettbewerb um die Käufer durch Nachlässe und Rabatte wird rechtlich nur noch durch den vergleichsweise weit gesteckten Rahmen allgemeiner Rechtsvorschriften, insbesondere des UWG und der PAngVO, begrenzt.

153 Zugaben, wie der Ersatz der Benzinkosten für 10.000 km oder die Befreiung von Kraftfahrzeugsteuer und Versicherungsbeiträgen für zwei Jahre, sind nichts Ungewöhnliches mehr. Regelrecht erwarten darf der Kunde „kleinere" Beigaben wie Fußmatten, Alarmanlage oder Winterreifen ohne Extrakosten beim Neuwagenkauf. Nachlässe werden in Höhe von 10% und mehr gewährt, ausgehend von den Preisempfehlungen der Hersteller. Derzeit beträgt der durchschnittliche Preisnachlass 13 %.[129] Die für den Käufer nötige Preistransparenz für eine Vergleichbarkeit der Preise ist mit der Innovation der Vertriebsstrategien allerdings kritisch im Auge zu behalten.[130]

1. Grenzen der Gewährung von Zugaben

156 Nach dem Wegfall der Zugabeverordnung ist die Abgabe von zwei, keine Funktionseinheit bildenden Produkten zu einem Gesamtpreis, bei dem ein Produkt ohne Berechnung oder unter Berechnung eines nominellen Betrages abgegeben wird (Kopplungsangebot) grundsätzlich wettbewerbsrechtlich zulässig. Damit der Verbraucher nicht Gefahr läuft, unsachlich beeinflusst oder irregeführt zu werden, müssen bestimmte Anforderungen an die Preisinformation solcher Angebote erfüllt sein, vor allem um eine Täuschung des Verbrauchers über den tatsächlichen Wert des Angebots zu vermeiden, aber auch um zu verhindern, dass durch mangelnde Transparenz die Rationalität der Nachfrageentscheidung beim Verbraucher zu sehr an Gewicht verliert.[131]

157 Nach § 1 UWG ist jede Zugabe, die einen Kunden „übertrieben anlockt", unzulässig. Kennzeichnend dafür ist, dass der Kunde von dem Wunsch getrieben wird, sich das Angebot zu sichern und eine geradezu „magnetische" Anziehung verspürt. Der Kaufentschluss wird dann durch die Zugabe derart beeinflusst, dass nicht die Qualität der Hauptware, sondern der Erwerb der Vergünstigung im Mittelpunkt steht.[132] Die anlockende Wirkung eines attraktiven Angebots über eine Gesamtleistung, die mit der Kostenlosigkeit einer hochwertigen Zugabe wirbt, ist jedoch grundsätzlich als wettbewerbskonform durch den BGH eingestuft worden, da die Anlockwirkung gerade gewollte Folge des Leistungswettbewerbs ist.[133] Andere Begleitumstände können jedoch die Wettbewerbswidrigkeit des Angebots begründen, beispielsweise wenn nur unzureichend über dessen Inhalt informiert wird.[134]

---

129 *Reinking/Eggert*, Rn 61.
130 *Berneke*, WRP 2001, 615, 617; *Nordemann*, NJW 2001, 2505; *Meyer*, GRUR 2001, 98, 110.
131 BGH NJW 2002, 3403, 3404, Kopplungsangebot I; NJW 2002, 3405, 3406, Kopplungsangebot II.
132 BGH NJW-RR 1986, 1428; *Baumbach/Hefermehl*, Wettbewerbsrecht, § 1 UWG Rn 90a.
133 BGH NJW 1999, 214, 215.
134 BGH NJW 2003, 1671.

II. Wegfall von Rabattgesetz und Zugabeverordnung § 2

Nach § 3 UWG sind werbliche Angaben irreführend, wenn sie bei den angesprochenen Verkehrskreisen eine Vorstellung auslösen, die mit den tatsächlichen Verhältnissen, auf denen die Werbung basiert, nicht übereinstimmt. Die Abweichung der subjektiv erweckten Vorstellung von der Realität begründet ihre wettbewerbsrechtliche Unzulässigkeit.[135] Die Werbung mit Zugaben ist irreführend, wenn der Käufer über den Wert der Zugabe getäuscht wird.[136] Eine Pflicht zur Bezifferung des Wertes bedingt dies jedoch nicht. Es ist ausreichend, wenn der Verkehr den Einzelpreis ohne Schwierigkeiten ermitteln kann. Das umfasst auch ein längeres Suchen nach vergleichbaren Konkurrenzangeboten.[137]

160

Ist der Wert hingegen für die Käufer überhaupt nicht mehr einzuschätzen, liegt eine Irreführung gem. § 3 UWG vor, z.B. wenn pro mit Kreditkarte bezahlten 5 EUR eine Flugmeile als Bonus gutgeschrieben wird, aber der Kunde nicht erfährt, welche Meilenzahl in welche Flüge und Übernachtungen umwandelbar ist.[138] Die Werbung für zwei Verkaufspakete „Jetzt schlägt's Punto!" der EDEKA Handelskette wurde unterschiedlich beurteilt. Die Pakete enthielten neben dem Fiat Punto sechs technische Geräte und eine Reise. Nach einer Ansicht[139] war das Angebot zwar aus wettbewerbsrechtlicher Sicht nicht zu beanstanden, jedoch habe der Verbraucher in der begrenzten Laufzeit von 24 Tagen und wegen der großen Stückzahl an Zugaben kaum eine Chance, die jeweiligen Preise in Erfahrung zu bringen und zu vergleichen.

161

Nach anderer Ansicht[140] war das Paket wettbewerbsrechtlich zulässig im Hinblick auf die Vergleichsmöglichkeiten durch den Käufer, ausgehend vom Leitbild des informierten Durchschnittsverbrauchers, dass auch der Gesetzgeber zugrunde legt. Als irreführend wurde jedoch auch nach dieser Ansicht beanstandet, dass ein Hinweis darauf fehlte, dass der Drucker ein Auslaufmodell war und der Autokauf einen separaten Vertrag mit dem FIAT Händler erforderte.[141]

164

Zugaben, die als attraktiv und hochwertig dargestellt werden, deren tatsächlicher Wert aber verschleiert wird, verstoßen wegen übertriebenen Anlockens sowohl gegen § 3 UWG als auch gegen § 1 UWG.[142] Das übertriebene Anlocken entfällt wiederum, wenn der Wert der Zugabe für den Verkehr ersichtlich oder ermittelbar ist. Diese Bewertung legt einen mündigen Käufer zugrunde, der sich nicht vorschnell verleiten lässt und trägt auch dem Aspekt Rechnung, dass der Gesetzgeber die Zugaben durch Aufheben der Verordnung grundsätzlich freigeben wollte.[143]

165

---

135 *Vogt,* NJW 1993, 2845, 2851.
136 *Nordemann,* NJW 2001, 2505, 2510.
137 OLG Karlsruhe MDR 2001, 1128.
138 BGH GRUR 1996, 363; GRUR 1999, 515, 518; *Nordemann,* NJW 2001, 2505, 2510.
139 *Cordes,* WRP 2001, 867, 871.
140 *Berneke,* WRP 2001, 615, 621.
141 OLG Köln, Urt.v. 15.2.2002 – 6 U 180/ 01 – n.v.; OLG Karlsruhe, Urt.v. 14.8.2001 – 4 U 54/01 – n.v.
142 OLG Düsseldorf WRP 2001, 711.
143 *Berlit,* WRP 2001, 349, 352.

§ 2 Der Kaufpreis

2. Grenzen der Rabattgewährung

168 Das Rabattgesetz wirkte regulierend in Bezug auf diskriminierende Ausnahmepreise, nicht auf jegliche Form des Preisnachlasses. Die abweichend vom Normalpreis bestimmten Personengruppen gewährten Rabatte, wie der Barzahler-Rabatt von 5% oder der Rabatt bei Abnahme größerer Mengen, ist mit der Abschaffung des Gesetzes nun grundsätzlich erlaubt. Dem Kunden können je nach Verhandlungsgeschick beliebig hohe Rabatte eingeräumt werden. Möglich ist es nun auch, verschiedene Rabattarten miteinander zu kombinieren. Ferner steht einer Begünstigung bestimmter Verbraucherkreise wie Studenten, Rentnern oder Berufsgruppen, wie z.B. Anwälten oder Unternehmern, sowie Vereinen, wie z.b. dem ADAC oder Fußballvereinen, nichts mehr im Wege.[144] Dabei ist das Differenzierungskriterium frei den Erfordernissen des Marktes entsprechend wählbar, solange die wettbewerbsrechtliche Zulässigkeit gewahrt bleibt.

Die Rabattgewährung muss auch wettbewerbskonform gem. § 1 UWG erfolgen. Da sie jedoch stets Teil eines Gesamtangebots ist und Vergünstigungen, die Teil eines solchen Angebots sind, nach Auffassung des BGH grundsätzlich nicht zu einem übertriebenen Anlocken führen, ist ein Verstoß nicht zu befürchten.[145] Selbst Preise unter der Einstandsgrenze sind zulässig, solange nicht im Einzelfall besondere Umstände hinzutreten, die ihre Sittenwidrigkeit begründen wie die Absicht der Verdrängung von Mitbewerbern oder Vertragsbruch.[146] Bietet ein Wettbewerber seine Leistungen dauerhaft ohne sachlichen Grund unter den Selbstkosten an, um das Preisniveau im Interesse eines Dritten, der das Vorhaben subventioniert, zu senken, verstößt dies gegen das Grundprinzip des Leistungswettbewerbs.[147]

174 Das Irreführungsverbot des § 3 UWG gebietet, keinen Irrtum über die Höhe eines Rabatts zu erwecken, wie es bei Werbung mit nicht ernsthaft oder nicht über eine gewisse Zeitspanne hinaus geforderten Preisen, sogenannten Mondpreisen, der Fall ist, die dann individuell rabattiert werden.[148] Ein weiteres Beispiel sind Preise, die häufig innerhalb kurzer Abstände immer wieder geändert werden, um zwischenzeitlich dem Verbraucher den Eindruck zu suggerieren, es würden besondere Preisnachlässe gewährt (Preisschaukelei).[149] Werbung mit der Bereitschaft, Rabatte zu gewähren, die tatsächlich nicht vorhanden ist oder umgekehrt mit festen Preisen zu werben, obwohl die Bereitschaft besteht, Rabatte einzuräumen, ist ebenfalls irreführend für den Verbraucher.[150]

---

144 *Nordemann,* NJW 2001, 2505, 2507, 2508.
145 *Nordemann,* NJW 2001, 2505, 2507, 2511; BGH NJW 1999, 214, 215; NJW 1999, 211, 212, 213; NJW-RR 1998, 1201.
146 *Steinbeck,* ZIP 2001, 1741, 1746 m.w.N.
147 OLG München NJW-RR 1996, 163; OLG Karlsruhe WRP 2002, 750.
148 *Berneke,* WRP 2001, 615, 621; *Henning-Bodewig,* WRP 2000, 886, 888.
149 *Dittmer,* BB 2002, 1961, 1962.
150 *Baumbach/Hefermehl,* Wettbewerbsrecht, § 3 UWG Rn 274, 324.

3. Preisangabeverordnung und Preisauszeichnung

Grundsätzlich besteht gem. § 1 Abs. 1 PAngVO die Pflicht der anbietenden Wirtschaft zur Angabe von Endpreisen für Waren oder Leistungen, die den Letztverbrauchern gewerbs- oder geschäftsmäßig angeboten werden.[151] Der Regelungsgehalt der Verordnung soll entsprechend den normierten Grundsätzen der Preisklarheit und Preiswahrheit dem Verbraucher Klarheit über die Preise und deren Gestaltung verschaffen und verhindern, dass er seine Preisvorstellungen anhand untereinander nicht vergleichbarer Preise gewinnen muss.[152]

176

In der Werbung besteht keine Pflicht zur Preisangabe, solange nicht mit Preisen geworben wird. Ansonsten ist der Händler zur Angabe von Verbraucherendpreisen im Sinne von § 1 Abs. 1 PAngVO verpflichtet. Diese entsprechen den dem früheren Rabattgesetz entnommenen Normalpreisen, also dem Preis, den der Händler für eine Ware ankündigt oder allgemein fordert und gegebenenfalls rabattiert. Er enthält alle Preisbestandteile inklusive Umsatzsteuer, Überführungskosten und anderer Nebenkosten.[153] Da die Überführung durch den Händler in der Mehrzahl der Fälle obligatorisch ist, kann die Einbeziehung dieser Kosten als Regelfall angesehen werden, was wiederum eine Vergleichbarkeit der Preise für den Kunden sicherstellt. Zudem rechnet der Kaufinteressent eines Neuwagens nicht damit, dass auf den vom Händler genannten Preis noch Zusatzkosten aufgeschlagen werden. Dem Händler ist allerdings der Hinweis möglich, dass der Kaufpreis sich im Fall, dass der Kunde das Neufahrzeug selbst überführt, entsprechend ermäßigt.[154]

177

Eine Irreführung gem. § 3 UWG im Zusammenhang mit der Preisangabe gem. § 1 PAngVO wird erzeugt, wenn in der Werbung für Fahrzeuge bei der Preisgegenüberstellung des unverbindlichen Herstellerpreises und des Hauspreises des Händlers der Eindruck von überhöhten Preisvorteilen erweckt wird, weil die Frachtkosten der noch zu bestellenden Fahrzeuge bei der Kalkulation des Hauspreises weggelassen wurden.[155]

179

Der Verpflichtung gem. §§ 1, 7 Abs. 1 PAngVO, den Endpreis hervorgehoben anzugeben, läuft es zuwider, mit einem Nettopreis zuzüglich Mehrwertsteuer zu werben, ohne den Bruttopreis besonders in den Blickfang zu rücken, da dies irreführend für den Verbraucher ist. Wird dabei als Vergleichspreis die ehemalige unverbindliche Preisempfehlung des Herstellers genannt, obwohl sich der genannte Wert tatsächlich nicht in der Preisliste des Herstellers wieder finden lässt, verstößt auch das gegen § 3 UWG.[156]

180

---

151 *Ulmer,* DAR 1983, 137, 139.
152 BGHZ 108, 39, 40 f.; *Ulmer,* DAR 1983, 137, 139; *Gelberg,* S. 126 ff. (amtliche Begründung).
153 BGH WRP 1983, 358; *Boest,* NJW 85, 1440, 1442; *Gelberg,* GewArch 83, 359; a.A. BGH NJW 1983, 2703.
154 *Boest,* NJW 1985, 1440, 1442.
155 OLG Schleswig OLGR 2002, 422, 423.
156 OLG Zweibrücken, Urt. v. 14.2.2002 – 4 U 114/01 – n.v.

§ 2 Der Kaufpreis

III. Preisänderungsvereinbarung

181 Der Verkäufer eines Neuwagens hat wegen der oft monatelangen Lieferzeit ein Interesse daran, den Kaufpreis nach Vertragsschluss zu seinen Gunsten den Gegebenheiten bei Auslieferung des Fahrzeuges einseitig anzupassen. Treffen die Parteien darüber keine Vereinbarung, bleibt es bei dem bei Vertragsschluss vereinbarten Kaufpreis unabhängig von der Lieferzeit. Wird der so vereinbarte Kaufpreis als „gegenwärtiger Preis" bezeichnet, kann dies nicht als rechtlicher Anknüpfungspunkt für eine spätere Preisanpassung verwendet werden.[157]

Grundsätzlich kann das Recht des Verkäufers zur Preisanpassung durch eine Individualabrede mit dem Käufer oder durch Einbeziehung einer entsprechenden Allgemeinen Geschäftsbedingung vereinbart werden.

1. Vertragliche Preisänderungsvereinbarung

185 Eine Individualabrede lässt den Parteien vor dem Hintergrund der Vertragsfreiheit die größten Gestaltungsmöglichkeiten. Entscheidend ist dabei, dass in Abgrenzung zur formularmäßigen Regelung der Käufer zur Wahrung seiner Interessen Einfluss auf die Gestaltung und den Inhalt der vertraglichen Regelung nehmen kann und dies nicht durch deren Vorformulierung ausgeschlossen ist.[158]

186 Eine Tagespreisklausel kann auch für einen Zeitraum von weniger als vier Monaten zwischen Vertragsschluss und vereinbartem Liefertermin zwischen den Parteien vereinbart werden. Die Formulierung „... es wird der am Tag der Lieferung gültige Listenpreis berechnet..." ist als individuelle Regelung wirksam.[159]

189 Wählen die Parteien eine Formulierung, die eine Bezifferung des Kaufpreises vermeidet, wie „Kaufpreis freibleibend" oder „Kaufpreis vorbehalten" ist dies zwar rechtlich unbedenklich, erfordert jedoch eine Auslegung. Sie kann als Vereinbarung eines Tages- oder Marktpreises verstanden werden, wonach der Käufer den am Erfüllungsort zur Erfüllungszeit durchschnittlichen Preis zu entrichten hat, oder aber als Leistungsbestimmungsrecht des Verkäufers gem. § 315, der dann nach billigem Ermessen den Kaufpreis festlegt. Für die letztere Auslegungsvariante trägt der Verkäufer die Beweislast. Aus Käufersicht ist es ratsam, entweder eine genaue Ausgestaltung solcher Formulierungen festzulegen oder ganz von ihnen Abstand zu nehmen und eine exaktere Formulierung zu wählen, die sich an den vom BGH vorgegebenen strengeren Voraussetzungen der entsprechenden Klauseln in den AGB orientiert.

190 Die vertragliche Vereinbarung sollte bei einer Preisbestimmung durch den Verkäufer gem. § 315 ein Rücktrittsrecht[160] des Käufers für den Fall vorsehen, dass die Erhö-

---

157 *Reinking/Eggert,* Rn 53.
158 BGH NJW 1992, 1107, 1108; 1996, 1676, 1677.
159 AG München, Urt. v. 13.8.1982 – 4 C 7503/ 82 – n. v.
160 BGHZ 90, 69 ff.; BGH NJW 1984, 1180, 1181.

hung des Preises den Anstieg der allgemeinen Lebenshaltungskosten übersteigt. Der Käufer ist dadurch auch bei einer Individualabrede vor allzu gravierenden und vor allem unangemessenen Preiserhöhungen geschützt.

Die Aufnahme einer Tagespreisklausel in die Auftragsbestätigung, stellt gem. § 150 Abs. 2 eine Ablehnung des Käuferangebots verbunden mit einem neuen Angebot des Verkäufers dar. Es bedarf der ausdrücklichen oder konkludenten Annahme durch den Käufer, damit der Kaufvertrag wirksam zustande kommt. Schweigen des Käufers gilt nicht als Zustimmung.[161]

191

2. Formularmäßige Preisänderungsvereinbarung

Der BGH hat formularmäßig vorgesehene Erhöhungen des Fahrzeugkaufpreises bei einem Zeitraum von weniger als vier Monaten zwischen Vertragsschluss und Lieferung für gem. § 307 grundsätzlich unwirksam erklärt.[162] Auch eine Erhöhung der Mehrwertsteuer kann durch AGB nur für den Fall einer Lieferung des Fahrzeuges mehr als vier Monate nach Vertragsschluss weitergegeben werden.[163]

193

Bewogen hat den BGH zu seiner Entscheidung eine Interessenabwägung, die zugunsten des Käufers ausfiel, der einer Preiserhöhung durch den Verkäufer nicht unbegrenzt ausgesetzt sein soll.

Auch nach Ablauf der Viermonatsfrist ist eine Preisanpassung aufgrund von Kostensteigerungen beim Verkäufer gegenüber Nichtkaufleuten nur zulässig, wenn für den Anlass und die Höhe ein sachlich gerechtfertigter Grund besteht.

Der ist anzunehmen, wenn das Kostensteigerungsrisiko bei Beachtung des Vertragszwecks und gesetzlicher Grundgedanken auf den Käufer abgewälzt werden darf. Grundsätzlich ist das Bedürfnis, die zwischen Vertragsschluss und Liefertermin entstandenen Kosten abzuwälzen, bei Verträgen mit langen Lieferzeiten berechtigt. Betriebsbedingte Kostensteigerungen, wie Planungs-, Entwicklungs- und Fabrikationsfehler, die durch vom Verkäufer zu vertretende Umstände verursacht worden sind, können jedoch nicht an den Käufer weitergegeben werden. Bevorstehende Kostensteigerungen können nicht vorweg berücksichtigt werden, ebenso darf ein nach Marktlage erzielbarer höherer Gewinn nicht in den Preis einbezogen werden.

Sachlich begründet sind dagegen Preiserhöhungen, die durch bereits gestiegene Materialkosten, Löhne, Importabgaben und Steuern begründet werden.[164] Auch die Weitergabe von Preiserhöhungen des Herstellers durch den Händler an den Käufer ist möglich, ohne dass der Händler deren sachliche Berechtigung prüfen muss.[165] Je län-

196

---

161 *Creutzig*, Recht des Autokaufs, Rn 2.1.14.
162 BGH NJW 1984, 1180, 1181.
163 *Wolf/Horn/Lindacher*, § 11 Nr. 1 Rn 44; Jauernig/*Vollkommer*, § 11 AGBG Nr. 1 Rn 2; BGH NJW 1981, 979.
164 BGH DAR 1982, 62, 63 ff.; BGH NJW 1982, 331, 332; BGH NJW 1990, 115, 116; *Salje*, DAR 1982, 88, 89.
165 BGH NJW-RR 1986, 211, 213.

ger dabei der Zeitraum bis zum Liefertermin ist, desto höher sind die Kostensteigerungen und wächst die Schutzbedürftigkeit des Verkäufers.

199 Neben der sachlichen Rechtfertigung der Preissteigerung muss die Klauselgestaltung, um dem Maßstab des § 307 gerecht zu werden, noch weitere Voraussetzungen erfüllen. Die eine Preiserhöhung auslösenden Umstände müssen erst nach Vertragsschluss eingetreten sein und dürfen auch nicht konkret und bestimmt vorhersehbar sein, so dass keine Möglichkeit besteht, die Kostensteigerung bereits in den Kaufpreis einzukalkulieren.[166] Im Gegenzug muss dem Kunden bei Herabsinken des Preises ein Anspruch auf Preissenkung eingeräumt werden.[167]

200 Bei der Ausgestaltung der Preisänderungsklausel sind die vom BGH erteilten Hinweise zu beachten. Der Käufer soll nicht das Risiko einer Preiserhöhung tragen, ohne deren Umfang voraussehen zu können. Die Formulierung darf deshalb weder zu allgemein gehalten sein wie die, dass Preiserhöhungen nur im Umfang zwischenzeitlicher Kostensteigerungen zulässig sind, noch als eine komplizierte, alle Faktoren der Kostensteigerung erfassende Klausel gefasst sein, deren Verständnis sich dem Nichtkaufmann verschließt und deren Voraussetzungen er konkret kaum nachprüfen kann. Unter Beachtung dieser Vorgaben setzt eine wirksame Klauselgestaltung voraus, dass das Ausmaß der Erhöhung im angemessenem Verhältnis zur eingetretenen Änderung der Umstände steht, um das Gleichgewicht von Leistung und Gegenleistung (Äquivalenzprinzip) zu wahren.[168] Die wesentlichen preiserhöhenden Faktoren sind konkret zu bezeichnen, bei einer Erhöhung der Kostensätze bedingt dies eine Offenlegung der Kalkulation.[169] Unter bestimmten Bedingungen ist dem Käufer ein Rücktrittsrecht einzuräumen.

202 Wann diese Rücktrittsschwelle erreicht ist, wird unterschiedlich beurteilt. In der Literatur wird zum einen eine fixe, prozentuale Grenze der Preissteigerung von fünf Prozent favorisiert. Zum anderen wird die Grenze flexibel anhand eines Maßstabes für die allgemeine wirtschaftliche Entwicklung ermittelt.

204 Der BGH sieht einen angemessenen Interessenausgleich darin, dass der Käufer zwar grundsätzlich den gültigen Listenpreis zu zahlen hat, sofern der einer nach billigem Ermessen gem. § 315 Abs. 1, 2 zu treffenden Leistungsbestimmung durch den Verkäufer entspricht, ihm aber andererseits ein Rücktrittsrecht für den Fall gewährt wird, dass die Preiserhöhung den Anstieg der allgemeinen Lebenshaltungskosten in der Zeit zwischen Bestellung und Auslieferung nicht unerheblich übersteigt.[170] Diese Grundsätze entstanden im Wege der ergänzenden Vertragsauslegung, die nach Senatsansicht nicht ihrerseits der Angemessenheitskontrolle des § 307 bedürfen. Aber sie entsprechen dennoch

---

166 BGHZ 83, 252, 256; *Wolf/Horn/Lindacher*, § 11 Nr. 1 Rn 41–45; Palandt/*Heinrichs*, § 309 Rn 8 ff.; a.A. Heinrichs/Löwe/Ulmer/*Paulusch*, S. 70 f.
167 OLG Hamm NJW-RR 1987, 1141.
168 *Löwe*, DAR 1982, 34; BGH NJW 1982, 331, 332; BGH NJW 1990, 115, 116.
169 OLG Celle BB 1984, 808; OLG Düsseldorf DB 1982, 537.
170 BGH NJW 1984, 1177, 1179; BGH NJW 1985, 621, 622; ebenso: *Bunte*, ZIP 1983, 768; *Ulmer*, BB 1982, 1132; a.A. *Löwe*, BB 1984, 492.

den Maßstäben dieser Kontrolle, da die Vertragsergänzung darauf abstellt, was die Parteien bei angemessener Abwägung ihrer Interessen nach Treu und Glauben als redliche Vertragspartner vereinbart hätten, wenn sie die Frage bedacht hätten, woraus keine „unangemessene Benachteiligung" einer Vertragspartei im Sinne des § 307 resultieren kann. Der Beurteilungsmaßstab für die Auslegung kann auch nur § 307 sein, weil die unwirksame Klausel formularmäßig – und nicht individuell – vereinbart worden war.[171]

Somit ist eine Preisanpassungsklausel auch im Rahmen eines Bedingungswerkes zulässig unter Beachtung der vom BGH entwickelten Mischung aus dem Leistungsbestimmungsrecht des Verkäufers, begrenzt durch das Rücktrittsrecht des Käufers, welches bei Preisüberschreitungen, die den Anstieg der allgemeinen Lebenshaltungskosten übertreffen, „ausgelöst" wird. 207

Eine starre Prozentgrenze ist weniger flexibel und damit auch weniger interessengerecht. Sie kann nur durch ständige Rückkopplung und Anpassung an die Lebenshaltungskosten einer Überprüfung standhalten und damit auch die Interessen des Käufers hinreichend schützen.[172] 208

Vor dem Hintergrund der Schwierigkeiten, eine in den Augen der einschlägigen Rechtsprechung wirksame Klausel zu formulieren, verzichten die NWVB ganz auf Bestimmungen zum Kaufpreis. Es bleibt abzuwarten, ob sich eine der von den Verkäufern selbst entworfenen Klauseln allgemein etabliert.

3. Folgen einer unwirksamen Preisänderungsklausel

Im Fall der Unwirksamkeit der Preisanpassungsklausel kommen die Ausführungen des BGH[173] im Rahmen der ergänzenden Vertragsauslegung unmittelbar zur Anwendung, um die entstandene Lücke durch eine Kombination von Leistungsbestimmungs- und Rücktrittsrecht nach billigem Ermessen zu schließen. Im Übrigen bleibt der Vertrag gem. § 306 wirksam.[174] 209

Im Wege dieser ergänzenden Vertragsauslegung wurde dem Käufer ein Rücktrittsrecht für den Fall zugestanden, dass eine für den Verkäufer nicht vorhersehbare Typenverbesserung kaufgegenständlichen Neuwagens vom Hersteller vorgenommen wurde, die über ein „Facelifting" hinausgeht und daher eine preisliche Abwälzung auf den Käufer ermöglicht.[175] 210

Dem Käufer steht ein Erstattungsanspruch gegen den Verkäufer aus ungerechtfertigter Bereicherung gem. § 812 in Höhe des Mehrbetrages zu, wenn er aufgrund einer 211

---

171 BGH NJW 1985, 621, 622, 623.
172 OLG Hamm NZV 1994, 482 ff., wonach ein Rücktrittsrecht bei zweimaliger Preisanhebung um insgesamt 5,3% gewährt wird, aufgrund einer Rücktrittsklausel bei 5% Erhöhung.
173 Siehe dazu die Ausführungen unter dem vorigen Punkt „Formularmäßige Preisanpassungsklauseln", Rn 193 ff.
174 BGH NJW 1984, 1177; a.A. *Löwe,* DAR 1982, 34, 35; *Kötz,* BB 1982, 645; *Bechthold,* BB 1983, 1638.
175 LG Krefeld, Urt. v. 23.11.2001 – 1 S 100/ 01 – n.v.

unwirksamen Klausel einen erhöhten Kaufpreis entrichtet hat und eine ergänzende Vertragsauslegung nicht möglich ist.[176]

IV. Zahlung

214 Der synallagmatische Kaufvertrag sieht als Hauptpflicht des Käufers die Zahlung des vereinbarten Kaufpreises vor, § 433 Abs. 2. Voraussetzung der Zahlungsverpflichtung ist gem. § 271, dass der Kaufpreis fällig ist. Die Fälligkeit des Kaufpreises und der Nebenleistungen besteht nach Abschn. III. Ziff. 1 NWVB, ab Übergabe des Kaufgegenstandes und Aushändigung der Rechnung zur Zahlung. Daraus ergibt sich auch die Verpflichtung des Verkäufers zur Erteilung einer Rechnung. Bis dahin kann der Käufer die Zahlung gem. § 273 zurückhalten. Die Einrede des nichterfüllten Vertrages (§ 320) kann der Käufer dem Zahlungsverlangen des Verkäufers entgegenhalten, wenn das Neufahrzeug mängelbehaftet ist.

216 Mittlerweile bedienen sich die meisten Käufer der Inzahlunggabe ihres Altwagens, um den Neuwagen zu finanzieren. Der Wert des alten Fahrzeuges soll auf den Kaufpreis des neuen „angerechnet" werden.[177] Der rechtlich unterschiedlichen Einordnung dieser Praxis liegt die Frage zugrunde, wie die Risikoverteilung der Parteien sinnvollerweise vorzunehmen ist, d.h. wer das Risiko der Mangelhaftigkeit oder des Untergangs des Altwagens tragen soll.

1. Kaufvertrag mit Ersetzungsbefugnis

218 Der BGH hat die Inzahlunggabe schon früh als Fall der Leistung an Erfüllung statt (§§ 346, 365) eingestuft. Die Inzahlungnahme des Altfahrzeugs wurde bereits in einer Entscheidung aus dem Jahre 1967[178] als vertragliche Vereinbarung einer Ersetzungsbefugnis des Verkäufers im Rahmen eines einheitlichen Kaufvertrages über das Neufahrzeug angesehen. Die Hingabe des alten Fahrzeugs bringe den Kaufpreisanspruch in der vereinbarten Höhe als Leistung an Erfüllung statt nach § 364 Abs. 1 zum Erlöschen. Der Käufer hafte daher für die Mängel des Altwagens gem. § 365 wie ein Verkäufer. Dies entspreche der Interessenlage, da es dem Verkäufer wesentlich auf den Neuwagenverkauf ankomme und dem Käufer auf dessen Erwerb, nicht jedoch auf die Veräußerung des Altwagens.[179]

Bei andersgearteter Interessenlage sei aber auch eine vom typischen Fall abweichende Regelung möglich, etwa wenn es dem Erwerber darauf ankomme, das gesamte Ge-

---

176 LG München DAR 1983, 230, 230; LG Nürnberg-Fürth BB 1982, 456 ff.; AG München DAR 1982, 400.
177 DAT-Veedol-Report 2002, 19, 20.
178 BGH NJW 1967, 553 f; BGH DAR 1967, 107 f.; in der Folgezeit daran festhaltend BGH NJW 1984, 429 f.; 1995, 518 f.; 1996, 2504 f.
179 *Rödel/Hembach*, § 2 Rn 140; BGH NJW 1984, 429, 430.

schäft davon abhängig zu machen, dass er seine Gegenleistung gerade durch Hingabe seines Altfahrzeugs erbringen könne.[180]

Bei Untergang des Altfahrzeugs vor Übergabe oder Mangelhaftigkeit nach Übergabe konnte der Händler vom Käufer Wandlung oder Minderung verlangen. Machte der Händler Minderung geltend, war der Käufer des Neufahrzeugs in Höhe des Minderungsbetrages zur Nachzahlung in bar an den Händler verpflichtet.[181] **220**

Bei der Wandlung war früher eine sofortige Klage auf Zahlung des Forderungsbetrages möglich, auch wenn lediglich ein Anspruch des Händlers auf Wiederbegründung der Forderung und nicht die ursprüngliche Kaufpreisforderung ipso iure bestand.[182] Nach Ansicht des BGH galten bei Untergang des Gebrauchtwagens vor Übergabe infolge Zerstörung oder Abhandenkommens aufgrund der Ausgestaltung als bloße Befugnis zur Ersetzung gerade nicht die §§ 275 Abs. 1, 323 Abs. 1 a.F., die eine Leistungspflicht fordern, so dass der Käufer den vollen Kaufpreis für das Neufahrzeug entrichten musste, ohne sich vom Vertrag befreien zu können, weil die Störung der Vertragsabwicklung aus der Sphäre des Käufers kam.[183] Immerhin hat der BGH durch die Annahme eines stillschweigenden Haftungsausschlusses für Verschleißmängel die Einstandspflicht – wenn auch in geringem Umfang – begrenzt.[184] **222**

Die Wandlung des Vertrages durch den Käufer aufgrund eines Mangels des Neufahrzeugs gab diesem nur das Recht auf Herausgabe des Altwagens, nicht aber auf Zahlung des auf den Kaufpreis angerechneten Geldbetrages. Auch das Risiko des Wertverlustes zwischen Hingabe und Rückabwicklung trug der Neuwagenkäufer, da es nicht durch eine Nutzungsentschädigung gem. §§ 347 S. 2, 987 a.F. gedeckt sei.[185] **224**

Allein das Fehlen einer zugesicherten Eigenschaft eröffnete nach dieser Ansicht dem Käufer die Möglichkeit, Schadensersatz wegen Nichterfüllung gem. § 463 a.F. zu verlangen und den „großen" Schadensersatz zu wählen. Nur in diesem Fall könne der Neuwagenkäufer nicht nur den bar gezahlten Kaufpreis, sondern auch den Anrechnungsbetrag für sein Altfahrzeug verlangen.[186] **225**

2. Mischvertrag aus Kauf und Tausch

Die Einordnung der Rechtsprechung und ihre Folgen für den Käufer brachten ihr den Ruf ein, einseitig Händlerinteressen zu vertreten. Die Literatur und auch die neuere **226**

---

180 BGH NJW 1967, 553, 554.
181 Soergel/*Zeiss*, § 365 Rn 2; MüKo/*Heinrichs* § 365 Rn 3; Staudinger/*Olzen*, § 365 Rn 26, jeweils mit im Detail abweichenden Auffassungen.
182 BGHZ 46, 338; OLG Frankfurt NJW 1974, 1823.
183 BGH NJW 1984, 429, 430; *Binder*, NJW 2003, 393, 394.
184 BGH NJW 1982, 1700, 1701.
185 BGH NJW 1984, 439, 431.
186 BGH NJW 1995, 518, 519.

§ 2 Der Kaufpreis

Rechtsprechung gehen richtigerweise von der Annahme eines typengemischten Vertrages aus.[187]

227 Es entspricht dem mutmaßlichen Parteiwillen und der heutigen Interessenlage, den Normalfall der Inzahlungnahme als eine Mischung aus Kauf- und Tauschvertrag zu klassifizieren, mit der Befugnis des Käufers, statt den Gebrauchtwagen abzugeben, einen festen Anrechnungsbetrag zu zahlen. Zwar geht es, wie der BGH argumentiert, den Parteien vorrangig um den Neuwagenerwerb.[188] Dies allein rechtfertigt aber nicht die Einstufung der Primärleistung als volle Geldschuld, die ersatzweise durch den Altwagen erbracht werden kann, da die tatsächlichen Gegebenheiten dadurch nur unvollkommen rechtlich abgebildet werden. Im Interesse des Händlers liegt der durch die Inzahlungnahme geschaffene Anreiz zum Kauf eines Neuwagens durch den Kunden.[189] Das Käuferinteresse geht von vornherein dahin, die Gegenleistung dieses Neuwagengeschäfts nur zu einem Teil in Geld zu erbringen, zum anderen durch seinen Gebrauchtwagen zu „bezahlen". Unter Einbeziehung dieser weiteren Elemente wird sowohl dem Willen des Käufers besser entsprochen, als auch der wirtschaftlichen Realität, da der Erwerb in der überwiegenden Zahl der Fälle nur durch die Verknüpfung mit der Inzahlunggabe des Altwagens finanziell möglich ist. Dies gilt umso mehr als der Preis des Gebrauchtfahrzeugs in zunehmendem Maße zugunsten des Käufers über dem tatsächlichen Händlereinkaufspreis liegt, sei es durch eine Herstelleraktion, wie z.B. „bis zu x-tausend EUR über DAT-Schwacke für ihren Gebrauchten", oder durch eine bewusst günstige Bewertung durch den Verkäufer. Die Festlegung des Käufers auf die Bestandteile Geld und Gebrauchtfahrzeug als primäre Leistungspflicht führt zur Klassifizierung als typengemischter Vertrag, bei dem die Vereinbarung der Inzahlungnahme nicht bloße „Nebenabrede"[190] ist. Auch die Pflicht des Händlers zur Annahme des Altwagens ist Indiz für eine aus Geld und Fahrzeug zusammengesetzten Primärleistung des Neuwagenkäufers.[191]

229 Dementsprechend erfasste die vom Händler erklärte Wandlung aufgrund von Mängeln des Altfahrzeugs das gesamte Rechtsverhältnis mit der Folge, dass der Käufer die Rücknahme des neuen Fahrzeugs und die Rückzahlung des Barpreises verlangen konnte. Auch nach der neueren Rechtsprechung ist die Rückabwicklung in dieser Weise gestaltet, wenn der Händler das Fehlen einer zugesicherten Eigenschaft geltend

---

187 *Pfister,* MDR 1968, 361, 362 f.; *Larenz,* Schuldrecht II/1, § 42 I; *Medicus,* Bürgerliches Recht, Rn 756; *Reinking/Eggert,* Rn 482; *Honsell,* Jura 1983, 523, 525; *Schulin,* JA 1983, 161, 164; *Esser/Schmidt,* Schuldrecht Band I/1 § 14 II 2a; Staudinger/*Mader,* § 515 Rn 11; *Dubischar,* JZ 1969, 175; *Schmidt,* DAR 1964, 201; MüKo/*Westermann,* § 433 Rn 27; jetzt auch: OLG Oldenburg NJW-RR 1995, 689; LG Wuppertal NJW-RR 1997, 1416; a.A. *Binder,* NJW 2003, 393 ff.; Soergel/*Huber,* Vorb. § 433 Rn 215.
188 Inzahlungnahme nur reines „Entgegenkommen" des Händlers: BGH NJW 1960, 1853, 1854; NJW 1967, 553, 554.
189 *Reinking/Eggert,* Rn 477; wohl der BGH-Ansicht folgend; so auch *Binder,* NJW 2003, 393, 395; inzwischen überhaupt ein Interesse des Händlers anerkennend: BGH NJW 1984, 429, 430; BGHZ 46, 338.
190 BGH NJW 1984, 429, 430.
191 *Pfister,* MDR 1968, 361, 362; daran anlehnend: OLG Oldenburg NJW-RR 1995, 689, 690; *Reinking/Eggert,* Rn 478.

macht oder den Vertrag wegen arglistiger Täuschung anficht. Der Käufer hatte dem Verkäufer dann jedoch für die Zeit bis zur Rückgabe des Neuwagens gem. §§ 347 S. 2 a.F., 987 Nutzungsentschädigung zu zahlen.[192]

Bei analoger Anwendung der Vorschriften zur Minderung ist der Anrechnungspreis im Verhältnis zum Wert des Altwagens im mangelhaften Zustand zum Wert in mangelfreiem Zustand herabzusetzen, so dass der Vorteil eines günstigen Anrechnungspreises („verdeckter" Rabatt) dem Käufer erhalten bleibt.[193] **230**

Im Fall des unverschuldeten Untergangs des Altwagens vor Übergabe sind beide Parteien gem. §§ 275 Abs. 1, 323 Abs. 1 a.F. aufgrund der Unmöglichkeit der Leistungspflicht hinsichtlich des Vertragsbestandteils Tausch frei geworden, so dass der Käufer nicht mehr zur Abnahme des Neuwagens gegen Zahlung des Kaufpreises in voller Höhe verpflichtet war.[194] **231**

Nach der Ansicht des BGH rechtfertigt die volle Zahlung des Kaufpreises, dass der Käufer auch die volle Gegenleistung erhalte und zudem als Schuldner für seine Leistungsfähigkeit verantwortlich ist.[195] Jedoch übersieht diese Auffassung, dass in derartigen Fällen das Freiwerden von der Leistungspflicht auch durch den Gesetzgeber in § 275 gebilligt und verankert worden ist und eine andere Wertung des BGH nur durch die Ausgestaltung als Befugnis zur Ersetzung und nicht als Pflicht angeknüpft werden konnte. Vorzugswürdig, da interessengerechter ist daher das Vorgehen der Literatur. Dies wird auch dadurch verdeutlicht, dass im Fall der unverschuldeten Zerstörung oder des Diebstahls die Nachzahlungspflicht des Käufers statistisch mit durchschnittlich 6.000 EUR deutlich über der jährlichen Sparleistung eines Arbeitnehmerhaushalts liegt.[196] Der Hinweis der Gegenauffassung, dem Käufer sei immerhin ein Rückgriff auf ein stellvertretende commodum in Form der Versicherungsleistung der Kaskoversicherung möglich, soll die Härte ihres Lösungsweges kompensieren, zeigt aber auf, dass die Regelung in sich keine ausgewogene Lösung darstellt, wenn sie sich des Rückgriffs auf Ersatzleistungen bedienen muss und übersieht zudem, dass nicht jeder Fahrzeughalter – insbesondere älterer Fahrzeuge – eine Kaskoversicherung abgeschlossen hat. Daher weicht die Gegenmeinung „zur Korrektur von Extremfällen" auf den mit der Schuldrechtsreform eingeführten § 313, die Störung der Geschäftsgrundlage, aus.[197] Sie stuft ausnahmsweise die Möglichkeit der Inzahlunggabe als Grundlage des Vertrages ein, deren Wegfall eine schwerwiegende Veränderung eines zur Geschäftsgrundlage gewordenen Umstandes darstelle und nähert sich damit wiederum der Literaturauffassung an. **233**

---

192 LG Wuppertal NJW-RR 1997, 1416; OLG Oldenburg NJW-RR 1995, 689, 690.
193 *Schulin*, JA 1983, 161, 163; *Honsell*, Jura 1983, 523, 525; *Pfister*, MDR 1968, 361, 365; *Reinking/Eggert*, Rn 480.
194 Siehe Darstellung bei *Binder*, NJW 2003, 393, 395, m.w.N.
195 BGH NJW 1984, 429, 430.
196 *Reinking/Eggert*, Rn 477.
197 *Binder*, NJW 2003, 393, 396, m.w.N.; BGH NJW 1984, 429, 430.

§ 2   Der Kaufpreis

236   Lediglich das Wandlungsbegehren des Käufers hinsichtlich des Neuwagens unterscheidet sich in den Rechtsfolgen nicht von dem Lösungsweg des BGH. Nach §§ 467, 346, 348 sind die ausgetauschten Leistungen grundsätzlich in natura zurückzugewähren. Die Vertragsschließenden sind so zu stellen, als wäre der Vertrag nicht geschlossen worden. Solange die Rückgabe möglich ist, hat der Käufer daher nicht das Recht, statt des Altwagens den dafür angerechneten Betrag zu verlangen. Der BGH begründet dies mit dem einheitlichen Kaufvertrag über den Neuwagen, wobei die Inzahlungnahme nur die Erfüllungsmodalität des Kaufpreises berühre.[198] Ausgehend vom gemischttypischen Vertrag ergibt sich selbiges aus der Folgerung, dass beide Geschäfte, Kauf und Tausch, untrennbar miteinander verbunden sind.[199]

238   Insgesamt ist die Lösung des BGH aus den siebziger Jahren in Zusammenhang mit der damaligen Vollzahlerquote von 90% als nachvollziehbar anzusehen, während heute genau diese damalige Ausnahmesituation der Inzahlunggabe der Regelfall geworden ist und dieser verschobenen Interessenlage die Lösung der Literatur entspricht.[200]

239   Aus steuerlichen Gründen wurde in der Zeit von 1970–1990 noch ein weiteres Modell, der „Agenturvertrag", favorisiert. Der Händler nahm den Gebrauchtwagen des Käufers nicht mehr endgültig in Zahlung, sondern übernimmt im Rahmen eines Vermittlungsauftrages des Käufers in dessen Namen und für dessen Rechnung den Verkauf zu einem auf den Neuwagenpreis anzurechnenden Mindestpreis. Durch den Agenturvertrag wurde nur der Mehrerlös des endgültigen Verkaufs, der dem Verkäufer als Provision verblieb, versteuert, nicht der gesamte Kaufpreis. Durch Einführung der Differenzbesteuerung 1990 wird ohnehin nur noch die Differenz zwischen Einkaufspreis und Verkaufspreis besteuert, so dass der wirtschaftliche Grund für den Agenturvertrag entfiel und er jetzt kaum noch von Bedeutung ist.[201]

3.   Rechtslage nach der Schuldrechtsreform

240   Mit der Schuldrechtsreform werden die Inzahlungnahme und damit auch die Ansichten des BGH und der herrschenden Literaturmeinung auf neuen rechtlichen Boden gestellt.

241   Eine Neuerung im Rahmen der Schuldrechtsreform betrifft den Altwagenverkauf. Der früher übliche Gewährleistungsausschluss des Händlers beim Weiterverkauf des Gebrauchtfahrzeugs im eigenen Namen und für eigene Rechnung gegenüber einem Verbraucher als Käufer ist gem. § 475 Abs. 1 nicht mehr möglich.

242   Ein weiteres Novum ist die gesetzliche Verankerung der Erfüllungstheorie, wonach auch beim Stückkauf die Verkäuferpflicht zur **mangelfreien** Leistung besteht. In den §§ 434, 437 Abs. 1, 439 ist daher grundsätzlich auch bei Mängeln einer Spezies-

---

198 BGH, Urt. v. 30.10.2002 – VIII ZR 119/02 – n.v.; BGH NJW 1995, 518, 519.
199 *Binder,* NJW 2003, 393, 395.
200 Weitere Argumente bei *Reinking/Eggert,* Rn 464 ff.
201 *Huber,* S. 26 f.; *Rödel/Hembach,* § 2 Rn 506.

sache ein Nacherfüllungsanspruch geregelt. Das neue Kaufrecht erlaubt den Rückgriff auf die sekundären Rechtsbehelfe wie Minderung, Rücktritt und Schadensersatz dem Händler als Käufer nur, wenn dieser das Recht des Neuwagenkäufers auf „zweite Andienung" beachtet hat.[202] Nach § 439 ist dies Mangelbeseitigung oder Lieferung einer mangelfreien Sache, die bei einem Gebrauchtfahrzeug als nicht vertretbare Kaufsache jedoch ausscheidet.[203]

Nachbesserung kommt nur bei behebbaren Mängeln in Betracht, was bei Unfallschäden regelmäßig nicht der Fall ist, ebenso wie bei zu hoher Gesamtfahrleistung. Scheidet Nacherfüllung gem. § 275 Abs. 1 aus, ist der sofortige Zugriff ohne Fristsetzung auf die Sekundärrechte möglich,[204] womit die rechtliche Argumentation der beiden Auffassungen im Wesentlichen wieder der vor der Reform entspricht.

Ausgehend von einem einheitlichen Kaufvertrag mit Ersetzungsbefugnis, hat der Käufer gegenüber dem Händler nach wie vor gem. § 365 „Gewähr zu leisten", also im Rahmen der Rechte aus § 437 für Altwagenmängel einzustehen. **244**

Erklärt der Händler den Rücktritt gem. §§ 365, 437 Nr. 2, 323 Abs. 1, so bedeutet die Ausübung des Gestaltungsrechts nur die Rückabwicklung der durch die Hingabe des Gebrauchtfahrzeugs eingetretenen Rechtsfolgen, nicht des gesamten Vertrages. Die Kaufpreisforderung ist durch die Inzahlunggabe in Höhe des Anrechnungsbetrages erloschen nach § 364 Abs. 1. Durch die im Vergleich zur Wandelung andersartige Ausgestaltung des Rücktritts als einseitige Erklärung und nicht als Anspruch auf Einverständnis (§ 467 a.F.), kann der Verkäufer seinen Anspruch durch entsprechende Willenserklärung geltend machen, so dass die Herstellungstheorie obsolet geworden ist.[205] Damit bleibt es trotz der Änderung der Wandelung in Rücktritt nach dieser Ansicht dabei, dass der Käufer eines Neuwagens im Fall des Rücktritts des Verkäufers aufgrund eines Mangels des Gebrauchtwagens den vollen Neuwagenkaufpreis zu entrichten hat.[206] **245**

Wird hingegen ein Mischvertrag aus Kauf und Tausch zugrunde gelegt, wirkt sich der Rücktritt des Verkäufers ebenfalls wie bisher bei der Wandelung auf den ganzen Vertrag aus, da der Gedanke der untrennbaren Verbindung der beiden Geschäfte konsequenterweise auch den gesamten Vertrag bei der Rückabwicklung erfasst. Der Händler kann daher nicht die Zahlung des Verrechnungsbetrages fordern wie bei der alleinigen Rückabwicklung des „Altwagenteils", sondern hat den Altwagen und **248**

---

202 Palandt/*Putzo,* § 439 Rn 1; *Lorenz/Riehm,* Rn 504.
203 Begründung BT-Drucks 14/6040, 232, Nachlieferungsanspruch einer „bestimmten gebrauchten Sache ... zumeist von vornherein ausscheiden wird"; ähnlich auch Erwägungsgrund Nr. 16 der Verbrauchsgüterkaufrichtlinie „gebrauchte Güter können im allgemeinen nicht ersetzt werden"; *Ackermann,* JZ 2002, 378; *Lorenz/Riehm,* Rn 505; *Reinking/Eggert,* Rn 1368 f.; *Schimmel/Buhlmann,* Fehlerquellen im Umgang mit dem Neuen Schuldrecht, S. 132; a.A. *Bittner/Meidt,* ZIP 2001, 2114, 2119; Palandt/*Putzo,* § 439 Rn 15.
204 *Reinking/Eggert,* Rn 502, 1368 f., 1379 f.
205 Palandt/*Putzo,* § 437 Rn 20; *Lorenz/Riehm,* Rn 517.
206 *Reinking/Eggert,* Rn 508.

den Barzahlungsbetrag zurückzuerstatten, wobei ggf. eine Nutzungsvergütung in Abzug zu bringen ist. Der Neuwagenkäufer hat das Neufahrzeug zuzüglich eines Erstattungsbetrages für gezogene Nutzungen zurückzugewähren.[207]

250 Im Fall der Unmöglichkeit der Lieferung des Gebrauchtwagens bleibt die Rechtslage ebenfalls im Wesentlichen gleich. Der Käufer schuldet ausschließlich eine Geldleistung, wenn man von einem Kauf mit Ersetzungsbefugnis ausgeht. Bei Zerstörung des Altwagens zwischen Vertragsabschluss und Vertragserfüllung, die dem Käufer die Möglichkeit nimmt, von seiner Befugnis zur Ersetzung Gebrauch zu machen kann, ist er weiterhin ungeachtet dieses Umstandes verpflichtet, den vollen Kaufpreis zu zahlen.[208]

252 Bei Annahme eines typengemischten Vertrages ist es dem Händler hingegen verwehrt im Fall des Verlustes des Altwagens oder einer nicht zu vertretenden Zerstörung vom Käufer die volle Zahlung des Neuwagenkaufpreises zu verlangen. Da der Gebrauchtwagen als Leistungsgegenstand des Tauschvertrages einen Teil des verknüpften Vertragswerkes ausmacht, liegt gem. § 326 Abs. 1 S. 1 i.V.m. § 441 Abs. 3 analog eine Teilunmöglichkeit vor, die auf den Vertragsrest ausstrahlt.[209] Der Anspruch des Händlers ist somit gem. § 275 Abs. 1 als Ganzes ausgeschlossen. Die ihm verbleibenden Rechte resultieren aus § 275 Abs. 4 aus §§ 280, 283–285, 311a, 326.

255 Bei Mängeln des Neufahrzeugs hat der Käufer dem Händler zunächst gem. §§ 437 Nr. 2, 323 Abs. 1 bei Rücktritt oder wenn er Schadensersatz geltend machen möchte gem. §§ 437 Nr. 2, 208 Abs. 1, Abs. 3, 281 Abs. 1 eine Frist zur Nacherfüllung zu setzen.

256 Die von beiden Auffassungen geteilten Ausführungen des BGH beanspruchen auch nach neuem Recht weiter Geltung, deren Grundlage der Wortlaut des § 346 ist. Übt der Käufer seine Ersetzungsbefugnis aus, stellt gerade die Ersatzleistung, das Gebrauchtfahrzeug, und der anteilige Barpreis die vom Händler empfangene und nach dem Wortlaut zurück zugewährende Leistung dar und nicht der „nominelle" Kaufpreis. Er kann also auch jetzt nicht die Auszahlung des Anrechnungsbetrages verlangen, so dass er einen „verdeckten Rabatt" verliert.[210]

257 Der ehemalige Schadensersatzanspruch wegen Nichterfüllung bei Fehlen einer zugesicherten Eigenschaft oder arglistigem Verschweigen eines Mangels ist in dieser Form nicht mehr existent. Die nur eine Pflichtverletzung fordernden §§ 437 Nr. 3, 280 Abs. 1, 3, 281 gewähren jedoch ebenfalls Schadensersatz statt der ganzen Leistung. Ebenso wie der § 463 a.F. soll der gleiche wirtschaftliche Erfolg hergestellt werden, wie er ohne das schädigende Ereignis eingetreten wäre. Daher ist der günstige Anrechnungspreis seines Altwagens einzubeziehen, so dass der Käufer auch nach neuem Recht neben dem bar gezahlten Kaufpreisanteil statt des Altwagens den dafür veranschlagten Anrechnungsbetrag herausverlangen kann.

---

207 OLG Oldenburg NJW-RR 1995, 689; LG Wuppertal NJW-RR 1997, 1416; *Pfister*, MDR 1968, 361, 363.
208 *Binder*, NJW 2003, 393, 394, 396.
209 *Medicus*, Bürgerliches Recht, Rn 756.
210 BGH NJW 1984, 429, 431; *Binder*, NJW 2003, 393, 398.

Nach § 325 schließen sich Rücktritt und Schadensersatz nicht mehr aus. Die Regelung erlaubt es dem Käufer, der Rücktritt gewählt hat, daneben weiterhin den „großen" Schadensersatz zu verlangen.[211]

Daher kann der Käufer – unter erleichterten Bedingungen – statt der Rücknahme des Altwagens die Auszahlung des Anrechnungsbetrages, und damit den Erhalt der gewährten Vergünstigung fordern.[212] **258**

Praxistipp
Macht der Verkäufer rechte wegen der Mängel des in Zahlung gegebenen Gebrauchtwagens geltend, verhilft ein mit ausführlicher Argumentation versehener Hinweis auf die Möglichkeit, es liege ein typengemischter Vertrag vor, regelmäßig zu angemessenen Lösungen.

V. Zahlungsverzug

Mit der Neuregelung des allgemeinen Leistungsstörungsrechts wurde § 280 als zentrale Anspruchsgrundlage für Schadensersatz wegen Pflichtverletzungen ausgestaltet, die alle Leistungsstörungsarten wie Unmöglichkeit, Verzug und andere Pflichtverletzungen umfasst, um die Rechtsfolgenseite zu vereinheitlichen und zu vereinfachen. **260**

Systematisch ist das Verzugsrecht zwar ein eigenständiger Abschnitt in §§ 286–288 geblieben, aber der Anspruch auf Ersatz des Verzögerungsschaden ergibt sich nunmehr aus § 280 Abs. 1, 2.[213] Nach § 280 Abs. 2 kann der Gläubiger seinen Verzögerungsschaden nur unter den zusätzlichen Voraussetzungen des § 286 verlangen. **261**

Die NWVB modifizieren die Voraussetzungen für den Eintritt des Schuldnerverzugs mit der Kaufpreiszahlung. Nach Abschn. III. der NWVB erfordert die Fälligkeit des Kaufpreises den Zugang der Rechnung und die Übergabe des Fahrzeugs, was wiederum dessen Bereitstellung durch den Verkäufer bedingt, verbunden mit der Übersendung der Bereitstellungsanzeige an den Käufer nach Abschn. V. der NWVB. **263**

Die Bedingungen regeln nicht klar, ob allein durch den Ablauf der vierzehntägigen Abnahmefrist in Abschn. V. Ziff. 1 der NWVB schon der Zahlungsverzug eintritt. Deshalb ist zur Herbeiführung des Verzuges gem. § 286 Abs. 1 noch eine Mahnung des Käufers oder deren Entbehrlichkeit nach § 286 Abs. 2 erforderlich. **264**

In § 286 Abs. 2 ist enumerativ aufgelistet, wann die Mahnung entbehrlich ist. Dabei ist nun auch der zuvor aus § 242 abgeleitete Tatbestand der ernsthaften und endgültigen Leistungsverweigerung einbezogen worden. An das Vorliegen dieses Tatbestandes sind strenge Anforderungen zu stellen. Die Weigerung des Käufers muss sein „letztes **265**

---

211 *Lorenz/Riehm*, Rn 541; Palandt/*Heinrichs*, § 325 Rn 2.
212 So auch *Binder*, NJW 2003, 393, 399.
213 Palandt/*Heinrichs*, § 280 Rn 2, 12 ff.; *Zimmer*, NJW 2002, 1, 6 f.

§ 2 Der Kaufpreis

Wort" darstellen.[214] Allein die Erklärung des Käufers, er wolle kein Fahrzeug mehr von dem Händler, genügt den Anforderungen nicht.[215]

266 Ebenso wenig ist eine Mahnung entbehrlich, wenn der Käufer innerhalb der Zahlungsfrist offensichtlich zur Leistung außerstande ist, etwa wegen bevorstehender Insolvenz. Entbehrlich ist sie jedoch, wenn das Vertrauen des Gläubigers in eine vertragsgemäße Erfüllung durch einen Verstoß des Schuldners gegen die Leistungstreuepflicht endgültig zerstört ist.[216]

268 Hinsichtlich der Rechtsfolgen des Verzuges, die nicht in den NWVB geregelt sind, gelten die gesetzlichen Vorschriften der § 280 Abs. 1, 2 i.V.m. §§ 286, 288.

Die Regelung des § 286 Abs. 3, wonach der Schuldner einer Geldforderung 30 Tage nach Rechnungszugang in Verzug kommt, gilt gegenüber Verbrauchern (§ 13) als Schuldnern im Fahrzeughandel nicht, da es an dem nach § 286 Abs. 3, S. 1 erforderlichen Rechtsfolgenhinweis in den von den Händlern verwendeten Bestellformularen fehlt. Ist der Käufer kein Verbraucher, richtet sich der Beginn des Fristlaufs nach dem Zeitpunkt der Lieferung oder des Rechnungszugangs, die beide zur Herbeiführung der Fälligkeit nötig sind.[217]

270 Nach § 288 hat der Käufer den Kaufpreis während des Verzuges mit 5% über dem Basiszinssatz zu verzinsen, wenn er ein Verbraucher nach Abs. 1 ist, ansonsten ist eine Zinshöhe von 8% über dem Basiszinssatz vorgesehen. Über § 288 Abs. 3 hat der Verkäufer die Möglichkeit, höhere Zinsen zu verlangen. Die Verzugszinsen stellen den unwiderleglich zu ersetzenden Mindestschaden dar. Nach § 288 Abs. 4 i.V.m. § 280 Abs. 1, 2 kann ein vom Verkäufer nachzuweisender, weiterer Schaden geltend gemacht werden, der durch die Anknüpfung des § 280 Abs. 2 an die Verpflichtung zum Ersatz des Verzögerungsschadens das Vorliegen der Verzugsvoraussetzungen erfordert. Dieser Schadensersatz unterscheidet sich von dem durch die Nichterfüllung entstandenen dadurch, dass er allein die verzögerungsbedingten Schadenspositionen, die neben den Anspruch auf die Leistung treten, ohne ihn ersetzen zu können, umfasst, wie Zinsverluste, Rechtsverfolgungskosten oder entgangenen Gewinn.[218]

273 Aufgrund der Leistungsverzögerung als Pflichtverletzung des Käufers hat der Verkäufer außerdem gem. § 323 Abs. 1 die Möglichkeit, vom Vertrag zurückzutreten oder gem. §§ 280 Abs. 1, 3, 281 den Anspruch auf Schadensersatz statt der Leistung geltend zu machen. Erforderlich ist eine erfolglos gesetzte, angemessene Nachfrist, nicht jedoch der Verzug des Käufers im Sinne des § 286.

274 Der Rücktritt ist möglich, wenn der Käufer die ihm gesetzte Zahlungsfrist, sowie die in Abschn. V. der NWVB geregelte 14-tägige Abnahmefrist ungenutzt verstreichen

---

214 Palandt/*Heinrichs,* § 286 Rn 24 m.w.N.
215 OLG Hamm, Urt. v. 7.12.1982 – 28 U 146/ 82 – n.v.
216 BGH DAR 1978, 46, 47; *Creutzig,* Recht des Autokaufs, Rn 5.4.6.; a.A. *Reinking/Eggert,* Rn 165.
217 *Reinking/Eggert,* Rn 165.
218 MüKo/*Thode,* § 286 Rn 8 ff.; *Lorenz/Riehm,* Rn 285 f.

lässt. Dabei kommt es nicht mehr darauf an, dass der Käufer die Pflichtverletzung zu vertreten hat, was bei mangelnder finanzieller Leistungsfähigkeit[219] aber ohnehin stets der Fall war.

Eine 14-tägige Zahlungsfrist ist regelmäßig als angemessen anzusehen, wenn nicht besondere Umstände des Einzelfalls eine abweichende Fristdauer erforderlich machen. Aufgrund dieser Abnahmefrist ist ein vorheriger Rücktritt ausgeschlossen; eine angemessene Nachfrist beginnt erst im Anschluss daran zu laufen. 275

Mit dem Zugang der Rücktrittserklärung richten sich die Rechtsfolgen nach den §§ 346 ff. Das Vertragsverhältnis wird in ein Abwicklungsschuldverhältnis umgestaltet und beide Parteien von ihrer Primärleistungspflicht befreit.[220] 276

Schadensersatz statt der Leistung kann der Gläubiger gem. § 281 Abs. 1 S. 1 i.V.m. § 280 Abs. 1 nach Ablauf der Nachfrist verlangen. Voraussetzung ist jedoch, dass der Schuldner die Pflichtverletzung zu vertreten hat, was nach § 280 Abs. 1 S. 2 vermutet wird, wenn der Schuldner sich nicht entlastet. Der Verkäufer ist dann so zu stellen, wie er stehen würde, wenn der Käufer ordnungsgemäß erfüllt, also den Kaufpreis gezahlt hätte.[221] 279

Der Schadensersatzanspruch wird auch durch den Rücktritt nicht mehr ausgeschlossen, § 325. Der Rücktritt bewirkt, dass keine Naturalleistungen mehr ausgetauscht werden, sondern Schadensersatz nach der Differenzmethode gewährt wird, d.h. Schadensersatz in Höhe der Differenz der Vermögenswerte von Leistung und Gegenleistung unter Anrechnung des Wertes der zurückerlangten Sache auf den Anspruch. Daher kann der Verkäufer nach Ausübung seines Rücktrittsrechts nicht mehr das Neufahrzeug als Naturalleistung liefern und im Gegenzug den vollen Kaufpreis sowie den Ersatz ggf. eingetretener Folgeschäden fordern. Dieses Ergebnis kann er jedoch erzielen, wenn er nur den Schadensersatzanspruch geltend macht oder den Käufer auf Vertragserfüllung in Anspruch nimmt.[222] 281

> *Praxistipp*
> Da der Entlastungsbeweis kaum zu führen ist, sollte regelmäßig Schadenersatz statt der Leistung verlangt werden, anstatt vom Kaufvertrag zurückzutreten. Anders nur, wenn § 284 eine Rolle spielt.

VI. Aufrechnungs- und Zurückbehaltungsrecht des Käufers

Eine Aufrechnung des Käufers gegen die Kaufpreisforderung ist gem. Abschn. III. Ziff. 2 der NWVB nur mit einer unbestrittenen oder rechtskräftig titulierten Gegenfor- 283

---

219 BGHZ 107, 92, 102; Palandt/*Heinrichs*, § 276 Rn 28.
220 BT-Drucks 14/6040, 194; Palandt/*Heinrichs*, § 346 Rn 4, 5; *Lorenz/Riehm*, Rn 417.
221 BGH NJW 1998, 2901, 2902; Staudinger/*Otto*, § 325 Rn 35; Palandt/*Heinrichs*, Vorb. § 249 Rn 16, § 281 Rn 17.
222 *Huber/Faust*, Kap 3 Rn 189 ff.; *Reinking/Eggert*, Rn 167.

derung möglich. Die Klausel entspricht damit den Erfordernissen des § 309 Nr. 3.[223] Unbestritten ist die Gegenforderung auch, wenn sie durch Behauptung einer unschlüssigen oder nicht substantiierten Einwendung angegriffen wird, da ansonsten jede Aufrechnungsforderung durch Anmaßung ungerechtfertigter Ansprüche zu einer bestrittenen zu machen wäre.[224]

284 Dem Käufer steht ferner nach Abschn. III Ziff. 2 der NWVB ein Zurückbehaltungsrecht nur zu, sofern es auf Ansprüchen aus dem Kaufvertrag beruht. Damit wird in Übereinstimmung mit § 309 Nr. 2b nur der Kernbereich des § 273 zugunsten des Käufers geschützt, der ansonsten die Ausübung eines Zurückbehaltungsrechts wegen aller Ansprüche zulässt, die in einem inneren Zusammenhang mit dem Kaufpreisanspruch stehen und die nicht notwendig aus demselben Vertrag, sondern nur aus einem einheitlichen Lebenssachverhalt resultieren müssen.[225] Damit bewirkt die Klausel, dass der Käufer Ansprüche, die über den durch den Kaufvertrag gesetzten Rahmen hinaus gehen, nur klageweise verfolgen kann.

---

223 BGH NJW 1985, 319; Palandt/*Heinrichs*, § 309 Rn 17; *Wolf/Horn/Lindacher*, § 11 Nr. 3 Rn 18.
224 BGH NJW 1985, 1556, 1557; OLG Hamm NJW 1983, 523.
225 BGHZ 92, 196; 115, 103; Palandt/*Heinrichs*, § 273 Rn 9.

§ 3 Die Lieferung

I. Lieferung

Die Hauptpflicht des Verkäufers aus dem Kaufvertrag gem. § 433 Abs. 1 besteht in der Übereignung und Übergabe des Fahrzeugs, frei von Sach- und Rechtsmängeln. Dazu gehört die Übergabe des Kraftfahrzeugbriefes, der kein Traditionspapier ist und damit der Fahrzeugübergabe auch nicht gleich steht, aber dem Erwerber in entsprechender Anwendung des § 952 als Eigentümer zusteht.[226] Erhält der Käufer den Kraftfahrzeugbrief nicht, ist er berechtigt, den Rücktritt vom Vertrag zu erklären und Schadensersatz oder Ersatz seiner Aufwendungen zu verlangen (§§ 281, 323).[227] Im Fall des Eigentumsvorbehalts ist der Kraftfahrzeugbrief erst nach vollständiger Zahlung des Kaufpreises auszuhändigen. Die Übergabe des Fahrzeugs erfolgt, indem der Verkäufer dem Käufer den unmittelbaren Besitz im Sinne des § 854 Abs. 1, 2 in der Weise verschafft, dass der Käufer in die Lage versetzt wird, das Fahrzeug entsprechend § 854 Abs. 1 so in Besitz zu nehmen, dass er es auf seine Beschaffenheit untersuchen kann.[228]

286

Für die Lieferung des Neuwagens sehen die NWVB in Abschn. IV. abweichend zur gesetzlichen Regelung des § 271 die Möglichkeit der schriftlichen Vereinbarung von Lieferterminen oder Lieferfristen vor. Unter Lieferfrist ist eine gewisse Zeitdauer, wie z.B. vier Wochen, unter einem Liefertermin ein bestimmter Zeitpunkt wie z.B. der 8.10.2004, zu verstehen. Die Lieferfrist beginnt mit dem Tag des Vertragsschlusses, also nicht mit Unterzeichnung des Bestellformulars, sondern erst mit der Annahme des Angebots durch den Verkäufer. Nach § 192 ist unter der Bezeichnung „Anfang Juli" der 1.7., unter „Mitte August" der 15.8. als Liefertermin zu verstehen. Ist ein bestimmter Monat als Lieferzeit vereinbart worden, wie „April 2002", läuft die Frist bis zum Ende des Monats April.[229]

289

Die Lieferzeit kann nach Abschn. IV. Ziff. 1 NWVB verbindlich oder unverbindlich vereinbart werden. Abweichend von dieser Klausel können nach § 305b wirksam Individualabreden zwischen den Parteien getroffen werden,[230] wie die Vereinbarung über die Anwendung der gesetzlichen Vorschriften oder die Absprache eines Fixgeschäftes. Möglich ist auch eine nachträgliche Abänderung der Vereinbarung über die Fahrzeuglieferung.[231]

290

---

226 BGH NJW 1978, 1854, 1854; BGHZ 34, 122, 134; BGHZ 10, 122, 125; Palandt/*Bassenge*, § 951 Rn 4 i.V.m. 7.
227 BGH NJW 1953, 1347, ursprünglich gem. § 326 a.F.
228 Palandt/*Putzo*, § 433 Rn 15.
229 *Creutzig*, Recht des Autokaufs, Rn 4.1.1. ff. m.w.N.
230 *Wolf/Horn/Lindacher*, § 4 Rn 25; *Zöller*, JZ 1991, 853; BGHZ 92, 24, 26.
231 OLG Hamm OLGR 1993, 317.

§ 3 Die Lieferung

291 Die NWVB sehen zudem in Abschn. IV. S. 1 vor, dass Absprachen über die Lieferzeit schriftlich anzugeben sind. Die Regelung benachteiligt den Käufer nicht grundsätzlich in unangemessener Weise gem. § 307, da eine schriftliche Vertragsgestaltung neben der Beweisbarkeit auch der Rechtsklarheit zuträglich ist.[232] Die Vereinbarung eines Liefertermins oder einer Lieferfrist erfolgt praktisch durch den Eintrag in die vom Handel verwendeten Bestellformulare, die eine Rubrik enthalten, in der neben der Auswahl zwischen unverbindlichem und verbindlichem Termin auch zur Streichung des nicht Zutreffenden aufgefordert wird. Erfolgt die Streichung, liegt zwischen den Parteien eine Individualabrede vor.[233] Haben die Parteien zwar eine Lieferzeit im Formular vermerkt, aber keinerlei Streichung vorgenommen, ist ohne weitere Vermerke nicht zu ermitteln, ob die Frist oder der Termin unverbindlich oder verbindlich gewollt ist. Eine für den Verkäufer als Verwender nachteilige Auslegung gem. § 305c Abs. 2 kommt nicht in Betracht, da es sich um eine Unklarheit im Rahmen einer Individualabrede und nicht um eine solche bei der Auslegung der Geschäftsbedingungen handelt. Kann der Parteiwille nicht durch Auslegung ermittelt werden, ist der gesamte Abschn. IV. NWVB. nicht anwendbar. Stattdessen gelten die Vorschriften der §§ 286 ff.[234]

292 Mündliche Vereinbarungen haben gem. § 305b Vorrang, sind aber von demjenigen zu beweisen, der sich darauf beruft.[235] Die zusätzliche Beweisanforderung ist kein so schwerwiegender Nachteil, dass daraus eine unangemessene Benachteiligung des Käufers erwächst.[236] Eine neue, wirksame mündliche Abrede über die Lieferzeit ist daher auch gegenüber einer anders lautenden, zuvor schriftlich getroffenen Vereinbarung maßgeblich,[237] auf die sich der Händler nicht berufen kann, solange für ihn nicht ein vollmachtloser Vertreter gehandelt hatte.[238]

297 Der Käufer sollte darauf achten, dass eine exakte Festlegung des Liefertermins oder der Lieferfrist erfolgt. Da sich die Lieferfrist um die Zeit zwischen Bestellung und deren Annahme durch den Verkäufer verlängert, ist die Vereinbarung eines Liefertermins vorzugswürdig. Der Käufer sollte jedoch Floskeln wie „Lieferung so schnell wie möglich", „baldmöglichst", „rasch" oder „schnellstens" vermeiden, da sie für ihn nachteilig sind. Sie gewährleisten nicht etwa eine unverzügliche Lieferung im Sinne des § 121, ohne schuldhaftes Zögern. Vielmehr hat der Verkäufer nur dafür Sorge zu tragen, dass mit den ihm zur Verfügung stehenden Mitteln eine Lieferung alsbald erfolgt, wofür er im Streitfall auch die Beweislast trägt. In der Rechtsprechung

---

[232] BGH NJW 1984, 1184; BGH BB 1982, 2138 ff.; *Wolf/Horn/Lindacher*, § 9, S. 35; *Creutzig*, Recht des Autokaufs, Rn 1.2.3.
[233] BGH NJW 1982, 331, 333.
[234] *Reinking/Eggert*, Rn 33.
[235] Ganz überwiegende Meinung BGH NJW 1986, 3131, 3132; OLG München DAR 1997, 494, 495; OLG Karlsruhe NJW 1981, 405, 406; *Reinking/Eggert*, Rn 60; *Creutzig*, Recht des Autokaufs, Rn 1.2.5.
[236] *Creutzig*, Recht des Autokaufs, Rn 1.2.3.; *Ulmer/Brandner/Hensen*, Anh. § 9–11 Rn 438.
[237] BGH NJW 1986, 3131, 3132.
[238] *Ulmer/Brandner/Hensen*, § 4 Rn 31, 37, 38.

wurde die Zusage des Verkäufers, den bestellten Luxus-Pkw „schnellstmöglich" zu liefern, so aufgefasst, dass der Käufer spätestens zwölf Wochen nach Vertragsschluss mit der Auslieferung rechnen kann.[239]

Fehlt die Bestimmung einer Lieferfrist und ist sie auch nicht den Umständen nach zu ermitteln, kann der Käufer nach der gesetzlichen Vorschrift des § 271, die Leistung sofort verlangen. „Sofort" meint auch hier nur, dass eine den Umständen nach angemessene Frist des Abwartens einzuhalten ist, die beim Kauf eines Anhängers auf vier Wochen festgelegt wurde.[240] **298**

Im Rahmen der Individualabrede kann auch ein „Fixgeschäft" vereinbart werden. Das einfache Fixgeschäft ist in § 323 Abs. 2 Nr. 2 geregelt, der über die exakte Bestimmung der Lieferfrist oder des Liefertermins hinaus erfordert, dass der Käufer vertraglich den Fortbestand seines Interesses an der Leistung an deren rechtzeitige Erbringung knüpft. Die Einhaltung der Leistungszeit oder die Versäumung selbiger muss nach dem Parteiwillen so wesentlich sein, dass mit ihr das Geschäft „stehen und fallen",[241] die Lieferung also bei Verspätung keine Erfüllungswirkung mehr haben soll. **300**

Die Leistungsverzögerung gibt dem Käufer ebenso wie in § 361 a.F. ohne Mahnung und Nachfristsetzung ein verschuldensunabhängiges Rücktrittsrecht, dass – im Gegensatz zur alten Fassung – nicht als Auslegungsregel, sondern als gesetzliches Recht ausgestaltet ist.[242] **301**

Auf ein einfaches Fixgeschäft deuten Formulierungen wie „unabdingbar",[243] „fix", „prompt", „genau" oder „längstens" in Verbindung mit einer genauen Terminangabe hin.[244] Damit der Fixcharakter der Vereinbarung hervorgehoben wird und um Missverständnissen vorzubeugen, bietet sich die Streichung des gesamten Abschn. IV. NWVB an. **302**

Unterbleibt die Streichung, wird durch die vorrangige Individualabrede wiederum der Abschn. IV. ausgeschlossen und es gelten die gesetzlichen Bestimmungen, wonach der Käufer zurücktreten und Schadensersatz geltend machen kann.[245] **303**

Im Rahmen des Neuwagenkaufs kommt das Fixgeschäft jedoch sehr selten vor, da der Käufer meist auch bei Überschreitung der vereinbarten Lieferzeit noch ein Interesse an der Abnahme hat.

---

239 OLG Köln VersR 1992, 94.
240 OLG München NJW-RR 1992, 818, 820.
241 BGH NJW-RR 1989, 1373; *Lorenz/Riehm*, Rn 202; Palandt/*Heinrichs*, § 323 Rn 19, 20.
242 Begründung BT-Drucks 14/6040, 185.
243 OLG Saarbrücken DAR 1965, 299, 300.
244 Palandt/*Heinrichs*, § 323 Rn 20; *Lorenz/Riehm*, Rn 202.
245 *Creutzig*, Recht des Autokaufs, Rn 4.1.6.; a.A. OLG Saarbrücken DAR 1965, 299, 300; *Graf von Westphalen*, BB 2002, 209, 214, die eine Weitergeltung der NWVB unter Wegfall der Lieferfristen bzw. deren Haftungserleichterungen auch für das Fixgeschäft befürworten.

II. Unverbindlicher Liefertermin und unverbindliche Lieferfrist

306 Ist der Liefertermin oder die Lieferfrist unverbindlich vereinbart worden, kann der Käufer nach Abschn. IV. Ziff. 2 S. 1, 2 NWVB sechs Wochen nach Überschreiten der festgelegten Zeit den Verkäufer auffordern zu liefern. Mit Zugang der Aufforderung kommt der Verkäufer in Verzug. Begehrt der Käufer Rücktritt und bzw. oder Schadensersatz, hat er zuvor eine angemessene Nachfrist zu setzen.

307 Ungeachtet der Frage, ob der Anspruch auf Übergabe und Übereignung des Fahrzeugs schon mit Erreichen der Lieferfrist bzw. des Liefertermins fällig ist, oder erst nach Ablauf der Nachfrist fällig wird, kann der Käufer den Verkäufer innerhalb der Frist nicht in Verzug setzen. Eine gleichwohl erfolgte Mahnung ist unwirksam.

Problematisch ist die Vereinbarkeit der „Wartefrist" von sechs Wochen mit den §§ 307, 308 Nr. 1, 309 Nr. 8a. Nach diesen Vorschriften ist eine Regelung in den AGB unwirksam, durch die sich der Verwender die Leistungserbringung unangemessen lange vorbehält und in Wechselwirkung damit auch das Recht des Käufers, sich vom Vertrag zu lösen, einschränkt.[246]

315 Das Lösungsrecht des Käufers wird durch die „Wartefrist" gravierend beeinträchtigt, weil der Käufer während der Lieferzeitverlängerung daran gehindert ist, sich anderweitig einzudecken,[247] Verzugsfolgen geltend zu machen und vom Vertrag zurückzutreten. Der Verkäufer erhält hingegen einen großzügigen zeitlichen Bonus, um seiner Lieferverpflichtung nachkommen zu können.

317 Trotzdem hat der BGH[248] die Länge der „Wartefrist" als angemessen erachtet. Dem hat sich ein Teil der Literatur angeschlossen.[249] Ausschlaggebend dafür seien die Besonderheiten des Kraftfahrzeughandels. Wie bei der Annahmefrist sei auch hier die Fristdauer notwendig, da der Verkäufer ein Produkt liefere, das erst noch vom Hersteller produziert werden müsse, in großer Stückzahl und verschiedener Ausstattung. Es entspreche der auch im Interesse des Käufers liegenden Praxis, dass das Fahrzeug meist von vornherein – und nicht nachträglich beim Händler – in der gewünschten Ausstattung hergestellt werde. Angesichts der Vielfalt der Ausstattungsvarianten sei es oft unvermeidbar, dass je nach Liefermöglichkeiten der Zulieferanten des Herstellers Verzögerungen in der Fertigstellung des Fahrzeuges einträten. Zudem könne der Hersteller dem Verkäufer zwar eine bestimmte Lieferquote an Fahrzeugen zusichern, hinsichtlich der vom Käufer gewünschten Ausstattungsvariante sei jedoch eine verbindliche Lieferzusage nur für eine Zeit von acht Wochen vor Auslieferung erhältlich. Die zeitlichen Verschiebungen nehme der Käufer jedoch hin, indem er sich mit einer nur unverbindlichen Lieferfrist einverstanden erkläre.

---

246 *Wolf/Horn/Lindacher*, § 11 Nr. 1 Rn 13; *Reinking/Eggert*, Rn 36.
247 *Ulmer/Brandner/Hensen*, § 10 Nr. 1 Rn 12.
248 BGH NJW 1982, 331, 333; ebenso: OLG Frankfurt BB 1980, 1550, 1552.
249 *Creutzig*, Recht des Autokaufs, Rn 4.2.3.; *Wolf/Horn/Lindacher*, § 10 Nr. 1 Rn 36; Palandt/*Heinrichs*, § 308 Nr. 1 Rn 7 ohne nähere Begründung.

II. Unverbindlicher Liefertermin und unverbindliche Lieferfrist § 3

Diese Argumentation kann eine sanktionslose Lieferfristüberschreitung von sechs Wochen nicht mehr rechtfertigen. Bei Abwägung der gegenseitigen Interessen kommt es zwar auf die branchenüblichen Beschaffungs- und Herstellungszeiten an, die ggf. um einen gewissen Sicherheitszeitraum zu verlängern sind, aber es sind demgegenüber sind auch die Interessen des Kunden an alsbaldiger Leistung zu beachten.[250] Hinsichtlich der Herstellungszeiten in der Automobilbranche lässt der BGH außer Acht, dass sich das Fertigstellungsdatum selbst unter Einbeziehung der dort genannten Unwägbarkeiten über einen Zeitraum von drei Monaten meistens exakt, zumindest aber mit einer Abweichung von höchstens vier Wochen festlegen lässt. Durchschnittlich beträgt die Zeit zwischen der anvisierten Fertigstellung des Fahrzeugs beim Hersteller und Lieferung an den Händler ein bis zwei Wochen. Diese von Herstellern und Importeuren schon vor Jahren ermittelten Angaben kann der Händler im Vorfeld bei der Bestimmung des unverbindlichen Liefertermins mit einbeziehen, so dass eine Wartefrist von vier Wochen selbst bei Eintritt von immer mal wieder auftretenden Störungen in der Fertigung oder bei Materiallieferungen reichlich bemessen wäre im Hinblick auf die durchschnittliche Verzögerung zwischen Herstellung und Lieferung an den Händler von nur ein bis zwei Wochen.[251]   320

Für die Prüfung der Unangemessenheit der Klausel im Rahmen des § 308 Nr. 1 darf zudem nicht auf singuläre Interessen des Händlers abgestellt werden, sondern der Verwender ist verpflichtet, sich bei der Gestaltung seiner AGB auf die durchschnittliche Interessenlage einzustellen, für die der Normalfall maßgeblich ist.[252]   322

Die unvorhersehbaren zeitlichen Verzögerungen in der Belieferung des Herstellers durch den Zulieferer, die trotz sorgfältigster interner Maßnahmen unvermeidbar seien, werden weder vom BGH noch der ihm folgenden Literatur näher spezifiziert. Dabei scheiden jedoch solche durch höhere Gewalt und Betriebsstörungen eingetretenen Verzögerungen, die unverschuldet eintreten und daher eine gewisse Rechtfertigungswirkung hätten, aufgrund der dafür geltenden Sonderregelung in Abschn. IV. Ziff. 4 NWVB ohnehin aus. Den daher verbleibenden beeinflussbaren Umständen kann durch entsprechende Vorsichtsmaßnahmen, wie einer großzügigen Bevorratung der Zulieferteile oder Bemessung der unverbindlichen Lieferfrist, effektiv begegnet werden, so dass der Einwand nicht überzeugen kann.[253]   325

Der Hinweis, der Händler könne dem Hersteller eine Spezifikation der in der Produktion eingeplanten Fahrzeugtypen nur acht Wochen vor Auslieferung vorgeben, kann als organisatorisches Problem zwischen Hersteller und Händler nicht zu Lasten des   327

---

250 BGH NJW 84, 2468, 2469; *Ulmer/Brandner/Hensen,* § 10 Nr. 1 Rn 13; *Wolf/Horn/Lindacher,* § 10 Nr. 1 Rn 35; *Koch/Stübing,* § 10 Nr. 1 Rn 18, 19; *Dietlein/Rebmann,* § 10 Nr. 1 Rn 4.
251 *Reinking/Eggert,* Rn 37.
252 *Wolf/Horn/Lindacher,* § 10 Nr. 1 Rn 37.
253 *Reinking/Eggert,* Rn 37.

Käufers gehen. Solche Unzulänglichkeiten aus der Sphäre des Verkäufers sind durch besser angepasste vertragliche Regelungen lösbar.[254]

328 Auch die Unverbindlichkeit der Lieferzeitvereinbarung rechtfertigt die Länge der Wartefrist nicht. Bei Prüfung der Unangemessenheit ist die gesamte Zeitspanne vom Vertragsschluss bis zum Ablauf der Frist zu berücksichtigen. Auch bei aufmerksamem Studium des Bestellformulars und der NWVB wird kaum ein Käufer sich die Länge der Frist vergegenwärtigen, innerhalb derer er keine Möglichkeit hat, seinen Lieferanspruch gegen den Verkäufer durchzusetzen. Vor diesem Hintergrund ist es nicht einsichtig, wenn der BGH[255] allein aufgrund der Unverbindlichkeit der Abrede das Einverständnis des Kunden mit der sanktionslosen Fristüberschreitung unterstellt, bei verbindlicher Terminabrede, jedoch gegenteilig argumentiert. Eine sechswöchige Zusatzfrist schränke die Dispositionsfreiheit des Kunden unzumutbar ein, da dieser berechtigt davon ausgehen könne, dass der Verkäufer bei der individuellen Vereinbarung der Leistungszeit auch unvorhergesehene Schwierigkeiten einkalkuliere.

Alles in allem ist die Wartefrist des Abschn. IV Abs. 2 S. 1 NWVB ein alter Zopf, der endgültig abgeschnitten gehört. In allen Bereichen des Vertragsrechts hat der Leistungsverpflichtete für seine subjektive Leistungsfähigkeit vom Abschluss des Vertrages an einzustehen, auch wenn diese zum Teil von Umständen abhängt, die er nicht beeinflussen kann, wie z.b. der Zulieferung von Teilen. Für eine Privilegierung des Neufahrzeugverkäufers durch eine „doppelte" Nachfrist gibt es keinen nachvollziehbaren Grund. Weder ist er, im Vergleich zu anderen Branchen, in besonderem Maße von Faktoren abhängig, auf die er keinen Einfluss hat, noch ist es unmöglich, den verbleibenden und bekannten Unwägbarkeiten durch eine ausreichende Kalkulation der unverbindlichen Lieferfrist Rechnung zu tragen. Dass der Käufer dann von vornherein weiß, wann er wirklich einen Anspruch auf Lieferung des Fahrzeugs hat, ist es als selbstverständlich hinzunehmen.

1. Folgen der Lieferzeitüberschreitung

333 Fordert der Käufer den Verkäufer nach Ablauf der sechswöchigen Frist nicht zur Lieferung auf, dauert der rechtsfolgenlose Zeitraum an, sofern die Wirksamkeit der Klausel bejaht wird. Gerät der Verkäufer nach Ablauf der Lieferzeitverlängerung durch den Zugang der Mahnung des Käufers in Verzug, ist dies der Anknüpfungspunkt für verschiedene Rechtsfolgen. Der Zugang der Mahnung ist nach den allgemeinen Beweislastregeln durch den Käufer zu beweisen.

334 Die NWVB sehen vor, dass der Käufer nach seiner Wahl entweder direkt den Verzugsschaden geltend machen, der bei leichter Fahrlässigkeit des Verkäufers gegenüber einem Verbraucher auf 5% des Kaufpreises beschränkt ist oder vom Vertrag zu-

---

[254] *Wolf/Horn/Lindacher*, § 10 Nr. 1 Rn 37.
[255] BGH NJW 1984, 2468, 2469.

rücktreten und/oder Schadensersatz statt der Leistung verlangen kann, wenn der Käufer dem Verkäufer zuvor eine angemessene Lieferfrist gesetzt hat.

Die Nachfrist ist angemessen, wenn der Verkäufer ausreichend Gelegenheit hat, innerhalb der Frist das Fahrzeug zu liefern, dem Käufer das Zuwarten bis zum Fristablauf zuzumuten ist und eventuelle Besonderheiten des Einzelfalles berücksichtigt werden. Die angemessene Länge der Frist darf nicht an der zur vollen Leistung benötigten Zeit bemessen werden, weil die Nachfrist erst nach Fälligkeit gesetzt wird. Zu diesem Zeitpunkt hätte der Schuldner die Leistung bereits vollständig erbracht haben müssen. Zudem schließt sie an die dem Verkäufer bereits zugestandene „unechte" Nachfrist an. Ist bei weniger gängigen Fahrzeugen und Nutzfahrzeugen eine längere Beschaffungszeit notwendig, kann diesem Umstand bereits durch die Vereinbarung eines entsprechenden Liefertermins Rechnung getragen werden. Daher ist eine zweiwöchige Frist im Regelfall als ausreichend anzusehen.[256]

335

Setzt der Käufer eine zu kurz bemessene Frist oder fordert er den Verkäufer zur Lieferung innerhalb einer angemessenen Frist auf, ohne diese näher zu bestimmen, wird eine angemessene Frist in Gang gesetzt.[257]

337

Neben dem Verzugsschaden, Rücktritt und Schadensersatz kann der Käufer nach Ablauf der Nachfrist weiterhin die Erfüllung des Vertrages verlangen, da der Erfüllungsanspruch auch nach Fristablauf besteht, solange Rücktritt und/oder Schadensersatzverlangen nicht erklärt wurden.[258]

338

a) Beendigung des Verzuges

Der Verzug endet, wenn eine seiner Voraussetzungen entfällt. Vorrangig geschieht dies durch die nachträgliche, ordnungsgemäße Erfüllung der Leistungspflicht durch den Verkäufer. Dazu genügt es, dem Käufer das Neufahrzeug in Annahmeverzug begründender Weise anzubieten. Eine Bereitstellungsanzeige nach Abschn. V. Ziff. 1 S. 1 der NWVB reicht aus, obwohl dem Käufer im Anschluss daran noch eine 14-tägige Annahmefrist zusteht. Ansonsten könnte der Käufer, der dem Verkäufer eine angemessene Nachfrist von zwei Wochen zur Lieferung gesetzt hat, durch Ausschöpfen der Annahmefrist die fristgerechte Vertragserfüllung durch den Verkäufer verhindern.

340

Das Ende des Lieferverzuges tritt ebenfalls ein, wenn der Käufer die angebotene Leistung als Erfüllung gem. § 363 angenommen hat, auch wenn das Fahrzeug mit Mängeln behaftet ist. Ab diesem Zeitpunkt geht der ursprüngliche Erfüllungsanspruch auf mangelfreie Leistung in einen Anspruch auf Nacherfüllung über.[259]

---

256 *Thamm,* BB 1982, 2018 ff.; *Rödel/Hembach,* § 2 Rn 79.
257 BGH NJW 1982, 1279, 1280; BGH NJW 1985, 2640 f.; *Lorenz/Riehm,* Rn 198.
258 Palandt/*Heinrichs,* § 281 Rn 51, § 323 Rn 33.
259 *Huber,* NJW 2002, 1004, 1005.

§ 3 Die Lieferung

b) Umfang der Haftung

343 In Abschn. IV. Ziff. 2 S. 3 und 5 NWVB wird die Haftung des Verkäufers für leichte Fahrlässigkeit auf 5 Prozent des Kaufpreises für Verzugsschäden und 25 Prozent des Kaufpreises für Schadensersatz statt der Leistung beschränkt. Abschn. IV. Ziff. 2 S. 7 erstreckt die Haftungsbeschränkung auf die zufällige Unmöglichkeit. Ist der Käufer eine juristische Person des öffentlichen Rechts, ein öffentlich-rechtliches Sondervermögen oder ein Unternehmer, schließt Abschn. IV. Ziff. 2 S. 6 die Haftung des Verkäufers für leichte Fahrlässigkeit vollständig aus. Die Haftungsbeschränkung bzw. der Haftungsausschluss sind mit § 309 Nr. 7 b problemlos vereinbar, der nur die Haftungsbeschränkung für Vorsatz und grobe Fahrlässigkeit untersagt.

345 Ein Haftungsausschluss ist aber gem. § 307 – auch gegenüber einem Unternehmer – unwirksam, wenn wesentliche Vertragspflichten eingeschränkt werden, deren Erfüllung die ordnungsgemäße Durchführung des Vertrages überhaupt erst ermöglichen und auf deren Erfüllung der Vertragspartner daher vertraut und auch vertrauen darf.[260] Eine solche wesentliche Vertragspflicht ist die rechtzeitige Lieferung des Fahrzeuges als Hauptleistungspflicht des Verkäufers.[261] Daher ist die Freizeichnung bei leicht fahrlässig verursachtem Lieferverzug in Abschn. IV. Ziff. 2 S. 6 der NWVB unwirksam, da sie den Käufer unangemessen benachteiligt, indem sie den Verkäufer bei Verletzung seiner Primärpflicht sanktionsfrei stellt. Richtigerweise gilt infolgedessen für den in Abschn. IV. Ziff. 2 S. 6 NWVB genannten Personenkreis nicht die Beschränkung der Haftung auf 5% des Kaufpreises, sondern die gesetzliche Regelung.

Gegen die Höhe der Haftungsbeschränkung auf 5% des Kaufpreises wird eingewandt, der Betrag sei hinsichtlich des Verbots der Freizeichnung für typische Schäden zu niedrig angesetzt.[262]

348 Der BGH erachtet eine summenmäßige Begrenzung der Haftung in einem Formularvertrag als wirksam, wenn die Höchstsumme zur Abdeckung der vertragstypischen, vorhersehbaren Schaden führt.[263] Dies gewährleistet die Klausel. Zum einen erfolgt eine zeitliche Begrenzung des Verzuges durch den Käufer, wenn er bereits in der den Schuldnerverzug begründenden Mahnung eine angemesse Nachfrist setzt, um nach Fristablauf Rücktritt und Schadensersatz wegen Nichterfüllung zu verlangen.[264] Zum anderen liegt der zwischenzeitlich entstehende Ausfallschaden typischerweise in den Mietkosten für ein Ersatzfahrzeug, die durch die Summe von 5% des Kaufpreises regelmäßig abgedeckt werden.[265]

---

260 BGH NJW 1993, 335, 335 m.w.N.
261 BGH NJW 1994, 1060, 1063; Palandt/*Heinrichs*, § 307 Rn 45, § 305 Rn 35, 36.
262 *Ulmer/Brandner/Hensen,* Anhang §§ 9–11 Rn 438.
263 BGHZ 138, 118, 133; BGH NJW 1993, 335, 336; 2001, 292, 295; *Paulusch,* DWiR 1992, 182, 189 m.w.N.
264 BGH NJW 2001, 292, 295.
265 *Reinking/Eggert,* Rn 130 mit Rechenbeispiel.

Durch die 5% Klausel wird der Schadenersatz lediglich begrenzt, jedoch nicht pauschaliert. Daher obliegt dem Käufer die Darlegungs- und Beweislast hinsichtlich der Höhe des eingetretenen Verzugsschadens.[266]

352

c) Ersatz des Verzugsschadens

Der nach Abschn. IV. Ziff. 2 S. 3 NWVB auf 5 Prozent des Kaufpreises begrenzte Verzugsschaden ist der Schaden, der durch die Verzögerung der Lieferung des Neuwagens entsteht. Der Verkäufer hat den Käufer nach den §§ 249 ff. so zu stellen, als hätte er rechtzeitig erfüllt. Der Schaden umfasst nur solche Schadenspositionen, die neben den Anspruch auf die Leistung treten, ihn aber nicht ersetzen können. Vorrangig besteht der Schaden darin, dass der Käufer das Fahrzeug noch nicht nutzen kann, aber auch der entgangene Gewinn eines Wiederverkaufs oder die Kosten der Rechtsverfolgung sowie Zinsverluste sind verzögerungsbedingte Schäden. Nach wie vor sind die Kosten der ersten Mahnung nicht ersatzfähig, da die Aufforderung zu leisten erst mit ihrem Zugang den Verzug begründet hat und nach § 280 Abs. 2 Schadensersatz wegen Verzögerung der Leistung nur unter dern Voraussetzungen des § 286, also bei Verzug verlangt werden kann.[267]

353

Den Käufer so zu stellen, als ob rechtzeitig geleistet worden wäre, umfasst nach überwiegender Meinung auch Schadensersatz für die abstrakt entgangene Gebrauchsmöglichkeit des Fahrzeugs, die als Vermögensschaden anzusehen ist,[268] wenn der Wille und die Möglichkeit zur Nutzung bestehen.[269] Entgegen der überwiegenden Meinung ist die entgangene Gebrauchsmöglichkeit mit dem OLG Hamm nur dann als Schaden anzusehen, wenn dem Käufer während des Verzugs des Verkäufers kein anderes Fahrzeug zur Verfügung steht, weil er noch kein anderes Fahrzeug besitzt oder sein vorheriges Fahrzeug bereits veräußert hat. Ansonsten besteht der Schaden des Käufers im Wertverlust des statt des Neufahrzeugs genutzten Fahrzeugs.

355

Wurde die Inzahlungnahme des Gebrauchtwagens zur teilweisen Begleichung des Neuwagenkaufpreises vereinbart, stellt sich die Frage, wer den Wertverlust am Gebrauchtfahrzeug durch die Weiterbenutzung zu tragen hat, wenn diese durch eine von Verkäufer zu vertretende Lieferverzögerung notwendig geworden ist.

357

Es wird vertreten, dass der Käufer den Wertverlust selbst zu tragen habe, da bei Einhaltung des Liefertermins durch das Fahren des Neufahrzeugs ein Wertverlust an diesem eingetreten wäre, der im ersten Jahr bei 15–20% des Kaufpreises liegt. Demgegenüber sei der Wertverlust am Altfahrzeug durch die Weiterbenutzung viel

358

---

266 *Creutzig,* Recht des Autokaufs, Rn 4.2.6.2.
267 MüKo/*Thode,* § 286 Rn 8ff.; *Lorenz/Riehm*, Rn 285 ff.
268 BGHG NJW 1982, 2304; BGH NJW 1983, 2139; *Rödel/Hembach*, § 2 Rn 69; Palandt/*Heinrichs*, Vorb. § 249 Rn 20; a.A. OLG Hamm OLGR 1996, 15.
269 BGH DAR 1982, 325, 325; BGHZ 40, 345, 351; BGHZ 85, 11, 14.; a.A. *Schulte,* S. 116 ff.; *Schmidt/Salzer*, BB 1970, 55, 63; OLG Hamm OLGR 1996, 15, ist gegen Nutzungsentschädigung, wenn auf eine künftige Nutzung hin noch keine Vermögensbindung erfolgte und ein anderes Fahrzeug erworben oder das bisherige genutzt werden kann.

geringer, so dass ein Schadensersatzanspruch unter dem Gesichtspunkt der Vorteilsausgleichung kompensiert werde.[270]

359 Nach anderer Ansicht wird bei dieser Argumentation übersehen, dass nach § 298 der Verkäufer durch die nicht rechtzeitige Lieferung trotz des Verlangens des Käufers mit der Annahme des Altfahrzeugs in Verzug gerate, da beide Leistungen Zug um Zug geschuldet seien. Auch wenn aus dem Annahmeverzug nach § 300 keine Schadensersatzverpflichtung des Verkäufers folge, sperre dessen ratio aber den Vorteilsausgleich mit Ansprüchen des Käufers aus dem Schuldnerverzug. Vielmehr hafte der Käufer nur für grob fahrlässig und vorsätzlich herbeigeführte Verschlechterungen des Gebrauchtwagens, wovon bei normaler Weiterbenutzung nicht auszugehen sei. Ein Wertverlust zwischen Annahmeverzug und Auslieferung sei vom Verkäufer zu tragen, da er in seine Risikosphäre falle. Für eine Vorteilsausgleichung fehle es an der gesetzlichen Grundlage. Die während des Verzuges durch den weiteren Gebrauch gezogenen Nutzungen seien nach § 302 dem Verkäufer in Form von Wertersatz zu vergüten.[271]

362 Dieser Auffassung ist im Ansatz zuzustimmen. Die Vorteilsausgleichung ist vom Gesetzgeber nicht normiert worden, um Rechtsprechung und Literatur die Problemlösung unter Beachtung der Einzelfallgerechtigkeit und nach Wertungsgesichtspunkten zu überlassen.[272] Die Anrechnung von Vorteilen muss aus Sicht des Geschädigten zumutbar sein und darf den Schädiger nicht unbillig entlasten.[273] Der Kompensation eines Anspruchs aufgrund der Verzögerung der Leistung ist richtigerweise der Sinn und Zweck des § 300 als Sperre entgegenzuhalten, da die Wertung gerade die Haftung des Schuldners in der ungewollten Situation begrenzt. Der Verkäufer würde unbillig entlastet, wenn ein durch ihn verschuldeter Umstand eine Kompensation mit dem tatsächlichen Wertverlust durch unfreiwillige Weiternutzung des Altwagens herbeiführen würde.

Im Ergebnis erscheint es sachgerecht, wenn der durch die übliche Benutzung des Altfahrzeugs verursachte Wertverlust beim Verkäufer verbleibt, der ihn ja durch Lieferverzug selbst zu vertreten hat. Dogmatisch wird das Ergebnis durch Aufrechnung des Anspruchs des Käufers auf Schadensersatz mit dem Anspruch des Verkäufers auf Nutzungsentschädigung erreicht.

2. Rücktritt

364 Wählt der Käufer nach ergebnislosem Fristablauf den Rücktritt vom Kaufvertrag gem. § 323, setzt der nicht voraus, dass der Verkäufer die zum Rücktritt führenden Umstände zu vertreten hat. Im Gegensatz zum Schadensersatz statt der Leistung ist

---

270 *Creutzig*, Recht des Autokaufs, Rn 4.2.6.6.
271 *Reinking/Eggert*, Rn 132; zustimmend auch *Rödel/Hembach*, Rn 70.
272 Palandt/*Heinrichs*, Vorb. § 249 Rn 119.
273 BGHZ 10, 108; BGHZ 8, 329; BAG NJW 1968, 222.

II. Unverbindlicher Liefertermin und unverbindliche Lieferfrist § 3

das Rücktrittsrecht grundsätzlich verschuldensunabhängig ausgestaltet. Allein für den Ausschlusstatbestandes in § 323 Abs. 6 ist der Grad des Verschuldens von Belang.

Der Käufer hat zudem nach § 325 die Möglichkeit, gleichzeitig mit dem Rücktritt auch Schadensersatz nach §§ 280, 281 zu fordern. Dadurch kann er die Vorteile des Vertrages behalten, ohne die eigene Leistung erbringen zu müssen.[274] Neben dem Rücktritt können die Mehrkosten aus einem Deckungsgeschäft oder der entgangene Gewinn geltend gemacht werden. Allerdings ist zu beachten, dass die Schadensersatzpflicht entfällt, wenn der Verkäufer die rücktrittsbegründende Lieferverzögerung nicht zu vertreten hat.[275]

365

Der Rücktritt erfolgt durch seine Erklärung gegenüber dem Verkäufer gem. § 349. Die Rücktrittserklärung ist eine empfangsbedürftige Willenserklärung und gleichzeitig ein einseitiges, gestaltendes Rechtsgeschäft und damit grundsätzlich bedingungs- und befristungsfeindlich.[276] Im Gegensatz zum bisherigen Recht kann der Verkäufer dem Käufer keine Frist zur Ausübung des Rücktrittsrechts setzen, da § 350 diese Möglichkeit nunmehr nur noch für vertragliche Rücktrittsrechte vorsieht. Mit der Rücktrittserklärung entfallen die Primärleistungspflichten, d.h. die Erfüllungsansprüche erlöschen.[277]

366

Dem Käufer steht nach § 326 Abs. 5 ein Rücktrittsrecht für den Fall des Ausschlusses der Leistungspflicht des Verkäufers nach § 275 Abs. 1 bis 3 zu. Das betrifft die seltenen Fälle, in denen die Leistung dem Verkäufer unzumutbar oder unmöglich ist. Auf den Rücktritt findet § 323 mit der Maßgabe entsprechende Anwendung, dass die Fristsetzung entbehrlich ist.

367

Eine Befreiung von der Leistungspflicht gem. § 275 wird hinsichtlich des vom Käufer bestellten Fahrzeugs als Gattungsschuld selbst bei Einstellung der Produktion[278] einer Fahrzeugserie nur selten der Fall sein, da der Verkäufer seiner Beschaffungspflicht auf dem Neuwagenmarkt durch das dort bereits vorhandene Kontingent noch geraume Zeit nachkommen kann.

368

3. Schadensersatz statt der Leistung

Der Gläubiger kann Schadensersatz statt der Leistung fordern, wenn die Voraussetzungen der §§ 280 Abs. 1, 3, 281 vorliegen, insbesondere der Käufer dem Verkäufer eine Frist zur Nacherfüllung gesetzt hat. Nach § 281 Abs. 3 ist die Fristsetzung entbehrlich, wenn der Verkäufer die Lieferung ernsthaft und endgültig verweigert oder wenn sich aus besonderen Umständen und dem Ergebnis einer Interessenabwägung ergibt, dass die sofortige Geltendmachung von Schadensersatz gerechtfertigt ist.

369

---

274 *Canaris,* JZ 2001, 499, 514.
275 Begründung BT-Drucks 14/6040, 93.
276 *Medicus,* Schuldrecht I, Rn 62, 549; *Lorenz/Riehm,* 416 ff.
277 Begründung BT-Drucks 14/6040, 194.
278 Diesen Fall als Beispiel für Unmöglichkeit aufgreifend: *Reinking/Eggert,* Rn 136.

§ 3 Die Lieferung

371 Der Anspruch umfasst das Leistungsinteresse, also die Schadenspositionen, die anstelle der Leistung treten. Er soll den Käufer so stellen, wie er stehen würde, wenn der Verkäufer ordnungsgemäß erfüllt hätte. Dies schließt auch die Rechtzeitigkeit der Leistung mit ein,[279] woraus eine Überschneidung mit den Verzögerungsschäden resultiert.

372 Schäden, die erst nach Beendigung des Verzuges entstanden sind, also ab dem Zeitpunkt des Untergangs des Leistungsanspruchs gem. § 281 Abs. 4, sind zweifelsfrei dem Schadensersatz statt der Leistung zuzurechnen. Denn mit Erlöschen des Leistungsanspruchs endet der Verzug, so dass keine weiteren Verzugsschäden entstehen können. Die Leistungspflicht geht im Schadensersatzanspruch statt der Leistung auf und weitere verzögerungsbedingte Schäden fallen in diesen Schadensersatzanspruch.[280]

373 Der Ersatz des Schadens ist in Geld zu leisten. Er umfasst typischerweise die Mehrkosten eines Deckungskaufs, den bis dahin anfallenden Nutzungsausfallschaden, Wertverlust des Altfahrzeugs sowie einen darauf gewährten Nachlass, entgangener Gewinn, Rechtsverfolgungskosten und Kosten für Telefon bzw. Porto, Kosten eines Anschaffungskredits und etwaige Steuernachteile.[281]

374 Der nicht belieferte Käufer kann eine Sache derselben Gattung gem. § 243 beschaffen und die Kosten des Deckungsgeschäfts dem Verkäufer in Rechnung stellen. Bei privaten Käufern – für den Eigengebrauch – kommt grundsätzlich nur eine konkrete Schadensberechnung in Betracht.[282] Die Differenz für einen fiktiven Deckungskauf käme einer abstrakten Schadensberechnung gleich. Maßgeblich ist jedoch, wie viel der Privatkäufer tatsächlich aufwenden musste, um sich das vertraglich vom Verkäufer geschuldete Fahrzeug zu verschaffen.[283]

375 Bei Kraftfahrzeugen sind nach der Verkehrsanschauung für die Zugehörigkeit zu einer Gattung maßgebliche gemeinschaftliche Merkmale der Typ, die Bauart und die Ausstattung. Deckt sich der Käufer aufgrund der Nichtlieferung eines „Importfahrzeugs" mit einem auf dem deutschen Markt hergestellten und gelieferten Vergleichsfahrzeug ein, ist dies zulässig, da der Preis einer Sache regelmäßig keine gattungsrelevante Eigenschaft, sondern Kaufmotiv ist, solange sich in der Preisgestaltung keine geringere Wertschätzung der Sache innerhalb der beteiligten Verkehrskreise niederschlägt. Die dafür anfallenden Mehraufwendungen sind auch nicht im Rahmen einer Schadensminderung gem. § 254 abzugsfähig, da es dem Käufer nicht zuzumuten ist,

---

279 *Schimmel/Buhlmann,* Frankfurter Handbuch zum neuen Schuldrecht, Rn 101; *Haas/Medicus/Rolland,* Rn 245.
280 *Lorenz/Riehm,* Rn 287 ff. m.w.N.; Palandt/*Heinrichs,* § 280 Rn 18; § 286 Rn 43, 44, Einbeziehung des Verzögerungsschadens in den Nichterfüllungsschaden als Rechnungsposten möglich.
281 *Reinking/Eggert,* Rn 140.
282 BGH NJW 1980, 1742, 1743; BGH NJW 1998, 2901, 2902; Palandt/*Heinrichs,* § 281 Rn 32; Soergel/ *Wiedemann,* § 326 Rn 46; abstrakte Schadensermittlung nur für Kaufleute.
283 OLG Düsseldorf DAR 2002, 212, 214.

erneut ein Reimportgeschäft zu tätigen, wenn dessen Fehlgehen Anlass des Deckungskaufs war.[284]

4. Ersatz vergeblicher Aufwendungen

Nach der gesetzlichen Regelung des § 284 kann der Gläubiger anstelle des Schadensersatzes statt der Leistung den Ersatz der vergeblichen Aufwendungen verlangen. Der Anspruch besteht, wenn der Käufer im Vertrauen auf den Erhalt der Leistung Aufwendungen getätigt hat, zu denen er auch billigerweise berechtigt war, die aufgrund der Pflichtverletzung des Schuldners jedoch ihren Zweck verfehlten.[285] 378

In Abschn. IV. Ziff. 2 S. 4, 5 NWVB ist die Möglichkeit, alternativ zum Nichterfüllungsschaden den Ersatz vergeblicher Aufwendungen geltend zu machen, nicht geregelt, was die Frage aufwirft, ob die Klausel wirksam in Hinblick auf die §§ 305 ff. wirksam ist.

Bis zur Schuldrechtsreform konnte der Käufer Ersatzansprüche hinsichtlich nutzloser Aufwendungen im Rahmen des Anspruchs wegen Nichterfüllung verlangen, soweit zu seinen Gunsten die Rentabilitätsvermutung galt, d.h. anzunehmen war, dass der Käufer bei ordnungsgemäßer Vertragsabwicklung Vorteile erlangt hätte, die seine Aufwendungen kompensiert hätten.[286] Dabei waren ideelle Zwecke ungeeignet, einen Ersatzanspruch zu begründen. Der Käufer, der einen Vertrag nicht zu Erwerbszwecken schloss und im Hinblick auf diesen Aufwendungen machte, hatte bei Vertragsbruch des Verkäufers keine Ansprüche.[287] Dieses nicht zu rechtfertigende Ergebnis ist durch Einführung des § 284 korrigiert worden. Dadurch, dass derartiger Aufwendungsersatz nicht vom Schadensersatz statt der Leistung umfasst wird, ist der jetzt gesetzlich normierte Anspruch in den NWVB nicht abgebildet. 380

Entgegen der in der Vorauflage vertretenen Ansicht resultiert daraus jedoch nicht die Unwirksamkeit des Abschn. 4 Ziff. 2 S. 4 ff. NWVB, weil aus Sicht des Käufers die Klausel so verstanden werden kann, dass ihm ausschließlich ein Anspruch auf Schadensersatz statt der Leistung oder ein Rücktrittsrecht zustehen, weil andere Ansprüche nicht erwähnt werden. Zwar ist nach § 305 c Abs. 2 bei der Prüfung der Wirksamkeit einer Klausel immer auf die kundenfeindlichste Auslegung abzustellen. Jedoch rechtfertigt dieser Grundsatz nicht die Annahme, der aufgeklärte Käufer schließe aus der fehlenden Erwähnung des Aufwendungsersatzanspruches, dieser solle deshalb ausgeschlossen sein. Die vorstehende Schlussfolgerung resultiert aus einer teleologischen Auslegung der entsprechenden Klausel, die in der Lebenswirklichkeit kein Verbraucher vor dem Erwerb eines Neufahrzeugs vornehmen wird. Vielmehr wird der Käufer, wie übrigens der Rechtskundige ansonsten auch, dem Schweigen der 382

---
284 LG Köln DAR 2000, 362, 363; OLG Düsseldorf DAR 2002, 212, 214.
285 *Lorenz/Riehm,* Rn 222, 542; Palandt/*Heinrichs,* § 284 Rn 1 ff., m.w.N.
286 BGHZ 114, 193 ff.; BGH NJW 1999, 2269, 2269; 1999, 3625, 3626, m.w.N.
287 BGHZ 71, 234, 238; 99, 182, 197.

NWVB zum Aufwendungsersatzanspruch die nahe liegende Bedeutung beimessen, dass keine Regelung getroffen werden sollte. Enthält Abschn. IV. Ziff. 2 NWVB aber keinen Ausschluss etwaiger Aufwendungsersatzansprüche, bestehen gegen die Wirksamkeit unter diesem Aspekt keine Bedenken. Nach § 305c Abs. 2 ist bei mehreren Möglichkeiten immer die dem Verwender ungünstigste Auslegung zu wählen.[288]

III. Verbindliche Lieferfrist und verbindlicher Liefertermin

387 Vereinbart der Käufer einen verbindlichen Liefertermin oder eine verbindliche Lieferfrist gem. Abschn. IV. Ziff. 3 NWVB, kommt der Verkäufer bereits durch Ablauf dieses zeitlichen Rahmens in Verzug, ohne dass es der Einhaltung einer sechswöchigen Wartefrist oder einer gesonderten Mahnung bedarf. Ansonsten weichen die Rechtsfolgen der Überschreitung einer verbindlichen Lieferfrist/eines verbindlichen Liefertermins nicht von den Rechtsfolgen der Überschreitung einer unverbindlichen Lieferfrist/eines unverbindlichen Liefertermins ab.

IV. Höhere Gewalt und Betriebsstörungen

390 Abschn. IV. Ziff. 4 S. 1 NWVB sieht vor, dass bei höherer Gewalt sowie bei Störungen im Betrieb des Verkäufers oder seines Lieferanten, die den Verkäufer ohne eigenes Verschulden daran hindern, den Neuwagen zum vereinbarten Termin oder innerhalb der vereinbarten Frist zu liefern, eine Verlängerung der vereinbarten Zeit um die Spanne eintritt, in der die Störung andauert.

391 Als Betriebsstörung werden Ereignisse innerhalb des Betriebs wie Störungen im EDV Bereich, Ausfall von Maschinen aber auch Streik und Aussperrung bezeichnet. Höhere Gewalt ist dagegen betriebsfremd. Sie liegt vor bei von außen durch elementare Naturkräfte oder durch Handlungen Dritter herbeigeführten, nach menschlicher Einsicht und Erfahrung nicht voraussehbaren Ereignissen.[289]

392 Der Leistungsaufschub tritt nicht ein, wenn den Verkäufer ein Eigenverschulden hinsichtlich der Betriebsstörung trifft oder ihm die Umstände bereits bei Vertragsschluss bekannt waren. Die Störungen müssen also nach der Annahme der Bestellung und vor dem Termin oder Ablauf der Frist zur Lieferung eintreten. Dauert der Leistungsaufschub länger als vier Monate, hat der Käufer ein Rücktrittsrecht. Klarstellend im Sinne des Transparenzgebots ist – wie vom BGH gefordert – eingefügt worden, dass andere Rücktrittsrechte davon unberührt bleiben.[290]

---

288 Ständige Rechtsprechung, BGH NJW 1999, 276, 277; BGHZ 95, 353; 108, 56; 104, 88.
289 BGH BB 1970, 466; BGHZ 17, 199, 201; *Rödel/Hembach,* § 2 Rn 65.
290 BGH NJW 2001, 292, 296.

V. Änderungen des Kaufgegenstandes während der Lieferzeit § 3

Unerheblich ist, ob Lieferzeit oder Liefertermin verbindlich oder unverbindlich vereinbart worden sind. Die Klausel gilt jedoch nicht für die Sechs-Wochen-Frist, die bei unverbindlich vereinbarter Lieferzeit vorgesehen ist, weil die sechswöchige Schonfrist gerade auch höhere Gewalt und Betriebsstörungen mit abdecken soll.[291] 394

Die Verlängerung der Lieferfrist um bis zu vier Monate führt in der Gesamtschau mit der Bindungsfrist an die Bestellung und der sechswöchigen Schonfrist dazu, dass der Verkäufer einen sehr großzügigen zeitlichen Vorteil erlangt, während das Recht des Käufers, sich vom Vertrag zu lösen, über Gebühr beschnitten wird. In dem für den Käufer ungünstigsten Fall können die Fristen eine für den Verkäufer folgenlose Verschiebung der Lieferung von sechs Monaten rechtfertigen, was für den Käufer inakzeptabel ist.[292] 397

Auch unter Berücksichtigung der Tatsache, dass Betriebsstörungen und höhere Gewalt ohne Verschulden des Verkäufers eintreten, sind diese Umstände dennoch der Sphäre des Verkäufers und damit seinem Risikobereich zuzurechnen, so dass eine weitere ausgedehnte Wartezeit von vier Monaten, bevor der Käufer zurücktreten kann, unzumutbar ist im Vergleich zu den erheblichen zeitlichen Reserven, die dem Verkäufer in dem für ihn günstigsten Fall erwachsen.[293] Dies gilt umso mehr, als der Rücktritt vom Vertrag wegen Lieferverzögerungen ein Verschulden des Verkäufers nicht erfordert. 400

Abschn. IV. Ziff. 4 S. 1 NWVB ist daher ebenso wie Abschn. IV. Ziff. 2 S. 1 NWVB unwirksam, weil die damit verbundene Privilegierung des Verkäufers sachlich nicht gerechtfertigt ist.

V. Änderungen des Kaufgegenstandes während der Lieferzeit

Nach Abschn. IV. Ziff. 5 NWVB bleiben Konstruktions- oder Formänderungen, Abweichungen im Farbton, sowie Änderungen des Lieferumfangs dem Hersteller während der Lieferzeit vorbehalten, sofern die Änderungen oder Abweichungen unter Berücksichtigung der Verkäuferinteressen für den Käufer zumutbar sind. 402

Unter Änderung ist eine Leistung mit anderer Beschaffenheit oder anderem Umfang als die ursprünglich vereinbarte Leistung zu verstehen, die nach Art und Charakter jedoch identisch bleibt. Bei einer Abweichung ist das Ausmaß der Änderung so gravierend, dass die Leistung nach Art und Charakter eine andere als die ursprünglich geschuldete darstellt.[294] Problematisch ist die Klausel daher im Hinblick auf den Grundsatz, dass der Verkäufer gem. §§ 434 Abs. 1, 475 die Leistung mit der vertragsgemäß vereinbarten Beschaffenheit schuldet. 403

---

291 *Rödel/Hembach,* § 2 Rn 63; *Creutzig,* Recht des Autokaufs, Rn 4.4.2.
292 *Reinking/Eggert,* Rn 41.
293 BGH NJW 2001, 292, 296.
294 *Wolf/Horn/Lindacher,* § 10 Nr. 4 Rn 4.

§ 3 Die Lieferung

405 Der Schutz des Käufers vor zu weitgehenden Änderungen während der Lieferzeit ist in der Klausel entsprechend § 308 Nr. 4 jedoch dadurch gewährleistet, dass er sich auf die Unzumutbarkeit der Änderungen berufen kann. Eine erhebliche Änderung oder Abweichung braucht der Käufer nicht hinzunehmen, auch wenn sie zumutbar ist, eine unerhebliche nur dann, wenn sie ihm zugemutet werden kann.[295] Die Beweislast für die Unerheblichkeit der Änderung und deren Zumutbarkeit obliegt dem Verkäufer als Verwender der AGB.[296]

406 Den Interessen des Käufers ist dadurch hinreichend Rechnung getragen, zumal es regelmäßig vorteilhaft für den Käufer ist, die jeweils aktuelle, verbesserte Version des Neuwagens zu erhalten.

Dem Verkäufer dient die Klausel, da er Änderungen des Fahrzeugs mit zu tragen und an den Käufer weiterzugeben hat, ohne Einfluss auf das Produkt zu haben. Daher liegt der Änderungsvorbehalt grundsätzlich im Interesse aller am Neuwagenkauf Beteiligten. Diese Übereinstimmung endet jedoch bei der Auslegung des unbestimmten Rechtsbegriffs der Zumutbarkeit.

Die Ermittlung, ob eine Änderung oder Abweichung dem Käufer zuzumuten ist, bleibt dem Tatrichter vorbehalten, der sie durch Interessenabwägung anhand der konkreten Umstände im Einzelfall festzustellen hat.[297]

411 Die Erheblichkeit einer Änderung und die Unzumutbarkeit der Abnahme durch den Verkäufer wurde z.B. bei Farbänderungen angenommen, wenn es sich nicht um Farbtöne der gleichen Palette handelt, wie die Änderung von „türkis" zu „silbergrün",[298] Dagegen stellt die Änderung von „taiga" zu „resedagrün"[299] nur eine geringfügige, unerhebliche Farbänderung zum Vorgängermodell dar.

412 Die unterschiedliche Beurteilung macht deutlich, dass die Zumutbarkeit allein von den Umständen des Einzelfalles abhängt. Da die Kaufentscheidung in der Regel vom Farbwunsch maßgeblich beeinflusst wird, kann z.B. eine andere als die vertraglich vereinbarte Farbe eine erhebliche Änderung begründen. Abgestellt wird dabei auf die Zugehörigkeit der bestellten Farbe zu einer Farbpalette. Ist die nur graduell abweichende Farbe des gelieferten Fahrzeugs ebenfalls dieser Palette zugehörig, ist die Änderung unerheblich und zumutbar, anders wenn die Farbe einer anderen Palette angehört.[300]

415 Insbesondere bei Luxusfahrzeugen können fehlende, teure Sonderausstattungsteile wie CD-Wechsler, Skisack, Fondeinstellsitze und Multikonturlehnen im Fond eine erhebliche Änderung des Kaufgegenstandes bewirken, da die Kunden solcher hochwertigen Fahrzeuge Wert darauf legen, dass alle Sonderausstattungsmerkmale vor-

---

[295] OLG Hamm DAR 1983, 79, 80.
[296] OLG Hamm DAR 1983, 79, 80; Palandt/*Heinrichs*, § 308 Rn 24.
[297] *Wolf/Horn/Lindacher*, § 10 Nr. 4 Rn 14.
[298] OLG Hamm DAR 1983, 79, 80.
[299] BGH NJW 1980, 1680, 1681.
[300] OLG Hamm DAR 1983, 79, 80.

V. Änderungen des Kaufgegenstandes während der Lieferzeit § 3

handen sind. Bei Luxusfahrzeugen spielt die Sonderausstattung nicht nur eine untergeordnete und zu vernachlässigende Rolle. Wenn mehrere Teile fehlen, liegt daher eine nicht zumutbare Änderung des Lieferumfangs vor.[301]

Eine Modelländerung ist erheblich, wenn dem Fahrzeug Eigenschaften fehlen, die es gemessen am aktuellen Produktionsstand als veraltet erscheinen lassen oder die „allgemeine Form" des Wagens verändert wird.[302] Gleiches gilt für grundlegende Änderungen in der Konstruktion.[303] **416**

Auch die Abnahmeverpflichtung eines Audi TT Roadster entfiel aufgrund der Montage eines Heckspoilers als unzumutbare Änderung. Im Bestellzeitpunkt sah die serienmäßige Konzeption des Audi TT Roadster noch keinen Heckspoiler vor. Dessen Montage stellte nach Ansicht des Gerichts eine erhebliche optische Veränderung des Erscheinungsbildes des Wagens dar, weil dieses Zubehörteil beim Betrachter Rückschlüsse auf den Fahrstil und ggf. die Persönlichkeit des Eigentümers auslöst, was für den Käufer ein erheblicher Umstand bei der Kaufentscheidung sein kann.[304] **417**

Weist der Kaufgegenstand eine unzumutbare Änderung auf, kann der Verkäufer damit seine Verpflichtung aus dem Kaufvertrag nicht erfüllen. Der Käufer kann die Abnahme des Wagens verweigern, ohne in Annahmeverzug zu geraten und nach Fristsetzung zur Nacherfüllung die ihm gesetzlich zustehenden Rechte wegen Verzugs oder Unmöglichkeit geltend machen. **418**

---

301 OLG Hamm VersR 1995, 546, 547.
302 OLG Koblenz MDR 1996, 1125, 1126; *Creutzig,* Recht des Autokaufs, Rn 4.5.6., m.w.N.
303 OLG Zweibrücken MDR 1970, 325.
304 LG Bochum DAR 2002, 170, 171.

§ 4 Die Abnahme

I. Probefahrt

420 Der Käufer hat vor Abnahme des Fahrzeugs ein Prüfrecht. Er kann innerhalb der 14 Tage, in denen er nach Abschn. V. Ziff. 1 NWVB zur Abnahme verpflichtet ist, davon Gebrauch machen. Gutachterkosten hat der Käufer selbst zu tragen, sofern nichts anderes vereinbart wurde.

421 Diese Untersuchungsbefugnis des Neuwagens ist seit jeher im Neuwagenhandel üblich, auch wenn sie nicht mehr ausdrücklich in der jetzigen Fassung der NWVB aufgeführt ist. Der Käufer hat die Möglichkeit, Sachmängel dieses Fahrzeugs aufzudecken und eine Probefahrt[305] vorzunehmen, um die Fahreigenschaften des gekauften Fahrzeugs, wie Brems-, Spur- und Lenkverhalten zu testen, was bei einem stehenden Fahrzeug oder der Fahrt mit einem Vorführwagen, der nicht Kaufgegenstand ist, gerade nicht möglich ist. Der beständige Einschluss des Rechts auf eine Probefahrt in das Prüfrecht gewährt dem Käufer nunmehr einen gewohnheitsrechtlichen Anspruch darauf. Das Prüfungsrecht vor Abnahme steht auch Kaufleuten zu und korrespondiert mit der in § 377 HGB gesetzlich normierten Pflicht, die Ware unverzüglich nach Ablieferung zu prüfen und dem Verkäufer Mängel unverzüglich anzuzeigen.

424 Die Länge der Probefahrt darf auch nach Wegfall des entsprechenden Abschnitts in den NWVB, 20 km nicht überschreiten, weil davon auszugehen ist, dass eine solche Laufleistung[306] den Neuwagencharakter nicht beeinträchtigt, zumal die Fahrstrecke unter fachkundiger Aufsicht des Verkäufers zurückgelegt wird. Bei einem Scheitern des Vertrages nach der Probefahrt muss der nächste Kaufinteressent eine unsachgemäße Benutzung ebenso wenig fürchten, wie eine übermäßige Beanspruchung, so dass es gerechtfertigt ist, den Wagen als „neu" weiter zu verkaufen.[307]

426 Für die Frage der Haftung bei Schäden während der Probefahrt hat die Rechtsprechung Haftungsmaßstäbe entwickelt, die sich am Verschuldensgrad des Probefahrers orientieren und sowohl für eine Probefahrt mit dem bestellten Fahrzeug vor der Abnahme als auch für die Fahrt des Kaufinteressenten mit einem Vorführwagen gelten.

427 Überlässt der Händler dem Kaufinteressenten ein Fahrzeug zur Probefahrt und beschädigt dieser es infolge nur leichter Fahrlässigkeit, dann gilt zugunsten des Interessenten eine stillschweigende Haftungsfreistellung, wenn die Beschädigung des Fahrzeugs im Zusammenhang mit den einer Probefahrt eigentümlichen Gefahren steht und

---

305 Eine Definition des Begriffs bei *Hentschel*, § 28 StVZO Rn 9–11; ausführlich auch *Mindorf,* DAR 1985, 110, 111.
306 LG Bielefeld DAR 2002, 35, kein Neuwagen bei Laufleistung von 103 km und nicht widerlegter Zulassung zu Verkehrszwecken in Abgrenzung zu Testfahrten.
307 *Reinking/Eggert,* Rn 18 unter Hinweis auf *Ulmer/Brandner/Hensen*, § 11 Nr. 10 Rn 5.

I. Probefahrt § 4

der Kunde vor Fahrtantritt nicht auf seine volle Haftung ausdrücklich hingewiesen worden ist.[308]

Diese Rechtsgrundsätze sind durch verschiedene Erwägungen gerechtfertigt. Zum einen besteht aufgrund der dem Kaufinteressenten nicht vertrauten Besonderheiten des Fahrzeugmodells, dass er zur Probe fährt, ein allgemein erhöhtes Unfallrisiko. Bedienungshebel, wie Gangschaltung, Hupe, Blinker sind bei den einzelnen Modellen unterschiedlich ausgebildet und an verschiedenen Stellen angebracht. Auch das Ansprechen des Gaspedals und der Bremsen, das Lenkverhalten und die Fahrzeugabmessungen sind unterschiedlich und bringen Umstellungsschwierigkeiten mit sich. Zum anderen ist es dem Fahrzeughändler möglich und zumutbar, für das Fahrzeug eine Vollkaskoversicherung abzuschließen, da die Probefahrt auch seinem Interesse an der Förderung des Absatzes entspricht.[309] Die Fahrzeugversicherung für Kraftfahrzeughandel und Handwerk tritt sowohl für Schäden ein, die bei einer Probefahrt mit rotem oder Kurzzeitkennzeichen verursacht worden sind, als auch, wenn das Fahrzeug bei Antritt der Probefahrt bereits auf den Käufer zugelassen ist, die Abnahme aber noch bevorsteht und das Fahrzeug sich somit noch in der Obhut des Händlers befindet.[310] Ein Regress des Versicherers gegen den Probefahrer ist gem. § 15 Abs. 2 AKB nur bei vorsätzlicher oder grob fahrlässiger Herbeiführung des Versicherungsfalles möglich.

429

Der Händler trägt die Beweislast für den Eintritt des Schadens während der Probefahrt. Der Fahrer hat hingegen die Vermutung des Verschuldens gem. § 280 Abs. 1 S. 2 gegen sich und muss den Entlastungsbeweis führen, dass er nicht grob fahrlässig gehandelt hat.[311]

434

Nachteilig für den Händler ist allerdings der Umstand, dass der Käufer bei einer leicht fahrlässig verursachten Beschädigung des Neuwagens nicht haftet, das Fahrzeug jedoch infolge des Unfalls oberhalb der Bagatellgrenze und des Verbleibs der merkantilen Wertminderung zum Unfallwagen wird und nicht mehr als Neuwagen verkauft werden kann.[312] Für grobfahrlässig verursachte Schäden oder solche, die nicht im Zusammenhang mit den eigentümlichen Gefahren einer Probefahrt stehen, haftet der Kaufinteressent voll.

436

Die Bewertung des Fahrverhaltens eines Probefahrers als grob fahrlässig wird von der Rechtsprechung eher restriktiv gehandhabt. Das Abkommen von der Fahrbahn und

438

---

308 Ständige Rechtsprechung, BGH WM 1979, 368, 368; OLG Karlsruhe DAR 1987, 380 m.w.N.; OLG Stuttgart DAR 1964, 267, 267; BGH NJW 1972, 1363, 1364; OLG Koblenz DAR 2003, 320, 321; a.A. *Batsch*, NJW 1972, 1706 ff.; *Ströfer*, NJW 1979, 2553 ff., der BGH „schiebe" beim stillschweigenden Haftungsverzicht den Parteien einen nicht vorhandenen Willen „unter".
309 BGH VersR 1971, 1049, 1049; DAR 1979, 282, 283.
310 *Creutzig*, Recht des Autokaufs, Rn 5.6.3.; BGH NJW 1972, 1363, 1364; DAR 1979, 282, 283; OLG Köln DAR 1991, 428, 428; OLG Koblenz DAR 2003, 320, 321.
311 Palandt/*Heinrichs,* § 280 Rn 35, 40, m.w.N.; *Lorenz/Riehm,* Rn 173.
312 *Reinking/Eggert,* Rn 155, 218.

die anschließende Kollision mit einem Baum infolge starken Abbremsens aus überhöhter Geschwindigkeit vor einer Ortseinfahrt[313] wurde ebenso wie der Aufprall gegen einen Brückenpfeiler aufgrund eines Lenkfehlers einer Fahranfängerin in einer Linkskurve als leicht fahrlässig eingestuft, wobei dieser zugute kam, dass sie erst sei etwa fünf Wochen im Besitz der Fahrerlaubnis war.[314] Auch der Probefahrer, der bei einem Wendemanöver auf einem Waldweg zwischen zwei Baufahrzeuge geriet, da er statt des Rückwärts – in den Vorwärtsgang schaltete, handelte nach Ansicht des Gerichts nur leicht fahrlässig. Der Fahrer war mit dem Fahrzeug nur wenig vertraut, die augenblickliche Fehlreaktion des Verschaltens und weiterer, auf Schreck beruhende Fehler, wie des Unterlassens einer sofortigen Bremsung, begründen kein auch in subjektiver Hinsicht besonders schweres Verschulden, welches die Annahme grober Fahrlässigkeit erfordert.[315]

441 Als grob fahrlässig war hingegen das Verhalten eines Probefahrers einzustufen, der trotz mehrfacher Aufforderung, langsamer zu fahren, durch überhöhte Geschwindigkeit mit einem Sportwagen in einer scharfen Rechtskurve ins Schleudern und auf die Gegenfahrbahn geriet und dabei ein entgegenkommendes Fahrzeug beschädigte. Hier wurde ein grober Fahrfehler bejaht, da Fahrverhalten und Geschwindigkeit trotz mehrfachen Hinweises grob unachtsam nicht angepasst wurden.[316]

Eine Minderung der Ansprüche des Händlers gegen den Fahrer gem. § 254 kommt in Betracht, wenn der Händler seine Obliegenheiten nicht beachtet, etwa wenn er gegenüber einem Fahrer, ohne dessen Fähigkeiten als Fahrzeugführer zu kennen, nicht auf eine ungefährliche Fahrweise bestanden hat[317] oder Hinweispflichten auf Besonderheiten des Fahrzeugs nicht nachkommt.[318]

II. Abnahmefrist und Folgen verspäteter Abnahme

444 Der Käufer ist zur Abnahme des Kaufgegenstandes nach § 433 Abs. 2 gesetzlich verpflichtet. Konkretisiert wird diese Pflicht durch Abschn. V. Ziff. 1 NWVB, der dem Käufer die Abnahme des Fahrzeugs innerhalb von vierzehn Tagen nach Zugang der Bereitstellungsanzeige auferlegt. Leistungsort ist regelmäßig der Ort der gewerblichen Niederlassung des Schuldners.[319] Daher hat der Käufer den Neuwagen in den Geschäftsräumen des Händlers abzuholen. Im Falle der Nichtabnahme kann der Verkäufer nach Abschn. V. Ziff. 1 S. 2 NWVB von seinen gesetzlichen Rechten Gebrauch machen, die sich infolge von Annahme- und Schuldnerverzug ergeben.

---

313 BGH NJW 1980, 1681, 1682.
314 BGH NJW 1972, 1363, 1363.
315 OLG Karlsruhe DAR 1987, 380, 380; ferner: OLG Koblenz DAR 2003, 320, 321, Probefahrt mit einem „Trike"; OLG Köln DAR 1991, 428.
316 BGH VersR 1971, 1049, 1049.
317 OLG Düsseldorf DAR 1967, 323, 324; kein Mitverschulden, OLG Karlsruhe VersR 1971, 1049, 1049.
318 *Schmid*, JR 1980, 138 ff.
319 Palandt/*Heinrichs*, § 269 Rn 17; zum Leistungsort beim Neuwagenkauf BGH DAR 1996, 21–23.

1. Annahmeverzug

Der Käufer kommt in Annahmeverzug, wenn er die ihm angebotene Leistung nach Zugang der Bereitstellungsanzeige nicht abnimmt, weil damit die Voraussetzungen des § 293 erfüllt sind. 446

Der Verkäufer wird infolge des Verzugs nicht von seiner Leistungspflicht frei, er haftet während dieser Zeitspanne jedoch gem. § 300 Abs. 1 nur für Vorsatz und grobe Fahrlässigkeit.

Der Schuldner hat außerdem gem. § 304 die Möglichkeit, vom Gläubiger Aufwendungsersatz zu verlangen für das erfolglose Angebot und die Erhaltung und Aufbewahrung des geschuldeten Gegenstandes. Dies können die Kosten des Verkäufers für das Unterstellen und die Pflege des Neuwagens sowie den Abschluss einer Teilkaskoversicherung gegen Diebstahl sein.[320]

2. Schuldnerverzug

Der Käufer gerät durch die verschuldete Nichtannahme nicht nur in Gläubiger-, sondern zusätzlich in Schuldnerverzug, da die Abnahme des Neuwagens auch eine kaufvertraglich geschuldete Rechtspflicht ist.[321] 449

Die gesetzlichen Rechte des Verkäufers auf Schadensersatz und Ersatz des Verzögerungsschadens ergeben sich aus den §§ 280, 281, 286 ff.,[322] den der Verkäufer wahlweise zum Aufwendungsersatz geltend machen kann, wenn sich der Käufer nicht gem. § 280 Abs. 1 S. 2 hinsichtlich seines Verschuldens entlastet. Zudem hat der Verkäufer die Möglichkeit, nach § 323 vom Kaufvertrag zurückzutreten,[323] wodurch gem. § 325 der Schadensersatzanspruch nicht ausgeschlossen wird.

3. Schadensersatz statt der Leistung

Möchte der Verkäufer bei Abnahmeverzug des Käufers den Neuwagen liefern und als Gegenleistung den vollen Kaufpreis zuzüglich ggf. eingetretener Folgeschäden als Schadensersatz vom Käufer verlangen, darf er nicht vom Kaufvertrag zurücktreten, weil die Primärleistungspflichten infolge des Rücktritts entfallen,[324] sondern muss Schadensersatz statt der Leistung oder Erfüllung des Schadensersatzes neben der Leistung vom Käufer verlangen. 452

---

320 OLG Düsseldorf BB 1964, 1320.
321 Palandt/*Heinrichs*, § 293 Rn 6.
322 Haas/Medicus/Rolland/Schäfer/Wendtland/*Haas*, Rn 78.
323 Palandt/*Heinrichs,* § 323 Rn 10.
324 *Canaris*, JZ 2001, 499, 514; *Lorenz/Riehm*, Rn 214, 237; Huber/*Faust*, Kap. 3 Rn 189 ff.; a.A. BGH NJW 1999, 3115, 3116; *Kaiser,* NJW 2001, 2425 ff.

§ 4　Die Abnahme

453 Ansonsten stehen dem Verkäufer zur Schadensbezifferung zwei Möglichkeiten offen. Er kann auf die in Abschn. V. Ziff. 5 NWVB aufgeführte Schadenspauschale in Höhe von 15% des Kaufpreises zurückgreifen oder den Schaden konkret geltend machen.

456 Der konkrete Schaden wird ermittelt, indem man vom Verkaufspreis den Einkaufspreis abzieht und diese Summe noch um ersparte Aufwendungen vermindert. Unter ersparte Aufwendungen fallen solche Fixkosten, von denen der Käufer beweisen kann, dass sie im Fall der ordnungsgemäßen Vertragserfüllung höher gewesen wären als bei Nichtabnahme des Fahrzeugs.[325] Da der Schadensersatzanspruch regelmäßig nicht der Umsatzsteuerpflicht unterliegt, ist bei seiner Ermittlung anhand des Bruttokaufpreises ein Betrag in Höhe der Umsatzsteuer abzuziehen.[326]

458 Bei der abstrakten Schadensberechnung streitet zugunsten des Verkäufers die Vermutung des § 252 S. 2, wonach der Händler dem „gewöhnlichen Lauf der Dinge" entsprechend marktgängige Ware jederzeit zum Marktpreis absetzen kann.[327] Der im entgangenen Gewinn bestehende Schaden des Verkäufers entfällt durch einen Deckungsverkauf allein noch nicht. Denn aus § 252 resultiert die weitere Vermutung, dass der Verkäufer selbst bei ordnungsgemäßer Erfüllung des Erstvertrages mit einem Zweitkäufer einen Kaufvertrag geschlossen hätte, zu dessen Erfüllung er ebenfalls imstande gewesen wäre, so dass ihm der entsprechende Gewinn aus dem Zweitgeschäft entgangen ist.[328]

459 Daher hat der Käufer letztlich zu beweisen, dass das Zweitgeschäft nicht zustande gekommen wäre, wenn er seinen Kaufvertrag ordnungsgemäß erfüllt hätte. Diese schwierige Beweislage ist dem Käufer zuzumuten, weil er seinen vertraglichen Pflichten zuwider gehandelt und auf der anderen Seite der Verkäufer ein berechtigtes Interesse daran hat, dem oft problembehafteten Nachweis der konkreten Schadenshöhe entgehen zu können.[329]

462 Dem Käufer muss gem. § 309 Nr. 5b der Nachweis offen stehen, dass nur ein geringerer oder gar kein Schaden eingetreten ist,[330] wie es in Abschn. V. Ziff. 2 S. 2 NWVB vorgesehen ist.

463 Der Käufer kann aufgrund der Vermutungen des § 252 gegen die Schadensersatzverpflichtung nur einwenden, dass es sich nicht um marktgängige Ware gehandelt habe, der Verkäufer außerstande gewesen sei, einen zusätzlichen Kaufvertrag zu erfüllen,[331] weil das dem Händler vom Lieferanten zugeteilte Kontingent an Fahrzeugen

---

325 BGHZ 107, 67, 69, 70.
326 *Reinking/Eggert,* Rn 168.
327 BGH NJW 1994, 2478, 2479; DAR 1994, 396, 397; NJW 1970, 29, 32, m.w.N. und BGH WM 1988, 781, 785.
328 BGH NJW 1970, 29, 32 m.w.N.
329 KG zfs 1994, 330; ebenso für den Gebrauchtwagenhandel BGH NJW 1994, 2478, 2479.
330 Palandt/*Heinrichs,* § 309 Rn 30.
331 BGH DAR 1994, 396, 397.

aufgrund starker Nachfrage nicht ausreiche.[332] Oder der Zweitkäufer eigentlich einen solchen Neuwagen nicht erwerben wollte.[333]

Die Pauschalierung des Schadens ist nach § 309 Nr. 5 nicht zu beanstanden, wenn sie sich im Bereich des nach dem gewöhnlichen Lauf der Dinge zu erwartenden Schadens bewegt. Dies wird der „15%-Klausel" in Rechtsprechung und Literatur[334] zugestanden, obwohl der seit geraumer Zeit niedrigere branchentypische Durchschnittsgewinn eine Korrektur nach unten verlangt. Die Gegenansicht[335] verweist folgerichtig auf die niedrigeren Margen der letzten Jahre, die derzeit stagnieren. **464**

Der durchschnittliche Händlerrabatt von vormals 17% ist bis auf 14% herabgesetzt worden, abhängig von der Abnahmequote, mit der vereinzelten Gelegenheit der Steigerung, wenn Marktauslastung, Leistung, Kundenzufriedenheit oder andere relevante Faktoren dies ermöglichen. Das Neuwagengeschäft kann mit einem Netto-Ergebnis, vor Steuer und bereinigt um alle Kosten, von nur 1,3% des Kaufpreises[336] für einen Händler nicht mehr das für seinen Geschäftsbetrieb prägende Segment sein.[337] Die geringen Gewinnspannen werden zudem infolge des extremen Konkurrenzdrucks noch weiter beschnitten, weil die Händler zur Gewährung erheblicher Preisnachlässe im Neuwagenhandel gezwungen sind.[338] **466**

Die aufgezeigte Entwicklung beweist, dass „der gewöhnliche Lauf der Dinge" nunmehr ein anderer als noch vor einigen Jahren ist. Demzufolge ist eine Pauschale von 15 Prozent nicht länger mit § 309 Nr. 5 a zu vereinbaren. **468**

> *Praxistipp*
> Auch wenn die obergerichtliche Rechtsprechung die geänderten Verhältnisse im Kraftfahrzeughandel noch nicht nachvollzogen hat, lohnt es sich, sorgfältig gegen die scheinbar in Stein gemeißelte Pauschale zu argumentieren, da der Verkäufer zur konkreten Schadensberechnung oftmals nicht bereit ist, um seine Kalkulation nicht offen legen zu müssen.

Auch der Einfluss einer Rabattgewährung auf die Berechnung der Schadenspauschale wird unterschiedlich beantwortet. Einer Ansicht zufolge wird der Betrag der Schadenspauschale in Höhe von 15% des rabattbereinigten Kaufpreises veranschlagt, da ein zwischen den Parteien vereinbarter Nachlass den Kaufpreis und nicht die Höhe der Pauschale mindert. Dies wird ebenso bei Skonto und Vermittlungsprovision gehandhabt. Würde neben dem Bruttokaufpreis auch die Pauschale um den Betrag des Nachlasses gekürzt, fände dieser ungerechtfertigt doppelt Berücksichtigung. **469**

---

332 *Ulmer/Brandner/Hensen,* § 11 Nr. 5 Rn 22.
333 OLG Schleswig NJW 1988, 2247, 2248, m.w.N.
334 *Creutzig,* Recht des Autokaufs, Rn 5.5.3.; OLG Jena DAR 2005, 399, 400.
335 *Reinking/Eggert,* Rn 171.
336 *Creutzig,* Recht des Autokaufs, Rn 5.5.3.
337 OLG Köln NJW-RR 1993, 1404, 1405.
338 *Reinking/Eggert,* Rn 171 m.w.N; dazu auch: Autohaus online Autowirtschaft, Artikel v. 8.3.2004, 4.3.2004.

§ 4 Die Abnahme

470 Nach anderer Auffassung[339] könne der Rabatt, der bereits in dem Preis stecke, diesen nicht zusätzlich mindern. Reduziert werde durch den Rabatt tatsächlich nicht nur der Preis, sondern gleichermaßen der darin enthaltene Gewinn.[340] Da der Gewinn von Beginn an weniger als 15% betrage, würde die Gewährung der ungekürzten Schadenspauschale, basierend auf dem nachlassbereinigten Kaufpreis, den Händler besser als bei tatsächlicher Vertragsdurchführung stellen. Dies widerspreche fundamentalen schadensrechtlichen Prinzipien.

473 Wie ein einfaches Rechenbeispiel zeigt, mindert der Nachlass zwingend den dem Verkäufer entgangenen Gewinn und kann daher vom Käufer der Pauschale von 15 Prozent entgegengehalten werden. Erwirbt der Verkäufer das Fahrzeug für 8.500 EUR vom Hersteller und verkauft es für einen regulären Preis von 10.000 EUR, beträgt sein Gewinn 1.500 EUR und die Pauschale trifft den Nagel auf dem Kopf. Gibt der Verkäufer dem Käufer 10 Prozent Rabatt und beträgt der Kaufpreis demnach nur noch 9.000 EUR, liegt sein Gewinn bei 500 EUR, wenn der Vertrag durchgeführt wird. Reduziert der Rabatt die Pauschale, erhält der Verkäufer eben diese 500 EUR als Schadensersatz, wenn der Käufer die Erfüllung unberechtigt verweigert. Reduziert der Rabatt dagegen den Kaufpreis, erhält der Verkäufer 1.350 EUR Schadensersatz. Er steht also um 850 EUR besser als im Falle der Vertragsdurchführung, was mit § 249 S. 1 schlechterdings nicht zu vereinbaren ist.

474 *Praxistipp*
Im Streitfall sollte dem Verlangen auf pauschalierten Schadensersatz unter Berücksichtigung der obigen Ausführungen sowohl die Unwirksamkeit der Klausel als auch – hilfsweise – ein gewährter Nachlass in vollem Umfang anspruchsmindernd entgegengehalten werden.

---

339 *Reinking/Eggert*, Rn 172.
340 So auch OLG Köln OLGR 1997, 3.

§ 5 Der Eigentumsvorbehalt

I. Einfacher Eigentumsvorbehalt

Nach Abschn. VI. Ziff. 1 S. 1 NWVB steht der Eigentumsübergang des Fahrzeugs vom Verkäufer auf den Käufer unter der aufschiebenden Bedingung des Ausgleichs der dem Verkäufer aufgrund des Kaufvertrags zustehenden Forderungen. Gemeint ist ausschließlich der Kaufpreis incl. der vereinbarten Nebenkosten. Im Falle des Verzugs anfallende Zinsen und Kosten hindern den Eigentumsübergang nicht. So verstanden entspricht Abschn. VI Ziff. 1 S. 1 NWVB, § 449. Hinsichtlich seiner Wirksamkeit bestehen daher keine Bedenken. Der Käufer erwirbt bis zur vollständigen Kaufpreiszahlung mit der Übergabe des Fahrzeugs zunächst ein Anwartschaftsrecht auf das Eigentum.[341] Erst mit vollständiger Tilgung der gesicherten Forderung geht das Eigentum über. Zugleich hat der Käufer auch einen Anspruch auf Herausgabe des Kfz-Briefes. Bis dahin steht das Recht zum Besitz dem Verkäufer zu, Abschn. VI. Ziff. 1 S. 4 NWVB. 476

Die Sicherung der Kaufpreiszahlung durch einfachen Eigentumsvorbehalt kommt praktisch kaum zum Tragen, weil zumeist bar gezahlt wird oder die Finanzierung des Kaufpreises durch Dritte erfolgt, denen das Fahrzeug regelmäßig sicherungsübereignet wird. In diesen häufigen Fällen spielt ein Eigentumsvorbehalt des Verkäufers keine Rolle.[342] 478

Ist ein Teilzahlungsgeschäft durch Eigentumsvorbehalt gesichert worden, hat die vom Käufer als Verbraucher zu unterschreibende Vertragserklärung gem. § 502 Abs. 1 Nr. 6 auch die Vereinbarung des Eigentumsvorbehalts zu beinhalten. Dies ist bei Verwendung der NWVB als allgemeine Geschäftsbedingungen durch Abschn. VI. Ziff. 1 S. 1 NWVG sichergestellt. Hat der Verkäufer keinen wirksamen Vorbehalt des Eigentums vereinbart, behält es sich aber dennoch vor, verletzt er dadurch seine kaufvertragliche Verpflichtung auf Eigentumsverschaffung gem. § 433 Abs. 1.[343] 479

Der Eigentumsvorbehalt umfasst das gesamte Fahrzeug inkl. aller Bestand- und Zubehörteile, wie der Verkäufer es an den Verkäufer übergibt. Die offenbar einhellige Gegenauffassung[344] führt zu nahezu grotesken Ereignissen, die von den Vertragsparteien bei Vertragsschluss mit Sicherheit nicht beabsichtigt waren. Kein Verkäufer wird ausgerechnet den Motor unbedingt an den Käufer übereignen wollen. Kein Käufer wird mit einem teilweisen Eigentumserwerb an den einfachen Bestandteilen ernsthaft rechnen. 481

---

341 Palandt/*Heinrichs*, § 449 Rn 8, 9.
342 *Reinking/Eggert*, Rn 108.
343 Palandt/*Putzo*, § 502 Rn 18, § 449 Rn 11.
344 BGH NJW 1955, 1793 ff.; Übersicht bei *Reinking/Eggert*, Rn 145.

II. Erweiterter Eigentumsvorbehalt

485 Der erweiterte Eigentumsvorbehalt regelt, dass das Eigentum erst vollständig übergeht, wenn alle Forderungen aus der Geschäftsbeziehung des Käufers zum Verkäufer beglichen sind, z.b. auch solche aus Reparaturleistungen oder Ersatzteillieferungen. Die entsprechende Klausel wurde vom BGH als unwirksam eingestuft, da sie so formuliert sei, dass sie dem rechtlich nicht vorgebildeten Durchschnittskunden den unzutreffenden Eindruck vermittle, der Eigentumsvorbehalt bestehe auch hinsichtlich solcher Forderungen weiter, die der Verkäufer nach der Bezahlung der ihm aufgrund des Kaufvertrages zustehenden Forderungen erworben habe.[345]

486 Da der BGH auch grundsätzliche Bedenken gegen die Zulässigkeit eines formularmäßig vereinbarten erweiterten Eigentumsvorbehalts im nichtkaufmännischen Verkehr geäußert hat, wurde nachfolgend auf eine entsprechende Regelung in den NWVB verzichtet.

Für den kaufmännischen Geschäftsverkehr hat der BGH die Wirksamkeit eines formularmäßig vereinbarten erweiterten Eigentumsvorbehalts regelmäßig bejaht.[346]

III. Kontokorrentvorbehalt

489 Nach Abschn. VI. Ziff. 2 NWVB gilt der Kontokorrentvorbehalt als vereinbart für Käufer, die juristische Person des öffentlichen Rechts, öffentlich-rechtliches Sondervermögen oder Unternehmer sind, die bei Abschluss des Vertrages in Ausübung ihrer gewerblichen oder selbständigen Tätigkeit handeln. Der Eigentumsvorbehalt beim Kontokorrentvorbehalt erstreckt sich auf sämtliche Forderungen aus der Geschäftsbeziehung zwischen Veräußerer und Erwerber, im Gegensatz zum erweiterten Eigentumsvorbehalt, der sich nur auf Forderungen im Zusammenhang mit dem Kaufgegenstand bezieht.[347] Die Klausel findet auch Anwendung, wenn die Parteien kein Kontokorrentverhältnis gem. § 355 HGB vereinbart oder stillschweigend praktiziert haben, wie es jedoch zumeist der Fall ist.[348] Der Kontokorrentvorbehalt findet aber dort seine Grenzen, wo die Ausdehnung auf andere als die ursprüngliche Kaufpreisforderung dem Sinn des Kaufvertrages derart widerspricht, dass der Eigentumsvorbehalt als Sicherungsmittel einen Missbrauch der Vertragsfreiheit bedeuten würde.[349] Im Augenblick des Kontoausgleichs erlischt der Eigentumsvorbehalt und kann auch hinsichtlich später entstehender Forderungen nicht wieder aufleben.[350]

---

345 BGH DAR 2001, 64, 70; NJW 2001, 292, 297.
346 BGHZ 98, 303, 307; 125, 83, 87.
347 BGH NJW 1978, 632, 633.
348 BGH WM 1969, 1072, 1073; *Creutzig*, Recht des Autokaufs, Rn 6.1.5.
349 BGH WM 1971, 799, 347, 348; BGH NJW 1978, 632, 633.
350 BGH NJW 1978, 632, 633.

III. Kontokorrentvorbehalt § 5

Eine formularmäßig vereinbarte Erweiterung des Eigentumsvorbehalts für alle Forderungen aus der laufenden Geschäftbeziehung gegenüber Kaufleuten und den genannten Institutionen führt nach allgemeiner Auffassung nicht zur unangemessenen Benachteiligung einer Vertragspartei im Sinne des § 307. Allerdings setzt ihre Wirksamkeit zum Schutz des Käufers vor Übersicherung voraus, dass eine objektive Bezugsgröße zwischen Sicherheit und zu sichernder Forderung und die Verpflichtung des Sicherungsnehmers zur Freigabe bei Überschreiten dieser Grenze enthalten ist.[351] Dabei kommt es auf eine konkrete Übersicherung des Sicherungsnehmers nicht an, maßgeblich ist nur, dass die Klausel bei allgemeiner Betrachtungsweise geeignet ist, eine Übersicherung von mehr als 25% auszuschließen.[352] Ist dies nicht gewährleistet, liegt ein Klauselverstoß gegen § 307 Abs. 1 vor, da die Erfüllung der kaufvertraglichen Hauptpflicht auf Eigentumsverschaffung durch die Begründung immer weiterer Forderungen bei fortbestehender Geschäftsbeziehung auf unbestimmte Zeit hinausgeschoben wird.[353] **491**

Ob Abschn. VI. Ziff. 1 S. 2 NWVB diesen Anforderungen entspricht, wird angezweifelt,[354] weil unklar sei, welche Forderungen „im Zusammenhang mit dem Kauf" entstehen und deren Abgrenzung zu solchen Forderungen fehle, die „aufgrund des Kaufvertrages" nach Abschn. VI. Ziff. 1 S. 1 NWVB entstehen. Es ließen sich diesbezüglich lediglich Vermutungen anstellen. **493**

Die Abgrenzung ergibt sich jedoch bereits aus dem Wortlaut. „Aufgrund" des Kaufvertrages entsteht nur die Kaufpreisforderung. „Im Zusammenhang" mit dem Kaufvertrag entstehen neben der Kaufpreisforderung auch die an den Erwerb des Fahrzeugs anknüpfenden Forderungen aus Rechtsgeschäften wie z.B.[355] Ersatzteil-, Zubehör- oder Betriebsstofflieferungen, aus der Vornahme von Reparaturen sowie Einstell- und Versicherungskosten. **494**

Berechtigt sind allerdings Bedenken[356] im Hinblick auf den Erlöschenszeitpunkt des Eigentumsvorbehalts. Es wird eingewandt, dass die Verrechnung eingehender Zahlungen nicht dargelegt wird, so dass nur vermutet werden könne, der Eigentumsvorbehalt erlösche mit dem Ausgleich der „im Zusammenhang mit dem Kauf" stehenden Forderungen, ungeachtet der Existenz und des Fortbestandes anderer Forderungen aus der „laufenden Geschäftsbeziehung". Diese Vermutung liegt nahe. Eine Klärung zur besseren Verständlichkeit ist angezeigt. **495**

---

351 OLG Düsseldorf BB 1994, 1379, 1380; BGH NJW 1987, 487, 488; Palandt/*Putzo*, § 449 Rn 19; *Wolf/Horn/Lindacher,* § 9 Rn E36.
352 BGH NJW 1994, 1154, 1155 m.w.N.
353 *Löwe/Graf von Westphalen/Trinkner,* AGBG Brosch. 4.1. Rn 42, 57.
354 *Reinking/Eggert,* Rn 110.
355 So schon BGH NJW 1958, 1231, 1232, aufgegriffen bei: *Creutzig,* Recht des Autokaufs, Rn 6.1.3; *Rödel/Hembach,* Rn 91, 93.
356 *Reinking/Egggert,* Rn 110.

IV. Verbleib des Fahrzeugbriefs

498 Während der Dauer des Eigentumsvorbehalts steht gem. Abschn. VI. Ziff. 1 S. 4 NWVB dem Verkäufer das Besitzrecht am Fahrzeugbrief zu. Nach dem Erlöschen des Eigentumsvorbehalts hat der Verkäufer mit dem Eigentumsübergang am Fahrzeug entsprechend § 952 auch den Fahrzeugbrief auszuhändigen und erfüllt damit zugleich seine Hauptpflicht zur Eigentumsübertragung aus dem Kaufvertrag.[357] Kommt er der Verpflichtung nicht nach, kann der Käufer Schadens- bzw. Aufwendungsersatz verlangen sowie vom Vertrag zurücktreten.[358]

499 Eng mit dem Kfz-Brief verwoben ist die Frage des gutgläubigen Erwerbs, unter anderem weil der Verkäufer seiner Eigentumsverschaffungspflicht auch nachkommt, wenn der Käufer gutgläubig Eigentum am Fahrzeug erwirbt gem. §§ 929, 932 ff. Der Käufer ist gutgläubig, wenn ihm weder das fehlende Eigentum noch die fehlende Verfügungsbefugnis des Verkäufers gem. § 366 HGB bekannt waren oder aufgrund grober Fahrlässigkeit unbekannt geblieben sind. Der Käufer handelt grob fahrlässig, wenn für ihn bei nur durchschnittlichem Merk- und Erkenntnisvermögen ohne besondere Aufmerksamkeit und besonders gründliche Überlegung aufgrund der Geschehensumstände sowie der Person des Verkäufers erkennbar gewesen sein musste, dass der Veräußerer nicht der Eigentümer oder verfügungsbefugt war.[359] Dabei ist auf das Gesamtbild des in zeitlichem Zusammenhang erfolgten Verkaufs abzustellen.

501 Regelmäßig wird der Erwerb eines Fahrzeugs ohne Fahrzeugbrief als grob fahrlässig einzustufen sein, wobei jedoch die Umstände des Einzelfalls maßgeblich sind. Eine Pflicht des Käufers, nähere Erkundigungen einzuholen oder Nachforschungen anzustellen, besteht nur bei besonderen, darauf drängenden Umständen. Zweifelhaft als Basis für den guten Glauben des Käufers ist z.B., wenn der Verkäufer kein autorisierter Vertragshändler ist und der vorgelegte Fahrzeugbrief keinen einzigen Haltereintrag enthält.[360]

504 Beim Erwerb fabrikneuer Kraftfahrzeuge von einem autorisierten und als zuverlässig anerkannten Vertragshändler hingegen ist das Fehlen des Briefes nicht ungewöhnlich, denn er muss zunächst noch ausgefertigt werden, so dass auch der Händler noch nicht im Besitz der Urkunde ist.[361] Im regulären Geschäftsverkehr darf der Käufer darauf vertrauen, dass der autorisierte Vertragshändler, in dessen Besitz sich der Neuwagen befindet, zur Übereignung im normalen Geschäftsgang gegen Zahlung befugt ist, auch wenn der Lieferant sich das Eigentum vorbehalten hat.[362]

---

357 Palandt/*Putzo*, § 433 Rn 26.
358 BGH NJW 1953, 1347; *Creutzig,* Recht des Autokaufs, Rn 0.7.; *Reinking/Eggert*, Rn 151.
359 BGH WM 1978, 1208.
360 OLG Nürnberg OLGR 2001, 131, 133.
361 BGHZ 30, 374, 380; OLG Karlsruhe JuS 1990, 232, 233.
362 BGHZ 10, 69, 74; 30, 374, 380; OLG Düsseldorf NJW-RR 1992, 381, 382; OLG Karlsruhe JuS 1990, 232, 233; OLG Oldenburg DAR 1999, 265, 266.

VI. Folgen des Eigentumsvorbehalts bei Pflichtverletzung durch den Käufer § 5

Anders verhält es sich, wenn die Niederlassung eines Fahrzeugherstellers von Privatleuten zwei Neuwagen fremden Fabrikats ankauft, deren Fahrzeugbriefe bei Übergabe keinerlei Haltereintragung beinhalten. Aufgrund der ungewöhnlichen Umstände ist die Tatsache des fehlenden Haltereintrags im Kfz-Brief nicht zu vernachlässigen. Nachforschungen sind infolge der Abweichung der Umstände vom regulären Geschäftsverkehr angezeigt.[363]

505

Im kaufmännischen Geschäftsverkehr sind die Anforderungen an einen gutgläubigen Eigentumserwerb höher. Wenn ein Kfz-Händler in großer Zahl Fahrzeuge erwirbt, also davon ausgegangen werden kann, dass er mit den Gepflogenheiten des Handels vertraut ist, handelt er grundsätzlich nicht in gutem Glauben gem. § 932 Abs. 1 bzw. § 366 Abs. 1 HGB, sondern grob fahrlässig, wenn er einen Neuwagen ohne Kraftfahrzeugbrief kauft und entgegennimmt.[364]

507

V. Verfügungsverbot

Der Kaufpreisanspruch des Verkäufers wird durch den Eigentumsvorbehalt gesichert. Um diesen Zweck nicht zu gefährden, regelt Abschn. VI. Ziff. 3 NWVB, dass der Käufer über das Fahrzeug weder verfügen noch Dritten vertraglich die Nutzung gestatten darf, während der Eigentumsvorbehalt besteht. Damit stellt eine Veräußerung, Vermietung, Sicherungsübereignung, Verpfändung oder anderweitige Überlassung an Dritte eine Vertragsverletzung dar.[365] Über sein Anwartschaftsrecht am Fahrzeug kann der Käufer allerdings frei verfügen, es beispielsweise übertragen oder verpfänden.[366]

509

Eine kurzzeitige Überlassung im Rahmen des üblichen stellt jedoch noch keine Pflichtverletzung dar, weil es nicht Sinn und Zweck der Klausel ist, die ausschließliche Nutzung durch den Käufer sicherzustellen, sondern vielmehr, eine übermäßige Abnutzung zu verhindern und eine ordnungsgemäße Behandlung des Fahrzeugs sicherzustellen. Daher ist gegen eine zeitlich limitierte Überlassung des Fahrzeugs etwa an Freunde und Familienmitglieder nichts einzuwenden.[367]

510

VI. Folgen des Eigentumsvorbehalts bei Pflichtverletzung durch den Käufer

Der Verkäufer hat nach Abschn. VI. Ziff. 2 NWVB das Recht, vom Vertrag zurückzutreten, wenn sich der Käufer mit der Kaufpreiszahlung in Verzug befindet. Er kann

512

---

363 BGH NJW 1996, 314, 315.
364 OLG Frankfurt OLGR 1997, 121, 122; a.A.: *Baumbach/Hopt*, HGB § 366 Rn 6.
365 LG Hannover MDR 1974, 766, 766, vergleichbare Regelung in AKB.
366 Palandt/*Heinrichs*, Einf. § 158 Rn 9, § 929 Rn 37 f.
367 *Rödel/Hembach*, Rn 99, 100.

daneben gem. § 325 auch einen Anspruch auf Schadensersatz oder den Ersatz vergeblicher Aufwendungen gegen den Käufer geltend machen.

513 Hat der Verkäufer von seinem Rücktrittsrecht Gebrauch gemacht, steht ihm ein Anspruch auf Rückgewähr des Fahrzeugs gegen den Käufer zu. In diesem Zusammenhang ist fraglich, ob die weitere Benutzung des Fahrzeugs durch den Vorbehaltskäufer einen Verfügungsgrund im Sinne des § 935 ZPO darstellt, so dass eine vorläufige Sicherstellung erfolgen kann.

Nach einer Meinung[368] stellt die bloße Weiterbenutzung des Kaufgegenstandes durch den Käufer nach Rücktritt des Verkäufers vom Kaufvertrag keine Gefährdung des Herausgabeanspruchs dar. Ein Verfügungsgrund sei nur bei übermäßiger Benutzung, die eine Substanzveränderung bewirke, gegeben.

Nach anderer Ansicht[369] ist diese Einstufung lebensfremd, da ein Kraftfahrzeug, anders als etwa ein Schrank, durch schlichten Weitergebrauch und damit höhere Abnutzung sowie Kilometerleistung, nicht nur unerheblich an Wert verliere. Daher sei eine Sicherstellung im Rahmen der einstweiligen Verfügung gerechtfertigt.

516 Die letztgenannte Ansicht lässt die Besonderheiten des Eilverfahrens außer Acht, das seine Rechtfertigung darin findet, den Antragsteller vor wesentlicher Erschwerung oder Vereitelung der ihm zustehenden Rechte durch den Schuldner zu schützen. Allein durch rechtsuntreues Verhalten ausgelöste Erschwerungen reichen nicht aus. Die Wertverschlechterung durch Weitergebrauch stellt keine solche Rechtserschwerung oder -vereitelung in wirtschaftlicher Hinsicht dar, um einen Verfügungsgrund anzunehmen. Der Gläubiger ist insoweit auf das Hauptverfahren zu verweisen. Eine so nachhaltige Beeinträchtigung des Fahrzeugs in seiner Sachsubstanz, dass der Herausgabeanspruch wirtschaftlich ausgehöhlt wird, ist allein durch die weitere bestimmungsgemäße Nutzung des Wagens unter normalen Umständen nicht zu befürchten. Daher ist mit der erstgenannten Meinung eine Sicherstellung durch einstweilige Verfügung seitens des Verkäufers nicht möglich.[370]

519 Die Rücktrittsregelung wirft auch in Bezug auf ihre Vereinbarkeit mit § 449 Abs. 2 in zweierlei Hinsicht Fragen auf.

Berechtigterweise wird eingewandt, die Klausel erwecke den Eindruck, der Verkäufer habe sich vertraglich darauf beschränkt, nur aufgrund des Zahlungsverzugs vom Vertrag zurückzutreten und nicht auch nach § 324, etwa wegen unsachgemäßer Behandlung, Überlassung an Dritte oder pflichtwidriger Weiterveräußerung durch den Käufer. § 449 Abs. 2 stehe einem solchen Verständnis nicht im Wege, da er keine entsprechende Einschränkung enthalte. Eine Unwirksamkeit der Klausel kommt jedoch

---

368 OLG Karlsruhe WM 1994, 1983.
369 OLG Dresden MDR 1998, 305, 306.
370 OLG Dresden MDR 1998, 305, 306; LG Berlin MDR 1968, 1018; Brandenburgisches OLG NJW-RR 2002, 1185, 1185.

VI. Folgen des Eigentumsvorbehalts bei Pflichtverletzung durch den Käufer § 5

nicht in Betracht, da eine unangemessene Benachteiligung des Käufers durch die für den Verkäufer nachteilige Formulierung ausscheidet.[371]

Auslöser für weitere Bedenken ergeben sich daraus, dass § 449 Abs. 2 im Gegensatz zu § 455 a.F. nicht die Vermutung der Vereinbarung eines vertraglichen Rücktrittsrechts enthält, so dass die gesetzlichen Rücktrittsvoraussetzungen des § 323, wie z.b. eine Nachfristsetzung, vorliegen müssen. Demzufolge kann das gesetzliche Leitbild vor der Schuldrechtsreform, der Rücktritt ohne Fristsetzung, nachher nicht mehr wirksam mittels Allgemeinen Geschäftsbedingungen vereinbart werden.[372] Abschn. VI. Ziff. 2 S. 1 NWVB verstößt daher gegen § 309 Nr. 4 und ist demzufolge unwirksam. Das bisherige gesetzliche Leitbild vor der Schuldrechtsreform, nämlich der Rücktritt ohne Fristsetzung, kann folglich nach der Schuldrechtsreform nicht mehr wirksam durch Einbeziehung entsprechender Bestimmungen in Allgemeinen Geschäftsbedingungen vereinbart werden. **522**

Im unternehmerischen Geschäftsverkehr findet nach § 310 Abs. 1 S. 1, 2 in den Fällen des § 309 nur eine Beurteilung der Unwirksamkeit danach statt, ob eine unangemessene Benachteiligung gem. § 307 vorliegt, wobei allerdings eine angemessene Rücksichtnahme auf die Gewohnheiten und Gebräuche des Handelsverkehrs zu erfolgen hat. Die Abwägung anhand einer generalisierenden Betrachtung kann unter diesen veränderten Vorzeichen zu einem Überwiegen des Sicherungsinteresses des Verkäufers der Sache gegen weiteren Wertverlust infolge Abnutzung, gegenüber dem Interesse des Käufers an der Nutzung der Sache führen.[373] **525**

In Anlehnung an die verbraucherrechtliche Vorschrift des § 503 Abs. 2 S. 4 ist in Abschn. VI Ziff. 2 S. 2 NWVB geregelt, dass sich Verkäufer und Käufer darüber einig sind, dass der Verkäufer den gewöhnlichen Verkaufswert des Fahrzeuges im Rücknahmezeitpunkt vergütet.[374] Die Einigung betrifft die Anrechnung und nicht die Höhe des gewöhnlichen Verkaufswertes.[375] Unter dem gewöhnlichen Verkaufswert ist der Preis zu verstehen, der bei freihändigem Verkauf erzielbar ist, im Gegensatz zum Händlereinkaufspreis, dem regelmäßig niedrigeren Betrag, der beim Ankauf erzielt würde. **528**

Der gewöhnliche Verkaufswert kann nach Satz 3 „auf Wunsch des Käufers" durch einen von ihm gewählten, öffentlich bestellten und vereidigten Sachverständigen festgelegt werden, wobei der Nennung des DAT in den Bedingungen nur Beispielcharakter zukommt.[376] Dieses Recht muss der Käufer nach Satz 3 allerdings unverzüglich nach Rücknahme des Kaufgegenstandes geltend machen. Nur wenn die Vorstellungen über den Verkaufswert voneinander abweichen, ist die Einschaltung eines Sach- **529**

---

371 *Reinking/Eggert,* Rn 113.
372 *Schulze/Kienle,* NJW 2002, 2842, 2843.
373 So das Ergebnis bei *Schulze/Kienle,* NJW 2002, 2842, 2843, 2844.
374 Dazu näher BGH NJW 2001, 292, 298, 299; *Creutzig,* Recht des Autokaufs, Rn 6.2.6.
375 *Creutzig,* Recht des Autokaufs, Rn 6.2.7, 6.2.8. m.w.N.
376 *Rödel/Hembach,* Rn 117.

verständigen aus Käufersicht notwendig. Der durch den Gutachter ermittelte Wert ist für die Parteien unverbindlich, da es sich nicht um eine Schiedsgutachterklausel handelt. Dennoch stellt er zumindest eine kompetent ermittelte Verhandlungsbasis dar. Die Kosten des Gutachters sind von der Partei zu tragen, deren Preisvorstellung von dem durch das Gutachten ermittelten Wert für das Fahrzeug abweicht.[377] Gegebenenfalls sind die Kosten zu teilen.

530 Die Kosten für Verwertung und Rücknahme des Fahrzeugs trägt der Käufer. Sie werden mit 5% des gewöhnlichen Verkaufswertes veranschlagt, es sei denn Verkäufer oder Käufer weisen die konkret entstandenen, höheren oder niedrigeren Kosten nach. Bei konkretem Nachweis ist es dem Verkäufer versagt, Abzüge für Gemeinkosten, Standgeld, Zinsen oder Aufbereitungskosten für den Weiterverkauf o.Ä. vorzunehmen. Die 5%-Pauschale ist auch im Hinblick auf § 308 Nr. 7 angemessen. Eine Benachteiligung des Käufers scheidet aufgrund der statistisch ermittelten durchschnittlich höheren Kosten aus.

531 Ist die Höhe des gewöhnlichen Verkaufswertes ermittelt worden, verrechnet der Verkäufer seine Ansprüche damit und gibt den Überschuss an den Käufer weiter. Entsteht ein Defizit, d.h. reicht die ermittelte Summe nicht aus, um neben den Kosten für Verwertung und Rücknahme die Forderungen des Verkäufers zu befriedigen, hat es der Käufer auszugleichen.

---

[377] *Rödel/Hembach*, Rn 117.

§ 6 Die Sachmängelhaftung

I. Überblick

Die grundlegende Gewährleistungsvorschrift des Kaufvertragsrechts ist § 433 Abs. 1 S. 2. Danach hat der Verkäufer die Haupt- und Primärleistungspflicht, dem Käufer die Sache frei von Sach- und Rechtsmängeln zu verschaffen. Erfüllt der Verkäufer den Anspruch des Käufers nicht, richten sich die Ansprüche des Käufers nach dem allgemeinen Leistungsrecht der §§ 275 ff., die in §§ 437 ff. modifiziert und ausgestaltet werden.

537

II. Sach- und Rechtsmängel

Grundvoraussetzung für einen Gewährleistungsanspruch des Käufers gegen den Verkäufer ist ein Sachmangel gem. § 435 der Kaufsache zum Zeitpunkt des Gefahrübergangs.

540

1. Sachmangel

Nach § 434 Abs. 1 ist ein Sachmangel jede ungünstige Abweichung der Ist- von der Sollbeschaffenheit. Fehlt eine vorrangige, ausdrückliche oder konkludente Vereinbarung der Sollbeschaffenheit, sind objektive Umstände maßgeblich.[378] Danach liegt ein Sachmangel vor, wenn sich die Sache nicht für die nach dem Vertrag vorausgesetzte Verwendung eignet, ansonsten, wenn sie sich nicht für die gewöhnliche Verwendung eignet oder ihr eine Beschaffenheit fehlt, die bei Sachen der gleichen Art üblich ist und die der Käufer nach der Art der Sache erwarten kann. § 434 Abs. 1 S. 3 konkretisiert die üblicherweise im Rechtsverkehr zu erwartende Beschaffenheit, indem dazu auch Eigenschaften gezählt werden, die der Käufer nach den öffentlichen Äußerungen des Verkäufers, Herstellers oder seines Gehilfen in der Werbung oder der Kennzeichnung der Sache erwarten kann. Nach § 434 Abs. 2, 3 werden Montagefehler als Sachmangel behandelt, ebenso die Aushändigung einer mangelhaften Montageanleitung, eine aliud-Lieferung und die Lieferung einer zu geringen Menge. Analog § 363 ist der Verkäufer bis zur Annahme der Sache durch den Käufer für deren Mangelfreiheit beweispflichtig.[379] Danach hat der Käufer einen Mangel der Kaufsache zu beweisen.[380]

541

---

378 *Roth,* NJW 2004, 330, 330; *Westermann,* NJW 2002, 241, 243; *Lorenz/Riehm,* Rn 483.
379 BGH NJW 1985, 2328, 2329.
380 Erman/*Grunewald,* § 434 Rn 69; *Westermann,* NJW 2002, 241, 250.

§ 6 Die Sachmängelhaftung

a) Beschaffenheit

544 Das Gesetz lässt eine Definition des Begriffs der Beschaffenheit weiterhin vermissen. Somit ist wie bisher davon auszugehen, dass unter die Beschaffenheit einer Sache nicht nur ihre physischen Eigenschaften fallen, sondern auch ihre rechtliche und wirtschaftliche Beziehung zur Umwelt, soweit sie nach der Verkehrsanschauung für die Brauchbarkeit oder den Wert der Sache von Bedeutung sind und ihren Grund in der Sache selbst haben.[381]

b) Beschaffenheitsabweichung
aa) Beschaffenheitsvereinbarung

545 Die Kaufsache hat im Zeitpunkt des Gefahrübergangs gem § 434 Abs. 1 S. 1 in erster Linie der vereinbarten Beschaffenheit zu entsprechen.

Sie ist aus dem Vertragsinhalt durch Auslegung zu ermitteln. Grundlage dafür sind der Bestellschein, der schriftliche Kaufvertrag und die zugrunde gelegten AGB. Im Fall mündlicher Absprachen oder konkludent getroffener Vereinbarungen sind diese vorrangig vor entgegenstehenden Regelungen in den AGB zu berücksichtigen. Allerdings kann es im Fall des Bestreitens für den Käufer in diesen Fällen schwierig sein, seiner Beweispflicht zu genügen.

bb) Fabrikneuheit als vertraglich vereinbarte Beschaffenheit

550 Mit der Bestellung eines Neuwagens wird regelmäßig konkludent seine Fabrikneuheit vereinbart.[382] Wie ein Fahrzeug beschaffen sein muss, damit dieses Merkmal zu bejahen ist, beschäftigt die Gerichte seit Jahren. Nach der neuesten Rechtsprechung des BGH ist ein unbenutztes Kraftfahrzeug regelmäßig dann als „fabrikneu" einzustufen, wenn und solange das Modell dieses Fahrzeugs unverändert weitergebaut wird, es keine durch längere Standzeiten bedingte Mängel aufweist, zwischen Herstellung des Fahrzeugs und dem Abschluss des Kaufvertrages nicht mehr als zwölf Monate liegen und wenn das Fahrzeug nicht benutzt ist.[383] „Nicht benutzt" heißt, dass der Neuwagen mit Ausnahme der Überführungsfahrt seinem bestimmungsgemäßen Gebrauch als Verkehrsmittel noch nicht zugeführt worden sein darf.[384]

551 Insbesondere zur maximalen Länge der Lagerdauer wurden bisher in Literatur und Rechtsprechung höchst unterschiedliche Auffassungen vertreten.[385]

552 Unter Lagerdauer ist die Zeitspanne ab der Herstellung bis zum Abschluss des Kaufvertrages zu verstehen, wobei es unerheblich ist, ob der Wagen währenddessen in Obhut des Herstellers oder Händlers verblieben ist. Anerkannt war, dass ein Fahrzeug,

---

381 Str., so unter Berufung auf die bisherige st. Rspr., z.B. BGH NJW 1992, 2564, 2565; Palandt/*Putzo*, § 434 Rn 9 ff.; *Reinking/Eggert*, Rn 179 m.w.N.; *Lorenz/Riehm*, Rn 482; a.A. *Häublein*, NJW 2003, 388, 389, 390; *Gronstedt/Jörgens*, ZIP 2002, 52, 54; a.A. *Wolf/Kaiser*, DB 2002, 411, 412.
382 *Derleder*, NJW 2004, 969; OLG Köln VersR 2003, 517; BGH NJW 1980, 2127, 2128; 2000, 2018, 2019.
383 BGH NJW 2004, 160, 161; DAR 2004, 23, 24.
384 BGH NJW 1980, 1097, 1098; *Creutzig*, Recht des Autokaufs, Rn 1.1.2.
385 *Reinking/Eggert,* Rn 206 m.w.N.

solange es in dieser Modellreihe unverändert produziert wird, nach seiner Herstellung noch „einige Zeit" als fabrikneu galt. Das „Verfallsdatum" der Fabrikneuheit wurde häufig bei bis zu zwölf Monaten angesetzt,[386] aber teilweise wurden auch 14,[387] 16,[388] 18[389] oder 24[390] Monate als unschädlich angesehen. Zur Sicherung einer einheitlichen Rechtsprechung hat der BGH[391] nun die maximale Standzeit, bei der eine Fabrikneuheit noch zu bejahen ist, regelmäßig auf zwölf Monate festgelegt.

Dies spiegelt nicht nur die überwiegende Meinung wieder, sondern schafft Rechtssicherheit und trägt dadurch auch den berechtigten Interessen des Käufers Rechnung, dem es nicht zuzumuten ist, das Risiko zu tragen, für den Neuwagenkaufpreis ein Fahrzeug zu erhalten, dass tatsächlich diesem Gegenwert nicht mehr entspricht.[392] Die ausdrückliche Limitierung der Standzeit korrigiert auch diejenigen,[393] die die bisherige BGH-Rechtsprechung[394] irrtümlich so auffassten, dass die Länge der Lagerzeit an sich unerheblich hinsichtlich der Frage sei, ob es sich um ein fabrikneues Fahrzeug handele.

555

Selbst wenn innerhalb einer über einjährigen Lagerzeit kein Modellwechsel stattfindet und keine Schäden eintreten, ist die Standzeit an sich bereits ein wertmindernder Faktor.[395] Der Fahrzeugzustand verschlechtert sich durch Zeitablauf, da physikalische Veränderungen wie Oxydation der Metallteile und Materialermüdung auch bei optimaler Lagerung – wenn auch mit Verzögerung gegenüber etwa im Freien aufbewahrter Fahrzeuge – eintreten. Anfällig dafür sind Gummiteile, Batterie und Schmiermittel.[396] Auch die Reifen sind nach einer Lagerzeit von zwei Jahren aufgrund physikalischer Veränderungen, die eine Beeinträchtigung der Verkehrstauglichkeit bewirkt haben, nicht mehr fabrikneu.[397] Diese Tatsachen untermauern die Entscheidung des BGH in sachlicher Hinsicht, ein Fahrzeug in der Regel nur dann als fabrikneu einzustufen, wenn eine Lagerzeit von maximal zwölf Monaten nicht überschritten wurde.

557

Weniger strenge Maßstäbe legt das OLG Düsseldorf[398] an die Neuwageneigenschaft eines EU-Importfahrzeugs an, bei dem auch ohne die Bezeichnung als Lagerfahrzeug eine Standzeit von 12 bis 13 Monaten nicht per se einen Sachmangel darstelle. Das

---

386 *Thamm*, DAR 2003, 438, 438; OLG München DAR 1965, 272, 272; OLG Düsseldorf NJW 1971, 622, 623; OLG Hamm DAR 1985, 353, 353; OLG Koblenz OLGR 2000, 82; BGH NJW 1980, 1097.
387 OLG Celle OLGR 2001, 223.
388 OLG Frankfurt OLGR 2000, 287.
389 OLG Bamberg OLGR 2002, 328, allerdings mit der Besonderheit, dass der Verkäufer auf einen Modellwechsel hingewiesen hatte und 20% Nachlass gewährt worden sind.
390 OLG Frankfurt OLGZ 1970, 409 ff.
391 BGH NJW 2004, 160, 161; DAR 2004, 23, 24.
392 Anmerkung *Knippel*, DAR 1981, 145, 146; a.A. *Schmid*, DAR 1981, 145 ff.
393 OLG Bamberg OLGR 2002, 328, 328; OLG Hamm DAR 1980, 285, 286; OLG Düsseldorf NJW 1982, 11546, 1157; OLG Karlsruhe VersR 2003, 517, 518.
394 BGH NJW 1980, 1097, 1098; DAR 1980, 337, 338.
395 OLG Hamm DAR 1983, 357, 358; BGH NJW 2004, 160; a.A. *Creutzig*, Recht des Autokaufs, Rn 1.1.2.8, der eine Zustandsverschlechterung bei Stehen in Räumlichkeiten ausschließt.
396 *Arning*, DAR 1972, 61, 62.
397 AG Worms DAR 1993, 303, 304.
398 OLG Düsseldorf, Urt. v. 24.10.2005 – I-1 U 84/05.

OLG Braunschweig[399] hielt sogar 27 Monate für unbedenklich, während das LG Essen[400] eine Standzeit von 16 Monaten als Mangel erachtete.

560 Praktisch betrachtet, steht der Käufer vor dem Problem, das Baujahr kaum ermitteln zu können, so dass ihm Rückschlüsse auf die Lagerdauer erheblich erschwert werden. Im Kfz-Brief ist seit der Änderung des § 59 StVZO keine Angabe des Baujahrs mehr enthalten. Teilweise lassen Markierungen auf den Fahrzeugbauteilen oder Reifen bei deren Entschlüsselung das Herstellungsdatum erkennen, ansonsten hilft die Fahrzeug-Identifizierungsnummer weiter, die jedoch nicht jeder Hersteller verwendet.[401]

563 Abgesehen von diesem Hindernis stellt der BGH in seiner Entscheidung ebenfalls zugunsten des Käufers klar, dass eine Weiternutzung des Fahrzeugs – wenn sie den Rahmen des Üblichen nicht überschreitet – kein widersprüchliches Verhalten bedeutet und daher nicht die Verwirkung der Gewährleistungsrechte nach sich zieht. Die Interessen des Verkäufers werden durch einen Wertersatzanspruch für diesen Genuss der Gebrauchsvorteile gewahrt.[402]

567 Fabrikneuheit bedingt nach Auffassung des BGH[403] ferner, dass „das Modell des Kraftfahrzeugs unverändert weitergebaut wird, also keinerlei Änderungen in der Technik und der Ausstattung aufweist". Entscheidender Zeitpunkt ist der Abschluss des Kaufvertrages.

568 Ist der Vertragsschluss mit der Bestellung eines Neuwagens verbunden, bezieht sich demnach die Fabrikneuheit auf das im Abschlusszeitpunkt produzierte Modell, unabhängig davon, ob es bereits beim Händler ausgestellt ist oder noch ein älteres Modell zur Anschauung dient.[404] Kommt es in der Zeitspanne zwischen Vertragsschluss und Auslieferung zu einem Modellwechsel, hat der Käufer daher keinen Anspruch auf das erst nach Vertragsschluss hergestellte Nachfolgemodell. Der Käufer hat auch keinen Anspruch auf das neueste Modell, wenn im Verkaufsgespräch auf einen Modellwechsel im Hinblick auf das vertragsgegenständliche Fahrzeug hingewiesen und dennoch ein Neuwagen-Bestellformular verwendet wurde[405] oder im Kaufvertrag die Lieferung eines bestimmten Vorgängermodells vereinbart worden ist.

569 Da der Begriff der Modellaktualität zuvor nicht festgelegt war, wichen auch hier die Ansichten voneinander ab. Nachdem eine Auffassung allein auf Änderungen des äußeren Erscheinungsbildes abstellte,[406] korrigierte der BGH[407] diese Auffassung dahingehend, dass auch rein technische Veränderungen eine Modelländerung bewirken,

---

399 OLG Braunschweig ZGS 2005, 395.
400 LG Essen, Urt. v. 21.1.2005 – 8 O 759/04 – n.v.
401 *Rödel/Hembach,* Rn 23, unter Hinweis auf *Reinking/Eggert,* Rn 210.
402 BGH NJW 2004, 160, 161; *Ferner,* SVR 2004, 61.
403 BGH NJW 1980, 1097, 1098; 2000, 2018, 2019; 2003, 1755, 1756; *Thamm,* DAR 2003, 438, 439; BGH NJW 2004, 160.
404 So bereits: OLG Düsseldorf NJW 1971, 622, 623; Anmerkung *Weber,* NJW 1970, 430.
405 OLG Bamberg OLGR 2002, 328.
406 LG Stuttgart BB 1959, 538.
407 BGH DAR 2000, 301, 302.

wie die Ausstattung mit einem größeren und leistungsstärkeren Motor, auch wenn optisch keine Veränderung erfolgt ist.

Hinsichtlich der Verbesserung von technischen und konstruktiven Details sowie der optischen Aufwertung innerhalb der Laufzeit einer Modellserie (sog. „facelifting") galt bis zur Entscheidung des BGH aus dem Jahr 1980, dass nur unerhebliche Veränderungen die Fabrikneuheit nicht beeinträchtigen.[408] In der Entscheidung wird jedoch „keinerlei" Änderung toleriert und daher auch nicht graduell nach der Erheblichkeit differenziert, wenngleich die Rechtsprechung dieses Kriterium auch in der Folgezeit noch herangezogen hat. So wurde z.B. die Ausstattung mit ABS und Wegfahrsperre als erheblich erachtet, da es sich um wichtige Ausstattungsmerkmale handele, marginale Veränderungen der Lackierung und des Herstellungsverfahrens hingegen nicht.[409] Auch der Umstand, dass der gekaufte Pkw zum Zeitpunkt des Kaufs mit einem deutlich größeren Tank produziert wurde, lässt die Modellaktualität des verkauften Pkw entfallen.[410]

Die Wertung des BGH stimmt mit dem Wegfall der Erheblichkeitsschranke für Sachmängel im Zuge der Schuldrechtsreform überein und trägt vor dem Hintergrund der Erfüllungstheorie dem Gedanken Rechnung, dass der Erfüllungsanspruch des Käufers nicht von vornherein dadurch geschmälert werden darf, dass für unerhebliche Fehler keine Haftung besteht.[411]

Präzisiert hat der BGH nun auch den Zeitpunkt, ab dem ein Fahrzeug als „nicht mehr unverändert hergestellt"[412] zu bewerten ist, nachdem vertreten worden war, dass diesbezüglich auf die Auslieferung des neuen Modells an den Handel abzustellen sei, da nach der bisherigen Rechtsprechung der Zeitpunkt der fabrikinternen Umstellung nicht eindeutig als maßgeblich anzusehen sei.[413] Der BGH[414] stellt klar, dass der maßgebliche Zeitpunkt die Einstellung der Produktion des bisherigen Modells ist. Dieser sei objektiv feststellbar, nicht entscheidend sei hingegen, ob er auch durch Außenstehende, wie Händler oder Kunden, festgestellt werden könne; ebenso wenig spreche dagegen, dass die Umstellung der Produktionsanlagen eventuell mehrere Wochen in Anspruch nehme. Würde man tatsächlich auf den Auslieferungstermin an den Händler abstellen, liefe das den berechtigten Interessen des Käufers zuwider, da der maßgebliche Zeitpunkt noch weiter nach hinten geschoben würde.

Die Auffassung des BGH ist sachgerecht. Die Auslegung, dass die nicht mehr unveränderte Herstellung den Auslieferungstermin des neuen Modells an den Handel meinen könnte, ist zu weit geraten im Hinblick auf den Wortlaut. Zudem wahrt sie einsei-

---

408 BGH NJW 1969, 2145; OLG München DAR 1965, 272, durch geringfügige Änderungen zur Serie des Vorjahres sei kein neues Modell auf dem Markt gekommen.
409 OLG Zweibrücken NJW-RR 1998, 1211, 1212.
410 OLG Köln SVR 2005, 185.
411 Begründung BT-Drucks 14/6040, 217.
412 BGH NJW 2003, 2824, 2825.
413 OLG Köln VersR 2003, 517, 518.
414 BGH NJW 2003, 2824, 2825.

tig die Interessen des Handels, indem der Zeitpunkt, ab dem das Vorgängermodell als nicht mehr fabrikneu entwertet wird, hinausgeschoben und damit einer Schmälerung der Absatzchancen des Händlers entgegengewirkt wird. Die Wahrung der Kundeninteressen durch die Stellungnahme des BGH ist daher zu begrüßen.

576 Die Aufklärungspflicht des Händlers bei einem Modellwechsel besteht erst ab dem Zeitpunkt der Einstellung der Produktion, ab dem das Vorgängermodell nicht mehr aktuell ist.[415] Erkundigt sich der Kunde allerdings, ob ein Modellwechsel bevorsteht, muss der Verkäufer ihn wahrheitsgemäß informieren.[416]

579 Die Neuwageneigenschaft ist nach der Formel des BGH auch davon abhängig, dass das Fahrzeug während seiner Standzeit keine standzeitbedingten Mängel davon getragen hat. „Fabrikneu" bedeutet dagegen nach der Definition des BGH nicht, dass das Fahrzeug fehlerfrei ist. Es kann durchaus mit Produktionsmängeln behaftet sein, ohne dass dadurch die Beschaffenheit „fabrikneu" entfällt.[417] Bei Gattungssachen wie der Bestellung eines Neuwagens über den Händler beim Hersteller hat der Käufer die Wahl, ob er die Sache als Erfüllung annimmt und seine Rechte aus § 437 geltend macht oder sie zurückweist.[418]

582 Von Bedeutung für die Fabrikneuheit erachtet der BGH allerdings Beschädigungen, die nicht ganz unerheblich sind.[419] Im Gegensatz zu der klaren Umgrenzung der anderen beiden Merkmale, bleibt hier offen, wann diese Erheblichkeitsschwelle überschritten sein soll. Lässt der Wortlaut der Formulierung des BGH bezüglich der Modellaktualität keinerlei Neuerungen gegenüber dem bisherigen Modell zu, ohne dass die Fabrikneuheit entfiele, ist diese Konsequenz bei Sachmängeln – die auch hier dem gesetzlichen Wegfall der Bagatellgrenze bei Sachmängeln entspräche – ausgeblieben. Dabei wäre zumindest eine exakte Festlegung auch hilfreich bei der Abgrenzung der Fabrikneuheit von der Frage, wann das Fahrzeug als Unfallwagen zu deklarieren ist, um eine Differenzierung der dafür relevanten Bagatellgrenze von der Erheblichkeitsschwelle hinsichtlich der Fabrikneuheit zu ermöglichen oder Klarheit zu schaffen, ob bei beiden wertmindernden Faktoren die Grenzziehung einheitlich erfolgt.

584 Nach Ansicht des BGH entfällt die Fabrikneuheit nicht, wenn zur Behebung herstellungsbedingter Mängel eine Gesamtlackierung vorgenommen wird.[420] Im Gegensatz dazu hat das OLG Köln die Fabrikneuheit unter Berufung auf die „nicht ganz unerheblichen Beschädigungen" ebenfalls an der Lackierung verneint, weil die Lackschicht am Fahrzeug uneinheitlich dick war, aber der Schaden durch Nachbesserung zu beheben gewesen wäre.[421]

---

415 OLG Celle OLGR 2001, 223, 224, verweist auf ein BGH Urteil über Geräte der Unterhaltungselektronik.
416 Soergel/*Huber,* § 433 Anhang I Rn 81.
417 BGH DAR 1980, 337, 338.
418 Palandt/*Heinrichs,* § 243 Rn 4.
419 BGH DAR 1980, 337, 338.
420 BGH DAR 1980, 337, 338.
421 OLG Köln VersR 1997, 754.

II. Sach- und Rechtsmängel § 6

Die zahlreiche Rechtsprechung – allein im Hinblick auf Lack, aber auch sonstige Schäden – ist auch unter dem einleuchtenden Gesichtspunkt, ein Fahrzeug weiterhin als fabrikneu einzustufen, wenn die durch Lagerung beim Hersteller oder Händler verursachten Schäden ordnungsgemäß und ohne Verbleib einer Wertminderung behoben werden können,[422] keineswegs einheitlich. **586**

Dies zeigt die Einstufung eines Pkw als nicht fabrikneu bei Beulen im Blech der Ölwanne und des Getriebeschutzes, obgleich die Schäden als minimal bezeichnet wurden und nur einen geringen Reparaturaufwand erforderten um sie zu beseitigen. Begründet wurde die Einstufung mit dem Anlegen eines strengen Maßstabes, wodurch die Beschädigung dann doch nicht ganz unerheblich sei.[423] Dagegen wurde bei einer neueren Entscheidung auf die Festlegung des Ausmaßes einer Beule in der Motorhaube und damit der Beschädigung ganz verzichtet und die Fabrikneuheit bejaht, weil der Schaden vor Übergabe folgenlos beseitigt werden konnte.[424] **587**

Der BGH zieht als weiteres Entscheidungskriterium heran, ob die Beschädigungen bereits bei der Produktion im Herstellerwerk oder erst beim Händler eingetreten sind. Mängel, die bei der Produktion aufgetreten seien, führten nicht dazu, dem Fahrzeug die Eigenschaft „fabrikneu" zu nehmen. Anders sei dies hingegen, wenn das Fahrzeug nach Verlassen des Herstellerwerks Beschädigungen erleide, die nicht ganz unerheblich seien. Die Wiederherstellung der Fabrikneuheit fordere neben der Erheblichkeit des Mangels auch dessen folgenlose Beseitigung.[425] **590**

Dem ist nicht zu folgen. Es ist unerheblich, ob die Beschädigung im Herstellerwerk, beim Transport oder in der Obhut des Händlers eingetreten ist.[426] Maßgeblich ist allein, dass das Fahrzeug im Moment des Gefahrübergangs, der Übergabe an den Käufer, über die Beschaffenheit der Fabrikneuheit verfügen muss. Ist dies aufgrund eines Schadens nicht möglich, kann für die daraus resultierende Entwertung nicht ausschlaggebend sein, wo er eingetreten ist. **591**

Zu Recht[427] wird gegen die Differenzierung des BGH auch eingewandt, dass Schäden, die oberhalb der Bagatellgrenze anzusiedeln sind, das Fahrzeug zu einem Unfallwagen machen, was sich selbst durch tadellose Instandsetzung nicht wieder rückgängig machen lässt. Es verbleibt in diesen Fällen immer ein merkantiler Minderwert, unabhängig davon, ob der Schaden bei der Herstellung auf dem Transport oder erst beim Händler entstand. **592**

---

422 *Creutzig,* Recht des Autokaufs, Rn 1.1.2.6, unter Hinweis auf OLG Hamm NJW-RR 1998, 1212, 1213; *Reinking/Eggert,* Rn 216 ff. m.w.N.; LG Aachen, Urt. v. 23.8.2005 – 8 O 156/05 – n.v.
423 OLG Oldenburg DAR 1992, 380, 381.
424 LG Duisburg, Urt.v. 14.2.2003 – 7 S 207/02 – ADAJUR-Archiv, Dokument-Nr. 54920.
425 BGH NJW 1980, 2127, 2128.
426 OLG Nürnberg DAR 1985, 81, 82; OLG Köln VersR 1997, 754, Kfz nicht fabrikneu, Schadensentstehung ungeklärt, entweder bei Hersteller oder Händler.
427 *Reinking/Eggert,* Rn 218.

103

Die Schwierigkeiten der Rechtsprechung, eine einheitliche Linie zu finden, zeigen, das Schäden des Fahrzeuges grundsätzlich nicht als Kriterium geeignet sind, dessen Fabrikneuheit zu beurteilen. Auch ein beschädigtes Auto, das gerade die Werkshalle verlassen hat, ist fabrikneu. Daran kann sich durch Beseitigung des Schadens nichts ändern. Beschädigungen des Fahrzeugs, gleich wo sie entstanden sind und welcher Art sie sind, haben daher keinen Einfluss auf die Fabrikneuheit des Fahrzeugs. Sie führen jedoch ohne weiteres zu einer Beschaffenheitsabweichung, wenn sie nicht ordnungsgemäß und folgenlos beseitigt wurden oder zur Folge haben, dass der Kaufgegenstand als „Unfallfahrzeug" anzusehen ist.

595 Die Fabrikneuheit bedingt zudem, ein Fahrzeug zu erhalten, dass zuvor auf keine andere Person zugelassen war.[428] Dies gilt sowohl für Fahrzeuge, die zugelassen, aber nicht gefahren worden sind,[429] als auch für solche mit Kurzzeitkennzeichen oder Tageszulassung[430] und Fahrzeuge, die bereits kurzzeitig im Ausland[431] zugelassen worden sind.

Demgegenüber hat der BGH eine Tageszulassung für „unschädlich" erklärt, da Tageszulassungen eine besondere Form des Neuwagengeschäfts seien und dem Käufer bewusst sei, dass die Zulassung nur aus formellen Gründen erfolgte.[432] Die Entscheidung des BGH ist problematisch, da sie bei konsequenter Anwendung zur Folge hat, dass der Verkäufer auf eine Tageszulassung nicht einmal hinzuweisen bräuchte. Sie ist zudem sachlich nicht gerechtfertigt.

598 Durchschlagendes Argument für den Verlust der Fabrikneuheit ist die durch den Eintrag eines Vorbesitzers in den Kfz-Papieren bedingte Wertminderung.[433] In der Rechtsprechung wird zutreffend darauf verwiesen, dass selbst, wenn ein Händler als Vorbesitzer eidesstattlich versichert, dass der Wagen trotz der Zulassung nicht genutzt worden ist, sich ein Kaufinteressent doch immer bei gleichem Preis für ein Fahrzeug ohne Voreintragung entscheiden wird. Bei zwei Vorbesitzern ist anerkannt, dass üblicherweise ein Abschlag vom sonst geltenden Verkehrswert vorgenommen wird, weil das Fahrzeug nicht mehr aus „erster Hand" stammt.[434] Dabei ist das ebenfalls ins Feld geführte Argument der Risikoerhöhung bei der Nutzung des Wagens infolge des Fahrerwechsels und der nicht bekannten und nicht nachweisbaren Umstände wegen des Wechsels zwar theoretisch durch den Nachweis, dass das Fahrzeug tatsächlich

---

428 *Creutzig,* Recht des Autokaufs, Rn 1.1.2.10; *Creutzig,* BB 1987, 283 ff.; *Reinking/Eggert,* Rn 201–203; a.A. Palandt/*Putzo,* § 434 Rn 76.
429 OLG Dresden NJW 1999, 1036, 1037; *Reinking/Eggert,* Rn 201.
430 OLG Naumburg OLGR 2000, 424, 425; OLG Dresden NJW-RR 2001, 461, 462; *Creutzig,* Recht des Autokaufs, Rn 1.1.2.10, Soergel/*Huber,* § 459 Rn 299.
431 LG Saarbrücken DAR 1980, 19, 20; *Creutzig,* Recht des Autokaufs, Rn 1.1.2.10; *Creutzig,* BB 1987, 283 ff.; a.A. BGH DAR 1986, 263, 264.
432 BGH DAR 2005, 281, 282.
433 OLG Düsseldorf NJW-RR 1986, 204, 205; OLG Karlsruhe NJW 1971, 1809; OLG Dresden NJW 1999, 1036, 1037.
434 OLG Dresden NJW 1999, 1036, 1037.

nicht benutzt wurde, auszuräumen.[435] Unbestritten bestehen bleibt jedoch die sich in dem niedrigeren Marktwert ausdrückende, geringere Wertschätzung des Fahrzeugs.[436]

Die Auszahlung einer Versicherungssumme in Höhe des Herstellerpreises am Schadenstage in der Kraftfahrtversicherung, gem. § 13 Abs. 2 AKB, kommt – jedoch als Ausnahme – auch trotz Voreintragung in Betracht, wenn der Vorbesitzer das Fahrzeug noch nicht benutzt hatte, von Überführungs- und Probefahrten abgesehen.[437] Nachteilig ist jedoch die um dem Zeitraum ab Erstzulassung bis zum Kauf verkürzte Zeit, die dem Käufer zur Geltendmachung seiner Ansprüche auf den Neupreis verbleibt. Das OLG Dresden[438] hat für die Ansicht, dass auch eine Tageszulassung die Fabrikneuheit „beseitigt" in einer übersichtlichen Auflistung der dafür streitenden Argumente neben der Wertminderung und dem Nachteile bei der Kaskoversicherung noch die Verkürzung der Frist für Hauptuntersuchung und ASU, die ab Erstzulassung laufen, angefügt. **600**

Bei Grauimporten, also außerhalb des selektiven Vertriebssystems erworbenen Neuwagen, erfolgt häufig bereits eine kurzzeitige Zulassung im Ausland auf den Kfz-Händler oder Dritte. Dies können die deutschen Zulassungsstellen jedoch nicht, ohne Nachforschungen anzustellen, in Erfahrung bringen, da nur Deutschland einen Fahrzeugbrief mit lückenlosen Haltereintragungen führt. Ist eine Zulassung im Ausland aufgrund von Verdachtsmomenten ermittelt worden, erfolgt ein Eintrag im Kfz-Brief und das Fahrzeug gilt nicht mehr als fabrikneu.[439] **602**

Werden für Fahrzeuge mit Voreintragung Gebrauchtwagen-Verträge verwendet, ist der bislang darin enthaltene Gewährleistungsausschluss für den Verbrauchsgüterkauf gem. § 475 Abs. 1 nicht anwendbar. Auch im unternehmerischen Geschäftsverkehr hat der BGH den gleichzeitigen Ausschluss von Wandelung und Minderung sowie von Schadensersatzansprüchen durch AGB für unwirksam erklärt, da der kaufmännische Geschäftspartner dadurch unangemessen benachteiligt werde, was nunmehr eine Unwirksamkeit solcher Klauseln gem. § 307 zur Folge haben dürfte.[440] **603**

c) Die „gesetzliche" Beschaffenheit

Die Sollbeschaffenheit erfordert nach § 434 Abs. 1 S. 2 Nr. 1, dass sich die Kaufsache „für die nach dem Vertrag vorausgesetzte Verwendung eignet", wenn keine Beschaf- **606**

---

435 *Andres,* NJW 1971, 2311, 2312; LG Bonn NJW 1972, 1137, 1137, dass die Voreintragung jedenfalls als Sachmangel ansieht, aber eine Wertminderung nur abhängig vom Einzelfall annimmt.
436 BGH DAR 1978, 281, 281, *Creutzig,* Recht des Autokaufs, Rn 1.1.2.10; *Reinking/Eggert,* Rn 201 m.w.N.
437 BGH VersR 1980, 159, 160; *Stiefel/Hofmann,* § 13 Rn 28.
438 OLG Dresden NJW 1999, 1036, 1037.
439 *Creutzig,* Recht des Autokaufs, Rn 1.1.2.10; *Creutzig,* BB 1987, 283 ff.; LG Saarbrücken DAR 1980, 19, 20; a.A, BGH DAR 1986, 263, 264.
440 BGH NJW 1991, 2630, 2632; zur Frage, ob zudem ein Ausschluss an § 309 Nr. 8a, bb scheitert: *Reinking/Eggert,* Rn 203 m.w.N.

fenheitsvereinbarung getroffen wurde. Die Vorstellungen der Parteien richten sich oftmals nicht auf spezielle Beschaffenheitsmerkmale, sondern darauf, dass die Sache für einen bestimmten Verwendungszweck tauglich sein soll. Typisches Beispiel dafür sind Alltagsgeschäfte, bei denen besondere Vereinbarungen über spezielle Beschaffenheitsmerkmale für überflüssig erachtet werden, aber Übereinstimmung über die konkrete Zweckeignung herrscht.[441] Da es dem Käufer eines Neuwagens gerade auch auf einzelne Beschaffenheitsmerkmale ankommt, die entsprechend § 434 Abs. 1 S. 1 vereinbart werden, ist diese Variante von untergeordneter Bedeutung, abgesehen vom Kauf von Sonderfahrzeugen.

609 Bei Wohnmobilen, Geländewagen oder Transportfahrzeugen, kann der mit dem Erwerb verbundene Nutzungszweck im Vertrag Ausdruck finden. So hat der BGH als vertraglich vereinbarten Nutzungszweck die Möglichkeit zum Transport zweier Friesenpferde bejaht, im Zusammenhang mit der Erstellung und dem Erwerb eines Pferdetransporter-Aufbaus, der als fehlerhaft eingestuft wurde, da die verbleibende Nutzlast die vorgesehene Nutzung ausschloss.[442] Mangelhaft war auch ein vom Kläger erworbenes Fahrzeug, weil es sich entgegen der vertraglichen Vereinbarung nicht zum Betrieb mit Biodiesel eignete, dies aber den Grund für den Kauf darstellte.[443] Dabei ist häufig nur durch Auslegung zu ermitteln, ob eine übereinstimmende vertragliche Vereinbarung über die Eignung zum Nutzungszweck oder doch eine Beschaffenheitsvereinbarung getroffen wurde, die eine Anwendung von § 434 Abs. 1 S. 5 rechtfertigt.

611 Ist zwischen den Parteien weder die Beschaffenheit vereinbart, noch eine bestimmte Verwendung vorausgesetzt worden, kommt es darauf an, dass sich die Sache gem. § 434 Abs. 1 S. 2 Nr. 2 „für die gewöhnliche Verwendung" eignet und eine Beschaffenheit aufweist, die bei Sachen der gleichen Art üblich ist und die der Käufer nach der Art der Sache erwarten kann. Dabei entscheidet der Erwartungshorizont eines durchschnittlichen Käufers, welche Beschaffenheit „nach Art der Kaufsache" erwartet werden kann.

614 Die Rolle öffentlicher Äußerungen, besonders der Werbung, wird für die Beurteilung dessen, was der Käufer von der Kaufsache üblicherweise erwarten kann, in § 434 Abs. 1 S. 3 konkretisiert. Einbezogen werden Äußerungen des Verkäufers, des Herstellers im Sinne des Produkthaftungsgesetzes oder seines Gehilfen, insbesondere in Werbeanpreisungen, die häufig technische Eigenschaften oder Werte, wie Motorleistungen, betreffen. Bereits vor der gesetzlichen Normierung wurde etwa die Werbung des Herstellers zur Bestimmung der Verkehrserwartung herangezogen.[444] Werbeaussagen des Verkäufers selbst über bestimmte Eigenschaften des Fahrzeugs bei Vertragsanbahnung werden regelmäßig eine Beschaffenheitsvereinbarung gem. § 434 Abs. 1 S. 1 ergeben.

---

441 BT-Drucks 16/6040, 213.
442 BGH DAR 1996, 495, 497.
443 OLG Karlsruhe OLGR 2002, 248.
444 So der BGH erläuternd zu Klausel 11 der „alten" NWVB NJW 2001, 292, 299.

Bedeutend ist die Regelung daher vor allem hinsichtlich der Äußerungen des Herstellers. Ein Käufer, der seiner Kaufentscheidung eine öffentliche Äußerung des Herstellers zugrunde legt, muss auf deren Richtigkeit vertrauen können.[445] Der Verkäufer wird durch die öffentliche Aussage über Eigenschaften der Kaufsache dem Kunden gegenüber gebunden. Liegen sie nicht vor, macht er sich unter Umständen schadensersatzpflichtig. Die Erstreckung der Haftung auf den Verkäufer wird durch die gesetzlich normierten Ausnahmen abgemildert; zudem profitiert der Verkäufer auch von der absatzerhöhenden Wirkung der Werbung, die den Kaufanreiz steigert.

618 Der Verkäufer haftet nicht, wenn er beweisen kann, dass im Rechtsverkehr ohne sein Zutun eine Erwartungshaltung durch Produktwerbung aufgebaut wurde, die bei Vertragsschluss bereits in gleichwertiger Weise berichtigt worden ist oder er nachweisen könnte, dass er die öffentlichen Äußerungen des Herstellers – nicht ihre Unrichtigkeit – weder kannte noch kennen musste im Sinne des § 122 Abs. 2.[446] Dies wird ihm jedoch angesichts der medialen Dichte und der umfassenden Produktschulungen innerhalb des weit verbreiteten Vertragshändlersystems kaum gelingen, da ihn zudem auch nur die nicht fahrlässige Unkenntnis entlastet. Ob die Gleichwertigkeit der Berichtigung auf die inhaltliche Gewichtigkeit der Werbeaussage und/oder der Verbreitung durch dasselbe Medium abzielt, bleibt offen, wenngleich hinsichtlich der breiten Streuung der meisten Werbekampagnen der Hersteller allein in den Printmedien veröffentlichte Rückrufaktionen von großer Publizität als gleichwertig einzustufen sind.[447] Eine unauffällige Anzeige in einer Tageszeitung ist bei groß angelegten Werbeaktion mangels Effizienz nicht geeignet, Sachmängelansprüche auszuschließen.[448]

621 Nach § 434 Abs. 1 S. 3 letzter Hs., ist eine öffentliche Äußerung ebenfalls ohne Bedeutung, wenn der Verkäufer nachweist, dass sie keinen Einfluss auf die Kaufentscheidung haben „konnte", d.h. abstrakt ungeeignet war, auf die Willensbildung des Käufers Einfluss zu nehmen. Problematisch ist auch hier die Beweislast des Verkäufers, darzulegen, dass die Werbung ohne Effekt geblieben ist. Die Abschlusskausalität entfällt jedoch z.B., wenn die Werbung nur eine Nebensächlichkeit betraf[449] oder die Qualitätserwartung des Käufers hinter der der Öffentlichkeit zurückgeblieben ist, weil er die Äußerungen nicht kannte oder ihm ihre mögliche Unrichtigkeit bekannt war.[450]

623 Unbeachtlich sind auch „reißerische Anpreisungen allgemeiner Art", die sich nicht auf überprüfbare Beschaffenheitsangaben beziehen, da diese keine objektive Verkehrserwartung begründen und damit auch keine Haftung auslösen können. Rechtlich

---

445 BT-Drucks 16/6040, 214.
446 Ludovisy/*Engel*, Teil 5 Rn 64.
447 *Westermann*, NJW 2002, 241, 245.
448 *Reinking*, DAR 2002, 15, 17.
449 *Reinking/Eggert*, Rn 176.
450 *Lorenz/Riehm*, Rn 488.

relevant sind nur konkrete Aussagen, die geeignet sind, die Kaufentscheidung zu beeinflussen, wie z.b. der Kraftstoffverbrauch eines Fahrzeugs (Drei-Liter-Auto).[451]

625 Der Erwartungshorizont eines Neuwagenkäufers orientiert sich demgemäß an den hohen Vorgaben, die in der Werbung suggeriert werden, wobei Vergleichsmaßstab für die Beurteilung der Sollbeschaffenheit jeweils ein Fahrzeug mit demselben Qualitätsstandard, innerhalb derselben Autoklasse ist.[452] Die technischen Vorgaben werden konkludent in die Beschaffenheitsvereinbarung mit einbezogen, ohne dass die Prospekte vorlagen und dies ausdrücklich vereinbart werden müsste, wie auch der Änderungsvorbehalt in der Vertragsbedingungen in Abschn. IV. Ziff. 5 S. 1 NWVB deutlich macht.[453]

627 So schuldet der Verkäufer ein Fahrzeug mit ABS, wenn der Autohersteller seine Fahrzeuge damit bewirbt, dass ABS zur Basisausstattung gehört und nach dem Bestellformular die Lieferung eines Pkw mit dieser Ausstattung vereinbart war.[454] Unbeachtet der Verkaufsgespräche haftet der Verkäufer bei Bestellung des entsprechenden Modells eines Neuwagen z.b. dafür, dass dieser die im Prospekt angegebene Ausstattung mit Lenkradfernbedienung aufweist.[455]

629 Weicht die im Bestellformular vereinbarte Beschaffenheit von der serienmäßigen Fahrzeugbeschreibung ab, ist der Verkäufer an die Vereinbarung gebunden. Bei der vereinbarten Ausstattung „fünffach Gürtel" ist der Autohändler verpflichtet, dass Fahrzeug mit fünf gleichartigen Reifen zu liefern. Der Käufer braucht sich nicht mit einem „kleinen Reserverad" zufrieden geben.[456] Dagegen wurde als von dem zu erwartenden Qualitätsstandard abweichender Fehler in der Konstruktion anerkannt, wenn die Motorelektronik des Neuwagens nicht einwandfrei arbeitete, selbst wenn bekannt war, dass dies bei Fahrzeugen dieses Typs vorkommt.[457]

632 Ein Neuwagen muss, um den Anforderungen des § 434 Abs. 1 S. 2 Nr. 2 zu entsprechen, neben den Belastungen des täglichen Gebrauchs auch Notsituationen oder starker Beanspruchung gewachsen sein, wie großer Hitze oder Kälte, Gebirgs- oder Wüstenfahrten, wenn sich diese noch in den Grenzen des üblichen Gebrauchs halten und vorhersehbar sind.[458] Der Pkw darf auch bei extremen Lenkmanövern, wie es das Ausweichen vor Hindernissen erforderlich machen kann, nicht umkippen.[459] Das

---

451 *Lorenz/Riehm*, Rn 487; *Reinking*, DAR 2002, 15, 16.
452 Palandt/*Putzo*, § 434 Rn 25 ff.; BT-Drucks 16/6040, 213, 214.
453 Vgl. S. 44 ff.; BGH NJW 1997, 2590, 2591; sowie *Westermann*, NJW 2002, 241, 245; *Reinking*, DAR 2002, 15, 16; a.A. *Creutzig*, Recht des Autokaufs, Rn 4.5.2.
454 OLG Oldenburg OLGR 2002, 118, 119.
455 AG Essen-Steele DAR 2004, 278, 280.
456 AG Hamburg DAR 1982, 403, 404; *Lehmann*, DB 2002, 1090, 1092, für den Vorrang der Individualvereinbarung.
457 LG Augsburg DAR 1998, 476, 476.
458 BGH VersR 1972, 559.
459 Dieses fehlerhafte Fahrverhalten im Test der Mercedes A-Klasse und des Smart („Elchtest") 1997/98 wurde durch den Einbau eines elektronischen Stabilitätsprogramms behoben.

Bremsverhalten muss zuverlässig funktionieren, bei ständigem Anfahren und Abbremsen ebenso wie bei einer Vollbremsung.

635 Am anderen Ende der Mängelskala ist eine Grenzziehung durch den Einschluss auch unerheblicher Fehler in den Sachmängelbegriff schwierig, wenn es um die Frage geht, ob es sich bei einer Beeinträchtigung am Neuwagen um einen Fehler im Sinne des § 434 oder nur um eine Abweichung handelt, die, gemessen am technischen Entwicklungsstand der Automobilindustrie in dieser Fahrzeugklasse als Sollbeschaffenheit, noch im Rahmen der zulässigen Toleranz liegt. Die Zuordnung dieser geringfügigen Unregelmäßigkeiten wird häufig nur unter Zuhilfenahme von Sachverständigen möglich sein.

636 Keinen Fehler stellt eine Kraftstoff-Nachfüllmenge dar, die von der Angabe des Tankvolumens im Prospekt des Herstellers geringfügig abweicht. Nach den Ausführungen des Sachverständigen, denen das Gericht zustimmte, ist diese Angabe nicht die mögliche Nachfüllmenge, sondern eine Angabe des rechnerischen Volumens des Tanks.[460]

639 Auch im Hinblick auf einen Kraftstoffmehrverbrauch, der bislang in Höhe von maximal 10% über der Herstellerangabe noch nicht als Fehler eingestuft wurde,[461] ist die Frage, wann nun, ohne Erheblichkeitsschwelle, ein Fehler zu bejahen ist, neu zu beantworten. Dafür müsste festgelegt werden, wo der Toleranzbereich bei Produktionsschwankungen endet und in welchen Grenzen Abweichungen bei den standardisierten Messungen hinsichtlich des Verbrauchs hinnehmbar sind.

Für den Bereich von Leistungsdefiziten hat die Rechtsprechung mittlerweile wohl einen Grenzwert von 5 Prozent gebildet und ein Unterschreiten der angegebenen Höchstgeschwindigkeit um 2,2 bzw. 3,2/5,8 Prozent als unerheblich angesehen.[462] Gegen die Rechtsprechung bestehen keine Bedenken, da dem Hersteller und Verkäufer aus praktischen Erwägungen eine Toleranz zuzugestehen ist und eine Abweichung von 5 Prozent vertretbar erscheint.

642 Die Eignung zur gewöhnlichen Verwendung umfasst neben der technischen Beurteilung der Funktionstauglichkeit auch den Fahrkomfort. Störungen in diesen Bereichen sind variabel, abhängig von der technischen Optimierung, beispielsweise hinsichtlich des Windwiderstandes und etwaiger Motor- und Getriebegeräusche und den spiegelbildlich dazu steigenden Ansprüchen an die Qualität anzupassen. Ein ständiges „Knarzen" der Fahrzeugsitze wurde als Fahrzeugmangel anerkannt, da der Fahrkomfort nicht unerheblich beeinträchtigt sei.[463] Keinen Fehler stellte dagegen ein vom Kläger gerügtes, starkes Rütteln und Vibrieren eines Geländewagens ab Geschwindigkeit 120 km/h dar, da es nach Ausführungen des Sachverständigen im Vergleich mit Geländefahrzeugen gleicher Serie und Vergleichsfahrzeugen anderer Hersteller

---

460 LG Köln DAR 1991, 461, 461.
461 BGH NJW 1997, 2590, 2591, m.w.N.; 1996, 1337, 1338, Abweichung um 13% im Drittelmix nicht mehr unerheblich.
462 OLG Düsseldorf OLGR 2005, 598; OLG Köln, Urt. v. 8.9.2004 – 11 U 185/02 – n.V.
463 OLG München OLGR 1997, 148, 148.

dem Durchschnitt entspreche und sogar als eher ruhiger einzustufen sei. Im Komfortniveau des Geländewagens sei zwar „Pkw-Charakter" angestrebt, aber konstruktionsbedingt nicht möglich.[464] Ein Fehler in der Funktion und nicht nur eine unerhebliche Einbuße im Komfort ist das Ausbleiben des dreimaligen Blinkens nach dem die Fernbedienung betätigt wurde, um die Verriegelung zu bestätigen.[465]

646 Wenn in § 434 Abs. 1 Nr. 2 als Maßstab für die Eignung zur gewöhnlichen Verwendung die übliche „Beschaffenheit" genannt wird, beinhaltet diese in Umsetzung der Verbrauchsgüterkaufrichtlinie die Begriffe Qualität und Leistung, gemessen am Erwartungshorizont eines Durchschnittskäufers.[466] Das hohe Niveau der Fahrzeugfertigung weckt die Erwartung eines einwandfrei verarbeiteten Fahrzeugs, dass auch vom optischen Erscheinungsbild her tadellos zu sein hat. Daher bilden Verarbeitungs- und Materialmängel eine hohe Zahl der Sachmängel-Haftungsfälle.

Auch in diesen Fällen ist der Maßstab zur Bestimmung der üblichen Sollbeschaffenheit so zu wählen, dass nur qualitativ gleichwertige Materialien innerhalb einer Auto- und Preisklasse miteinander verglichen werden.[467] Nur ein typisches Beispiel ist ein Mangel in der Lackierung des Wagens. Selbst wenn er lediglich eine optische Beeinträchtigung darstellt, wirkt er sich doch wertmindernd aus und stellt einen Fehler dar.[468]

649 Da mangels gesetzlicher Definition der Beschaffenheit weiterhin vom bisherigen Begriff auszugehen ist, erfasst § 434 Abs. 1 S. 2 Nr. 2 auch Fehler, die in der gestörten Beziehung der Sache zur Umwelt wurzeln, sofern sie nach der Verkehrsanschauung für die Brauchbarkeit oder den Wert von Belang sind und ihren Grund in der Sache selbst haben.[469]

650 Mit einem derartigen Fehler ist nach Ansicht des OLG Celle ein Fahrzeug behaftet, dem das Merkmal „schadstoffarm" fehlte. Diese rechtlich-wirtschaftliche Beziehung des Fahrzeugs zur Umwelt wäre Voraussetzung für eine dreijährige Kfz-Steuerbefreiung gewesen, der daraus resultierende Steuernachteil und auch die schlechtere Widerverkäuflichkeit minderten den Fahrzeugwert.[470]

651 Ein Sachmangel liegt gem. § 434 Abs. 2 („Ikea-Klausel") auch vor, wenn die vereinbarte Montage der Kaufsache durch den Verkäufer oder dessen Erfüllungsgehilfen unsachgemäß erfolgt oder wenn bei einer zur Montage bestimmten Sache eine mangelhafte Montageanleitung vorliegt. Eine Haftung nach der letzten Alternative scheidet allerdings aus, wenn sich die fehlerhafte Anleitung nicht ausgewirkt hat und die Montage dennoch gelingt.

---

464 OLG Koblenz MDR 1996, 261.
465 OLG Oldenburg DAR 2000, 219, 220.
466 BT-Drucks 16/6040, 214.
467 *Creutzig,* Recht des Autokaufs, Rn 7.1.5; *Reinking/Eggert,* Rn 189, mit vielen Beispielen für Qualitätsmängel aus der Rechtsprechung im Folgenden.
468 LG Saarbrücken zfs 1998, 462, 463.
469 *Lorenz/Riehm,* Rn 482.
470 OLG Celle OLGR 2002, 38.

II. Sach- und Rechtsmängel   § 6

Die unsachgemäße Montage ist als Sachmangelkategorie beim Neuwagenkauf unbedeutend, da die Fahrzeuge dem Verkäufer bereits komplett montiert angeliefert werden. Ein Beispiel, bei dem ein Montagefehler auftreten kann, ist der mit dem Neuwagenkauf verbundene Erwerb eines „Winterpaketes", wobei der Händler sich verpflichtet, das Winter-Zubehör, wie Winterreifen, anzubringen. Die Montage muss vom Verkäufer vertraglich geschuldet werden.   652

Der Verkäufer kann die Verpflichtung selbst erfüllen oder sich eines Dritten bedienen, dessen Verschulden er sich gem. § 278 zurechnen lassen muss. Unbeachtlich ist, ob sie entgeltlich oder unentgeltlich vereinbart worden ist, sowie, ob sie als Neben- oder gleichrangige Hauptpflicht neben die kaufvertraglichen Pflichten tritt. Stellt die Montage hingegen den Schwerpunkt der vertraglich geschuldeten Leistung, findet – wie bisher – das Werkvertragsrecht Anwendung,[471] so wenn zu Reparaturzwecken der Einbau eines dafür gelieferten Austausch-Motors erfolgt.[472]   654

Ein Mangel ist gegeben, wenn eine zunächst mangelfreie Sache geliefert wird, die mangelhaft wird, weil sie der Verkäufer unsachgemäß montiert, aber auch, wenn nur die Montage an sich fehlerhaft ist, ohne dass diese zur Beeinträchtigung der Beschaffenheit der verkauften Sache führt. Abzugrenzen sind diese Fallgruppen von denen der Verletzung allgemeiner Sorgfaltspflichtverletzungen und dadurch verursachter weiterer Schäden, die eine Haftung aus § 280 begründen, z.B. wenn der Monteur während der korrekt durchgeführten Arbeiten stolpert und auf die Motorhaube fällt.[473]   657

Ist die Anleitung einer zur Montage bestimmten Sache mangelhaft, liegt ebenfalls ein Tatbestand vor, der unter die Sachmängelhaftung des § 434 Abs. 2 fällt. Unrichtige Anweisungen sowie unverständliche, missverständliche, lückenhafte oder unleserliche Formulierungen begründen die Mangelhaftigkeit der Anleitung. Sie muss in der Sprache verfasst sein, die im Kaufvertrag vorausgesetzt wird. Mangelhafte Bedienungsanleitungen werden nach Sinn und Wortlaut der Vorschrift nicht erfasst. Die Mangelhaftigkeit beurteilt sich nach dem Erwartungshorizont des Käufers. Hat dieser gewisse Vorkenntnisse, wie etwa ein Kfz-Mechaniker, kann auf diesbezügliche Ausführungen in der Anleitung verzichtet werden.[474]   659

Als Voraussetzung genügt die mangelhafte Montageanleitung einer Sache, um die Haftung aus § 437 auszulösen, wenn sie kausal für die im Ergebnis unsachgemäße Montage war. Der Kaufgegenstand muss auch nicht notwendig durch den Käufer montiert werden. Durch diese weite Fassung ist ein über den Verbrauchsgüterkauf hinausreichendes Anwendungsspektrum eröffnet. Nimmt der Käufer den Verkäufer in Anspruch, ist ein Rückgriff des Händlers auf seinen Lieferanten als nächsten in der Lieferkette möglich, auch wenn die Sache nicht vom Verkäufer montiert werden soll-   661

---

471 BT-Drucks 16/6040, 215; *Gruber*, VuR 2002, 120, 121; *Westermann*, NJW 2002, 241, 244; *Reinking*, DAR 2002, 15, 17.
472 OLG Karlsruhe NJW-RR 1992, 1014.
473 Ludovisy/*Engel*, Teil 5 Rn 64.
474 Palandt/*Putzo*, § 434 Rn 45 ff.; *Reinking*, DAR 2002, 15, 17.

te. Möglich ist auch, die Sachmängelrechte vor der Montage geltend zu machen. Ausgenommen von der Haftung sind allerdings die Fälle, in denen trotz der mangelhaften Anleitung die fehlerfreie Montage gelingt, da sich der Mangel nicht „ausgewirkt" hat. Die Einleitung mit der Formulierung „es sei denn" weist auf den Ausnahmetatbestand hin, so dass der Verkäufer hierfür die Beweislast trägt.[475]

665 Einem Sachmangel steht es nach § 434 Abs. 3 gleich, wenn der Verkäufer eine andere als die Kaufsache, ein „aliud" liefert.[476] Wann dies der Fall ist hängt davon ab, ob ein Gattungs- oder Stückkauf vorliegt.

Beim Stückkauf ist die Lieferung jeder anderen, als der konkret ausgewählten Sache eine Falschlieferung, etwa aufgrund einer Vertauschung oder Verwechslung,[477] während beim Gattungskauf eine andere Sache vorliegt, wenn die gelieferte Sache nicht die für die Kaufsache typischen Eigenschaften aufweist, die ihre Zugehörigkeit zur Gattung ausmachen.[478]

668 Durch die Einbeziehung der Falschlieferung in die Kategorie der Sachmängel soll nach dem Willen des Gesetzgebers insbesondere die Unterscheidung zwischen Falschlieferung als Nichterfüllung und Sachmangel überflüssig sein, die bisher anhand der Frage entschieden wurde, ob die gelieferte, nicht vertragsgemäße Sache ein genehmigungsfähiges oder nicht genehmigungsfähiges aliud darstellt.[479] Beweggrund war, dass sich beim Gattungskauf der Nacherfüllungsanspruch in der Sachmängelhaftung nicht wesentlich vom Erfüllungsanspruch, der ohne die Eingliederung in die Sachmängelhaftung in Betracht käme, unterscheidet.

Allerdings ist gegenüber der dreijährigen Frist des § 195, in der der Erfüllungsanspruch verjährt, der Nachlieferungsanspruch, beginnend ab Ablieferung, bereits in zwei Jahren verjährt.

Der Gesetzgeber rechtfertigt die unterschiedliche Verjährung jedoch als sachgerecht, da das Interesse der Parteien bei einer Falschlieferung nicht grundsätzlich von dem bei einem Sachmangel im engeren Sinne verschieden ist.[480] Abweichungen in Qualität und Eigenschaften der gelieferten von der bestellten Kaufsache werden nun einheitlich in das Sachmängelrecht einbezogen. Der Verkäufer hat jedoch seine Leistung in Erfüllung seiner vertraglichen Pflicht aus dem Kaufvertrag zu erbringen, da ein für den Käufer erkennbarer Zusammenhang zwischen Verpflichtung und Leistung Voraussetzung der Gleichstellung ist.[481]

---

475 *Westermann*, NJW 2002, 241, 244; BT-Drucks 16/6040, 215.
476 *Musielak*, NJW 2003, 9.
477 BGH NJW 1979, 811, hins. eines gebrauchten Lkw.
478 Bamberger/Roth/*Faust*, § 434 Rn 104.
479 *Huber/Faust*, Kap. 12 Rn 59, 60; Bamberger/Roth/*Faust*, § 434 Rn 104, 105; *Dauner-Lieb/Arnold/Dötsch/Kitz*, Fall 57, S. 125, 126.
480 *Lorenz/Riehm*, Rn 494; BT-Drucks 16/6040, 216.
481 BT-Drucks 16/6040, 216; *Huber/Faust*, Kap.12 Rn 62.

II. Sach- und Rechtsmängel   § 6

Typisches Beispiel des Gattungskaufs im Neuwagenhandel ist die Fahrzeugbestellung des Käufers über den Händler beim Hersteller, wobei einige generelle Eigenschaften des Kfz, auf die der Käufer Wert legt, als Sollbeschaffenheit vereinbart werden. Selbst wenn die Bestellung speziellere, das Modell betreffende Sonderausstattungen und besonderes Zubehör zum Gegenstand hat, liegt ein Gattungskauf vor. Zwar können diese Extras für ein Modell nach Belieben kombiniert werden, sie stehen aber gleichzeitig jedem Käufer als Ausstattungsvariante zur Auswahl und stellen daher generelle Merkmale dar, im Gegensatz zu individuellen Sonderanfertigungen.[482]   673

Eine Falschlieferung ist bei einem der Gattung nach bestimmten Neuwagen anzunehmen, wenn ein von dem bestellten Fahrzeug verschiedenes Fahrzeugmodell geliefert wird, auch bei Lieferung eines Gebraucht- statt eines Neuwagens,[483] nicht jedoch schon, wenn ein baugleiches aber entgegen der Bestellung mit einem Katalysator ausgerüstetes Fahrzeug ausgeliefert wird.[484]   674

Ein Stückkauf liegt vor, wenn der Käufer sich ein vorrätiges Fahrzeug beim Händler aussucht oder der seltene Fall vorliegt, dass sich der Käufer ein Fahrzeug nach seinen Wünschen maßanfertigen lässt.[485] Bei einem Identitätsmangel (der Lieferung eines anderen anstelle des besichtigten und ausgewählten Fahrzeugs) ist entsprechend der Intention des Gesetzgebers, Abgrenzungsschwierigkeiten auszuräumen, das Gewährleistungsrecht anwendbar[486] und gibt dem Käufer die Rechte aus § 437, mit der entsprechend kürzeren Verjährungsfrist von zwei Jahren, im Vergleich zu § 195, der bei Anwendung des allgemeinen Leistungsstörungsrechts anwendbar wäre.[487]   677

Nicht unter § 434 Abs. 3 fallen Lieferungen, die nach dem objektiven Empfängerhorizont nicht zur Erfüllung der in Frage stehenden, sondern einer anderen Verbindlichkeit vorgesehen waren, so dass sich auch die Verjährung nach § 195 richtet.[488]   678

---

482 OLG Düsseldorf zfs 1995, 335, 336; OLG Frankfurt OLGR 2002, 39, 40.
483 OLG Hamburg NJW-RR 1994, 1397, 1398.
484 OLG Hamm zfs 1998, 424; weitere Bsp. *Reinking/Eggert*, Rn 222.
485 OLG Frankfurt OLGR 2002, 39, 40.
486 BT-Drucks 16/6040, 94, rechte Spalte, wo ausdrücklich ein Nacherfüllungsanspruch des Käufers bei fehlerhafter Kaufsache gewährt wird „unabhängig davon, ob ein Stück- oder Gattungskauf ... vorliegt".
487 Str. im Hinblick auf die Frage, ob beim Identitätsaliud der Primäranspruch und § 195 anwendbar sind oder Sachmängelrecht, vgl. dazu BT-Drucks 16/6040, 94, rechte Spalte, sowie S. 216; ebenso: *Lorenz/Riehm*, Rn 494, wonach der Erfüllungsanspruch fortbesteht, aber unter das Gewährleistungsrecht fällt; *Bamberger/Roth*, § 434 Rn 106, 107; *Musielak*, NJW 2003, 89, 92; *Huber/Faust*, Kap. 12 Rn 59 ff.; i.E. auch *Huber*, NJW 2002, 1004, 1006; *Erman/Grunewald*, § 434 Rn 61; Ludovisy/*Engel*, Teil 5 Rn 66; OLG Braunschweig NJW 2003, 1053, 1054; a.A. *Schulze*, NJW 2003, 1022, der ohne auf die Verjährung einzugehen, das Fortbestehen des Erfüllungsanspruchs des allgemeinen Leistungsstörungsrechts beim Identitätsaliud befürwortet; zweifelnd: Palandt/*Putzo*, § 434 Rn 52; *Westermann*, NJW 2002, 241, 246.
488 *Lorenz/Riehm*, Rn 495.

> *Praxistipp*
> Bestehen aufgrund fehlender Sachkunde oder eines unklaren Sachverhalts Zweifel, ob ein Sachmangel vorliegt, sollte ein öffentlich bestellter und vereidigter Sachverständiger mit der Aufklärung des Sachverhalts in technischer Hinsicht beauftragt werden. Das Privatgutachten wird zumeist schwer zu widerlegen sein, nimmt weniger Zeit in Anspruch als ein selbständiges Beweisverfahren und wird zudem von den meisten Rechtsschutzversicherungen bezahlt.

d) Maßgeblicher Zeitpunkt

679 Maßgebender Zeitpunkt für das Vorliegen des Sachmangels ist der Gefahrübergang i.d.R. die Übergabe der Sache gem. § 446 oder vorher mit Eintritt des Annahmeverzuges nach § 438. Für den Versendungskauf gilt § 447. Vor Gefahrübergang kann der Käufer einer mangelhaften Sache die Annahme verweigern, ohne in Annahmeverzug zu geraten. Er muss die Sache auch nicht gem. § 433 Abs. 2 abnehmen. Bis zum Gefahrübergang ist bei Mängeln der verkauften Sache das Leistungsstörungsrecht des allgemeinen Schuldrechts anzuwenden.[489]

> *Praxistipp*
> Wegen der längeren Verjährungsfrist der Ansprüche nach dem allgemeinen Leistungsstörungsrecht und der Unwirksamkeit des Gewährleistungsausschlusses ist es ratsam, einen mangelhaften Pkw gar nicht erst anzunehmen, sondern auf Mängelbeseitigung vor Übergabe zu bestehen.

2. Rechtsmangel

680 Der Verkäufer haftet gem. § 435 auch dafür, dass der Neuwagen frei von privaten oder öffentlichen Rechten Dritter ist, die das Eigentum, den Besitz oder den unbeschränkten Gebrauch des Kaufgegenstandes beeinträchtigen.[490] Da diese Vorschrift abdingbar ist nach § 444, sollte der Käufer darauf achten, dass die Haftung nicht kaufvertraglich ausgeschlossen wurde. Relevant wird sie beispielsweise beim Erwerb eines Fahrzeugs, an dem der Verkäufer dem Käufer nicht das Eigentum verschaffen kann, weil es einem Dritten gestohlen wurde. Dank der Seriosität des Vertragshändlersystems, über das die Mehrzahl der Neuwagen vertrieben wird, kommt der Rechtsmangelhaftung in diesem Bereich aber kaum Bedeutung zu.[491]

682 Die Beweislast dafür, dass der Neuwagen bei Eigentumsübergang frei von Rechtsmängeln war, trägt nach dem Wegfall des § 442 a.F. der Verkäufer, entsprechend den Regeln zu § 363, wenn der Käufer einen solchen Mangel behauptet.[492]

---

489 Palandt/*Putzo*, § 434 Rn 8.
490 Palandt/*Putzo*, § 435 Rn 5.
491 *Reinking/Eggert*, Rn 177, 178.
492 Palandt/*Putzo*, § 435 Rn 19.

III. Abgestufte Gewährleistungsrechte des Käufers

§ 437 listet die Rechte auf, die dem Käufer zustehen, wenn die Kaufsache einen Sach- oder Rechtsmangel aufweist, ohne dass er selbst eine Anspruchsgrundlage darstellt. Die Norm schlägt einerseits eine Brücke vom Kaufrecht ins allgemeine Leistungsstörungsrecht, indem hinsichtlich des Rücktritts und Schadensersatzes auf die allgemeinen Vorschriften verwiesen wird. Andererseits fügt sie die speziell kaufrechtlichen Rechtsbehelfe, Nacherfüllung und Minderung, in das allgemeine Leistungsstörungssystem ein. Bei den in der Vorschrift enthaltenen Verweisungen auf das Recht zur Nacherfüllung, auf Rücktritt, Minderung, sowie auf Schadensersatz statt der Leistung- oder Aufwendungsersatz, handelt es sich um Rechtsgrundverweisungen, wie aus der Formulierung „wenn die Voraussetzungen der Vorschriften vorliegen" hervorgeht.[493] Sie stehen ferner unter dem Vorbehalt, dass „nicht ein anderes bestimmt ist" in den nachfolgenden Vorschriften der §§ 438–441, die Besonderheiten für das Kaufrecht normieren.

683

Zudem sind die Rechtsbehelfe durch den „Vorrang der Nacherfüllung" in ein Stufenverhältnis unterteilt.

Der Käufer hat zunächst nur das Recht auf Nacherfüllung, die anderen Rechte sind sekundär, wie durch das fehlende „und" am Ende des § 437 Nr. 1 angedeutet wird, in §§ 281 Abs. 1 S. 1, 323 Abs. 1 aber nochmals deutlich zum Ausdruck kommt (Schadensersatz bzw. Rücktritt nach erfolgloser Fristsetzung zur Leistung oder Nacherfüllung).[494] Dem Verkäufer wird die Chance eingeräumt, doch noch eine vertragsgerechte Leistung zu erbringen.[495] Insoweit gründen die sekundären Rechtsbehelfe nicht unmittelbar auf dem Sachmangel, sondern auf dem endgültigen Ausbleiben der sachmangelfreien Leistung. Dies steht fest, wenn der Verkäufer sich auf eine Leistungsverweigerung wegen Unmöglichkeit oder Unverhältnismäßigkeit nach §§ 275 Abs. 1 bis 3, 439 Abs. 3 beruft oder der Käufer – zumeist durch ergebnisloses Verstreichen der Nachfrist – nicht mehr zur Annahme der Nacherfüllung verpflichtet ist, § 323 bzw. §§ 280 Abs. 1, 3, 281.[496]

Der Käufer hat grundsätzlich kein Recht zur Selbstvornahme, so dass er weder Kostenersatz noch den Ersatz ersparter Aufwendungen verlangen kann, wenn er dem Verkäufer nicht das Recht zur Nacherfüllung einräumt.[497]

---

493 *Huber/Faust,* Kap.13 Rn 5, 6.
494 *Westermann,* NJW 2002, 241, 248.
495 „Recht zur zweiten Andienung" des Verkäufers, *Lorenz/Riehm,* Rn 504.
496 *Lorenz,* NJW 2002, 2497, 2504.
497 BGH NJW 2005, 1348 ff.

§ 6 Die Sachmängelhaftung

1. Nacherfüllung

690 Der Vorrang der Nacherfüllung gewährt dem Verkäufer eine zweite Möglichkeit, seiner Pflicht aus § 433 Abs. 1 S. 2 Alt. 1 nachzukommen. Dogmatisch handelt es sich um eine Modifizierung des ursprünglichen Erfüllungsanspruchs.[498] Durch § 439 wird das in § 437 aufgelistete Recht auf Nacherfüllung spezifiziert. Grundsätzlich hat der Käufer eines mangelhaften Neuwagens die freie Wahl, ob er die Beseitigung des Mangels oder die Lieferung eines mangelfreien Fahrzeugs wünscht.[499] Der Anspruch auf Erfüllung des Kaufvertrages geht mit der Gefahr in einen Nacherfüllungsanspruch über.

693 Hinsichtlich der Geltendmachung und Durchführung der Nacherfüllung enthalten die NWVB keine speziellen Regelungen, so dass grundsätzlich die gesetzlichen Normen Anwendung finden.

Allein Abschn. VII. Ziff. 2b NWVB regelt, dass der Käufer sich an den nächstgelegenen dienstbereiten Betrieb zu wenden hat, wenn das Fahrzeug aufgrund eines Sachmangels betriebsunfähig wird. Daraus ergibt sich jedoch nicht, dass dieser Betrieb auch die Nacherfüllung zu leisten hat, indem er dem Käufer einen mangelfreien Neuwagen liefert oder den Mangel beseitigt. Vielmehr dient Abschn. VII. Ziff. 2b NWVB nur der Vermeidung weitergehender Schäden. Pflichten Dritter vermag die Klausel als schuldrechtliche Vereinbarung zwischen den Vertragsparteien nicht zu begründen.

695 Gegenstand des Nacherfüllungsanspruchs ist der vom Käufer behauptete und bei dem Reparaturbetrieb anzeigte Mangel, für dessen Vorhandensein im Zeitpunkt des Gefahrübergangs der Käufer die Beweislast trägt. Im Fall des Verbrauchsgüterkaufs kommt dem Käufer dabei allerdings die Beweislastumkehr nach § 476 für sechs Monate ab Gefahrübergang zugute, innerhalb derer vermutet wird, der Mangel sei bereits zu diesem Zeitpunkt vorhanden gewesen, wenn die Art der Sache oder des Mangels nicht mit der Vermutung unvereinbar ist.

697 Der verschuldensunabhängige Nacherfüllungsanspruch erfordert an sich keine Fristsetzung.

> *Praxistipp*
> Gleichwohl empfiehlt es sich, das Nacherfüllungsverlangen stets mit einer Fristsetzung zu verbinden, um nach fruchtlosem Fristablauf oder fehlgeschlagener Nachbesserung innerhalb der Frist gleich zu den Sekundäransprüchen übergehen zu können und nicht einen zweiten Versuch abwarten zu müssen.

701 Aus § 439 geht nicht hervor, an welchem Ort die Nacherfüllung stattzufinden hat. Ein Erfüllungsort ist auch in den NWVB nicht geregelt. Nach einer Ansicht[500] ist der jeweilige Belegenheitsort der Sache als Erfüllungsort anzusehen, wie der Gesetzgeber

---

[498] *Huber/Faust,* Kap. 13 Rn 10, 11.
[499] *Albrecht/Flohr/Lange,* S. 42; LG Münster DAR 2004, 226–228.
[500] *Huber/Faust,* Kap. 13 Rn 26, 27; *Huber,* NJW 2002, 1004, 1006.

in der Begründung zum Regierungsentwurf zum Ausdruck bringe, indem er ausführt, der einzige Schutz des Verkäufers bestehe nunmehr in seinem Verweigerungsrecht aus § 439 Abs. 3. Zuvor bestand es nach § 476a a.f. darin, dass der Verkäufer sich seiner Kostentragungspflicht insoweit entziehen konnte, als sie darauf fußte, dass die Sache an einen anderen Ort als den Wohnsitz des Empfängers verbracht wurde, wenn dies auch nicht dem bestimmungsgemäßen Gebrauch der Sache entsprach. § 439 Abs. 2 greife diese Regelung nicht auf, so dass sich aus der Entstehungsgeschichte als Erfüllungsort der Belegenheitsort ergebe.

704 Dagegen wird eingewandt,[501] dass die Streichung des § 476a a.F. allein aufgrund der Vorgabe der Richtlinie in Art. 3 Abs. 3, die die Einführung einer unentgeltlichen Nacherfüllung außerhalb des Verweigerungsrechts des Verkäufers verlange, erfolgt sei und daher die Herleitung aus der Entstehungsgeschichte nicht möglich sei. Vielmehr sei der Erfüllungsort nach § 269 zu ermitteln. Aufgrund der Natur des Schuldverhältnisses und nach der Verkehrssitte sei die Mängelbeseitigung bei dem Betriebssitz des Verkäufers zu erbringen. Im Neuwagenhandel sei es üblich, dass Reparaturen in der Werkstatt des Verkäufers ausgeführt werden und nicht am Standort des Fahrzeugs.

706 Der Regierungsentwurf beruft sich tatsächlich sowohl auf die Entbehrlichkeit der „alten" Ausnahmeregelung in § 476a, als auch auf die Forderung aus der Richtlinie. Allerdings ist der Rückschluss auf den Belegenheitsort aus der Entstehungsgeschichte unter Berücksichtigung der beiden Erfordernisse nicht nachzuvollziehen, da die frühere Ausnahmeregelung nicht in Bezug auf den Erfüllungsort, sondern nur in ihrer Eigenschaft als Ausnahme im Vergleich zur jetzigen Ausnahmeregelung in § 439 Abs. 3 genannt wurde. Der Inhalt der alten Regelung ist aufgrund ihrer Streichung für die Beurteilung des Erfüllungsortes nach der heutigen Lage irrelevant, insbesondere da andere Teile der früheren Vorschrift übernommen wurden, der betreffende jedoch nicht.

709 Daher ist richtigerweise mit der letztgenannten Ansicht auf die allgemeine Norm des § 269 zur Bestimmung des Leistungsortes zurückzugreifen.[502] Nachvollziehbar ist ebenfalls die Argumentation hinsichtlich der Verkehrssitte im Neuwagenhandel. Auch der Gesetzestext sieht, wenn sich aus der Natur des Schuldverhältnisses nichts ableiten ließe, die Niederlassung des Schuldners und damit die Werkstatt des Verkäufers in Abs. 2 als Leistungsort an, so dass dieses Ergebnis zu befürworten ist.[503]

a) Kosten

712 Nach § 439 Abs. 2 ist der Verkäufer verpflichtet, die Kosten zum Zweck der Nacherfüllung, wie Transport-, Wege-, Arbeits- und Materialkosten, zu tragen.

---

501 *Reinking/Eggert,* Rn 243.
502 Palandt/*Heinrichs,* § 269 Rn 17.
503 Palandt/*Heinrichs,* § 269 Rn 16.

Die Regelung dient der Umsetzung der Verbrauchsgüterrichtlinie hinsichtlich der Maßgabe, den Anspruch auf Herstellung des vertragsgemäßen Zustandes für den Käufer „unentgeltlich" zu gestalten und tritt zugleich die Nachfolge des § 476a S. 1 a.F. an. Da der Verkäufer die Pflicht aus dem Kaufvertrag zur Lieferung einer sach- und rechtsmängelfreien Sache verletzt hat und der Käufer ohne diese Pflichtverletzung bereits eine mangelfreie Sache erhalten hätte, ist die Kostentragung durch den Verkäufer auch in der Sache gerechtfertigt.[504] Nach § 309 Nr. 8b, cc ist ein Ausschluss der Kostentragung durch AGB – auch im Verkehr zwischen Unternehmern – unwirksam.[505]

714 Neben den beispielhaft aufgeführten Kosten fallen auch andere zur Nachbesserung erforderliche Aufwendungen des Käufers unter § 439 Abs. 2, darunter auch Aufwendungen zum Auffinden der Ursache eines Mangels.[506] Entgegen einer beachtlichen Ansicht in der Literatur[507] ist es nicht notwendig, dem Verkäufer das Fahrzeug zur Prüfung behaupteter Mängel zur Verfügung zu stellen, bevor eigene Aufwendungen veranlasst werden.[508] Des Weiteren sind Abschleppkosten,[509] Kosten für ein Sachverständigengutachten und Rechtsanwaltskosten,[510] erstattungsfähig. Kosten für die Beseitigung von Schäden an anderen Rechtsgütern, verursacht durch die Nacherfüllung[511] oder Hotel- und Mietwagenkosten sowie Nutzungsausfall sind dagegen nicht erstattungsfähig. Solche Aufwendungen fallen nicht zum Zweck der Nacherfüllung an, sondern entstehen infolge derselben und sind im Rahmen eines Schadensersatzanspruchs statt der Leistung geltend zu machen.

715 *Praxistipp*
Der Verkäufer ist nur dazu verpflichtet, die Kosten der Nacherfüllung zu tragen. Ein Anspruch auf Vorschuss besteht dagegen nicht. Der Käufer kann daher z.B. nicht vom Verkäufer verlangen, dass er einen fahruntüchtigen Pkw zur Reparatur in die Werkstatt einschleppt.

b) Weigerung des Verkäufers

716 Die dem Verkäufer auferlegte Pflicht, den Kaufvertrag auf eigene Kosten aber nach Wahl des Käufers nachzuerfüllen, wird gemildert durch das in § 439 Abs. 3 vorgesehene Korrektiv der Unverhältnismäßigkeit, dass der Verkäufer einredeweise geltend machen muss.[512]

---

504 Palandt/*Putzo*, § 439 Rn 9.
505 Palandt/*Heinrichs*, § 309 Rn 65, 66.
506 BGH NJW 1991, 1604, 1607.
507 Soergel/*Huber*, § 476a Rn 18; *Reinking/Eggert*, Rn 252;
508 BGH NJW 1991, 1604, 1607, der i. R. d. § 476a a.F. auch vom Käufer direkt selbst veranlasste Untersuchungskosten einer Maschine für erstattungsfähig erachtet; so auch Staudinger/*Honsell*, § 476a Rn 4.
509 AG Dülmen NJW 1987, 285, 385.
510 BGH NJW-RR 1999, 813.
511 Palandt/*Putzo*, § 439 Rn 12; *Creutzig*, Recht des Autokaufs, Rn 7.2.8.3.
512 LG Münster zfs 2004, 215 ff.

Der Verkäufer kann die vom Käufer gewählte Variante der Nacherfüllung unter Berufung auf die damit verbundenen, unverhältnismäßigen Kosten verweigern, unbeschadet der in § 275 Abs. 2, 3 genannten, auf alle Leistungspflichten anwendbaren Verweigerungsgründe wegen Unzumutbarkeit. Vorab ist ein Kostenvergleich der einzelnen Nacherfüllungsvarianten auch für den Käufer empfehlenswert, um die Nacherfüllung zügig durchführen zu können und die gewählte Variante nicht direkt der Einredeoption des Verkäufers auszusetzen. Das Wahlrecht des Käufers wird dadurch nicht übermäßig eingeschränkt, da bis zur Schwelle der Unverhältnismäßigkeit hinreichender Spielraum verbleibt. Der Verkäufer hat diesen Kostenvergleich zur Beurteilung der Frage der Unverhältnismäßigkeit ebenfalls anzustrengen, wie es einige Stimmen schon im Rahmen einer richtlinienkonformen Auslegung der Verbrauchgüterkaufrichtlinie forderten.[513]

Dabei ist die in § 439 Abs. 3 angesetzte Schwelle für das Vorliegen der Einrede des Verkäufers deutlich niedriger als in § 275 Abs. 2, 3,[514] so dass Letztere für das Kaufrecht nahezu bedeutungslos ist.[515]

718

§ 439 Abs. 3 S. 2 nennt einige („insbesondere") der Kriterien, nach denen abzuwägen ist, ob die Kosten unverhältnismäßig sind.

720

Die Grundlage bildet dabei der Wert der Sache im mangelfreien Zustand, womit der Verkehrswert gemeint ist. Denn bei einem Nachteil des Verkäufers, der aus der Differenz von Kaufpreis und Wert resultiert, handelt es sich um einen Verlust, welcher der vertraglich vereinbarten Äquivalenz entspringt und der bei der Zumutbarkeitsprüfung nicht einbezogen werden kann.[516]

Einbezogen wird nach § 439 Abs. 3 S. 2 weiter die Bedeutung des Mangels, im Hinblick auf die Schwere der Beeinträchtigung der Sache zum Gebrauch für den Käufer, sowie die Nachteile, die dem Käufer ggf. dadurch entstehen, dass er nun Gelegenheit zur Durchführung der anderen Variante der Nacherfüllung gewähren muss. Aufgrund der Vielzahl der Variablen ist eine Einzelfallbeurteilung geboten, die eine Festlegung auf fixe Werte im Vorfeld ausschließt.[517]

723

Eine nähere Bestimmung der Schwelle zur Unverhältnismäßigkeit bietet sich lediglich im Hinblick auf die Festlegung einer Obergrenze an, so dass ein hinreichender Spielraum verbleibt, um allen Aspekten des Einzelfalls Rechnung tragen zu können. Vorrangig wird dabei nach Verschulden differenziert, hinsichtlich der Haftung des Verkäufers wegen eines Sachmangels. Favorisiert wird zumeist eine Obergrenze in

726

---

513 *Jorden/Lehmann*, JZ 2001, 952, 958; *Reinking/Eggert*, Rn 263; a.A. *Huber/Faust*, Kap.12 Rn 36.
514 So ausdrücklich als besondere kaufrechtliche Ausprägung vom Gesetzgeber gewollt, BT-Drucks 16/6040, 232.
515 *Bitter/Meidt*, ZIP 2001, 2114, 2120; *Huber*, NJW 2002, 1004, 1007.
516 LG Münster zfs 2004, 215 ff.; OLG Braunschweig DAR 2003, 169, 170.
517 So auch Henssler/Graf von Westphalen/*Graf von Westphalen*, § 439 Rn 16.

Höhe von 100% des Wertes der mangelfreien Sache angenommen.[518] Dies wird zutreffend damit begründet, dass der Verkäufer auch nicht mehr wertmäßig versprochen hat als die Lieferung eines sach- und rechtsmangelfreien Neuwagens.[519] Hat der Verkäufer hingegen den Mangel gem. § 276 verschuldet, erweitert sich seine Haftung auf 130–150% des Verkehrswertes. Einleuchtend erscheint auch hier, aufgrund der vergleichbaren Konstellation, die Grenze bei 130%, angelehnt an die Grenzziehung in § 251 Abs. 2 anzusetzen, betreffend der Frage der Höhe des Schadensersatzes in Geld, wenn die Herstellung mit nur unverhältnismäßigen Aufwendungen möglich ist.[520]

730 Eine Verweigerung der Nacherfüllung ist jedoch entgegen der Gesetzesbegründung nicht schon allein dadurch gerechtfertigt, dass der Verkäufer oder Händler nicht über eine eigene Reparaturwerkstatt verfügten.[521] Die individuelle Situation des Verkäufers, hinsichtlich der Anforderungen, welche die Nacherfüllung an ihn stellt, ist zu berücksichtigen, aber allein nicht gewichtig genug, um die Unverhältnismäßigkeit zu begründen. Vielmehr hat der Verkäufer im Rahmen seiner Möglichkeiten vorsorglich Maßnahmen zu treffen, um seiner Pflicht zur Nacherfüllung genügen zu können, etwa Absprachen mit dem nächstgelegenen Reparaturbetrieb.[522]

733 Beruft sich der Verkäufer berechtigterweise hinsichtlich beider Arten der Nacherfüllung auf § 439 Abs. 3, ist die Nacherfüllung insgesamt fehlgeschlagen und der Käufer kann gem. § 440 S. 1 ohne Fristsetzung zurücktreten, mindern oder Schadensersatz geltend machen.

734 Erhebt der Verkäufer die Einrede der Unverhältnismäßigkeit nur im Hinblick auf eine Art der Nacherfüllung, hat der Käufer eine Nacherfüllungsfrist für die andere Variante zu setzen, wenn er seine sekundären Rechte wahrnehmen will, es sei denn, die Fristsetzung ist nach Maßgabe der weiteren in §§ 440, 281 Abs. 2 oder 323 Abs. 2 aufgeführten Tatbestände entbehrlich.[523]

737 Daneben ist der Anspruch auf Nacherfüllung ausgeschlossen, wenn die Nacherfüllung unmöglich ist, die Kaufsache also mit einem nicht behebbaren Mangel versehen und die Lieferung einer mangelfreien Sache ausgeschlossen ist. Diese Einwendung ist von Amts wegen zu berücksichtigen, muss also nicht gesondert vom Verkäufer geltend gemacht werden. Die Unmöglichkeit wird in § 439 Abs. 3 nicht erwähnt, ihre Folgen ergeben sich aus der allgemeinen Vorschrift des § 275 Abs. 1. Erfasst werden sowohl die objektive als auch die subjektive, ebenso wie die anfängliche und die nachträgliche Un-

---

518 *Ackermann*, JZ 2002, 378, 383; Schulze/Schulte-Nölke/*Westermann*, S. 109, 125; *Huber*, NJW 2002, 1004, 1008; *Reinking/Eggert*, Rn 264 ff.
519 *Huber*, NJW 2002, 1004, 1008.
520 Schulze/Schulte-Nölke/*Westermann*, 109, 125; Palandt/*Heinrichs*, § 251 Rn 7; *Huber/Faust*, Kap. 13 Rn 41; *Huber*, NJW 2002, 1004, 1008; LG Ellwangen NJW 2003, 517.
521 BT-Drucks 16/6040, 232; BGH NJW 2005, 2852
522 BT-Drucks 14/6857, 27, Anregung Bundesrat, Kosten der Nachbesserung in Fremdwerkstatt müssen nicht höher sein, als in eigener.
523 *Westermann*, NJW 2002, 241, 248, 249; *Lorenz/Riehm*, Rn 511.

möglichkeit. Ist nur eine Art der Nacherfüllung, Nachlieferung oder Nachbesserung unmöglich, so schuldet der Verkäufer die jeweils andere, noch mögliche Art der Nacherfüllung. Ist auch diese unmöglich, kann der Käufer nach Maßgabe des § 326 Abs. 5 ohne Nachfristsetzung Rücktritt nach §§ 437 Nr. 2, 323, 326 Abs. 1 S. 2, Abs. 5, Schadensersatz statt der Leistung nach §§ 437 Nr. 3, 280 Abs. 1, 3, 283 oder Minderung nach §§ 437 Nr. 2, 441, 323, 326 Abs. 1 S. 2 geltend machen.[524]

Beim Neuwagenkauf als Stückkauf, wenn der Käufer aus dem Vorrat des Händlers einen Wagen gewählt hat, kann Nacherfüllung nur durch Nachbesserung erfolgen und wird unmöglich, wenn der Mangel irreparabel ist.[525] Beim Gattungskauf, der Bestellung des Neuwagens durch den Händler beim Hersteller, tritt erst Unmöglichkeit ein, wenn weder der Mangel behoben noch Ersatzlieferung aus der Gattung, möglich ist. Umstritten ist, ob Maßnahmen der Modellpflege zur Unmöglichkeit der Nachbesserung führen, was im Ergebnis aber abzulehnen ist.[526] Da diese Konstellationen im Neuwagenhandel selten eintreten (gleiches gilt für Rechtsmängel), ist das auf Unmöglichkeit begründete Leistungsverweigerungsrecht vorrangig für den Verkäufer im Gebrauchtwagenhandel von Interesse (z.B. das als unfallfrei vermittelte Fahrzeug erlitt tatsächlich mehrere Unfälle[527]).

740

Praxistipp
Auch wenn Nachbesserung und Nachlieferung nicht im Stufenverhältnis stehen, ist es nach einer fehlgeschlagenen Nachbesserung oftmals für beide Parteien wirtschaftlich sinnvoller, eine Nachlieferung zu vereinbaren, als den Kaufvertrag nach den einschlägigen gesetzlichen Regeln rückabzuwickeln.

741

2. Nachlieferung

Wählt der Käufer die ersatzweise Lieferung einer mangelfreien Sache, ist damit die Nachlieferung einer Gattungsschuld, typischerweise eines Neuwagens aus einer bestimmten Modellserie durch erneute Bestellung des Händlers gemeint. In diesen Fällen steht dem Käufer das Wahlrecht auch tatsächlich zu im Vergleich zum Stückkauf, bei dem nur das konkret individualisierte Fahrzeug, nur eben mangelfrei, geschuldet wird. Dadurch, dass sich die kaufvertragliche Vereinbarung bereits auf dieses eine „Stück" beschränkt, ist eine Nachlieferung unmöglich gem. § 275 Abs. 1. Der Anspruch auf Nacherfüllung kann sich nur auf das Nachbesserungsrecht beziehen.[528]

744

---

524 *Huber,* NJW 2002, 1004, 1007; BT-Drucks 16/6040, 232; *Lorenz/Riehm,* Rn 511.
525 Str., zum Meinungsstand siehe oben unter II.1. Sachmangel, Rn 563.
526 OLG Karlsruhe, Urt. v. 31.5.2005 – 8 U 1/05; a.A. LG Göttingen, Urt. v. 16.3.2005 – 8 U 150/04.
527 *Westermann,* NJW 2002, 241, 248.
528 Str., *Huber/Faust,* Kap. 13 Rn 17 ff.; *Huber,* NJW 2002, 1004, 1006; *Lorenz/Riehm,* Rn 505; wohl auch *Reinking,* DAR 2002, 15, 19; *Dauner-Lieb/Arnold/Dötsch/Kitz,* Fall 68, 143, a.A. *Bitter/Meidt,* ZIP 2001, 2114, 2119; *Derleder,* NJW 2004, 969, 971; LG Ellwangen NJW 2003, 517; OLG Braunschweig DAR 2004, 169, 170 unter Berufung auf BT-Drucks 14/6040, 129.

Da sich Abschn. VII. Ziff. 2b NWVB nach dem Wortlaut nur auf die Nachbesserung bezieht, die Nachlieferung also nicht erfasst ist, kann der Käufer diese folglich nur gegenüber dem Verkäufer geltend machen.[529]

746 Die Abwicklung der Ersatzlieferung richtet sich nach § 439 Abs. 3 i.V.m. §§ 346–348. Nach § 346 Abs. 1 hat der Käufer auf Verlangen des Verkäufers Zug um Zug gegen Aushändigung des nachbestellten Fahrzeugs das mangelhafte Fahrzeug einschließlich Erstattung der Nutzung und Abnutzung herauszugeben.[530]

Das Ersatzfahrzeug muss einwandfrei sein und der nach dem Kaufvertrag geschuldeten Qualität entsprechen. Es genügt nicht, dass das Ersatzfahrzeug lediglich den gerügten Mangel nicht aufweist.[531]

3. Nachbesserung

747 Das gesetzliche Recht auf unentgeltliche Beseitigung des bestehenden Mangels steht dem Käufer gegen den Verkäufer und nach Abschn. VII. Ziff. 2a NWVB auch gegenüber anderen vom Hersteller/Importeur anerkannten Betrieben zu.

748 Die Ausweitung des Kreises der Verpflichteten auf weitere Drittbetriebe außer dem Verkäufer ist vor dem Hintergrund der Kundenbindung durch ein engmaschiges Servicenetz zu sehen, welches letztlich durch seine absatzfördernden Effekte auch dem Verkäufer zugute kommt. Vertraglich ist das Servicenetz durch Verträge zwischen Herstellern und Händlern abgesichert, in denen sich jeder Vertragshändler auch zur Nachbesserung von Fahrzeugen verpflichtet, die nicht in seinem Betrieb erworben wurden.

Unterschiedliche Auffassungen bestehen hinsichtlich der Frage, ob ein unechter Vertrag zugunsten Dritter vorliegt oder ein echter Vertrag zugunsten Dritter. Nur beim echten Vertrag zugunsten Dritter hat der Käufer ein eigenes Forderungsrecht gegenüber dem Drittbetrieb, andernfalls steht nur dem Hersteller das Recht zu, die Nachbesserung durch den Drittbetrieb zu verlangen.[532]

751 Nach einer Ansicht[533] ist es sachgerecht, dem Käufer ein eigenes Forderungsrecht zuzugestehen. Nach § 328 Abs. 2 ist für ein solches Forderungsrecht anzuführen, dass nach Abschn. VII. Ziff. 2a NWVB der Käufer Ansprüche gegen den Drittbetrieb „geltend machen kann". Auch der Zweck des Servicenetzes spricht für einen eigenen Anspruch des Käufers. Der Direktanspruch ermöglicht es dem Käufer zudem, nicht erst über den eventuell weit entfernten Hersteller den sich weigernden Händler ggf. durch Klage zur Nachbesserung zu bewegen, wobei dem Käufer auch kein eigener Anspruch gegen den Hersteller zusteht.

---

529 Siehe bereits oben, zum Punkt „Nacherfüllung".
530 Palandt/*Putzo*, § 439 Rn 23, 25; a.A. OLG Nürnberg, Beschl. v. 23.8.2005 – 3 U 991/05.
531 OLG Düsseldorf OLGR 2005, 132.
532 Siehe dazu ausführlich: *Seel*, DAR 2004, 563 ff.
533 *Reinking/Eggert*, Rn 225 ff.

III. Abgestufte Gewährleistungsrechte des Käufers   § 6

Bezüglich der Regelung in Abschn. VII. Ziff. 2a NWVB führte der BGH[534] dagegen aus, dass die Regelung des Nachbesserungsrechts sich auf das Verhältnis zwischen Verkäufer und Käufer beziehe, wohingegen die Folgerung, dass es auch gegenüber jedem anderen Betrieb gewährt werde, nicht überzeuge. Vielmehr sei „ersichtlich" nur die „Art und Weise der Abwicklung des – gegen den Vertragspartner gerichteten – Nachbesserungsanspruchs formuliert". Die erforderliche Einwilligung des Drittbetriebes für eine Verpflichtung sei im Händlervertrag zu finden. Weitere Ausführungen machte der BGH mangels Entscheidungserheblichkeit nicht mehr, spricht sich damit aber bereits gegen einen eigenen Nachbesserungsanspruch des Käufers gegen den Drittbetrieb aus.[535]

753

Ob der direkte Anspruch des Käufers tatsächlich zur schnelleren Durchsetzung seines Nachbesserungsverlangens führt, ist zu bezweifeln. Zu Recht wird angeführt, dass die direkte Klage gegen den Händler, der die Nachbesserung gar nicht vornehmen will, nicht der kürzeste Weg zur Beseitigung der Mängel sein wird. Denn machtvoller auftreten könne der Hersteller gegenüber seinem Händlervertragspartner, so dass sich der Weg über den Hersteller als der Leichtere erweise.[536]

756

Diesem Einwand ist beizupflichten, da die Motivation, nach Rüge durch den Hersteller die Nachbesserung rasch und fachmännisch durchzuführen, deutlich höher sein dürfte, als im Fall einer Verurteilung. Zudem steht nach der hier vertretenen Auffassung einer klageweisen Durchsetzung des vermeintlich direkten Anspruchs gegen den Drittbetrieb auch die Rechtsprechung des BGH entgegen, was ebenfalls das Vorgehen über den Hersteller vorzugswürdiger erscheinen lässt.

758

In der Praxis ist die Auseinandersetzung ein Streit um des Kaisers Bart. Weigert sich der Dritthändler, Mängel zu beseitigen, sollte der Käufer das Fahrzeug schnellstens zum Verkäufer bringen, der die Kosten dafür unzweifelhaft nach § 439 Abs. 2 zu tragen hat.

Wendet sich der Käufer entsprechend Abschn. VII. Ziff. 2a NWVB im Fall der Nachbesserung an einen autorisierten Drittbetrieb, hat er den Verkäufer darüber zu unterrichten. Bei einer Ausdehnung des Adressatenkreises der zur Mängelbeseitigung Verpflichteten zugunsten des Käufers ist dies nötig, da der Verkäufer sich das Verhalten des Drittbetriebes im Fall des Fehlschlags zurechnen lassen muss und ihn die Pflicht zur Nachlieferung oder Erfüllung sekundärer Ansprüche trifft.[537]

760

Bedenken begegnet die Regelung unter Abschn. VII. Ziff. 2b NWVB, die vorsieht, dass sich der Käufer bei mängelbedingter Betriebsunfähigkeit seines Fahrzeugs an

763

---

534 So BGH NJW 1985, 2819, 2819; in BGH NJW 1991, 1882, 1883 wird nur ausgeführt, dass der Drittbetrieb allein zur Abwicklung tätig sei, ob ein eigener Anspruch gegen ihn bestehe, sei ohne Bedeutung.
535 So auch *Rödel/Hembach*, Rn 203 ff.; *Creutzig*, Recht des Autokaufs, Rn 7.2.4.
536 *Rödel/Hembach*, Rn 203 ff.; *Creutzig*, Recht des Autokaufs, Rn 7.2.4.
537 So BGH DAR 1991, 263, 264; *Reinking/Eggert*, Rn 284; a.A. nach *Creutzig*, Recht des Autokaufs, Rn 7.2.6 gebieten Treu und Glauben die Informationspflicht, da der Käufer schließlich den Vorteil des erweiterten Verpflichtetenkreises genieße.

den nächstgelegenen vom Hersteller/Importeur für die Betreuung des Kaufgegenstandes zugelassenen Betrieb „zu wenden" „hat".

Dagegen wird eingewandt, die Regelung erwecke den Eindruck, der Käufer müsse die Mängelbeseitigung durch den Betrieb zulassen, wozu er nicht verpflichtet sei, wenn die Nacherfüllung unmöglich, unzumutbar oder fehlgeschlagen ist, bzw. weil er die Wahl zwischen Mängelbeseitigung und Ersatzlieferung habe. Die Klausel schränke das Wahlrecht des Käufers ein, und verstoße damit im Fall des Verbrauchsgüterkaufs gegen § 475 Abs. 1 S. 1.

Dem ist nicht zuzustimmen, da die Formulierung „hat sich der Käufer ... zu wenden" aus Sicht des aufgeklärten Verbrauchers nicht auf seine Rechte aus dem Kaufvertrag, sondern nur auf die Vorgehensweise im Falle einer Betriebsunfähigkeit bezieht und so verstanden ihre sachliche Rechtfertigung in der Pflicht des Verkäufers zur Übernahme der Nacherfüllungskosten findet. Wer die Nacherfüllung bezahlt, darf auch bestimmen, was zunächst zu geschehen hat.

768 Das Wahlrecht des Käufers in Bezug auf die Art der Nacherfüllung in § 439 Abs. 1 erstreckt sich nicht auf die Durchführung der gewählten Variante. Innerhalb der Nachbesserung, selbst wenn mehrere gleichwertige Möglichkeiten bestehen, entscheidet der Verkäufer aufgrund seiner Sachkunde. Führt er dennoch die Nachbesserung in einer für den Käufer unzumutbaren Art und Weise aus, läuft er Gefahr, dass der Käufer Schadensersatzansprüche statt der Leistung erhebt oder zurücktritt, ohne zuvor eine Frist setzen zu müssen (§ 440).

769 Das Wahlrecht des Verkäufers gestaltet sich derart, dass er nach freiem Ermessen entscheidet, ob die Mängelbeseitigung in der eigenen Werkstatt, der eines anderen Vertragshändlers, beim Herstellerwerk oder einem Zulieferer erfolgen soll. Ferner kann er entscheiden, ob eine Reparatur zur Behebung des Mangels ausreicht oder Teile ersetzt werden müssen.[538]

772 Soweit ein Austausch von Teilen erforderlich ist, regelt Abschn. VII. Ziff. 2c NWVB, dass diese Eigentum des Verkäufers werden, so dass sie an diesen herauszugeben sind. Gleiches gilt gegenüber Drittbetrieben.[539]

Der Käufer kann verlangen, dass Original-Ersatzteile zur Nachbesserung verwendet werden, wenn der Hersteller ihre Verwendung dadurch vorschreibt, dass er von dieser GVO-Option Gebrauch gemacht hat.[540] Original-Ersatzteile werden entweder direkt beim Fahrzeughersteller gefertigt oder beim Zulieferer produziert und einer Herstellerkontrolle unterzogen. Kleinteile wie Schrauben und Muttern zählen nicht zu den Original-Ersatzteilen. Bei ihrer Verwendung sind jedoch ebenfalls Vorgaben des Herstellers zu beachten.[541]

---

[538] *Huber/Faust*, Kap. 13 Rn 24; *Huber*, NJW 2002, 1004, 1006.
[539] *Creutzig*, Recht des Autokaufs, Rn 7.2.8.
[540] BGH MDR 1963, 108.
[541] *Rödel/Hembach*, Rn 208.

Hat der Hersteller die Vertragswerkstätten nicht zum ausschließlichen Gebrauch von Original-Ersatzteilen verpflichtet, können alternativ zu diesen qualitativ gleichwertige Ersatzteile verwendet werden.[542]

Selbst wenn sich erst nach längerer Nutzung des Fahrzeugs oder bereits hoher Kilometerlaufleistung ein Mangel einstellt, besteht noch ein Anspruch auf Verwendung neuer Ersatzteile.[543] Dem Käufer ist es nicht zuzumuten, gebrauchte Ersatzteile zu akzeptieren, wenn er Nacherfüllung und damit die vertragsgerechte, mängelfreie Lieferung eines Neuwagens in einem „zweiten Anlauf" verlangen kann. Allerdings ist in der Praxis zuweilen die Versorgung der Werkstätten mit Original-Ersatzteilen schleppend. Daher befand das AG Rüsselsheim,[544] dass der Verkäufer den Vorhalteschaden des Käufers zu tragen habe, der mangels Ersatzteils sein Fahrzeug stillgelegt hatte. Die Haftung erwachse aus der Nebenpflicht des Verkäufers aus dem Kaufvertrag zur Ersatzteillieferung. Zur Erfüllung dieser Pflicht bedürfe es der Mithilfe des Kfz-Herstellers, der seinerseits Wert auf die Verwendung der Originalteile lege und daher nach Treu und Glauben in einer rechtlichen Sonderbeziehung zum Käufer stehe, woraus die Pflicht zur ausreichenden Ersatzteillieferung an den Handel resultiere.

Abschn. VII. Ziff. 3 NWVB stellt sicher, dass durch Eigentumsübergang Mängelbeseitigungsansprüche nicht berührt werden.

775

Da nicht der Übergang des Nachbesserungsanspruchs auf den Rechtsnachfolger, sondern nur sein genereller Fortbestand geregelt wird, ist es nötig, dem Käufer die weiter bestehenden Rechte abzutreten oder diesen zu ermächtigen, sie in Namen des Voreigentümers geltend machen zu dürfen.[545]

4. Rücktritt

Ist das Neufahrzeug mangelhaft, kann der Käufer gem. § 437 Nr. 2 vom Kaufvertrag zurücktreten.

777

Die Voraussetzungen für den Rücktritt ergeben sich aus §§ 437, 440, 323, 326 Abs. 5. Danach sind ein Mangel der Sache (§ 437), eine nicht nur unerhebliche Pflichtverletzung (§ 323 Abs. 5 S. 2), fehlende Verantwortlichkeit bzw. fehlender Annahmeverzug des Käufers (§ 323 Abs. 6) und erfolglose Bestimmung einer angemessenen Frist zur Nacherfüllung (§ 323 Abs. 1) oder Entbehrlichkeit der Fristsetzung (§§ 323 Abs. 2, 440) erforderlich.

Gem. § 349 erfolgt der Rücktritt durch Erklärung gegenüber dem anderen Teil.

---

542 *Reinking/Eggert,* Rn 238.
543 *Creutzig,* Recht des Autokaufs, Rn 7.2.7.1.
544 AG Rüsselsheim DAR 2004, 280, mit Anmerkung zur Bedeutung der Entscheidung, da bislang eine Haftung des Verkäufers oder Herstellers wegen verzögerter Ersatzteillieferung gegenüber dem Käufer abgelehnt wurde.
545 *Creutzig,* Recht des Autokaufs, Rn 7.5.1.

§ 6 Die Sachmängelhaftung

Die Rechtsfolgen des Rücktritts richten sich nach §§ 346 ff. Im Wesentlichen kann der Käufer vom Verkäufer die Rückzahlung des Kaufpreises Zug-um-Zug gegen Rückgewähr und Rückübereignung des Fahrzeuges verlangen, muss sich auf seinen Anspruch aber die gezogenen Gebrauchsvorteile anrechnen lassen.

a) Mangel der Sache

778 Grundvoraussetzung für den Rücktritt ist ein Sachmangel des Neufahrzeugs, da ansonsten § 437 nicht anzuwenden ist.

b) Erhebliche Pflichtverletzung

783 Neben einem Sachmangel setzt der Rücktritt nach § 323 Abs. 5 S. 2 eine nicht nur unerhebliche Pflichtverletzung des Verkäufers mit anderen Worten die Erheblichkeit des Mangels voraus. Nach dem Willen des Gesetzgebers soll die Abgrenzung in Anlehnung an die zu § 459 Abs. 1 S. 2 entwickelten Grundsätze erfolgen.[546] Danach ist die Frage der Erheblichkeit objektiv an der Beschaffenheit, Verwendung und Eignung für den Gebrauch, sowie nach dem Wert der Kaufsache zu bemessen,[547] wobei auch die Bedeutung des Mangels nach der Verkehrsauffassung und die Umstände des Einzelfalls zu berücksichtigen sind.[548] Als Anhaltspunkt für die Unerheblichkeit wertete das KG, dass der Mangel innerhalb kurzer Zeit von selbst verschwunden war oder den der Käufer ohne besonderen Aufwand beheben konnte.[549] Indiz für die Unerheblichkeit ist ferner, wenn der Mangel leicht zu erkennen und unter geringem Kostenaufwand beseitigt werden kann.[550]

Demgegenüber scheint sich die Ansicht durchzusetzen, die amtlich strengere Anforderungen an den Begriff der Erheblichkeit stellt.[551] So sollen Mängel, die mit einem Kostenaufwand von 3,5 % bzw. 4,5 % des Kaufpreises behoben werden können, nicht als erheblich anzusehen sein.[552] Zur Begründung wird darauf verwiesen, dass bei einer Übernahme der Grundsätze zu § 459 a.F. kaum noch Spielraum für die Minderung und den kleinen Schadensersatz (neben der Leistung) verbliebe.[553]

Eine Änderung der Anforderungen an den Begriff der Erheblichkeit ist jedoch aus grundsätzlichen Erwägungen abzulehnen. Vor allem erscheint es verfassungsrechtlich bedenklich und mit dem Prinzip der Gewaltenteilung nicht vereinbar, bei der Auslegung eines unbestimmten Rechtsbegriffs, den der Gesetzgeber aus einer alten Gesetzesfassung unverändert übernommen hat, den ausdrücklichen Willen des Gesetzgebers, die

---

546 RegE BT-Drucks 14/6040 ff., S. 222.
547 Palandt/*Putzo,* § 437 Rn 23; Henssler/Graf von Westphalen/*Graf von Westphalen,* § 437 Rn 25; a.A. *Reinking/Eggert,* Rn 297.
548 BGHZ 10, 242.
549 KG NJW-RR 1989, 972.
550 BGH BB 1957, 92.
551 MüKo-BGB/*Ernst,* § 323 Rn 243.
552 OLG Düsseldorf DAR 2004, 392 (3,5 %); LG Kiel DAR 2005, 38 (4,5 %).
553 *Reinking/Eggert,* Rn 426.

bislang vertretene Auslegung beizubehalten, einfach zu ignorieren anstatt ihn zu respektieren.

Dies gilt umso mehr als die vermeintliche Notwendigkeit zur Verschiebung der Maßstäbe weder existiert noch Rechtssicherheit schafft. Zum einen obliegt die Wahl des Gewährleistungsrechts immer noch dem Käufer. Er kann also nach wie vor Minderung und Schadensersatz neben der Leistung verlangen, wenn er den Mangel hinnehmen will, so dass der Anwendungsbereich der vorgenannten Ansprüche ohne weiteres eröffnet bleibt. Zum anderen wirft das derzeit diskutierte „babylonische Zahlengewirr" mehr Fragen zu den Anforderungen an den Betriff der „Erheblichkeit" auf, als es beantwortet.

Es sollte daher bei den „bekannten und bewährten" Voraussetzungen des Begriffs verbleiben, deren weit reichende Folgen der Verkäufer ohnedies durch sein Recht zur Nachbesserung selbst abwenden kann.

c) Verantwortlichkeit des Gläubigers und Annahmeverzug

Das Rücktrittsrecht ist gem. § 323 Abs. 6 ebenfalls ausgeschlossen, wenn der Käufer für den Umstand, der ihn zum Rücktritt berechtigen würde, allein oder weit überwiegend verantwortlich ist. Dies ist der Fall, wenn die Verantwortlichkeit bei 80% und mehr festzusetzen ist. Anders als beim Schadensersatzanspruch statt der Leistung, der eine flexible Reaktion auf Mitverantwortlichkeit über eine Anspruchskürzung nach § 254 ermöglicht, kommt hinsichtlich des Rücktritts nur der Anspruchsausschluss in Betracht.[554]

792

Für den Bereich des Neuwagenkaufs ist der Ausschlussgrund insoweit ohne Bedeutung, als es um die Verantwortlichkeit des Käufers für einen Sachmangel geht, da im Hinblick auf die Verursachung des Sachmangels der Zeitpunkt des Gefahrübergangs relevant ist. Denn den Käufer kann mangels Einfluss auf die Fahrzeugproduktion oder Überführung und Standzeit beim Händler keine Verantwortlichkeit an der Mangelverursachung treffen.

793

Der Rücktritt ist jedoch auch ausgeschlossen ist, wenn der Käufer die Unmöglichkeit der Nacherfüllung überwiegend zu verantworten hat. Dem liegt die Überlegung zugrunde, dass die den Käufer zum Rücktritt berechtigenden Umstände sich nicht nur aus dem Vorliegen eines Mangels, sondern daneben auch aus der Unmöglichkeit der Nacherfüllung ergeben. Demgemäß ist auch die Verantwortlichkeit des Käufers für den zum Rücktritt berechtigenden Grund (angelehnt an § 351 a.F.) auf beide Umstände zu erstrecken.[555] Dies ist aufgrund des dem Rücktritt bewusst und stets vorgeschalteten Nacherfüllungsrechts richtig. Durch die Einbeziehung des Nacherfüllungszeitraumes entsteht eine Nische, innerhalb derer Ausschluss des Rücktritts möglich ist. Der Käufer muss auf das mangelhafte Neufahrzeug nach Lieferung durch

796

---

554 Palandt/*Heinrichs*, § 323 Rn 28, 29.
555 *Lorenz*, NJW 2002, 2497, 2499.

§ 6 Die Sachmängelhaftung

überwiegend verschuldetes Handeln derart eingewirkt haben, dass die Nacherfüllung nicht mehr möglich ist.

800 Ein Beispielsfall dafür ist, wenn an einem mangelhaften Fahrzeug, dass aus dem Bestand des Händlers ausgesucht und nach Kaufvertragsschluss übergeben worden ist, ein Totalschaden infolge eines vom Käufer verschuldeten Unfalls eintritt. Da es sich um eine Stückschuld handelt, scheiden beide Arten der Nacherfüllung aus. Nachbesserung kommt nicht in Betracht, weil der Schaden irreparabel ist, Nacherfüllung scheidet infolge Wegfall des Leistungssubstrats aus.[556]

802 Im Fall eines weiterfressenden Mangels am Fahrzeug ist der Ausschlusstatbestand einschlägig, wenn der Käufer das Fahrzeug in Kenntnis des mangelhaften Fahrzeugteils weiterbenutzt und daher überwiegend für die Verursachung des darüber hinausreichenden Schadens verantwortlich ist.[557]

804 Das Rücktrittsrecht entfällt auch dann nach § 323 Abs. 6, wenn der vom Schuldner nicht zu vertretende Umstand eintritt, während sich der Gläubiger im Annahmeverzug befindet.

Wird die Lieferung des – ausgesonderten – Neuwagens nach Eintritt des Annahmeverzugs unmöglich, etwa durch Zerstörung oder weil das Fahrzeug entwendet wurde, behält der Verkäufer in diesem Fall den Anspruch auf den Kaufpreis. Die Vergütungsgefahr geht mit Eintritt des Annahmeverzugs auf den Käufer über. Nach § 300 Abs. 1 hat der Verkäufer während des Verzugs nur Vorsatz und grobe Fahrlässigkeit zu vertreten, so dass der Gefahrübergang auch bei leicht fahrlässig verursachter Unmöglichkeit eintritt.[558]

d) Nachfristsetzung

807 Weitere Voraussetzung für den Rücktritt vom Kaufvertrag ist der Ablauf einer angemessenen Frist zur Nacherfüllung oder die Entbehrlichkeit der Fristsetzung.

808 Die Länge der Frist hängt im wesentlichen von der Art des Mangels ab. Eine zu kurze Frist führt nicht zu einem Verlust des Rücktrittsrechts. Statt der zu kurzen Frist läuft eine angemessene Frist, deren Ablauf der Käufer abzuwarten hat.[559] Die verfrühte Rücktrittserklärung ist unwirksam, kann aber nach Ablauf der angemessenen Frist nachge- bzw. wiederholt werden.

> *Praxistipp*
> Zur Nachbesserung eines Mangels müssen zwei Wochen reichen. Bei der Nachlieferung sollte man sich an der ursprünglichen Lieferzeit orientieren.

810 In einigen Fällen ist die Fristsetzung entbehrlich. Der Käufer kann direkt zurücktreten, wenn der Verkäufer gem. § 323 Abs. 2 Nr. 1 die Nacherfüllung ernsthaft und endgültig

---

556 *Lorenz,* NJW 2002, 2497, 2499, siehe dort auch Fn 19.
557 *Reinking/Eggert,* Rn 298.
558 Palandt/*Heinrichs,* § 323 Rn 30, 31.
559 Ludovisy/*Engel,* Teil 5 Rn 84; OLG Düsseldorf DAR 2003, 519.

verweigert. Gleiches gilt, wenn ein absolutes Fixgeschäft zwischen den Parteien vereinbart ist und der Verkäufer den zeitlichen Rahmen nicht einhält, § 323 Abs. 2 Nr. 2, z.b. wenn der Käufer anlässlich eines Safariurlaubs einen Jeep kauft und die Lieferung erst nach Verstreichen des Urlaubstermins erfolgt. Rechtfertigen besondere Gründe nach Abwägung der beiderseitigen Interessen den sofortigen Rücktritt, entfällt die Fristsetzung ebenfalls, § 323 Abs. 2 Nr. 3.[560]

§ 440 ergänzt die Ausnahmetatbestände für den Kaufvertrag für den Fall, dass der Verkäufer beide Arten der Nacherfüllung gem. § 439 Abs. 3 verweigert oder wenn die dem Käufer zustehende Art der Nacherfüllung fehlgeschlagen oder ihm unzumutbar ist. Die Ergänzung ist notwendig, da nach § 323 Abs. 2 die Fristsetzung nur unter Berücksichtigung der beiderseitigen Interessen entbehrlich ist, während nach § 440 bei Vorliegen der sonstigen Voraussetzungen das Interesse des Verkäufers keine Rolle spielt.

Das Fehlschlagen der Nacherfüllung setzt voraus, dass der Käufer zuvor die ihm zustehende Art der Nacherfüllung gem § 439 Abs. 1, 3 geltend gemacht hat. Nach § 440 S. 2 gilt die Nachbesserung nach dem zweiten Versuch als fehlgeschlagen, wenn sich nicht insbesondere aus der Art der Sache oder des Mangels oder den sonstigen Umständen etwas anderes ergibt.

> *Praxistipp*
> Bei der Berechnung der Anzahl erfolgloser Nachbesserungsversuche ist zu beachten, dass sich die Versuche auf einen im wesentlichen gleichen Sachmangel beziehen müssen. Ein erfolgloser Versuch zur Reparatur der Türschlösser und ein erfolgloser Versuch zur Reparatur des Getriebes führen nicht zum Fehlschlagen der Nachbesserung gem. § 440 S. 2.

Die Unzumutbarkeit der Nacherfüllung spielt im Bereich des Neuwagenkaufs so gut wie keine Rolle und beschränkt sich auf die Fälle des arglistigen Verschweigens bzw. der wissentlich unrichtigen Auskunft im Hinblick auf kaufentscheidende Umstände.

820

> *Praxistipp*
> Da in der Rechtsprechung der Untergerichte zum Teil vertreten wird, eine arglistige Täuschung des Verkäufers lasse eine Nacherfüllung nicht unzumutbar werden, sollte vorsorglich auch dann eine Nachfrist gesetzt werden.
> Die Unmöglichkeit der Nacherfüllung ist in § 440 nicht aufgeführt, da nach § 326 Abs. 5 in den Fällen des § 275 Abs. 1 bis 3 infolge der Leistungsfreiheit auch kein Nacherfüllungsanspruch gegeben ist und eine Fristsetzung damit ebenfalls obsolet ist.[561]

821

---

560 OLG Düsseldorf DAR 2003, 519; Palandt/*Heinrichs*, § 323 Rn 19 f; BGH ZGS 2005, 433 für eine Notmaßnahme.
561 BT-Drucks 14/6040, 234.

§ 6   Die Sachmängelhaftung

e) Wirkungen des Rücktritts

822 Der Rücktritt wird mit Zugang der entsprechenden Erklärung gem. § 349 wirksam. Die Wirkungen des Rücktritts ergeben sich aus §§ 346–350. Nach § 346 Abs. 1 sind die gegenseitig empfangenen Leistungen Zug um Zug in Natur zurückzugewähren. Der Käufer hat das Fahrzeug einschließlich der Papiere zurückzugeben, der Verkäufer den Kaufpreis, für den keine Umsatzsteuer[562] anfällt, zurückzuzahlen.

823 Zusätzlich sind nach § 346 Abs. 1 die in der Zeit vor und nach der Rücktrittserklärung tatsächlich gezogenen Nutzungen herauszugeben.[563] Da die Gebrauchsvorteile in einem möglichen Zeitgewinn und Mobilität liegen und diesen Faktoren ein wirtschaftlich messbarer Wert zukommt, hat der Käufer dem Verkäufer ihren Wert zu vergüten.[564]

824 Das Prinzip des Nutzungsersatzanspruchs und die Berechnung der entsprechenden Gebrauchsvorteile ist nach wie vor beibehalten worden. Da der Wert der zeitweiligen Benutzung nicht exakt messbar ist, wird die Höhe nach § 287 ZPO geschätzt aufgrundlage einer anteiligen linearen Abschreibung. Bei der Ermittlung der Gebrauchsvorteile durch die Nutzung eines Pkw ist die eingetretene Wertminderung nicht vollständig zu berücksichtigen, sondern nur in Höhe der dem Käufer tatsächlich zugeflossenen Gebrauchsvorteile. Unbeachtet bleibt die Wertminderung von etwa 20%, die unanhängig von einer Nutzung bereits allein durch die Erstzulassung des Pkw eintritt und zur Einbuße der Neuwageneigenschaft führt, ebenso der Wertverlust durch marktbedingten Preisverfall. Diese ist nicht dem Käufer, sondern dem Verkäufer aufzuerlegen, da regelmäßig der Verkäufer die Fahrzeugrückgabe durch Lieferung einer mangelhaften Sache zu verantworten hat.[565]

827 Die Höhe des Nutzungsersatzanspruchs berechnet sich aus dem Bruttokaufpreis einschließlich Umsatzsteuer, der um einen etwaigen Minderungsbetrag wegen eines Mangels[566] gekürzt und durch die voraussichtliche Gesamtnutzungsdauer geteilt wird. Der sich ergebende Wert wird wiederum mit der tatsächlichen Nutzungszeit multipliziert.[567] Die Gesamtfahrleistung ist abhängig von der Fahrzeugklasse und angepasst an den Stand der technischen Entwicklung anzusetzen. So wird für einen Wagen der gehobenen Mittelklasse als Gesamtfahrleistung ein Wert von ca. 250.000 km[568] angenom-

---

562 *Reinking/Eggert,* Rn 303.
563 *Arnold,* Jura 2002, 154, 159; *Lorenz/Riehm,* Rn 435.
564 So bereits BGH NJW 1964, 542, 543; *Füchsel,* DAR 1968, 37, 38.
565 BT-Drucks 14/6040, 193, 194; Sorgel/*Huber,* § 467 Rn 165; *Reinking/Eggert,* Rn 318; a.A. *Kaufmann,* DAR 1990, 294, 295; OLG Celle NZV 1991, 230, 231; OLG Frankfurt NJW 1969, 1967.
566 OLG Bremen DAR 1980, 373; OLG Hamburg VersR 1981, 138, 139.
567 BGH NJW 1991, 2484–2486, Palandt/*Heinrichs,* § 346 Rn 10, m.w.N.; LG Dortmund NJW 2001, 3196, 3196.
568 LG Dortmund NJW 2001, 3196, 3196; Schwacke-Liste Gebrauchsvorteil 1997, VI nennt 200.000–300.000 km; OLG Hamm DAR 1997, 111 geht bei einem gebrauchten Mercedes Benz von 300.000 km aus.

III. Abgestufte Gewährleistungsrechte des Käufers § 6

men, aufgrund des hohen technischen und qualitativen Standards, im Gegensatz zu den vormals dafür veranschlagten 150.000 km.[569]

Praxistipp
Gerade bei einer hohen Laufleistung lohnt es sich, eine Gesamtlaufleistung zwischen 250.000 und 300.000 km anzunehmen und konkret für den streitgegenständlichen Fahrzeugtyp unter Sachverständigenbeweis zu stellen.

Die Nutzungsausfalltabelle Schwacke Liste, Nutzungsausfallentschädigung, gültig bis Dezember 2006, findet hier keine Anwendung, da sie für das Schadenrecht konzipiert ist, dass den Nachteil ausgleichen will, der durch den Entzug des Wagens eingetreten ist und nicht den erwachsenen Vorteil durch die tatsächliche Nutzung. **830**

Der Nutzungsersatz ist auch zu zahlen, wenn der Verkäufer die Rücknahme des Fahrzeugs und die Rückzahlung des Kaufpreises ablehnt und dadurch den Käufer zur Weiterbenutzung des Fahrzeugs veranlasst, da seine finanziellen Ressourcen für eine Neuanschaffung gebunden sind. Der Einwand der Unfreiwilligkeit hilft nicht über die tatsächlich erfolgte Nutzung und damit verbundene Wertminderung der Sache hinweg. **831**

Im Gegenzug hat der Käufer, wenn er die Rückgewähr des Fahrzeugs in verzugsbegründender Weise angeboten hat, Ansprüche gegen den Verkäufer, welche die Höhe des von ihm zu gewährenden Nutzungsersatzes übersteigen können. Ihm stehen nach § 304 die Erstattung von Aufbewahrungskosten zu und nach § 346 Abs. 1 Zinsen aus dem vollen Kaufpreis seit dessen Zahlung.[570] **832**

Ist der Käufer aufgrund der in § 346 Abs. 2 Nr. 1–3 aufgelisteten Fälle außerstande, das Fahrzeug oder die gezogenen Nutzungen herauszugeben, hat er stattdessen Wertersatz zu leisten, auf Entreicherung kann er sich nicht berufen.[571] Damit wird ihm die Gefahr des Untergangs oder der Verschlechterung der zurückzugebenden Sache zugewiesen. Die Höhe des Wertersatzes orientiert sich am objektiven Verkehrswert des Fahrzeugs im Zeitpunkt des Leistungsaustauschs.[572] **834**

Der Rücktrittsberechtigte ist somit, entgegen der früheren Regelung der §§ 351–353 a.F. und nach dem Willen des Gesetzgebers auch dann zum Rücktritt berechtigt, wenn er zur Rückgewähr der Kaufsache außerstande ist, unabhängig davon, ob er die Verschlechterung oder den Untergang der Kaufsache verschuldet hat.[573] Dieser Grundsatz wird allerdings gem. § 323 Abs. 6 durchbrochen, falls der Käufer den zum Rücktritt berechtigenden Umstand im Zeitpunkt des Gefahrübergangs zu vertreten hat, sowie wenn er die Unmöglichkeit der Nacherfüllung zu vertreten hat.[574]

---

569 OLG Köln DAR 1993, 349; LG Dortmund NJW 2001, 3196; BT-Drucks 14/6040, 193, 194.
570 Vgl. zu den Einzelheiten *Reinking/Eggert*, Rn 454.
571 BT-Drucks 14/6040, 195.
572 Palandt/*Heinrichs*, § 346 Rn 10; *Lorenz/Riehm*, Rn 425.
573 BT-Drucks 14/6040, 194.
574 *Lorenz*, NJW 2002, 2497, 2499.

837 Von besonderer Bedeutung für den Neufahrzeugkauf ist § 346 Abs. 2 Nr. 3, demzufolge der Käufer Wertersatz zu leisten hat, soweit sich das Fahrzeug verschlechtert hat oder untergegangen ist, wobei die durch die bestimmungsgemäße Ingebrauchnahme entstandene Verschlechterung außer Betracht bleibt.

Ein typischer Fall für die Verschlechterung oder den Untergang der Sache ist der Unfall und die damit verbundene (merkantile) Wertminderung des Fahrzeugs. Der Käufer schuldet für die unfallbedingte Wertminderung Ersatz, auch wenn er den Unfall nicht verschuldet hat.

Der Untergang des Gegenstandes, als weitere Tatbestandsalternative des § 346 Abs. 2 Nr. 3, umfasst neben der Vernichtung der Sachsubstanz, wie im Fall eines Totalschadens, auch alle weiteren Fälle der Unmöglichkeit der Herausgabe, z.B. den Diebstahl des Fahrzeugs.

Die bestimmungsgemäße Ingebrauchnahme i.S.d. § 436 Abs. 2 Nr. 3 ist etwas anderes als der Gebrauch des Fahrzeugs. Sie umfasst nur die durch die Zulassung eintretende Wertminderung.[575]

840 Bei der Ermittlung des Wertersatzes in Geld nach § 346 Abs. 2 ist zunächst von der Gegenleistung, dem Kaufpreis auszugehen. Davon ist der mangelbedingte Minderwert abzuziehen (§ 441 Abs. 3). Des Weiteren ist der Kaufpreis um die darin enthaltenen Gewinnanteile zu mindern. Der Gewinn hätte dem Verkäufer nur bei ordnungsgemäßer Erfüllung zugestanden. Zur Wiederherstellung des Zustandes vor Vertragsschluss ist der objektive Verkehrwert maßgeblich, da zu diesem Zeitpunkt keiner einen Vorteil aus dem Geschäft hatte.

842 Besteht aufgrund einer Beschädigung des Fahrzeugs nur eine partielle Wertersatzpflicht („soweit"), ist deren Höhe nach dem entsprechenden Anteil des bereinigten Kaufpreises zu bemessen.[576] Ist die Herausgabe des Fahrzeugs dem Käufer unmöglich, beinhaltet die vom Käufer an den Verkäufer zu zahlende Kaufpreissumme, die bereinigt ist um den Minderwert und Gewinn, bereits die gezogenen Nutzungen. Wird das Fahrzeug in beschädigtem Zustand zurückgewährt, ist eine Nutzungsvergütung zum Ausgleich der gefahrenen Kilometer zu erstatten, um die der Käufer ansonsten bereichert und das Fahrzeug im Wert gemindert worden ist, § 346 Abs. 3 S. 2.[577]

844 Der Rücktrittsschuldner wird in § 346 Abs. 3 für bestimmte Fälle von der Wertersatzpflicht befreit und damit die Gefahrtragung für Verschlechterung und Untergang entscheidend gemildert. Dann kann der Käufer den Kaufpreis zurückfordern, ohne selbst etwas erstatten zu müssen.

845 Der Anwendungsbereich von § 346 Abs. 3 S. 1 Nr. 1, 2 hat hinsichtlich eines Fahrzeuges als Kaufgegenstand geringe Bedeutung, allenfalls die Umgestaltung in Nr. 1 des

---

575 *Dauner-Lieb/Arnold/Dötsch/Kitz*, Fall 122, 250.
576 *Arnold*, Jura 2002, 154, 157; *Lorenz/Riehm*, Rn 425, mit Rechenbeispiel beim Kauf eines mangelhaften Kfz; *Gaier*, WM 2002, 1, 9; Palandt/*Heinrichs*, § 346 Rn 7–10.
577 *Reinking/Eggert*, Rn 305.

III. Abgestufte Gewährleistungsrechte des Käufers § 6

Absatzes, z.B. ein „tunen" des Fahrzeugmotors oder ähnliche Umrüstungen, sind dafür von Belang.

Praktisch und von der gesetzlichen Wertung her betrachtet, kommt der Privilegierung des Rücktrittsberechtigten in § 346 Abs. 3 S. 1 Nr. 3 die größte Bedeutung zu. Der Käufer hat keinen Wertersatz zu leisten, wenn die Verschlechterung oder der Untergang bei ihm eingetreten ist, obgleich er diejenige Sorgfalt hat walten lassen, die er in eigenen Angelegenheiten anzuwenden pflegt (§ 277). Demnach haftet der Käufer nur, wenn ihn ein grob fahrlässiges Verschulden trifft. Dem Verkäufer wird über die Gefahr des zufälligen Untergangs oder der zufälligen Verschlechterung des Fahrzeugs hinaus auch die Gefahr für eine durch einfache Fahrlässigkeit des Käufers verursachte Verschlechterung oder verursachten Untergang des Pkw zugewiesen.

Als sachgerecht erachtet der Gesetzgeber diese – auch vielfach kritisierte[578] – Regelung des Zurückspringens der Sachgefahr vom Käufer auf den Verkäufer, weil der Verkäufer seine Pflichten nicht ordnungsgemäß erfüllt habe. Wer seine Leistungspflichten verletzt, dürfe nicht darauf vertrauen, dass der Gefahrübergang auf den Käufer endgültig sei. Das Dilemma, von zwei Schuldlosen einem den Verlust aufzubürden, müsse zugunsten des Rücktrittberechtigten gelöst werden.[579] 847

Wird der Käufer von der Pflicht zum Wertersatz frei, hat er nach § 346 Abs. 3 S. 2 eine verbleibende Bereicherung an den Verkäufer herauszugeben. Allerdings stellt diese Regelung eine Rechtsfolgenverweisung auf die §§ 818 ff. dar, so dass der Käufer sich auf Entreicherung berufen kann.[580] Unter Bereicherung fallen grundsätzlich auch in diesen Zusammenhang erlangte Vorteile, wie infolge eines Unfalls bestehende Schadensersatzansprüche gegen Dritte oder Versicherungsleistungen.[581] 848

Nach § 347 Abs. 2 ist der Verkäufer dem Käufer zum Ersatz der notwendigen Verwendungen verpflichtet. Andere Aufwendungen hat er ihm nur zu ersetzen, wenn er durch sie bereichert ist. Besteht zugleich ein bereicherungsrechtlicher Anspruch des Verkäufers aus § 346 Abs. 3 S. 2, mindern die Aufwendungen diesen entsprechend.[582] 849

Neben dem Anspruch aus § 347 Abs. 2 hat der Käufer einen Anspruch auf Ersatz von Aufwendungen aus § 284, der nicht von § 347 Abs. 2 als abschließende Spezialregel für den Fall des Rücktritts verdrängt wird.[583] 850

Zu ersetzen sind aus § 284 alle vergeblichen Aufwendungen, die der Käufer im Vertrauen auf den Erhalt der Leistung gemacht hat und machen durfte, es sei denn, der mit den Aufwendungen verfolgte Zweck wäre auch ohne die Pflichtverletzung des Ver-

---

578 *Kaiser*, JZ 2001, 1057, 1063; *Gaier*, WM 2002, 1, 11; Ernst/Zimmermann/*Hager*, S. 436.
579 BT-Drucks 14/6040, 196.
580 Palandt/*Heinrichs*, § 346 Rn 11 ff.; *Lorenz/Riehm*, Rn 426 ff.; BT-Drucks 14/6040, 196.
581 *Reinking/Eggert*, Rn 306; Palandt/*Heinrich*, § 346 Rn 14.
582 Palandt/*Bassenge*, § 347 Rn 4; BT-Drucks 14/6040, 197.
583 BGH DAR 2005, 556, 557.

käufers nicht erreicht worden. Dazu gehören auch Aufwendungen für kommerzielle Zwecke und die Kosten der Zulassung und Überführung.[584]
Wegen des weiteren Begriffs der Aufwendungen in § 284 hat § 347 Abs. 2 durch die Entscheidung des BGH jegliche Bedeutung als Anspruchsgrundlage für den Aufwendungsersatz im Fall des Rücktritts verloren. Bedeutsam bleibt § 347 Abs. 2 dagegen, wenn der Käufer Schadensersatz statt der Leistung verlangt, weil § 284 im Unterschied zu § 347 Abs. 2 durch dieses Verlangen ausgeschlossen wird („Anstelle des Schadensersatzes statt der Leistung ...").

5. Minderung

858 Der Käufer kann nach § 441 Abs. 1 „statt zurückzutreten" den Kaufpreis mindern. Damit setzt die Minderung ebenso wie der Rücktritt das Vorliegen eines Sach- oder Rechtsmangels sowie die Fristsetzung zur Nacherfüllung und deren ergebnislosen Ablauf voraus, sofern sie nicht entbehrlich ist, gem. §§ 323 Abs. 3, 440. Allein die Beschränkung in § 323 Abs. 5 S. 2, der Ausschluss bei unerheblicher Pflichtverletzung, findet nach § 441 Abs. 1 S. 2 keine Anwendung. Der Verweis auf das Rücktrittsrecht bringt auch den Ausschluss der Minderung mit sich, wenn der Käufer für den Mangel „allein oder weit überwiegend verantwortlich ist". Außerhalb dieses Bereichs findet ein Mitverschulden über die allgemeine Vorschrift des § 254 analoge Anwendung.[585]

860 Die Minderung ist parallel zum Rücktritt als Gestaltungsrecht konzipiert, wie das Erfordernis der Ausübung durch empfangsbedürftige Willenserklärung gegenüber dem Verkäufer in § 441 Abs. 1 S. 1 erkennen lässt. In der Erklärung ist der Minderungsbetrag anzugeben oder die Benennung des Betrages auf einen späteren Zeitpunkt zu verschieben. Durch die rechtsgestaltende Wirkung verliert der Käufer sein Wahlrecht.[586] Er kann also, falls er den Mangel irrtümlich als unerheblich eingeschätzt hat, nicht mehr wechseln und den Rücktritt erklären, falls das für ihn vorteilhafter gewesen wäre.

861 Stellt der Käufer allerdings zu einem späteren Zeitpunkt weitere Mängel fest, die kumulativ eine Erheblichkeit begründen, soll der Rücktritt für den Käufer nicht durch die zuvor wegen eines unerheblichen Mangels erklärte Minderung ausgeschlossen sein. Der zufällige Zeitpunkt der Entdeckung des Mangels darf sich nicht nachteilig für den Käufer durch den Ausschluss des Rücktrittsrechts auswirken.[587] Schadensersatz oder Aufwendungsersatz kann der Käufer gem. § 437 Nr. 2, 3 auch neben der Minderung geltend machen.

862 Sind auf der Seite des Käufers oder des Verkäufers mehrere Personen beteiligt, sieht § 441 Abs. 2 vor, dass die Minderung auch nur von allen bzw. gegen alle erklärt wer-

---
584 BGH DAR 2005, 556, 558.
585 *Huber/Faust*, Kap. 13 Rn 86 ff.; *Lorenz/Riehm*, Rn 525, 526.
586 *Boerner*, ZIP 2001, 2264, 2270; Palandt/*Putzo*, § 441 Rn 8.
587 So berechtigt *Reinking/Eggert*, Rn 331.

den kann und nicht durch Einzelpersonen. Dieses Einheitsprinzip ist entsprechend für den Rücktritt in § 351 geregelt.[588]

Die Festsetzung des Minderungsbetrages erfolgt gem. § 441 Abs. 3 S. 1 anhand der Formel: tatsächlicher Wert der mangelhaften Sache multipliziert mit dem vereinbarten Kaufpreis dividiert durch den objektiven Wert der mangelfreien Sache. Satz 3 sieht die Möglichkeit vor, die Höhe des Minderungsbetrages gem. § 287 Abs. 2 ZPO zu schätzen. Eine Schätzung durch Richter oder Gutachter bietet sich im Streitfall an, ebenso auch, wenn die Bezifferung des Minderwertes durch Reparatur- oder Mehrkosten aufgrund der Unbehebbarkeit des Mangels nicht möglich ist. 863

Die Durchführung der Minderung richtet sich nach den §§ 346 Abs. 1, 347 Abs. 1. Ist der Kaufpreis bereits vollständig gezahlt, kann der Käufer nach § 441 Abs. 4 als Anspruchsgrundlage den überzahlten Kaufpreis zurückfordern. Der Anspruch erstreckt sich auch auf die gezogenen Zinsen, bzw. die, die nach den Regeln einer ordnungsgemäßen Wirtschaft zu ziehen gewesen wären.[589] 865

> *Praxistipp*
> Rücktritt und Minderung sind wegen der Gestaltungswirkung der Erklärungen mit Vorsicht zu genießen. Es ist kaum ein Fall denkbar, in dem der Anspruchsteller nicht mit dem Verlangen nach Schadensersatz besser fährt.

6. Schadensersatz

§ 437 Nr. 3 verweist auf die allgemeinen Regeln der §§ 440, 280, 281, 283, 311a, nach denen der Käufer bei Lieferung einer mangelhaften Sache durch den Verkäufer Schadensersatz verlangen kann. 867

Anspruchsgrundlage für die Haftung auf Schadensersatz bei unbehebbaren Mängeln, die schon bei Vertragsschluss bestanden, ist § 311a Abs. 2. In allen sonstigen Fällen ist die Anspruchsgrundlage § 280 Abs. 1.

Die Norm stellt einen einheitlichen Haftungstatbestand dar, der zunächst eine Pflichtverletzung aus einem Schuldverhältnis voraussetzt. Diese ergibt sich stets aus der Mangelhaftigkeit des Fahrzeugs. Weiteres Erfordernis ist das Vertretenmüssen des Verkäufers, dass aber vermutet wird, § 280 Abs. 1 S. 2. Von der Zentralnorm des § 280 ausgehend kann der Käufer entweder direkt Schadensersatz neben der Leistung oder gem. § 280 Abs. 2 i.V.m. § 286 Schadensersatz wegen Verzögerung der Leistung und gem. § 280 Abs. 3 i.V.m. § 281, § 282 oder § 283 Schadensersatz statt der Leistung verlangen.

Nach der Schuldrechtsreform besteht Uneinigkeit darüber, nach welchen Kriterien eine Zuordnung einzelner vermögensrechtlicher Schadenspositionen zum Schadens- 870

---

588 BT-Drucks 14/6040, 235; Palandt/*Putzo*, § 441 Rn 11.
589 *Huber/Faust*, Kap. 13 Rn 93; Palandt/*Putzo*, § 441 Rn 18; *Reinking/Eggert*, Rn 332.

ersatz statt der Leistung bzw. neben der Leistung zu erfolgen hat. Nach dem Willen des Gesetzgebers soll Schadensersatz statt der Leistung dem bisherigen Schadensersatz wegen Nichterfüllung entsprechen. Er tritt an die Stelle der Leistung und erfordert nach § 280 Abs. 3 die besonderen Voraussetzungen der §§ 281 ff. Daraus folgt, dass der Schadensersatzanspruch aus § 280 Abs. 1 nicht den Schaden erfasst, der im Mangel der Sache selbst liegt, sondern die über das Erfüllungsinteresse hinausgehenden Vermögensnachteile an anderen Rechtsgütern, die vor der Reform über die positive Forderungsverletzung ersetzt wurden.[590]

871 Problematisch daran ist der Ersatz von Positionen wie entgangenem Gewinn, Nutzungsausfall, Sachverständigenkosten und Abschleppkosten, die bislang unter den Nichterfüllungsschaden nach § 463 a.F. fielen, wonach sie folgerichtig nun[591] dem Schadensersatz statt der Leistung nach § 281 zuzuordnen sind, der jedoch eine Fristsetzung voraussetzt.

872 Um die Fristsetzung zu vermeiden, ist nach einer anderen Ansicht[592] eine rechtsfolgenorientierte Zuordnung der Schadenspositionen unter § 280 Abs. 1 bzw. §§ 280 Abs. 3, 281 vorzunehmen. Sie orientiert sich an dem Gesichtspunkt, ob eine Fristsetzung sinnvoll ist, weil der Schaden durch Nacherfüllung beseitigt werden kann und daher unter § 281 fällt oder andernfalls unter § 280 Abs. 1 zu fassen ist. Mangelbedingter Minderwert und Reparaturkosten sind danach unproblematisch dem Schadensersatz statt der Leistung zuzuordnen, ebenso wie bereits eingetretener Integritätsschaden unter den Schadensersatz neben der Leistung fiele. Nutzungsausfall wäre danach bis zum Ablauf einer ggf. gesetzten Nachfrist ebenfalls hierunter zu fassen.[593]

874 Bei Übernahme der bislang geltenden Abgrenzungen, wie es auch der Gesetzesentwurf vorsieht, lassen sich auf der Grundlage des neuen Rechts offensichtlich entbehrliche Nachfristsetzungen durch Ausnahmetatbestände vermeiden, z.B. wenn der durch Weiterverkauf des mangelhaften Pkw bereits eingetretene Gewinnverlust nach § 281 Abs. 2 eine Fristsetzung unter Abwägung der beiderseitigen Interessen überflüssig macht. Unabhängig davon, welche Ansicht vorzugswürdiger erscheint, ist dem Käufer im Hinblick auf die sichere Durchsetzung dieser Schadensersatzpositionen jedenfalls eine Nachfristsetzung anzuraten.

875 Der die Sachmängelhaftung betreffende Abschn. VII. der NWVB enthält keine die gesetzlichen Regelungen einschränkenden Elemente. In Abschn. VIII. Ziff. 1 NWVB

---

590 BT-Drucks 14/6040, 225.
591 Soergel/*Huber*, Anh. § 463 Rn 23; *Reinking/Eggert*, Rn 1484.
592 *Lorenz*, NJW 2002, 2497, 2502, 2503; Palandt/*Heinrichs*, § 280 Rn 18, § 281 Rn 3; *Reinking/Eggert*, Rn 1484; *Huber/Faust*, Kap. 13 Rn 104, der diese Ansicht darstellt, sie aber nicht vertritt; *Haas*, Rn 236; a.A. *Huber/Faust*, Kap. 13 Rn 105, 106; BT-Drucks 14/6040, 87 ff., 94, 225; BGH NJW 1978, 2241, für Nutzungsausfall als Nichterfüllungsschaden, der jetzt unter Schadensersatz statt der Leistung fiele.
593 Für den Fall, dass mangelbedingter Nutzungsausfall unter § 280 Abs. 1 gefasst wird, ist weiter str., ob zusätzlich die Voraussetzungen des § 286 erfüllt sein müssen, *Schimmel/Buhlmann*, Frankfurter Handbuch zum neuen Schuldrecht, S. 400 Rn 101.

wird die Haftung für leicht fahrlässig durch einen Mangel des Kaufgegenstandes verursachte Schäden ausgeschlossen. Der Haftungsbeschränkung fehlt für ihre Wirksamkeit bereits die im Absatz vorher vorhandene Ausnahme für die Verletzung von Leben, Körper, Gesundheit nach § 309 Nr. 7a, so dass die gesetzlichen Vorschriften vollumfänglich greifen.

a) Schadensersatz neben der Leistung

Der Käufer kann vom Verkäufer Schadensersatz neben der Leistung nach § 280 verlangen, wenn der Verkäufer seine Pflichten aus dem Kaufvertrag verletzt hat und sich im Hinblick auf die Verschuldensvermutung des § 280 Abs. 1 S. 2 nicht entlasten kann. **877**

Die für die Haftung des Verkäufers erforderliche Pflichtverletzung liegt beim Neufahrzeugkauf bereits in der Lieferung eines mangelhaften Fahrzeugs.[594]

Im Hinblick auf den Entlastungsbeweis ist zu beachten, dass der Händler nicht generell verpflichtet ist, vom Herstellerwerk gefertigte Neufahrzeuge auf etwaige verborgene Konstruktions- oder Produktionsfehler zu untersuchen. Auch ist der Hersteller nicht sein Erfüllungsgehilfe gem. § 278, so dass ihm ein Verschulden bei der Fertigung bzw. Konstruktion nicht zuzurechnen ist, da der Verkäufer nur die Übergabe und Übereignung, nicht aber die Herstellung des Fahrzeugs schuldet.[595] Nach dem Willen des Gesetzgebers ist eine Untersuchung des Händlers nur angezeigt, wenn es sich um besonders hochwertige oder fehleranfällige Produkte handelt oder der Verkäufer besondere Sachkunde besitzt.[596] **882**

Daher verbleibt für den Neuwagenhändler eine Haftung aus der Verletzung von Sorgfaltspflichten bei der Aufbewahrung, Lieferung oder Übergabe des Neuwagens. Daneben haftet er, wenn er fahrlässig einen Mangel nicht erkennt, obgleich er aufgrund seines Fachwissens dazu in der Lage war. **884**

Ergibt sich aufgrund dieser Kriterien keine Haftung des Verkäufers, bestehen jedoch ggf. Ansprüche des Käufers gegen den Hersteller aus unerlaubter Handlung oder aufgrundlage des Produkthaftungsgesetzes. **885**

Ungeachtet der Verletzung einer Sorgfaltspflicht haftet der Verkäufer für Garantieversprechen i.S.d. § 443.

Die Beschaffenheitsgarantie, das Einstehen für bestimmte Eigenschaften des Fahrzeugs bei Gefahrübergang mit zugunsten des Käufers modifizierten Rechtsfolgen, ist beim Neuwagenkauf nicht bedeutend. Interessant ist die Haltbarkeitsgarantie, bei der der Verkäufer über den Zeitpunkt des Gefahrübergangs und damit über die gesetzliche Gewährleistung hinaus dafür haftet, dass die Kaufsache während einer bestimmten Nutzungsdauer sachmängelfrei bleibt. Sie wird auch als unselbständige Ga- **888**

---

594 Palandt/*Heinrichs*, § 280 Rn 19.
595 *Lorenz*, NJW 2002, 2501; *Schubel*, JuS 2002, 313, 318; BT-Drucks 14/6040, 210.
596 BT-Drucks 14/6040, 210.

§ 6 Die Sachmängelhaftung

rantie bezeichnet wird und verbessert die Absatzchancen der Händler am Markt. Die Reichweite der Garantie richtet sich nach der vertraglichen Absprache.

Bei der Verkäufergarantie kommen alle Rechte aus § 437 in Betracht, somit auch Schadensersatz neben der Leistung.

Bei einer selbständigen Garantie, etwa eines Herstellers oder eines Dritten, die einen über die Sachmängelfreiheit des Gesetzes noch hinausgehenden Erfolg, wie z.B. die Übernahme von zufällig eintretenden Schäden zum Gegenstand hat, scheiden hingegen Rücktritt und Minderung aus, so dass der Anspruch des Käufers auf Nacherfüllung und Schadensersatz neben der Leistung gerichtet ist.

890 Hinsichtlich der Beweislastverteilung hat der Käufer im Fall der Haltbarkeitsgarantie nach § 443 Abs. 2 zu beweisen, dass eine Garantie gegeben wurde und sie die bemängelte Beschaffenheit umfasst sowie, dass dieser Mangel während der Laufzeit der Garantie aufgetreten ist. Zugunsten des Käufers wird dann vermutet, dass es sich um einen Garantiefall handelt. Nicht zu beweisen braucht der Käufer, dass der Mangel die Auswirkung des ursprünglichen Zustandes der Sache ist.[597]

895 Werden Schäden an Rechtsgütern verursacht, die zugleich durch § 823 geschützt sind, wie Eigentum, Körper, Gesundheit und Leben, kommt neben § 280 Abs. 1 auch eine deliktische Haftung in Betracht. Damit ist die Problematik des sogenannten „weiterfressenden" Mangels weiterhin bedeutsam, durch die Gewährleistungsrecht und Deliktsrecht abgegrenzt werden. Die Unterscheidung ist in Bezug auf die Verjährung von praktischer Relevanz, da die Verjährungsfrist des § 438 nur zwei Jahre, die über § 823 nach § 195 ggf. bis zu 30 Jahren betragen kann.

896 Eine Eigentumsverletzung gem. § 823 Abs. 1 ist bei der Lieferung einer mangelhaften Sache als solche zunächst nicht gegeben, da zuvor kein mangelfreies Eigentum erworben wurde, welches verletzt sein könnte. Eine Eigentumsverletzung liegt aber vor, wenn der Sachmangel an einem „funktionell begrenzten", austauschbaren Einzelteil eines Neufahrzeugs besteht, dass ansonsten intakt ist und das Einzelteil später zur Beschädigung oder Zerstörung anderer Fahrzeugteile oder des gesamten Wagens führt. In diesen Fällen ist der entstandene Schaden mit dem „Unwert", welcher der Sache aufgrund des Mangels anhaftet, nicht stoffgleich und damit das Integritätsinteresse verletzt. Diesbezüglich besteht zusätzlich zum Anspruch aus § 280 Abs. 1 der aus § 823 Abs. 1.

897 Der stoffgleiche Schaden, das abgrenzbare mangelhafte Teil, beruht hingegen allein auf enttäuschten Vertragserwartungen, so dass hier das Äquivalenzinteresse des Käufers verletzt ist und damit allein dem Gewährleistungsrecht im Rahmen des Schadensersatzes statt der Leistung unterfällt.[598]

---

[597] *Westermann*, NJW 2002, 241, 247, 248; Palandt/*Putzo*, § 443 Rn 4 ff., 22; BT-Drucks 14/6040, 237, 239.
[598] *Lorenz/Riehm,* Rn 581, 582; *Zimmermann/Leenen/Mansel/Ernst,* JZ 2001, 684, 692; *Reinking/Eggert,* Rn 351, 649 ff.; a.A. *Geiger*, JZ 2001, 473, 474, die Problematik werde nunmehr weitgehend vermieden; ähnlich: *Brüggemeier*, WM 2002, 1376, 1384.

III. Abgestufte Gewährleistungsrechte des Käufers § 6

b) Schadensersatz statt der Leistung
aa) Voraussetzungen

Der Schadensersatz statt der Leistung erfordert zusätzlich zu den Voraussetzungen des § 280 Abs. 1 nach §§ 280 Abs. 3, 281 Abs. 1 S. 1 eine angemessene Frist zur Nacherfüllung, wenn diese nicht gem. §§ 440, 281 Abs. 2 entbehrlich ist.[599]

899

bb) Rechtsfolgen

Der Schadensersatz statt der Leistung kann in unterschiedlicher Weise berechnet werden, je nachdem, ob der Käufer das Fahrzeug behält oder nicht. Behält der Käufer das Fahrzeug und macht dessen mangelbedingten Minderwert sowie die Mangelfeststellungskosten als Schadensersatz geltend, kann zur Bemessung des Wertunterschiedes zwischen mangelhaftem und mangelfreiem Fahrzeug entweder der niedrigere Preis, zu dem der Kaufvertrag in Kenntnis des Mangels abgeschlossen worden wäre, zugrunde gelegt werden oder die erforderlichen Kosten, die zur Behebung des Mangels zu veranschlagen sind.[600] Fehlt dem bestellten Neuwagen entgegen der Vereinbarung der Dachgepäckträger und hat der Verkäufer dies zu vertreten, kann der Käufer nach erfolglos abgelaufener Nachfrist den Betrag, den die Montage des Dachgepäckträgers bzw. den Betrag, um den der Wert des Fahrzeugs ohne ihn gemindert ist, als Schadensersatz geltend machen.[601] Eine weitere Schadensposition bilden die unmittelbar in Zusammenhang mit dem Mangel beim Käufer verursachten Vermögensschäden, wie Nutzungsausfall (str.), Mietwagengebühren, Anwaltskosten sowie Hotel- und Reisekosten.[602]

900

Das Fahrzeug zurückgeben kann der Käufer im Fall der Schlechtleistung („nicht wie geschuldet") nur unter der weiteren, parallel zum Rücktritt gestalteten Voraussetzung, dass die Pflichtverletzung nicht unerheblich ist, § 281 Abs. 1 S. 3.[603]

Der Ersatzanspruch des Käufers erstreckt sich auf den gesamten Wert der intakten Kaufsache, wobei der bereits gezahlte Kaufpreis für das Fahrzeug den Mindestschaden darstellt.[604] Ersatzfähig sind auch die eingetretenen Folgeschäden, wie die Mehrkosten eines Deckungskaufs.

906

Für den Fall der Inzahlunggabe des Altwagens bei Bestellung des Neufahrzeugs kann der Käufer im Rahmen des Schadensersatzes statt der ganzen Leistung neben dem in bar geleisteten Kaufpreisanteil und der Rückgabe des Altwagens auch den auf den

908

---

599 Zur Entbehrlichkeit der Fristsetzung kann wegen der identischen Voraussetzungen auf die Ausführungen zum Rücktritt verwiesen werden.
600 Hoeren/Martinek/*Wolff,* § 437 Rn 45; *Huber/Faust,* Kap. 13 Rn 105.
601 Der Gesetzgeber bildet ein solches Beispiel mit einer fehlenden Navigationsanlage, BT-Drucks 14/6040, 140.
602 Ludovisy/*Engel,* Teil 5 Rn 94 ff.; *Reinking,* DAR 2002, 15, 21; *Reinking/Eggert,* Rn 346; a.A. Palandt/ *Heinrichs,* § 280 Rn 20, der Nutzungsausfall u. Gutachterkosten mit der Gegenmeinung unter Schadensersatz neben der Leistung fasst.
603 *Zimmer,* NJW 2002, 1, 9; *Huber/Faust,* Kap. 13 Rn 134 ff., mit näherer Erläuterung.
604 Vgl. zum alten Recht bereits RGZ 134, 90.

§ 6 Die Sachmängelhaftung

Kaufpreis angerechneten Geldbetrag zurückverlangen. Dies ist im Gegensatz zum Rücktritt gerechtfertigt, weil der Verkäufer ihn so zu stellen hat, als wenn die Kaufsache mangelfrei geliefert worden wäre, also auch der damit verbundene wirtschaftliche Erfolg eingetreten wäre. Dann wäre dem Käufer der Vorteil eines günstigen Anrechnungspreises zugute gekommen. Im Gegensatz dazu bezweckt der Rücktritt, den Käufer so zu stellen, als wäre der Vertrag nicht geschlossen worden und damit dem Käufer auch kein günstiger Anrechnungspreis zuteil geworden.[605]

909 Mit der Entscheidung für diesen Schadensersatzanspruch erlischt gem. § 281 Abs. 4 der Leistungsanspruch des Käufers, nicht bereits nach Ablauf der Frist zur Nacherfüllung.[606]

911 Erweist sich der Sachmangel als nicht behebbar und ist nach Vertragsschluss eingetreten, haftet der Verkäufer nach §§ 437 Nr. 3, 280 Abs. 1, 3, 283 auf Schadensersatz statt der Leistung, weil dies als Fall der qualitativen Unmöglichkeit den Verkäufer von seiner Leistungspflicht nach § 275 Abs. 1 frei werden lässt. Eine Fristsetzung ist mangels Verweisung in § 283 auf § 281 Abs. 1 S. 1 entbehrlich und in Anbetracht der Unmöglichkeit sinnlos. Erforderlich ist hingegen, dass die Voraussetzungen aus § 280 Abs. 1, die in der irreparablen Mangelhaftigkeit des Fahrzeugs liegende Verletzung der Pflicht aus dem Kaufvertrag, noch mangelfrei liefern zu können und ein diesbezügliches Verschulden gem. § 276 vorliegen. Zudem besteht durch den Verweis in § 283 S. 3 auf § 281 Abs. 5, die Pflicht des Käufers, das empfangene Fahrzeug und Nutzungsersatz zurückzugewähren gem. §§ 346 ff. Der Verweis auf § 281 Abs. 1 S. 3 verlangt als weitere Anspruchsvoraussetzung, dass der Mangel nicht unerheblich ist.[607]

Da durch das Verlangen des Schadensersatzes statt der Leistung bereits eine dem Rücktritt ähnliche Abwicklung des Vertragsverhältnisses erstrebt wird, ist die nun durch § 325 ausdrücklich gestattete Kombination mit dem Rücktritt problemlos möglich. Problematisch erscheint hingegen die Vereinbarkeit des Anspruchs auf kleinen Schadensersatz mit einem späteren Rücktritt, aufgrund der unterschiedlichen Zielsetzungen der Rechtsbehelfe. Da § 325 aber keine Einschränkungen vorsieht, kann der Käufer trotz Rücktritts den kleinen Schadensersatz geltend machen.[608]

c) Schadensersatz wegen eines Leistungshindernisses bei Vertragsschluss

914 Der Käufer kann vom Verkäufer nach § 311a Abs. 2 Schadensersatz statt der Leistung oder Aufwendungsersatz nach Maßgabe des § 284 verlangen, wenn der Verkäufer nach § 275 nicht zu leisten braucht und das Leistungshindernis schon bei Vertragsabschluss vorliegt.

---

605 Zum alten Schuldrecht BGH DAR 1995, 106, 107–108.
606 Palandt/*Heinrichs*, § 281 Rn 27, 50.
607 *Zimmer*, NJW 2002, 1, 9.
608 Palandt/*Heinrichs*, § 325 Rn 2.

Eine Haftung nach § 311a Abs. 2 kommt in Betracht, wenn ein in den Räumen des Verkäufers vorhandenes Fahrzeug einen reparierten Unfallschaden aufweist, den der Verkäufer fahrlässiger Weise nicht erkannt hat.

Führt das Leistungshindernis dazu, dass die Leistung nur teilweise oder nicht wie geschuldet erbracht werden kann, steht dem Käufer Schadensersatz statt der ganzen Leistung nach § 311a Abs. 2 S. 3 nur unter den Voraussetzungen des § 281 Abs. 1 S. 2, 3 zu. Verlangt der Käufer Schadensersatz statt der ganzen Leistung, hat er die Leistung des Verkäufers gem. §§ 311a Abs. 2 S. 3, 281 Abs. 5 nach den Rücktrittsvorschriften zurückzugewähren.

Die Haftung entfällt, wenn der Verkäufer die Unmöglichkeit nicht kannte und die Unkenntnis auch nicht zu vertreten hat, wobei der Maßstab für das Vertretenmüssen wiederum § 276 ist.[609] Eine Untersuchungspflicht des Verkäufers ist im Hinblick auf eine fahrlässige Unkenntnis von Mängeln am Fahrzeug ebenso wie bei § 280 Abs. 1 zu beurteilen,[610] allerdings für den Zeitpunkt des Vertragsschlusses. Ebenso kommt aus § 276 eine Haftung aus Garantieübernahme in Betracht, wenn der Verkäufer die Mangelfreiheit zugesichert hat; er steht dann für die bei Vertragsschluss erklärte Leistungsfähigkeit ein.

7. Ausschluss der Gewährleistungsansprüche

Nach § 475 Abs. 1 kann gegenüber Verbrauchern die Geltendmachung der darin enthaltenen Rechte auf Nacherfüllung, Minderung und Rücktritt vor Mitteilung eines Mangels nicht wirksam durch eine Vereinbarung, Individualvertrag oder ABG, erschwert werden. Nach § 475 Abs. 3 gilt Abweichendes nur für Schadensersatzansprüche, die in den Grenzen der §§ 307–309 einschränkbar bleiben.

8. Aufwendungsersatz

Alternativ zum Schadensersatz statt der Leistung hat der Käufer die Möglichkeit, vom Verkäufer den Ersatz vergeblicher Aufwendungen gem. §§ 437 Nr. 3, 284 zu verlangen, die er im Vertrauen auf den Erhalt des Fahrzeugs gemacht hat und billigerweise auch machen durfte, wie beispielsweise die Kosten einer überflüssigen Zulassung, wenn der Käufer das mangelhafte Fahrzeug zurückgibt und ein anderes erwirbt.[611] Da der Anspruch an die Stelle des Schadensersatzes statt der Leistung tritt, hat er auch die gleichen Voraussetzungen wie dieser, so dass auch das Verschuldensprinzip Anwendung findet.

Derartige Aufwendungen wurden bislang teilweise auch im Wege des Schadensersatzes statt der Leistung ersetzt. Dieser erfasst jedoch nur frustrierte Aufwendungen, die

---

609 BT-Drucks 14/6040, 164 f.; *Lorenz/Riehm*, Rn 531 ff.
610 Siehe Rn 877 f.
611 Beispiel bei *Derleder*, NJW 2004, 969, 972.

§ 6 Die Sachmängelhaftung

durch die Mangelhaftigkeit des Fahrzeugs bedingt entstanden sind und denen aufgrund der im Schadensrecht erforderlichen Kausalität ein entsprechender kommerzieller Gegenwert gegenüber gestanden hätte (Rentabilitätserfordernis). Damit für den Käufer verbundene Beweisprobleme löste die Rechtsprechung über die widerlegbare Rentabilitätsvermutung, die in eng gestecktem Rahmen Ersatz für unmittelbar mit dem Kauf verbundene Aufwendungen vorsah.[612]

925 Über § 284 sind darüber hinaus im Rahmen der Billigkeit nicht ausschließlich rentable Aufwendungen ersatzfähig, sondern auch solche, die nicht kommerziellen Zwecken dienen, der Käufer aber billigerweise machen durfte,[613] wie z.B. die Anmietung eines Caravanstellplatzes auf einem Campingplatz.[614] Der Verkäufer kann gegen den Anspruch nicht die fehlende wirtschaftliche Rentabilität einwenden, sondern nach dem letzten Halbsatz des § 284 nur Gegenbeweis dafür erbringen, dass die mit den Aufwendungen verfolgte Zielsetzung auch im Fall der Mangelfreiheit des Fahrzeugs nicht erreicht worden wäre. Durch die Schaffung des § 284 ist die „Existenzberechtigung" der bisherigen Rechtsprechung zur Rentabilitätsvermutung durch den Gesetzgeber in Zweifel gezogen worden.[615] Die Beibehaltung der Rechtsprechung ist jedoch nötig, da eine Kombination oder Ergänzung des Anspruchs auf Schadensersatz statt der Leistung und des Aufwendungsersatzanspruchs nicht möglich ist, so dass der Käufer bei der Entscheidung schon jetzt zwangsläufig einen Teil seiner Ansprüche verliert.[616]

927 Es werden nur Aufwendungen ersetzt, nicht aber das negative Interesse.[617] Daher kann der Käufer nicht geltend machen, dass er das Fahrzeug bei einem anderen Anbieter günstiger hätte erwerben können. Vertragskosten werden sowohl nach § 284 als auch im Rahmen der Rentabilitätsvermutung über § 281 nur ersetzt, wenn nach dem nun geltenden Verschuldensprinzip der Verkäufer das Scheitern des Vertrages zu vertreten hat.[618]

---

612 Z.B. BGHZ 143, 41, 48.
613 *Lorenz/Riehm*, Rn 542.
614 Beispiel aus *Reinking*, DAR 2002, 15, 21.
615 BT-Drucks 14/6040, 144, worauf auch *Dauner-Lieb/Arnold/Dötsch/Kitz*, Fall 33, 74 hinweist.
616 Anwk-BGB/*Dauner-Lieb*, § 284 Rn 5; Palandt/*Heinrichs*, § 284 Rn 3; *Reinking*, DAR 2002, 15, 21; a.A. LG Bonn NJW 2002, 74, 75; *Grigoleit*, ZGS 2002, 122, 123.
617 Zum Umfang des Anspruchs vgl. auch BGH DAR 2005, 557, 558 f.
618 Palandt/*Heinrichs*, § 284 Rn 6, 9.

§ 7 Verjährung der Gewährleistungsrechte

I. Regelmäßige Verjährung

Die regelmäßige Verjährungsfrist in § 195 ist im Rahmen der Schuldrechtsreform auf drei Jahre festgesetzt worden und findet grundsätzlich auch auf die §§ 280 ff. Anwendung. Davon abweichend gilt nach § 438 Abs. 1 Nr. 3 für kaufrechtliche Gewährleistungsansprüche aus § 437 Nr. 1, 3, d.h. Nacherfüllung und Schadens- bzw. Aufwendungsersatz, eine Verjährungsfrist von zwei Jahren. Durch die bleiben trotz der Fristannäherung Konkurrenzprobleme bestehen.[619]

930

Die Verjährungsfrist beginnt nach § 438 Abs. 2, übereinstimmend mit Abschn. VII. Abs. 1 der NWVB, mit der Ablieferung der Kaufsache. Der Fristlauf beginnt auch, wenn verborgene Mängel erst zu einem späteren Zeitpunkt entdeckt werden.

932

Auch Abschn. VII. Ziff. 1 Abs. 1 NWVB sieht generell wegen Sachmängeln eine Verjährungsdauer von zwei Jahren ab Ablieferung vor. Die Regelung umfasst jedoch unterschiedslos alle Rechtsbehelfe des Käufers wegen Sachmängeln. Eine Abweichung zuungunsten des Käufers wäre auch nach § 475 für den Verbrauchsgüterkauf unwirksam. Allein für Nutzfahrzeuge gilt nach den NWVB abweichend nach Abschn. I. Abs. 2 eine nur einjährige Verjährungsfrist, es sei denn, der Kaufvertrag dient nicht der Ausübung der gewerblichen oder selbständigen Tätigkeit des Käufers.

934

Es fällt auf, dass § 438 Abs. 1 Rücktritt und Minderung gerade nicht erwähnt. Das findet seinen Grund darin, dass es sich dabei um Gestaltungsrechte handelt, die im Gegensatz zu Ansprüchen nicht der Verjährung unterliegen, wie § 194 Abs. 1 definiert. § 438 Abs. 4, 5 verweisen hinsichtlich dieser Rechtsbehelfe auf § 218. Danach ist die Umgestaltung eines Vertrages durch Rücktritt oder Minderung ausgeschlossen, wenn der zugrunde liegende Anspruch auf die Leistung oder der Nacherfüllungsanspruch verjährt ist. Über diesen „Umweg" sind auch diese kaufrechtlichen Rechtsbehelfe des Käufers de facto an die Verjährung in zwei Jahren angeschlossen.

In zwei Jahren verjähren auch Ansprüche auf Ersatz von Mangelfolgeschäden und aus der Verletzung der Nacherfüllungspflicht, da pauschal alle in § 437 Nr. 3 genannten Schadensersatzansprüche in die objektive Verjährungsfrist des § 438 Abs. 1 S. 1 einbezogen werden.

937

Die Schadensersatzansprüche der §§ 280 ff. unterliegen ansonsten der allgemeinen Verjährung nach §§ 195, 199, so dass eine Besserstellung des Verkäufers gegenüber anderen schadensersatzpflichtigen Schuldnern erfolgt, sobald der Käufer das Fahrzeug übernommen hat, so dass dem Käufer eine eingehende Untersuchung des Fahrzeugs vor der Übernahme anzuraten ist.

---

619 *Westermann*, NJW 2002, 241, 250.

§ 7 Verjährung der Gewährleistungsrechte

Mangelunabhängige Pflichtverletzungen, wie die Nichteinhaltung von Sorgfaltspflichten, unterliegen nicht § 438, der sich nur auf Ansprüche wegen Mängeln bezieht, sondern der allgemeinen Verjährung. Auch die erst nach Geltendmachung der Gestaltungsrechte Rücktritt und Minderung aus dem Rückabwicklungsverhältnis entstehenden Ansprüche unterliegen den allgemeinen Verjährungsfristen.[620]

939 Die einheitliche Einbeziehung der kaufrechtlichen Schadensersatzansprüche unter § 438 begründet der Gesetzgeber damit, dass es nicht sinnvoll sei, Ansprüche, die aus der Mangelhaftigkeit der Sache herrühren, einem unterschiedlichen Verjährungsregime zu unterwerfen.[621] Die – oft schwierige – Abgrenzung von Mangelfolgeschaden und mangelunabhängiger Nebenpflicht bleibt dadurch erhalten. Ebenso wird überwiegend an einem Fortbestehen der Anspruchskonkurrenz zwischen Gewährleistungs- und Deliktshaftung („weiterfressender Mangel") festgehalten.[622]

II. Arglistige Täuschung

943 § 438 Abs. 3 enthält für den Fall, dass der Verkäufer einen Mangel arglistig verschwiegen hat, eine Sonderregelung. Anstelle der sonst einschlägigen Absätze 1 Nr. 2, 3 oder Abs. 2 des § 438, verweist Abs. 3 S. 1 auf die Regelverjährungsfrist des § 195, die drei Jahre beträgt. Der Fristlauf beginnt anders als in § 438 nicht mit der Ablieferung des Fahrzeugs, sondern gem. § 199 Abs. 1 erst mit dem Ende des Jahres, in dem der Anspruch fällig ist und der Käufer von den mangelbegründenden Umständen und der Person des Verkäufers Kenntnis erlangt oder aus grober Fahrlässigkeit nicht erlangt hat. Durch die Koppelung des Fristbeginns an die Kenntniserlangung wird der Situation vorgebeugt, dass die Verjährung der Sachmängelansprüche bereits läuft, ohne dass es dem Käufer, bedingt durch das arglistige Verschweigen des Verkäufers, möglich war, den Mangel zu einem früheren Zeitpunkt seit der Ablieferung zu entdecken. Die Maximalfrist der Arglistverjährung beträgt nach §§ 199 Abs. 4 bzw. Abs. 2 Nr. 1 taggenau zehn Jahre, ab Anspruchsentstehung.[623]

946 Dem steht auch nicht die Regelung in Abschn. VII. Ziff. 1 Abs. 3 NVWB entgegen, die vorsieht, dass bei arglistigem Verschweigen von Mängeln weitergehende Ansprüche unberührt bleiben.

---

620 *Westermann,* NJW 2002, 241, 250, m.w.N.; *Lorenz/Riehm,* Rn 555 ff., 580.
621 BT-Drucks 14/6040, 229.
622 So: *Heinrichs,* BB 2001, 1417, 1420; *Zimmermann/Leenen/Mansel/Ernst,* JZ 2001, 684, 692; *Lorenz/Riehm,* Rn 555, 581; a.A. *Mansel,* NJW 2002, 89, 95.
623 BT-Drucks 14/6040, 230; *Huber/Faust,* Kap. 13 Rn 181; *Mansel,* NJW 2002, 89–94.

III. Hemmung

Bestimmte Ereignisse oder Umstände hemmen den Lauf der Verjährungsfrist, d.h. der Zeitraum, während dessen die Verjährung gehemmt ist, wird in die Verjährungsfrist nicht eingerechnet. **947**

Für den Neuwagenkauf sind die Hemmungstatbestände der §§ 203–206 von Bedeutung, durch die sichergestellt werden soll, dass ein Anspruch nicht verjährt, während der Käufer über ihn verhandelt (§ 203), nachdem der Käufer seine gerichtliche Geltendmachung eingeleitet hat (§ 204) oder solange der Käufer aufgrund Vereinbarung mit dem Verkäufer ein Leistungsverweigerungsrecht zusteht oder er an der Rechtsverfolgung durch höhere Gewalt gehindert ist (§ 206).

In § 203 ist der Hemmungsgrund der Verhandlungen über den Anspruch oder die anspruchsbegründenden Umstände normiert, der nun für alle Bereiche und damit auch für das Kaufrecht zur Anwendung kommt, nachdem er vor der Reform gem. §§ 852 Abs. 2, 639 Abs. 2 a.F. nur eingeschränkt Anwendung fand. Der Begriff der schwebenden Verhandlungen in § 203 ist weit auszulegen. Es genügt jeder Meinungsaustausch über den Anspruch oder seine tatsächliche Ursache zwischen Käufer und Verkäufer, wenn die Verhandlung nicht sofort erkennbar abgelehnt wird.[624] Der Neuwagenkäufer, der einen Mangel am Fahrzeug entdeckt, wird regelmäßig in Verhandlungen zum Händler treten, um ihn fachmännisch analysieren zu lassen und die Art der Nacherfüllung zu klären. **952**

Da der Käufer seine Ansprüche auf Mängelbeseitigung gem. Abschn. VII. Ziff. 2a, b NWVB auch gegenüber anderen, vom Hersteller/Importeur anerkannten Werkstätten geltend machen kann, wird vertreten,[625] dass auch die Verhandlungen des Käufers mit der Drittwerkstatt hemmende Wirkung haben. Begründet wird das mit einer Entscheidung des BGH (vgl. Rn 952) zur Vorgängerklausel, wonach sich der Verkäufer das Verhalten der Werkstatt, derer er sich bei der Behebung von Sachmängeln bedient, zuzurechnen hat. Dem ist auch aus Wertungsgesichtspunkten zuzustimmen, da es inkonsequent wäre, den Adressatenkreis der zur Sachmängelbeseitigung Verpflichteten erst auf Drittwerkstätten auszudehnen, dem Käufer jedoch die weiteren, daran anknüpfenden Vorteile vorzuenthalten. **955**

Die Hemmung endet, wenn eine Partei die Fortsetzung der Verhandlungen verweigert. Die Verweigerung muss durch übereinstimmendes oder einseitiges Verhalten deutlich zum Ausdruck gebracht werden.[626] Schlafen die Verhandlungen ein, endet die Hemmung ebenfalls in dem Zeitpunkt, in dem nach Treu und Glauben der nächste Schritt der Verhandlungen zu erwarten gewesen wäre.[627] **957**

---

624 BGH NJW 1990, 245, 247 (zu § 852 a.F.); BGH NJW-RR 2001, 1168, 1169.
625 *Reinking/Eggert*, Rn 364, 366.
626 BGH NJW 1998, 2819, 2820.
627 OLG Düsseldorf VersR 1999, 68, 69; BGH NJW 1986, 1337, 1338; *Mansel*, NJW 2002, 89, 98.

961 Im Anschluss an das Ende der Hemmung sieht § 203 S. 2 vor, dass die Verjährung frühestens drei Monate nach dem Ende der Verhandlungen eintritt. Dadurch hat der Käufer noch Spielraum zur Durchsetzung von Ansprüchen, z.b. falls das Verhandlungsende für ihn überraschend eintritt.[628] Es ermöglicht ihm auch, wenn die Verhandlungen beendet und die Nachbesserung erst kurz vor Ende der Verjährung erfolgt ist, festzustellen, ob die Fehlerbeseitigung erfolgreich war.[629]

An die durch Rechtsverfolgungsmaßnahmen ausgelöste Hemmung in § 204 schließt nach Abs. 2 eine Ablaufhemmung von sechs Monaten an. Da einige der Maßnahmen, die in § 204 genannt sind, nicht mit einer Sachentscheidung enden, beginnt die Ablaufhemmung im Anschluss an die rechtskräftige Entscheidung oder eben anderweitige Erledigung des eingeleiteten Verfahrens, wie z.b. dem selbständigen Beweisverfahren, damit noch weitere Rechtsverfolgungsmaßnahmen eingeleitet werden können, unbehelligt vom Lauf der Verjährung.[630]

Einige Rechtsverfolgungsmaßnahmen, die vor der Schuldrechtsreform zur Unterbrechung der Verjährung führten, bewirken nun lediglich die Hemmung der Verjährung, wie z.b. die Anträge auf Erlass einer einstweiligen Verfügung oder eines Arrestes (§ 204 Abs. 1 Nr. 9).

IV. Ablaufhemmung

962 Die Ablaufhemmung hat zur Folge, dass die Verjährung frühestens eine gewisse Zeitspanne nach dem Entfall des Umstandes oder Ereignisses beginnt, der bzw. das der Verfolgung des Anspruchs im Wege stand. Die gesetzlichen Vorschriften der § 210 und § 211 spielen für den Neuwagenkauf aber allenfalls eine untergeordnete Rolle.

V. Neubeginn der Verjährung

963 Der in § 212 Abs. 1 geregelte Neubeginn der Verjährung führt dazu, dass eine bereits laufende Verjährungsfrist ignoriert wird und die gesamte Zeitspanne der Verjährungsfrist von Neuem zu laufen beginnt. Diese Folge ist allerdings nur noch in zwei Fällen vorgesehen: Nach § 212 Nr. 1, wenn der Schuldner den Anspruch anerkennt, und gem. § 212 Nr. 2, wenn der Gläubiger eine gerichtliche oder behördliche Vollstreckungshandlung beantragt hat oder diese vorgenommen wird.

964 Kommt der Verkäufer dem Nacherfüllungsverlangen des Käufers nach, kann darin ein Anerkenntnis liegen, wenn sich dies aus der Würdigung der Gesamtumstände ergibt, wobei Umfang, Dauer und Kosten der Mängelbeseitigung wichtig sind.[631] Der

---

628 BT-Drucks 14/6040, 112.
629 OLG Hamm DAR 1985, 380, 381.
630 BT-Drucks 14/6040, 117.
631 BGH DAR 1999, 500, 501.

Verkäufer muss in dem Bewusstsein handeln, zur Nachbesserung verpflichtet zu sein und aus Sicht des Käufers nicht lediglich aus Kulanz oder zur gütlichen Beilegung eines Streits handeln.[632]

Häufig lässt sich für den Käufer aus dem Verhalten des Verkäufers jedoch nicht schlüssig entnehmen, dass dieser klar und unzweideutig in dem Bewusstsein eines Anspruchs des Käufers auf Nachbesserung handelt, was für ein Anerkenntnis ausreichend wäre.[633] Wie der Käufer vor einem Anspruchsverlust zu schützen ist, wird daher in der Literatur diskutiert. Die Stellungnahme der Rechtsprechung zu dieser Frage bleibt noch abzuwarten. 966

Einer Ansicht[634] zufolge ist in der Beseitigung der Mängel oder Lieferung einer neuen Kaufsache regelmäßig der Tatbestand eines Anerkenntnisses erfüllt. Durch sein Verhalten erwecke der Verkäufer beim Käufer stets den Eindruck, er sei vertraglich zur Nacherfüllung verpflichtet. Dies führt jedoch nach den oben genannten Kriterien zu einer Ausuferung des Begriffs des Anerkenntnisses. 967

Vertreten wird auch die Annahme einer stillschweigend vereinbarten Hemmungsabrede im Sinne des § 202 Abs. 2, die zwischen Käufer und Verkäufer während der Nachbesserungsphase gelte.[635] Dem Schweigen kommt im Rechtsverkehr jedoch nur in hier nicht einschlägigen Ausnahmen Erklärungswert zu. Zudem würde der Verkäufer dieser faktischen Verlängerung der Verjährungsfrist des Käufers nicht zustimmen.[636] 969

Eine weitere Auffassung[637] nimmt für den Fall, dass ein Anerkenntnis nicht unzweifelhaft anzunehmen ist, eine Hemmung der Verjährung nach § 203 analog an. Ab dem Verlangen nach Nacherfüllung bis zur Rückgabe der reparierten Sache oder einer Ersatzsache durch den Verkäufer soll die Hemmung andauern. Die Analogie ermögliche dem Käufer, selbst wenn der Begriff der Verhandlung nach § 203 nicht vorliegen sollte, durch die Hemmung einen Aufschub bei der Verjährung zu erlangen, den er zur Prüfung, ob die Nacherfüllung „erfolgreich" war, nutzen und ggf. noch vor Verjährungsablauf Sekundärrechte geltend machen könne. 971

Hier wird jedoch nicht aufgrund der Gleichheit der Tatbestände eine Analogie gebildet, um die Ungerechtigkeit in der unterschiedlichen Rechtsfolge zu vermeiden, sondern ergebnisorientiert die Rechtfolge der Hemmung für Nacherfüllungsfälle für anwendbar erklärt, unter Ausdehnung des ohnehin weiten Verhandlungsbegriffs und der Zeitspanne bis zur Rückgabe. Auch wenn das Motiv nachvollziehbar ist, begegnet die Lösung im Wege der Analogie dogmatischen Bedenken.

Vertretbar ist hingegen eine unumwunden nach Ziel und Zweck vorgenommene Ergebniskorrektur, durch die vermieden werden soll, dass dem Käufer ungerechtfertigt 974

---

632 Vgl. bereits BGH WM 1978, 328, 329.
633 BGH NJW 1988, 254, 255.
634 *Graf von Westphalen*, ZGS 2002, 12, 19 ff.
635 *Mansell*, NJW 2002, 89, 98.
636 So auch *Auktor*, NJW 2003, 120, 122.
637 *Auktor*, NJW 2003, 120, 122.

eine zweijährige Verjährungsfrist für die Ersatzsache verwehrt bleibt. Dabei wird zugrunde gelegt, dass Ersatzlieferung und mangelhafte Erstlieferung unterschiedslos gleich sind, im Hinblick darauf, dass der Käufer in beiden Fällen nicht weiß, ob sie mangelfrei sind und Zeit benötigt, um dies festzustellen und Ansprüche geltend zu machen. Im Verbrauchsgüterkauf sei diese Zeitspanne für neu hergestellte Sachen zwingend, beginnend mit Ablieferung gem. § 438 Abs. 2. Sie müsse für die andere Sache ebenso gelten, weil die Beweislastumkehr nach § 476 leer laufe, wenn sie sich nur auf die mangelhafte Sache bezöge, die aber aufgrund der Ersatzlieferung nicht mehr Gegenstand des Vertrages sei. Bei der Mängelbeseitigung wird eine vergleichbare Konstellation verneint, so dass die Verjährungsfrist nicht mit jeder Nachbesserung neu beginnt, sondern der Schutz nur über § 203 und die anschließende Ablaufhemmung zu erlangen ist.[638] Dem ist zuzustimmen, da die Gleichsetzung von gelieferter und ersatzweise gelieferter Sache gerechtfertigt ist unter dem Aspekt des erhöhten Käuferschutzes beim Verbrauchsgüterkauf.

> *Praxistipp*
> In jedem Fall sollte der Käufer sich Zeitpunkt, Art und Umfang von Nacherfüllungsbemühungen des Verkäufers schriftlich geben lassen, um im Hinblick auf ein Anerkenntnis argumentieren zu können. Steht der Ablauf der Verjährungsfrist bevor, kommt der Käufer um die Einleitung eines Beweisverfahrens (§ 204 Abs. 1 Nr. 7) nicht herum.

VI. Vereinbarungen

979 Grundsätzlich besteht die Möglichkeit, die gesetzlichen Gewährleistungsfristen durch Parteivereinbarung formlos zu variieren. Gegenstand der Verjährungsvereinbarung können die in den §§ 194 ff. geregelten Tatbestände sein, was neben der Länge der Verjährungsfrist auch den Beginn, die Hemmung und Ablaufhemmung sowie ein Neubeginn sein kann.[639]

980 Die Verlängerung der Verjährungsfrist durch Parteiabrede kann gem. § 202 Abs. 2 maximal 30 Jahre ab dem gesetzlichen Verjährungsbeginn betragen.

981 Einschränkungen ergeben sich allerdings aus § 202 Abs. 1 hinsichtlich einer Verkürzung oder anderweitigen Erleichterung der Verjährungsfrist. Eine Verkürzung der Verjährung bei Haftung wegen Vorsatzes ist durch Rechtsgeschäft nicht möglich. Dies gilt nach § 444 auch für eine Haftung wegen des arglistigen Verschweigens eines Mangels oder bei der Übernahme einer Beschaffenheitsgarantie. Derartige unzulässige Absprachen sind nach § 134 nichtig.

---

638 *Reinking/Eggert*, Rn 370.
639 *Mansel*, NJW 2002, 89, 96.

983 Verjährungsbestimmungen in allgemeinen Geschäftsbedingungen, die eine Verkürzung der Verjährung von Ansprüchen gegen den Verwender wegen eines Mangels bei Kaufverträgen über die Lieferung neu hergestellter Sachen nach § 438 Abs. 1 Nr. 2 vorsehen, sind nach § 309 Nr. 8b ff. unwirksam. Dieser gesetzlichen Vorgabe entspricht die Regelung in Abschn. VII. Ziff. 1 NWVB. Der Anwendungsbereich des Klauselverbots nach § 309 wird für den Verbrauchsgüterkauf durch § 475 Abs. 2 modifiziert, der beim Neuwagenkauf durch einen Verbraucher Vereinbarungen für unzulässig erklärt, die vor Mitteilung des Mangels an den Unternehmer getroffen werden und zu einer Frist von weniger als zwei Jahren führen. Die Umgehung dieser Frist streben einige Händler an, indem sie durch Tages- oder Kurzzeitzulassung tatsächliche Neuwagen als Gebrauchtwagen deklarieren. Sie erhoffen sich dadurch nach § 475 Abs. 2 die Verkürzung auf eine einjährige Verjährungsfrist. Derartige Zulassungen sind jedoch irrelevant, wenn der Neuwagen mit Ausnahme der Überführungsfahrt nicht benutzt, d.h. seinem bestimmungsgemäßen Gebrauch als Verkehrsmittel noch nicht zugeführt wurde.[640]

984 Ansonsten beurteilt sich die Zulässigkeit der vereinbarten Verjährungsfrist für mangelunabhängige Ansprüche, wie Nebenpflichtverletzungen nach § 280 Abs. 1, nach Maßgabe des § 307.[641]

VII. Übergangsregelung

986 Nach Art. 229 § 6 EGBGB verjähren Ansprüche aus Kaufverträgen, die vor dem 1.1.2002 geschlossen wurden, auch dann nach § 477 a.F., wenn sie nach dem 1.1.2002 entstanden sind. Ansprüche aus nach dem 1.1.2002 geschlossenen Kaufverträgen verjähren nach den aktuellen Vorschriften.

---

640 BGH NJW 1980, 1097, 1098; *Creutzig*, Recht des Autokaufs, Rn 1.1.2.
641 Palandt/*Heinrichs*, § 202 Rn 3 ff.; *Mansel*, NJW 2002 89, 97; *Huber/Faust,* Kap. 13 Rn 183.

§ 8 Haftung des Verkäufers

I. Allgemeine Haftung

992 Abschn. VIII. NWVB regelt die Haftung des Verkäufers für sämtliche Schäden des Käufers. Die Klausel gilt für alle im Zusammenhang mit dem Kaufvertrag stehenden Haftungsgründe, insbesondere der Verletzung kaufvertraglicher Haupt- und Nebenpflichten wie auch für Gewährleistungsfälle und der Haftung aus unerlaubter Handlung. Eine Ausnahme bildet die Haftung wegen Lieferverzugs, der speziell und abschließend in Abschn. IV. NWVB geregelt wird, wie Abschn. VIII. Ziff. 3 NWVB ausdrücklich klarstellt.

993 Abschn. VIII. Ziff. 1 wird die Haftung des Verkäufers für leicht fahrlässig verursachte Schäden begrenzt auf den bereits bei Vertragsschluss vorhersehbaren, typischen Schaden. Dies gilt allerdings nicht für die Verletzung von Leben, Körper und Gesundheit, was auch nach § 309 Nr. 7a unwirksam wäre. Soweit der Käufer den eingetretenen Schaden durch die Leistung einer Versicherung kompensieren kann, haftet der Verkäufer nur für einen nicht erstattungsfähigen Mehrschaden sowie die mit der Inanspruchnahme der Versicherung verbundenen Nachteile, etwa in Form durch Rückstufung erhöhter Versicherungsprämien. Ziff. 2 stellt klar, dass sich die Haftungsbeschränkung nicht auf die Haftung für arglistiges Verschweigen des Mangels, eine Garantieübernahme oder die Übernahme eines Beschaffungsrisikos erstreckt und deckt sich so mit § 444.

Es findet sich auch keine weitergehende Haftungsbeschränkung für Vorsatz, die im Voraus nach § 276 Abs. 3 nicht möglich ist. Ebenso fehlt ein Ausschluss der Haftung für grobe Fahrlässigkeit, der nach § 309 Nr. 7 unwirksam wäre.

995 Nach Abschn. VIII. Ziff. 4 Betriebsangehöriger nach § 278 zurechnen lassen muss, die ihrerseits jedoch nicht persönlich haften für leicht fahrlässig verursachte Schäden. Abschn. VIII. Ziff. 4 schließt die persönliche Haftung der gesetzlichen Vertreter, Erfüllungsgehilfen und Betriebsangehörigen des Käufers für leichte Fahrlässigkeit aus, ändert aber nichts an der Haftung des Verkäufers selbst, der sich das Verschulden der vorgenannten Personen nach § 278 zurechnen lassen muss.

Da Abschn. VIII. Ziff. 4 NWVB aber gegen § 309 Nr. 7a verstößt, haften die Hilfspersonen des Verkäufers nach den gesetzlichen Vorschriften.

II. Haftung nach dem Produkthaftungsgesetz

999 Ausgenommen von der Haftungsbeschränkung ist nach Abschn. VIII. Ziff. 2 NWVB auch die Haftung des Verkäufers nach dem Produkthaftungsgesetz.

1000 Das Produkthaftungsgesetz ist als verschuldens- und rechtswidrigkeitsunabhängige Gefährdungshaftung ausgestaltet. Es beinhaltet Höchstbeträge bei Tod und Körperverletzung sowie eine Selbstbeteiligung bei Sachschäden. Das haftungsbegründende Moment ist das Inverkehrbringen des fehlerhaften Produkts, dessen Gefahrenpotential dem Hersteller im Fall der Realisierung eines Schadens zugerechnet wird. Ein eventueller Sachschaden muss an einer anderen Sache als dem fehlerhaften Produkt eingetreten sein. Hier wurzeln die unterschiedlichen Positionen in Rechtsprechung[642] und Literatur zu den sog. Weiterfresserschäden. In der Literatur wird die Haftung für die Beschädigung des Autos durch ein defektes, isolierbares Einzelteil überwiegend abgelehnt, da nach der Verkehrsauffassung das Auto keine andere Sache ist.[643]

Ersatzpflichtig nach § 4 ProdHaftG ist in erster Linie der Hersteller des fehlerhaften Teil- oder Endprodukts, sowie der Quasihersteller, d.h. derjenige, der nach außen den Eindruck vermittelt, dass er der tatsächliche Hersteller sei, indem er seinen Namen, Marke oder ein anderes Kennzeichen auf dem Produkt anbringt. Ebenso haftet der Importeur, der fehlerhafte Produkte zum Vertrieb aus Drittstaaten in die EU einführt.[644]

1002

Grundsätzlich haftet der Verkäufer als Händler, bzw. Lieferant nicht, nur in Ausnahmefällen wie in § 4 Abs. 3 ProdHaftG vorgesehen. Kann der Teilehersteller nicht festgestellt werden, gilt jeder Lieferant als dessen Hersteller, es sei denn, er kann binnen eines Monats dem Geschädigten den Produkthersteller oder Lieferanten benenne. Aufgrund der Kennzeichnung der Neuwagen durch den Hersteller ist eine ersatzweise Haftung des Verkäufers unwahrscheinlich.[645]

1003

Eine Haftung des Verkäufers als Hersteller kommt dagegen in Betracht, wenn der Fahrzeughersteller in eigenen Filialen Neuwagen an Endverbraucher vertreibt. In diesen Fällen ist er zugleich Hersteller und Verkäufer.

1004

III. Haftung aus unerlaubter Handlung

Die praktisch bedeutsamere Anspruchsgrundlage ist die Haftung aus unerlaubter Handlung. Dies liegt am weiteren Haftungsumfang und der größeren Zahl der Haftenden im Vergleich zum Produkthaftungsgesetz, da auch Vertriebsgesellschaften haften und eine Einstandspflicht der Vorstände und Geschäftsführer von Herstellerfirmen besteht. Der Haftungstatbestand umfasst im Gegensatz zum Produkthaftungsgesetz zusätzlich die Produktbeobachtungspflicht,[646] aus der auch die Pflicht des Herstellers, eine Rückruf-, Warn- oder Hinweisaktion zu starten, erwachsen kann.

1005

Ansonsten werden im Rahmen der deliktischen Haftung drei Fehlerkategorien unterschieden, für die der Hersteller haftet: Konstruktions-, Produktions- und Instruktionsfehler.

1006

---

642 Grundlegend BGH NJW 1983, 810 „Gaszug-Fall"; BGH NJW 2001, 1346, 1347 f.
643 *Kullmann*, S. 178; *Graf von Westphalen*, Jura 1992, 511, 513.
644 OLG Dresden VersR 1998, 59.
645 Palandt/*Thomas*, § 4 ProdHaftG Rn 2 ff.; OLG Bamberg NJW 1998, 2228.
646 *Michalski*, BB 1998, 961.

§ 8 Haftung des Verkäufers

1008 Die Haftung des Verkäufers als Händler ist auch hier begrenzt, Fehler in der Konstruktion und Produktion hat er mangels Zurechenbarkeit nicht zu vertreten, weil der Hersteller nicht sein Erfüllungs- oder Verrichtungsgehilfe, noch sein Organ ist. Allerdings ist er haftbar, wenn er seiner Pflicht zur passiven Produktbeobachtung nicht nachkommt, die eine Überprüfung von Beanstandungen beinhaltet. Zu einer aktiven Produktbeobachtung, dem Aufbau einer Betriebsorganisation, Datensammlung hinsichtlich der Markttauglichkeit des Produkts und Auswertung der Informationen, ist er dagegen nicht verpflichtet.[647] Eine Schuldvermutung besteht nicht. Zudem fehlt es an einer genaueren Skizzierung der Vertriebsaufgaben der Händler. Daher ist auch die Reichweite der deliktischen Haftung unklar.[648]

---

647 BGH NJW 1994, 517; *Foerste*, NJW 1994, 909.
648 *Weitnauer*, NJW 1968, 1593; *Kossmann*, NJW 1984, 1664.

§ 9 Gerichtsstandvereinbarung

In Abschn. IX. Ziff. 1 NWVB wird als ausschließlicher Gerichtsstand für Ansprüche aus der Geschäftsverbindung mit Kaufleuten der Sitz des Verkäufers festgelegt. **1010**

Das gleiche gilt nach Abschn. IX. Ziff. 2 NWVB, wenn der Käufer keinen allgemeinen Gerichtsstand im Inland hat, nach Vertragsschluss einen Wohnsitz oder gewöhnlichen Aufenthaltsort aus dem Inland verlegt oder sein Wohnsitz oder gewöhnlicher Aufenthaltsort zum Zeitpunkt der Klageerhebung nicht bekannt ist. **1011**

Ansprüche des Verkäufers gegen den Käufer sind an dessen Wohnort zu verhandeln, Abschn. IX. Ziff. 2 S. 2 NWVB.

Gegen die Wirksamkeit der Bestimmungen bestehen keine durchgreifenden Bedenken. Sie bewegen sich in dem durch § 38 ZPO gesetzlich zugelassenen Rahmen.

Außerhalb der in den NWVB geregelten Fälle ist bezüglich des Gerichtsstandes nach dem Verlangen des Käufers zu unterscheiden. Der Anspruch auf Nachbesserung, Minderung und kleinen Schadensersatz neben oder statt der Leistung ist am Sitz des Verkäufers einzuklagen. Ansprüche nach Rücktritt vom Kaufvertrag, u.a. auf Kaufpreisrückzahlung, und der Anspruch auf großen Schadensersatz kann der Käufer nach § 29 ZPO dort geltend machen, wo sich das Zug-um-Zug zurückzugewährende Fahrzeug befindet.

§ 10 Die Gruppenfreistellungsverordnung

I. Einleitung

1014 Zum 1.10.2002 ist die neue europäische Gruppenfreistellungsverordnung für den Kraftfahrzeugsektor (GVO) in Kraft getreten. Sie regelt auf dem Gebiet der europäischen Union eine Freistellung von Wettbewerbsbeschränkungen für den Sektor des Automobilvertriebs.[649] Dies ist aus kartellrechtlicher Sicht nach Art. 81 Abs. 3 des EG-Vertrages als Ausnahmeregelung möglich und nötig, da in Abs. 1 grundsätzlich Vereinbarungen zwischen Unternehmen verboten werden, die den zwischenstaatlichen Handel beeinträchtigen oder eine Wettbewerbsbeschränkung bewirken können, wie es bei den bestehenden Kfz-Vertriebssystemen und den ihnen zugrunde liegenden Vereinbarungen der Fall ist.

1017 Die bisherige GVO sollte an Veränderungen in wettbewerbsrechtlicher und -politischer Hinsicht angepasst werden; insbesondere bezweckte die EU-Kommission eine Stärkung der Automobilhändler und Werkstätten gegenüber den Herstellern.[650] Dahinter steht als Leitgedanke der neuen GVO die Verbesserung der Käuferposition überall in der EU, indem der Wettbewerb in Vertrieb und Service gesteigert wird und den europäischen Verbrauchern daraus konkrete Vorteile beim Neuwagenkauf und der Wartung erwachsen. Gefördert wird dies u.a. durch die Chance zu neuen Vertriebsverfahren. Zudem sollen der grenzüberschreitende Kauf sowie ein Angebotsvergleich für den Verbraucher einfacher werden.[651]

1019 Eine Angleichung der bereits vor dem 1.10.2002 bestehenden Verträge an die neue GVO hatte bis zum 30.9.2003 zu erfolgen. Nur die Niederlassungsfreiheit tritt erst zum 1.10.2005 in Kraft; ab diesem Zeitpunkt ist es den Händlern im selektiven Vertrieb möglich, überall im gemeinsamen Markt Vertriebsstätten zu eröffnen.

II. Wesentliche Änderungen

1020 Nach Ansicht der EU-Kommission ist die Neuauflage der GVO gekennzeichnet durch weniger Vorgaben und mehr Wahlmöglichkeiten für Hersteller, Händler, Vermittler und Verbraucher. Dies stärke die Entwicklung innovativer Vertriebsmethoden und verbessere den Wettbewerb.[652]

---

649 Siehe vertiefend dazu: *Roninger/Hemetsberger,* Kfz-Vertriebneu 2003; *Diez*, GVO 2002; *Ensthaler/Funk/Stopper*, Handbuch des Automobilvertriebsrechts 2003; *Creutzig*, EG-GVO für den Kfz-Sektor 2003; sowie Aufsätze von: *Creutzig*, EuZW 2002, 560 ff.; *Creutzig*, BB 2002, 2133; *Wendel*, wrp 2002, 1395 ff.; *Pfeffer*, NJW 2002, 2910 ff.; *May*, DAR 2002, 402 ff.; *Polley/Seeliger*, EWS 2002, 507 ff.; *Ensthaler*, WuW 2002, 1042 ff.

650 *Creutzig*, EG-GVO 1. Teil, Rn 184; *May*, DAR 2002, 402, 402.

651 EURpäische Kommision, Pressemitteilung IP/02/196, sowie MEMO/02/18, 5.2.2002.

652 Leitfaden der EU Kommission zur GVO 1400/2002, 13, 14.

II. Wesentliche Änderungen § 10

1. Vertriebssysteme

Der Hersteller unterliegt hinsichtlich des Neuwagenvertriebs einem Wahlzwang zwischen selektivem und exklusivem Vertrieb.[653] **1022**

In selektiven Vertriebssystemen verpflichten sich die Lieferanten ihren Absatzmittlern gegenüber, die Fahrzeuge nur über Händler zu vertreiben, die aufgrund festgelegter Kriterien ausgewählt werden, die qualitativer und/oder quantitativer Natur sind. **1023**

Qualitative Vorgaben bestehen etwa hinsichtlich des personellen Qualifikationsniveaus, des Verkaufs der vollständigen Fahrzeugpalette, wobei der Händler nicht verpflichtet ist, alle Fahrzeuge der Palette auf Lager zu halten. Weitere Kriterien sind etwa der Standort des Geschäftssitzes, Ausstattung und Größe der Ausstellungsfläche und das Vorhandensein von Vorführwagen. **1024**

Durch quantitative Auswahlkriterien wird die Anzahl der Händler unmittelbar begrenzt. Merkmale dieser Art sind beispielsweise die Vereinbarung von Mindestabnahmemengen pro Jahr oder eines Mindestumsatzes.[654] **1025**

Die Händler im selektiven Vertriebssystem können innerhalb des gesamten EU-Gebietes Fahrzeuge aktiv und passiv an Kunden vertreiben; der Hersteller ist aber berechtigt, den Verkauf an Wiederverkäufer wie Supermarktketten oder reine Internet-Anbieter zu untersagen. **1026**

Bis zum 1.10.2005 ist die aktive Verkaufsmöglichkeit der Händler auch durch die Standortklausel eingeschränkt. Sie garantiert dem Händler zwar, dass sich kein anderer Händler in dem Gebiet niederlässt. Andererseits kann der Hersteller die Händler zum ausschließlichen Verkauf von ihrem Geschäftssitz aus verpflichten, wodurch es dem Händler verwehrt bleibt, Verkaufsstellen oder Zweigniederlassungen in Hochpreisländern zu eröffnen, die auf Kunden eine weitaus anziehendere Wirkung als Werbung per E-Mail oder Besuche bei Endverbrauchern hätte, die Wert auf persönliche Beratung, Probefahrten und Kundendienst legen. **1027**

Die Hersteller befürchten hingegen den völligen Verlust der Möglichkeit zur quantitativen Selektion. Dies ist so nicht richtig, da sie weiterhin Einfluss auf die Händleranzahl, nicht jedoch auf die Anzahl der Betriebsstätten oder Verkaufsstellen haben. Die zuvor bestehende umfassende Kontrolle über Aufbau und Verzweigung des Händlernetzes geht den Herstellern verloren. Die Zahl der Händler im Vertriebsnetz wird durch den Wegfall der Standortklausel jedoch nicht erhöht. **1028**

Exklusiver Vertrieb bedeutet, dass der Hersteller ausgesuchten Händlern ein exklusives Vertragsgebiet zuteilt, in dem der jeweilige Händler aktiv und passiv, außerhalb des Territoriums nur passiv, Fahrzeuge verkaufen kann. Der Hersteller kann dem Exklusivhändler einen Weiterverkauf an Wiederverkäufer allerdings nicht untersagen. **1029**

---

653 *Roniger/Hemetsberger*, Rn E 90; *Bucher*, DAR 2003, 451, 453; Leitfaden der Kommission zur GVO 1400/2002, 13.
654 *Buchner*, DAR 2003, 451, 453 m.w.N.

1030 Die GVO enthält somit keine Freistellung für Vertriebsvereinbarungen zur Beschränkung des passiven Verkaufs im exklusiven System und des aktiven Verkaufs im selektiven System.[655]

1031 Freigestellt ist weiterhin die sogenannte Verfügbarkeitsklausel, die den Lieferanten verpflichtet, Händler in allen Mitgliedsstaaten mit Kraftfahrzeugen zu beliefern, welche in anderen Mitgliedsstaaten gängigen Spezifikationen, wie z.B. Rechtslenkung, haben, soweit der Händler das Fahrzeug im Rahmen seines Vertragsprogramms vertreibt. Diese Klausel erleichtert dem Endverbraucher grenzübergreifende Käufe, die allerdings hinsichtlich der Spezifikation mit einem Zuschlag versehen sein können, wenn er unterschiedliche Produktions- oder Vertriebskosten wiederspiegelt und die Höhe objektiv zu begründen ist.[656]

1033 Die GVO enthält erstmals für den Fahrzeugsektor Marktanteilsschwellen, deren Einhaltung Voraussetzung der Freistellung ist. Freigestellt sind quantitative selektive Vertriebssysteme für den Neuwagenverkauf bis zu einem Marktanteil von 40% des Herstellers. Im quantitativen selektiven Vertriebssystem ist der Ersatzteilvertrieb und der Kundendienst sowie das exklusive Vertriebssystem bis zu einem Marktanteil von 30% freigestellt. Überschreitet ein Marktanteil diese Schwellen, kann im Rahmen einer Einzelprüfung auf das Gesuch des Herstellers hin eine Lösung auf der Grundlage der Leitlinien für vertikale Beschränkungen gesucht werden, die in Einklang mit Art. 81 Abs. 3 EGV zu bringen ist, ohne das per se die gesetzliche Vermutung besteht, das Vertriebssystem sei illegal. Ohne Begrenzung durch Marktschwellenteile sind qualitative selektive Vertriebssysteme in der GVO freigestellt worden.

1035 Der Hersteller kann innerhalb eines Vertriebssystems keine Kombination von selektivem und exklusivem Vertrieb mehr wählen, sondern muss sich für eines der beiden entscheiden. Prognostiziert wird daher langfristig eine Bevorzugung des selektiven Vertriebssystems, um den Handel mit Wiederverkäufern weitgehend zu eliminieren und somit die Kontrolle über den Absatz zu behalten.[657]

2. Mehrmarkenvertrieb

1036 Beschränkungen, die der Hersteller bislang hinsichtlich eines Mehr-Marken-Vertriebs machen konnte, fallen nicht länger unter die Freistellung durch die GVO. Die kostenintensiven Bedingungen des Herstellers haben den Vertrieb mehrerer Marken weitgehend unterbunden, indem getrennte Verkaufslokale, getrennte Geschäftsführung und Rechtspersönlichkeit vorausgesetzt wurden. Die GVO erleichtert den Mehr-Marken-Vertrieb, an dem von Käuferseite zunehmend mehr Interesse besteht und der im Hinblick auf die Förderung des Preiswettbewerbs dienlich ist, indem seitens des

---

655 *Creutzig*, EG-GVO 1. Teil, Rn 194 ff.
656 Leitfaden der EU Kommission zur GVO 1400/2002, 47.
657 *Bechtold*, NJW 2003, 3729, 3730 f.; *May*, DAR 2002, 402, 403 f.; *Pfeffer*, NJW 2002, 2910, 2913; *Creutzig*, EG-GVO 1. Teil, Rn 197 ff., 242.

Händlers lediglich eine Verwechselungsgefahr der unterschiedlichen Marken ausgeschlossen werden muss.[658]

3. Vertriebspartner

Für den Händler hält die neue GVO die fakultative Trennung des Neuwagenverkaufs vom Kundendienst und Ersatzteilvertrieb bereit. Die alte GVO berechtigte den Hersteller, jeden Händler im Vertriebsnetz zu verpflichten, sowohl im Verkauf als auch im Kundendienst zu agieren, eine Abweichung davon war nur mit Zustimmung des Herstellers möglich. Mit der Aufhebung dieser Koppelung in der neuen GVO kann sich ein Händler z.b. auf den Neuwagenverkauf spezialisieren, indem er vertraglich den Kundendienst und Ersatzteilvertrieb auf eine Herstellerwerkstatt des Vertriebsnetzes überträgt. Da der Servicebereich für den Händler jedoch oft am ertragreichsten ist, wird diese Trennung in der Praxis nicht oft vollzogen werden.[659] 1040

Im Bereich des Kundendienstes galten hinsichtlich einer Selektion durch den Hersteller qualitative und quantitative Vorgaben, entsprechend der Verknüpfung zwischen Vertrieb und Kundendienst. Praktisch wird nach der neuen GVO aufgrund der Marktanteilsschwelle von 30% bei der quantitativen Selektion für Servicedienstleistungen, die üblicherweise weit überschritten wird, nur noch eine rein qualitative Selektion, die unbeschränkt freigestellt ist, stattfinden. Erfüllen Werkstätten die Qualitätsstandards, hat der Fahrzeugproduzent sie in das Vertriebsnetz aufzunehmen. Händler, deren Verträge im Zuge einer Schrumpfung des Vertriebsnetzes gekündigt wurden oder werden sollten, können durch die veränderten Voraussetzungen Bestandteil des Vertriebssystems werden bzw. bleiben. Freie Werkstätten, die den Qualitätsstandards entsprechen, haben einen Anspruch darauf, als autorisierte Werkstatt ins System integriert zu werden. 1044

Durch diese Neuerungen wird das Ziel der EU Kommission, die Wettbewerbsposition der Händler und unabhängigen Werkstätten zu festigen, gestützt. Für den Verbraucher hat der verstärkte Wettbewerb um die Erfüllung der Qualitätskriterien der Hersteller zur Aufnahme ins Netz Vorteile, da er im Servicebereich nach Einschätzung des ADAC tendenziell zu sinkenden Preisen führen wird. Einem Absinken des Leistungsniveaus aufgrund eines verschärften Konkurrenz- und Preiskampfes, ist durch Kontrollen der Hersteller zu begegnen.[660] 1048

Die GVO verpflichtet die Hersteller, allen unabhängigen Marktbeteiligten, also vor allem den freien Werkstätten, aber z.B. auch Pannendiensten und Automobilclubs, den Zugang zu technischen Informationen zu gewährleisten und zwar in einem zur 1050

---

[658] *May*, DAR 2002, 402, 403; *Creutzig*, EG-GVO 1. Teil, Rn 78 ff., 201; *Reinking/Eggert*, Rn 9.
[659] *Creutzig*, EG-GVO 1. Teil, Rn 185; *Pfeffer*, NJW 2002, 2910, 2913 f.
[660] Autohaus online Autohandel, Artikel v. 17.7.2002; *May*, DAR 2002, 402, 404; a.A. *Creutzig*, EG-GVO 1. Teil, Rn 255 ff., geht entgegen der Kommission nicht von einer Wettbewerbssteigerung und Preissenkung, sondern einer Preissteigerung aus.

§ 10 Die Gruppenfreistellungsverordnung

Vorgängerregelung erweiterten Umfang. Bezweckt wird wiederum die Stärkung des Wettbewerbs um Servicedienstleistungen, indem eine Isolierung des Marktes gegen freie Werkstätten unterbunden wird.[661]

1051 Kraftfahrzeuglieferanten müssen technische Informationen, die für Umweltschutzmaßnahmen, zur Instandsetzung und Wartung der Fahrzeuge einer Marke erforderlich sind, unverzüglich und ohne Diskriminierung weitergeben. Der Anspruch umfasst neben den technischen Informationen zusätzlich den Zugang zu Diagnosegeräten, speziellem Werkzeug und fachlicher Ausbildung zu einem angemessenen Preis. Der Hersteller verliert bei Verletzung der unter Art. 4 der Verordnung aufgeführten schwerwiegenden, wettbewerbsverletzenden Beschränkungen (Kernbeschränkungen) die Freistellung für sein gesamtes selektives oder exklusives Vertriebsnetz.[662]

1055 Auch der Vertrieb von Ersatzteilen ist an qualitative Standards des Herstellers gebunden, bei deren Erfüllung ein Ersatzteilvertriebsvertrag beansprucht werden kann, falls der Hersteller sich nicht den alleinigen Vertrieb der Originalersatzteile gesichert hat. Der Begriff der Originalersatzteile ist zudem neu definiert worden. Darunter sind qualitativ gleichwertige Bauteile zu verstehen, die für die Montage des Neufahrzeugs geeignet sind und den Spezifizierungen und Anforderungen des Fahrzeugproduzenten entsprechen. Daher können auch unmittelbar beim Ersatzteilhersteller produzierte Teile als Originalersatzteile bezeichnet werden mit dem Effekt, dass die vom Hersteller für solche Teile veranschlagten Preiszuschläge bei der Weitergabe an Werkstätten vermieden werden und an den Verbraucher weitergegeben werden können.

III. Auswirkungen der neuen GVO für den Verbraucher

1058 Die Gruppenfreistellungsverordnung ermöglicht dem Verbraucher den Erwerb von Neufahrzeugen innerhalb der gesamten EURpäischen Union. Derzeit kann sich der Käufer die divergierenden Neuwagenpreise in den unterschiedlichen Mitgliedstaaten zunutze machen. In bestimmten kleinen Mitgliedstaaten, wie Dänemark, Finnland und Griechenland ist der Nettopreis am niedrigsten, die höchsten Preise wurden in Deutschland und Österreich gezahlt. Ein Preis-Bericht vom Mai 2003 weist ein Gefälle bei 8,5% der untersuchten Fahrzeuge von mindestens 20% aus zwischen dem günstigsten und dem teuersten EU-Staat.[663] Daher ist gerade für den deutschen Verbraucher die Möglichkeit einer Einsparung gegeben. Zudem richtet sich die Besteuerung bei Erwerb eines Fahrzeugs im Ausland zum Privatgebrauch als Ausnahme zum Ursprungslandprinzip nach dem Bestimmungslandprinzip, dass ansonsten für Unternehmer Anwendung findet. So hat ein deutscher Käufer, der in Dänemark ein Fahrzeug erwirbt, die hiesigen 16% Umsatzsteuer vom Nettokaufpreis, den er in Däne-

---

661 Siehe bereits Erwägungsgrund 26 zu GVO 1475/95.
662 Leitfaden der Kommission zur GVO 1400/2002, 31.
663 http://europa.eu.int/comm/competition/car_sector/price_diffs/2003_05.pdf.

mark entrichtet hat, innerhalb von zehn Tagen nach der Einfuhr zu zahlen.[664] Allerdings wird allgemein, entgegen der Ansicht der EU-Kommission, mit einer Angleichung der Auto-Nettopreise auf hohem Niveau gerechnet, was den Anreiz für Reimporte entfallen ließe.[665]

Wird das Fahrzeug im innereuropäischen Ausland erworben, richtet sich allerdings der Kaufvertrag und alle weiteren Rechte und Pflichten nach dem nationalen Recht des Mitgliedsstaates, in dem der Händler sein Unternehmen führt. Ein Mindeststandard der Sachmängelhaftung wurde jedoch für Europa durch die Verbrauchgüterkaufrichtlinie für Kaufverträge zwischen Unternehmern und Verbrauchern festgelegt und garantiert dem Verbraucher Mindestrechte, allerdings nur, soweit die Umsetzung in nationales Recht erfolgt ist. Hinsichtlich der Haftung inländischer Vertragshändler für im Ausland fabrizierte Fahrzeuge besteht lediglich ein Mängelbeseitigungsanspruch des Käufers, weitergehende Ansprüche sind allerdings gegen den ausländischen Vertragspartner zu richten.[666]

1062

---

[664] *Buchner*, DAR 2003, 451, 452; *Reinking/Egggert,* Rn 445.
[665] Darstellung ebenfalls bei *Buchner*, DAR 2003, 451, 456.
[666] Dazu *Reinking/Eggert,* Rn 543 ff., m.w.N.

§ 1

Teil 2: Der Gebrauchtwagenkauf

§ 1 Kaufvertrag

I. Abgrenzung Gebraucht/Neu

Der Gesetzgeber macht Unterschiede zwischen dem Kauf **gebrauchter** und **neuer** Sachen für die vertragliche **Verkürzung der Mängelhaftungsfrist** beim Verbrauchsgüterkauf (§ 475 Abs. 2), dem **Rückgriffsrecht des Unternehmers** (nur bei neuen Sachen, § 478), bei **Versteigerungen** als Verbrauchsgüterkauf (§ 474 Abs. 1 S. 2) und für den **Mängelhaftungsausschluss durch AGB** (§ 309 Nr. 8b). Im Übrigen bündeln sich die jeweiligen Vertragsgestaltungen und rechtlichen Lösungswege für die beiden Lebenssachverhalte, so dass der Kauf eines gebrauchten Pkw einer gesonderten Darstellung bedarf.   1300

Gebrauchte Fahrzeuge sind solche, die dem bestimmungsgemäßen Gebrauch eines Verkehrsmittels noch nicht zugeführt wurden.[1] Schon bei einer Fahrleistung von 103 km ist von einem gebrauchten Fahrzeug auszugehen, wenn es sich nicht um eine Überführungs- und Testfahrt gehandelt hat.[2] Als „gebraucht" gelten noch nicht genutzte Fahrzeuge darüber hinaus auch dann, wenn sie durch Standzeit bedingte Mängel aufweisen, z.B. Lack- oder Rostschäden,[3] es sei denn, die Schäden sind fachgerecht und rückstandslos repariert,[4] oder wenn die Standzeit mehr als zwölf Monate beträgt.[5] Eine Überführungsfahrt von 450 km macht dagegen aus einem Neu- noch kein Gebrauchtfahrzeug,[6] auch nicht eine Tages- oder Kurzzulassung,[7] wohl aber eine Zulassung (auch ohne Nutzung) von fünf Wochen.[8]   1304

Als „**fabrikneu**" darf ein Fahrzeug auch dann nicht bezeichnet werden, wenn das betreffende Modell im Zeitpunkt des Verkaufs nicht mehr unverändert hergestellt wird,[9] z.B. wenn die aktuelle Serie einen vergrößerten Tank aufweist.[10] Es handelt sich dann um ein **Auslaufmodell** oder **Bestandsfahrzeug** mit niedrigerem Marktwert. Als „**Neufahrzeug**" darf es aber dann ohne Rechtsfolgen für den Verkäufer bezeichnet werden, wenn dem Käufer bekannt ist, dass es nicht aus der aktuellen Modellreihe stammt und mit einem erheblichen Preisnachlass verkauft wird.[11]   1306

---

1 BGH NJW 1980, 390; *Thamm,* DAR 2003, 438; vgl. auch Rn 550 ff.
2 LG Bielefeld DAR 2002, 35.
3 BGH DAR 1980, 337; Hensslter/Graf von Westphalen/*Graf von Westphalen*, § 475 Rn 12.
4 LG Aachen ADAJUR-Archiv 65415.
5 BGH NZV 2004, 20 sowie DAR 2004, 23; hierzu *Roth,* NJW 2004, 330; vgl. auch Rn 2292.
6 OLG Stuttgart DAR 2000, 573.
7 BGH DAR 2005, 281; a.A. *Reinking,* DAR 2005, 320.
8 OLG Dresden NJW 1999, 1036 m.w.N.
9 BGH DAR 2000, 301; 2003, 510.
10 OLG Köln DAR 2005, 629.
11 OLG Köln DAR 2005, 87.

1307 Ob deshalb schon von einem **gebrauchten** Fahrzeug gesprochen werden kann, so dass bei einem – unbenutzten – Auslaufmodell die Verjährungsfrist gem. § 475 Abs. 2 BGB verkürzt werden kann, ist von der Rechtsprechung bisher nicht entschieden. Als gebraucht wird in der Regel eine Sache nur dann bezeichnet, wenn sie „gebraucht", d.h. in Benutzung genommen worden ist.[12] Für Kraftfahrzeuge ist daher entscheidend, ob es nach dem Kaufvertrag bereits zum Zwecke der Teilnahme am Straßenverkehr in Gebrauch genommen wurde.[13] Wegen des unterschiedlichen Schutzzweckes gelten insofern für die §§ 309 Nr. 8b, 474 Abs. 1 S. 2, 475 Abs. 2 und 478 andere Kriterien als für die Vereinbarung der Fabrikneuheit i.S.v. § 434 Abs. 1.[14] Ein nicht fabrikneues Fahrzeug ist also nicht automatisch als gebrauchtes Fahrzeug zu beurteilen.[15]

II. Vertragsschluss

1308 Der **Kaufvertrag** (§ 433) kommt zustande durch **Angebot** und **Annahme** (§§ 145 ff.) und bedarf keiner Schriftform. Es ist jedoch zu Nachweiszwecken zu empfehlen, und ständige Praxis, dass Pkw-Kaufverträge schriftlich geschlossen werden.

1309 Mit der **Einigung** der Parteien über Kaufgegenstand und Kaufpreis, die bei schriftlichen Verträgen durch die Unterschrift unter dem Kaufvertrag dokumentiert wird, sind die Verpflichtungen aus dem Vertrag zu erfüllen, auch wenn weder eine **Untersuchung** des Fahrzeugs noch eine **Probefahrt** stattgefunden haben. Will der Käufer sich einen Pkw sichern, ohne ihn prüfen zu können, muss er in den Kaufvertrag den ausdrücklichen Vorbehalt aufnehmen, dass eine noch durchzuführende Probefahrt keine technischen Mängel ergibt.[16]

1311 Wird das Fahrzeug mit der mündlichen Absprache übergeben, dass es ausprobiert und geprüft werden kann, ist noch kein Kaufvertrag zustande gekommen, allenfalls ein **Kauf auf Probe** (§ 454). Der Kauf kommt erst zustande, wenn der Käufer ausdrücklich den Kauf billigt, wozu ihm der Käufer auch eine Frist setzen kann (§ 455).

1313 Geschieht auf der Probefahrt ein Unfall, haftet der probefahrende Kaufinteressent stets für **grobe Fahrlässigkeit**, in der Regel aber – beim Kauf vom Händler – nicht für leichte Fahrlässigkeit, da in den meisten Fällen von einer stillschweigend vereinbarten **Haftungsfreistellung** des Probefahrers ausgegangen werden kann.[17] Der Haftungsanspruch verjährt bereits nach sechs Monaten analog §§ 558, 606.[18]

---

12 Palandt/*Putzo*, § 475 Rn 11.
13 Bamberger/Roth/*Faust*, § 474 Rn 15.
14 Bamberger/Roth/*Faust*, § 474 Rn 15; *Reinking*, DAR 2001, 8, 10.
15 *Eggert*, DAR 2004, 327, 332.
16 LG Berlin MDR 1970, 923.
17 OLG Koblenz DAR 2003, 230 m.w.N.
18 BGH NJW 1992, 2413; LG Itzehoe DAR 2003, 421.

II. Vertragsschluss § 1

1. Verbindliche Bestellung und Annahme

Gebrauchtwagenhändler verwenden häufig ein Formular „**Verbindliche Bestellung**", ohne dieses sogleich nach der Unterschrift des Käufers gegenzuzeichnen. Die Unterzeichnung allein durch den Käufer führt noch nicht zum Vertragsabschluss. Der Kaufvertrag kommt erst zustande, wenn der Händler innerhalb der Bindungsfrist die Annahme der Bestellung bestätigt oder die Lieferung ausgeführt hat. **1316**

Die **Bestätigung** sollte schriftlich, kann aber auch mündlich oder durch schlüssiges Verhalten erfolgen und ist z.b. darin gesehen worden, dass der Verkäufer das in Zahlung genommene Fahrzeug zum Zwecke des Weiterverkaufs entgegen nimmt.[19] Notwendig ist ein als Willensbestätigung zu wertendes, nach außen hervortretendes Verhalten des Verkäufers, das vom Standpunkt eines unbeteiligten objektiven Dritten aufgrund aller äußerer Indizien auf einen wirklichen **Annahmewillen** schließen lässt.[20] Danach ist noch nicht von einem stillschweigenden Vertragsabschluss auszugehen, wenn der gebrauchte Pkw sich beim Händler befindet, nach wenigen Tagen ausgeliefert werden soll und dem Händler bereits Versicherungsdoppelkarte und Personalausweis für die Anmeldung ausgehändigt wurden.[21] **1318**

Die **Dauer der Bindungsfrist** für den Käufer beträgt in der Regel zehn bis 14 Tage.[22] Versäumt der Händler die fristgerechte Lieferung oder Annahmeerklärung, ist der Käufer an seine Bestellung nicht mehr gebunden. Die verspätete Lieferung oder Annahmeerklärung durch den Händler gilt als **neuer Antrag** (§ 150), den der Käufer ablehnen kann. **1320**

> *Praxistipp* **1322**
> Hat der Käufer beim Händler eine **verbindliche Bestellung** unterzeichnet und möchte er das Kfz wegen „**Kaufreue**" nicht abnehmen und bezahlen, sollte er auf keinen Fall vor Ablauf von 14 Tagen an den Verkäufer herantreten, um diesen nicht dazu zu veranlassen, innerhalb der Bindungsfrist die Bestellung anzunehmen, wodurch der Vertrag erst zustande kommt. Versäumt der Verkäufer dies, kann der Käufer dem Verkäufer nämlich dann nach Ablauf von 14 Tagen mitteilen, dass er sich an seine Bestellung **nicht mehr gebunden fühlt**.

In Einzelfällen kann die Vereinbarung einer Bindungsfrist von zehn Tagen, wie sie in den Musterbedingungen des ZDK vorgesehen ist, wegen Verstoßes gegen § 308 Nr.1 unwirksam sein[23] mit der Folge, dass die Annahmeerklärung des Verkäufers ab dem elften Tag den Vertrag nicht zustande kommen lässt. **1324**

---

19 OLG Düsseldorf OLGR 1998, 153.
20 BGH NJW 2004, 287.
21 OLG Düsseldorf MDR 2001, 86.
22 OLG Köln NJW-RR 1993, 1404; *Reinking/Eggert*, Rn 1082.
23 LG Bremen DAR 2003, 561 für den Fall eines Barverkaufs ohne Inzahlungnahme eines Altfahrzeugs.

2. Lieferfristen

1327 **Lieferfristen** sind **verbindlich**, wenn sie nicht ausdrücklich als unverbindlich gekennzeichnet wurden. Bei den vom ZDK empfohlenen Bedingungen (III.1.) beginnen vereinbarte Lieferfristen „mit Vertragsabschluss". Obwohl dieser erst mit der Annahmeerklärung durch den Händler oder der Lieferung des Fahrzeugs zustande kommt, sind verbindliche Lieferfristen schon ab dem Zeitpunkt der „verbindlichen Bestellung" zu berechnen.[24] Der Käufer macht sich nämlich die Zusage eines verbindlichen Liefertermins durch den Verkäufer mit seiner Bestellung zu Eigen, so dass er i.S.d. § 148 eine der zugesagten Lieferzeit entsprechende Annahmefrist setzt. Wird also „Lieferung in drei Tagen" zugesagt, verkürzt dies die sonst dem Verkäufer zuzubilligende Annahmefrist von 14 Tagen auf drei Tage, so dass der Käufer an seinen Kaufantrag nicht mehr gebunden ist, wenn nicht innerhalb von drei Tagen geliefert wurde; eine Lieferung am vierten Tag kann er also ablehnen.

1329 Läuft ein **unverbindlicher Liefertermin** ab, muss der Verkäufer noch in **Verzug** gesetzt werden, bevor der Käufer zurücktreten (Rn 1690) oder Schadensersatz (Rn 1854) beanspruchen kann.

3. Verpflichtungen des Verkäufers

1331 Aus dem Kaufvertrag folgt die **Verpflichtung** des Verkäufers:
- dem Käufer das Fahrzeug nebst Zubehör und Papieren zu **übergeben,**
- dem Straßenverkehrsamt und der Versicherung **Mitteilung vom Verkauf** zu machen,
- dem Käufer das **Eigentum** an dem Fahrzeug zu verschaffen,
- dem Käufer das Fahrzeug **frei von Sach- und Rechtsmängeln** zu verschaffen.

a) Übergabe

1333 Der Verkäufer hat dem Käufer innerhalb der Lieferfrist (Rn 1327) den **Besitz**, also die tatsächliche Gewalt (§ 854) zu verschaffen, was in der Regel durch die Übergabe des Fahrzeugschlüssels geschieht. Andernfalls gerät er in Verzug (Rn 1901). Die Übergabe der Kfz-Papiere allein genügt nicht,[25] auch nicht für den Vollzug einer **Schenkung** i.S.d. § 518 Abs. 2.[26]

1335 Falls der Verkäufer das Kfz zunächst noch behält, z.B. zwecks Behebung eines Fehlers, kann er seiner Übergabeverpflichtung bereits durch Einräumung des **mittelbaren Besitzes** (§§ 930, 868) nachkommen. Es muss zwischen den Parteien dann ausdrücklich oder stillschweigend ein konkret bestimmtes Rechtsverhältnis wie Leihe, Verwahrung

---

[24] *Reinking/Eggert*, Rn 1097: unverbindliche Lieferfristen sollen dagegen erst ab Vertragsschluss beginnen.
[25] BGH NJW 1978, 1854.
[26] OLG Karlsruhe DAR 2005, 628.

oder ähnliches begründet worden sein, aufgrund dessen der Verkäufer die unmittelbare Sachherrschaft noch ausübt, jedoch abgeleitet vom Besitzrecht des Käufers.[27]

Der **Verkäufer** trägt die **Kosten der Übergabe** des Fahrzeugs (die eher selten entstehen), der **Käufer** die **Kosten des Transports** des Fahrzeugs an einen anderen Ort als den Erfüllungsort (§ 447), sofern die Parteien nichts Abweichendes vereinbaren. Zu übergeben ist auch das gesamte **Zubehör** des Fahrzeugs (§§ 311c, 97). 1337

Hinsichtlich des **Fahrzeugbriefs** folgt die Verpflichtung zur Übergabe aus § 952 analog i.V.m. § 985.[28] Sie wird darüber hinaus als vertragliche Hauptpflicht angesehen, die auch den Verkäufer zur Verschaffung des Briefs verpflichtet, der nicht Eigentümer des Fahrzeugs und Briefs ist (z.b. Kommissionär).[29] 1339

Hinsichtlich des **Fahrzeugscheins** und anderer Fahrzeugdokumente wie z.B. Serviceheft, TÜV-Bericht und ASU-Bescheinigung, wird entweder eine entsprechende kaufvertragliche Nebenpflicht des Verkäufers angenommen,[30] die auch den Rechtsgedanken der §§ 402, 413 entspricht, oder es wird eine stillschweigende, die Übernahme der Fahrzeugdokumente umfassende Einigung bejaht.[31] 1340

Erfolgt keine Übergabe von Fahrzeugschein oder -brief, stellt dies für den Verkäufer eine mit Bußgeld bedrohte **Ordnungswidrigkeit** dar (§ 27 Abs. 3 S. 1 Hs. 2 i.V.m. § 69a Abs. 2 Nr. 12 StVZO). 1342

b) Mitteilungspflicht

Der Verkäufer hat der **Zulassungsstelle** Name und Anschrift des Erwerbers mitzuteilen (§ 27 Abs. 3 S. 1 Hs. 1 StVZO) und kann diese Verpflichtung auch nicht vertraglich auf den Käufer übertragen.[32] Diese **Anzeigepflicht** des Verkäufers stellt jedoch kein Schutzgesetz i.S.d. § 823 Abs. 2 dar.[33] 1344

Der Verkäufer hat die Veräußerung auch der **Pkw-Haftpflichtversicherung** anzuzeigen (§ 6 Nr. 1 S. 4 AKB und § 71 Abs. 1 VVG). Nach Ablauf eines Monats droht **Leistungsfreiheit** (allerdings nur unter strengen Voraussetzungen[34]) und **Schadensersatzpflicht** des Verkäufers. 1345

Praxistipp 1347
Dem Verkäufer ist daher anzuraten, Name und Adresse des Erwerbers genau festzuhalten, am besten durch Vorlage des Personalausweises, Passes und ggf. auch der Aufenthaltsberechtigung, damit sich der Verkäufer nicht dem Vorwurf eines vorgetäuschten Verkaufs aussetzt, wenn der Käufer nicht ermittelt werden kann. Hat

---

27 Palandt/*Bassenge*, § 868 Rn 6 u. 10.
28 BGH NJW 1978, 1854; OLG Köln OLGR 2004, 119.
29 OLG Oldenburg NJW-RR 2000, 507.
30 Palandt/*Putzo*, § 433 Rn 26.
31 AG Oberhausen DAR 2000, 124 f., Service-Scheckheft.
32 LG Wuppertal VersR 1980, 1179.
33 BGH VersR 1980, 457.
34 *Prölss/Martin*, § 71 VVG Rn 4.

der Käufer keinen Wohnsitz in Deutschland, empfiehlt es sich, das Fahrzeug nur stillgelegt zu verkaufen, es vor der Übergabe stillzulegen oder es gemeinsam mit dem Käufer auf ihn umzumelden.

c) Übereignung

1349 Neben der Verpflichtung zur Übergabe steht die Verpflichtung zur **Eigentumsverschaffung**. Diese erfolgt nach den Regeln der §§ 929 ff. und setzt neben der Übergabe die Einigung voraus, dass das Eigentum übergehen soll. Der Verkäufer schuldet die Erklärung und Handlungen, die notwendig sind, damit der Eigentumsübergang erfolgt (z.b. den Nachweis der Genehmigung einer Bank als Sicherungseigentümerin).

1350 Falls der Verkäufer nicht Eigentümer des verkauften Pkw ist, erfüllt er seine Eigentumsverschaffungspflicht dennoch, wenn der Käufer gutgläubig ist und das Fahrzeug dem Eigentümer nicht abhanden gekommen ist (§§ 932, 935; vgl. Rn 2934 ff.).

d) Freiheit von Sach- und Rechtsmängeln

1352 Seit der Reform[35] wird ab 1. 1. 2002 die Sachmängelfreiheit (wie auch die Freiheit von Rechtsmängeln) der **Erfüllungspflicht** des Verkäufers zugerechnet: Der Verkäufer schuldet eine fehlerfreie Sache. Die Sachmängelhaftung wird unten ab Rn 1400 dargestellt.

4. Verpflichtungen des Käufers

1354 Der Käufer ist verpflichtet:
- dem Verkäufer den vereinbarten **Kaufpreis** zu zahlen,
- die gekaufte Sache **abzunehmen**,
- das Fahrzeug **umzumelden**.

a) Zahlungspflicht

1356 Die **Zahlung** muss Zug um Zug gegen Übergabe des gekauften Fahrzeugs erfolgen. Es besteht keine Vorleistungspflicht (§ 320 Abs. 1 S. 1). Abweichende Vereinbarungen, wie z.b. **Stundungsabreden**, sind zulässig. Die Beweislast hierfür liegt beim Käufer,[36] da nach § 271 Abs. 1 der Gläubiger die Leistung sofort verlangen kann, wenn eine Zeit für die Leistung weder bestimmt noch aus den Umständen heraus zu entnehmen ist.

1358 Kommt der Käufer mit der Zahlung in **Verzug** (§ 286), hat er Zinsen in Höhe von mindestens 5% über dem jeweiligen Basiszinssatz gem. Art. 1 § 1 Diskontsatz-Überleitungsgesetz zu zahlen (§ 288), 8% bei Kaufverträgen, an denen ein Verbraucher nicht beteiligt ist (§ 288 Abs. 2).

---

35 Vgl. hierzu u.a. *Gsell*, JZ 2001, 65.
36 Palandt/*Putzo*, § 433 Rn 57.

Anstelle eines Kaufpreises kann im Vertrag auch allgemein auf einen zu ermittelnden DAT-Schätzpreis Bezug genommen werden, auch z.b. „abzüglich 20%".[37] Liegt das Ergebnis deutlich unter der vom Käufer formulierten Preisvorstellung, kommt eine Anfechtung gem. § 123 in Betracht.[38] 1360

b) Abnahmepflicht

Obwohl § 433 Abs. 2 ausdrücklich die Pflicht des Käufers vorsieht, die gekaufte Sache **abzunehmen**, wird die Pflicht überwiegend – insbesondere für den Kauf vom Händler – nur als **Nebenpflicht** angesehen.[39] Dies hat zur Folge, dass der Verkäufer insbesondere nicht vom Vertrag zurücktreten kann, falls der Käufer zwar zahlt, aber den Pkw nicht abholt. Zumindest für das **private** Direktgeschäft dürfte aber in der Regel von einer **Hauptpflicht** auszugehen sein, da der Verkäufer nur im Falle des Besitzwechsels seine aus der Haltereigenschaft (§ 7 StVG) folgende Verantwortung abgibt und er darüber hinaus häufig Platz für den neu anzuschaffenden Pkw benötigt wird.[40] Die Abnahmepflicht entfällt bei Rechts- oder Sachmängeln der Kaufsache.[41] 1362

Wird weder abgenommen noch bezahlt, haftet der Käufer auf **Schadensersatz** (§ 281 Abs. 1). Der Verkäufer ist so zu stellen, wie er bei Vertragserfüllung, also Zahlung und Abnahme, gestanden hätte.[42] Zu erstatten sind insbesondere: 1364

- der entgangene Gewinn,[43]
- nutzlose Vermarktungsaufwendungen,[44]
- Pflege- und Finanzierungskosten,[45]
- Standgeldkosten.[46]

Nicht zu berücksichtigen sind in der Regel allgemeine Geschäftskosten, wenn diese auch unabhängig vom Vertragsbruch des Käufers entstanden wären.[47] Wird das Fahrzeug von einem Händler, dessen Käufer nicht zahlt, zum gleichen Preis erfolgreich weiterverkauft (**Deckungsverkauf**), führt dies nicht zu einem Schadensausgleich des Händlers, da dieser statt des nicht abgenommenen Fahrzeugs in der Regel ein anderes Fahrzeug verkauft hätte, er also sonst aus **zwei** Geschäften Gewinn gezogen hätte.[48] 1366

Die **Pauschalierung** des Schadensersatzanspruchs in allgemeinen Geschäftsbedingungen wird überwiegend für mit § 309 Nr. 5 vereinbar gehalten, wenn der Gebraucht- 1368

---

37 BGH WM 1983, 731.
38 LG Stuttgart DAR 2003, 276.
39 Palandt/*Putzo*, § 433 Rn 44; *Reinking/Eggert,* Rn 1101.
40 Ebenso *Reinking/Eggert*, Rn 1065.
41 Palandt/*Putzo*, § 433 Rn 45.
42 BGH NJW 1994, 2480.
43 BGH NJW 1989, 1669.
44 *Reinking/Eggert,* Rn 1107.
45 OLG Köln NJW-RR 1993, 1404.
46 *Reinking/Eggert,* Rn 1107.
47 BGH NJW 1989, 1669.
48 BGH NJW 1994, 2478.

wagenhändler kein Neuwagengeschäft betreibt und ein Betrag von 15% nicht überschritten wird.[49] Die GWVB des ZDK sehen in Abschn. 4 Ziffer 2 eine Pauschale von 10% vor. Dem Käufer steht das Recht zu, einen niedrigeren Schaden nachzuweisen. Wird ihm dies nicht zugestanden, ist die Klausel gem. § 309 Nr. 5b unwirksam.

c) Ummeldepflicht

1370 Der Käufer hat unverzüglich bei der für den neuen Standort des Fahrzeugs zuständigen Zulassungsstelle die **Neuzulassung** zu beantragen (falls das Fahrzeug nicht stillgelegt wird). Wenn dies nicht im Kaufvertrag ausdrücklich vereinbart ist, gilt es als stillschweigend vereinbart oder ist zumindest als selbständige Nebenpflicht anzusehen. Deren Nichterfüllung stellt im übrigen auch eine mit Bußgeld bedrohte **Ordnungswidrigkeit** dar (§ 69a Abs. 2 Nr. 12 i.V.m. § 27 Abs. 3 S. 2 StVZO) und berechtigt die Zulassungsstelle nach angemessener Fristsetzung, eine Benutzung des Fahrzeugs im Verkehr zu untersagen und das Fahrzeug zwangsweise **stillzulegen** (§ 17 Abs. 2 StVZO).

1372 An der schnellen Ummeldung hat der Verkäufer ein besonderes Interesse,
- um die **Steuerpflicht** zu beenden,
- um die **Haftpflichtversicherung** zu beenden,
- um nicht Gefahr zu laufen, durch einen Unfall des Käufers vor Ummeldung als **Halter** gem. § 7 Abs. 1 StVG in Anspruch genommen zu werden,
- um nicht für **Verkehrsübertretungen** des Käufers belangt zu werden,
- um nicht für Kosten einer **Zwangsabmeldung** und **Stilllegung** in Anspruch genommen zu werden.

1374 *Praxistipp*
Das Kfz sollte nach dem Verkauf unverzüglich bei der zuständigen Zulassungsstelle umgemeldet werden. Dazu werden benötigt:
- Fahrzeugbrief, Fahrzeugschein oder Stilllegungsbescheinigung,
- Bescheinigung über die letzte Hauptuntersuchung; AU-Bescheinigung (Abgasuntersuchung),
- Doppelkarte (Versicherungsbestätigung),
- Personalausweis oder Reisepass mit Meldebestätigung,
- Vollmacht, falls die Ummeldung durch eine dritte Person erfolgt.

d) Steuerpflicht

1376 Die Kfz-**Steuerpflicht** endet unabhängig von der Ummeldung bereits am Tag des Eingangs der Veräußerungsanzeige mit Empfangsbestätigung i.S.d. § 27 Abs. 3 S. 1 StVZO des Verkäufers bei der Zulassungsstelle (§ 5 KraftStG). Der Verkäufer hat dies also selbst in der Hand. Die Veräußerungsanzeige muss enthalten:
- Angaben zum verkauften Fahrzeug,

---

49 OLG Düsseldorf OLGR 1996, 78; OLG Celle OLGR 1995, 182; a.A. OLG Köln NJW-RR 1993, 1405.

II. Vertragsschluss   § 1

- Angaben zum Zeitpunkt der Übergabe,
- die Anschrift des Erwerbers,
- die Bestätigung des Erwerbers über den Empfang der Fahrzeugpapiere.

Soll bei einem Ratenzahlungskauf der Brief beim Verkäufer bleiben, empfiehlt sich die von beiden unterzeichnete Vereinbarung, den Brief nach Zulassung des Fahrzeugs auf den Käufer von der Zulassungsstelle an den Verkäufer schicken zu lassen. **1378**

Wird die **Veräußerungsanzeige** abgegeben, endet die Steuerpflicht, auch wenn das Fahrzeug nicht umgemeldet wird. Wird die Anzeige nicht abgegeben, endet die Steuerpflicht erst mit dem Tag der Zulassung auf den Käufer. Unterbleibt beides, ist die Zulassungsstelle zu benachrichtigen, die sich um eine Ummeldung oder bei Verbringung in das Ausland um eine Außerbetriebsetzung bemüht oder Zwangsstilllegung veranlasst. Wird das Fahrzeug nicht aufgefunden, erfolgt die Zwangsstilllegung oder (bei Fahrzeugen im Ausland) die Außerbetriebsetzung spätestens nach einem Jahr (§ 27 Abs. 5, 6 StVZO analog). Bis dahin gilt die Steuerpflicht; nur in Hamburg besteht die Möglichkeit, durch eine vorzeitige notarielle eidesstattliche Erklärung eine frühere Abmeldung und damit ein Ende der Steuerpflicht zu erreichen. **1380**

e) Versicherungspflicht

Die **Haftpflichtversicherung** geht ebenfalls unabhängig von der Ummeldung schon mit dem Verkauf auf den Käufer über (§ 6 Nr. 1 S. 1 AKB, § 69 Abs. 1 VVG). Schäden nach dem Verkauf führen also nicht zu einer Belastung des **Schadenfreiheitsrabatts** des Verkäufers. Mit der unverzüglichen Verkaufsanzeige an die Haftpflichtversicherung (§§ 6 Nr. 1 S. 4 AKB u. 71 Abs. 1 VVG) hat der Verkäufer also auch hier den Übergang der versicherungs-vertraglichen Verpflichtungen auf den Käufer selbst in der Hand. Er bleibt allerdings als Gesamtschuldner mit dem Käufer gemeinsam für das laufende Versicherungsjahr beitragspflichtig (§§ 6 Nr. 1 AKB, 69 Abs. 2 VVG). Im Innenverhältnis ist jedoch nur der Käufer zur Zahlung verpflichtet (§ 446 S. 2). **1382**

Der Käufer ist – wie der Verkäufer – verpflichtet, den Kauf der Versicherung **unverzüglich** anzuzeigen (§ 71 Abs. 1 VVG); andernfalls droht die Möglichkeit, dass die Versicherung im Schadensfall Regress bei dem Versicherungsnehmer nehmen kann (§ 71 Abs. 2 VVG). **1384**

> *Praxistipp*
> Wer beim Kauf die bestehende Haftpflichtversicherung übernehmen will, sollte sich dort vergewissern, dass kein **Prämienrückstand** besteht. Falls nämlich die Kfz-Haftpflichtversicherung gegenüber dem Verkäufer, z.B. wegen Prämienrückstandes und Rücktritt, **leistungsfrei** ist, ist sie es unabhängig davon, ob der Käufer hiervon Kenntnis hat, auch gegenüber dem Käufer.[50]

---

50 BGH NJW 1984, 1967.

f) Halterhaftung

1388 Die **Halterhaftung** gem. § 7 StVG oder wegen einer Ordnungswidrigkeit (z.b. wegen verkehrsunsicherem Zustand des Fahrzeugs) endet zwar auch ohne Ummeldung, sobald die Verfügungsgewalt über das Kfz für eine nicht nur vorübergehende Zeit entzogen ist.[51] Der Verkäufer läuft aber Gefahr, zunächst in Anspruch genommen zu werden und den Nachweis seiner nicht mehr gegebenen Haltereigenschaft führen zu müssen.

1390 Für Parkverstöße droht die Inanspruchnahme des Verkäufers gem. § 25a StVG für die Verfahrenskosten, wenn der Erwerber nicht ermittelt werden kann. Bei anderen Ordnungswidrigkeiten und strafbaren Handlungen gerät der Verkäufer zunächst in Tatverdacht und muss diesen ausräumen.

1392
> *Praxistipp*
> Dem **Verkäufer** ist zu empfehlen, mit Hilfe von Personalausweis oder Pass die persönlichen Angaben des Käufers festzustellen und in den Kaufvertrag vollständig mit Pass- oder Personalausweisnummer einzutragen und die Verkaufsmeldung sofort an die Kfz-Zulassungsstelle und die Versicherungsgesellschaft zu schicken, damit die Steuerpflicht auf den Käufer übergeht. Dem **Käufer ist** zu empfehlen, den Versicherungsschutz zu prüfen oder selbst dafür zu sorgen.

III. Widerrufsmöglichkeiten

1394 Der **Widerruf** eines abgeschlossenen Kaufvertrags gem. § 355 ist nur ausnahmsweise unter engen Voraussetzungen zulässig bei:
- Haustürgeschäften (§ 312),
- Fernabsatzverträgen (§ 312d),
- Verbraucherdarlehensverträgen (§§ 491, 495),
- Finanzierungshilfen (§§ 499–501, 495).

1396 Haustürgeschäfte sind für den Gebrauchtwagenkauf praktisch nicht relevant.[52] Fernabsatzverträge sind auch noch die Ausnahme, werden aber an Bedeutung gewinnen.[53] Verbraucherdarlehensverträge sind eher bei Neuwagenkaufverträgen anzutreffen, Finanzierungshilfen kommen beim Gebrauchtwagenkauf noch am häufigsten vor.

1398 Der Verbraucher, der nicht als Strohmann für einen Händler auftreten darf,[54] kann bei einem entgeltlichen Darlehensvertrag zwischen einem Unternehmer und einem Verbraucher zur Finanzierung eines Gebrauchtwagenkaufs die auf den Abschluss des Darlehensvertrags gerichtete Erklärung ohne Begründung innerhalb von **zwei Wo-**

---

51 BGH DAR 1997, 108.
52 Vgl. Rn 87 ff.
53 Vgl. Rn 42 ff. u. 2990 ff.
54 BGH zfs 2002, 340.

chen schriftlich widerrufen[55] (§ 355 Abs. 1). Dies hat zur Folge, dass der Verbraucher auch an den damit verbundenen Pkw-Kaufvertrag nicht mehr gebunden ist (§ 358 Abs. 2). Die Widerrufsfrist beginnt zu laufen, sobald dem Käufer eine deutlich gestaltete und von ihm selbst gesondert zu unterzeichnende **Belehrung** über sein Widerrufsrecht ausgehändigt worden ist (§ 355 Abs. 2). Unterbleibt diese Belehrung, erlischt das Widerrufsrecht nicht (§ 355 Abs. 3 S. 3). Das Gleiche gilt, wenn der Verkäufer als Unternehmer dem Käufer als Verbraucher Zahlungsaufschub (§ 499) oder Teilzahlungen (§ 501) gewährt oder mit ihm ein Finanzierungsleasing vereinbart (§ 500).[56]

Kommt es nicht zur Finanzierung, ist ein Widerruf nicht möglich. In der Regel ist aber der Kaufvertrag **auflösend bedingt** durch den Abschluss des geplanten Darlehnvertrags, wenn im Einzelfall keine gegenteiligen Anhaltspunkte vorliegen.[57]

---

[55] Vgl. hierzu zuletzt OLG Dresden MDR 2000, 407.
[56] Einzelheiten hierzu bei Dauner-Lieb/Heidel/Lepa/*Ring*, § 12.
[57] OLG Düsseldorf DAR 2005, 625.

§ 2 Sachmängelhaftung

1400 Der Verkäufer hat dem Käufer das Fahrzeug **frei** von **Sach- und Rechtsmängeln** zu verschaffen (§ 433 Abs. 1 S. 2). Wird diese Pflicht verletzt, folgen hieraus für den Käufer **Mängelansprüche** (§ 437) gegen den Verkäufer.

> *Praxistipp*
> Es ist insbesondere bei Importkäufen und Verkäufen durch Personen, die nicht Halter des Fahrzeuges sind, genau zu prüfen, gegen **wen** die Ansprüche als Verkäufer zu richten sind. Sachmängelansprüche bestehen nicht gegen den Vermittler (vgl. zu dessen Haftung Rn 2984), was vor allem beim Importvermittler von EU-Fahrzeugen leicht übersehen werden kann.[58]

I. Sach- und Rechtsmängel

1403 Der **Sachmangelbegriff**[59] wird in § 434 negativ definiert, d.h. die Kaufsache ist frei von Sachmängeln, wenn sie bei Gefahrübergang die **vereinbarte Beschaffenheit** hat (§ 434 Abs. 1 S. 1).

1405 Soweit die Beschaffenheit nicht vereinbart ist, ist die Sache frei von Sachmängeln, wenn sie sich für die **nach dem Vertrag vorausgesetzte Verwendung** eignet (§ 434 Abs. 1 S. 2 Nr. 1).

1407 Falls keine vertraglich vorausgesetzte Verwendung feststellbar ist, ist sie mängelfrei,
- wenn sie sich für die **gewöhnliche Verwendung** eignet und eine Beschaffenheit aufweist, die bei Sachen der **gleichen Art üblich ist** und die der Käufer nach Art der Sache erwarten kann (§ 434 Abs. 1 S. 2 Nr. 2),
- insbesondere aufgrund von **öffentlichen Werbeaussagen** oder der Kennzeichnung (§ 434 Abs. 1 S. 3).

1409 Aus der Negativdefinition folgt keine Umkehr der **Beweislast**; hat der Käufer den Pkw als Erfüllung angenommen, trägt er die Beweislast für die Mängel;[60] weist er ihn jedoch unter Berufung auf die fehlende Vertragsmäßigkeit zurück, ist es Sache des Verkäufers, die Vertragsmäßigkeit und damit das Fehlen von Mängeln zu beweisen[61] (zum Verbrauchsgüterkauf vgl. Rn 2824 ff.).

1410 Maßgeblicher Zeitpunkt für das Vorliegen eines Sachmangels ist der des „**Gefahrübergangs**", in dem die Preisgefahr auf den Käufer übergeht, also in der Regel bei **Übergabe** (§ 446), beim Versendungskauf bei Übergabe an die Versandperson (§ 447), beim Versendungskauf im Rahmen eines Verbrauchsgüterkaufs (von einem

---

58 OLG Frankfurt DAR 2005, 284 = NJW-RR 2005, 1222.
59 Vgl. hierzu *Westermann*, JZ 2001, 530, 532; Dauner-Lieb/Heidel/Lepa/*Büdenbender*, § 8 Rn 29 ff.
60 AG Homburg zfs 2004, 411; MüKo/*Westermann*, § 434 Rn 6 u. 48
61 Bamberger/Roth/*Faust*, § 434 Rn 119.

Unternehmer an einen Verbraucher) jedoch wiederum erst bei Übergabe an den Käufer (§ 474 Abs. 2).[62] Der **Annahmeverzug** des Käufers (§ 293) steht der Übergabe gleich, so dass Mängel, die **nach** Eintritt des Annahmeverzugs auftreten, keine Sachmängelhaftungsansprüche begründen.[63] Die Käuferrechte entfallen nach richtiger Auffassung,[64] wenn der im Zeitpunkt des Gefahrübergangs vorhandene Mangel vor Durchführung der Rückabwicklung wegfällt.

Jede dem Käufer ungünstige Abweichung der Ist- von der Sollbeschaffenheit löst die Käuferrechte aus; nur bei absoluten Bagatellen kann das **Schikaneverbot** (§ 226) eingreifen, wenn die Ausübung des Rechts nur den Zweck haben kann, dem Verkäufer Schaden zuzufügen.[65] Der Rücktritt (§§ 437 Nr. 2, 323 Abs. 5 S. 2, vgl. dazu Rn 1694 ff.) und der Schadensersatz statt der ganzen Leistung (§§ 437 Nr. 3, 281 Abs. 1 S. 3, vgl. dazu Rn 1882 ff.) setzen allerdings eine **erhebliche** Pflichtverletzung (vgl. Rn 1702) voraus, die Minderung wiederum nicht (§ 441 Abs. 1 S. 2, vgl. Rn 1806 ff.).   1412

1. Vereinbarte Beschaffenheitsmerkmale

a) Begriff

Der Begriff „**Beschaffenheit**" wurde vom Gesetzgeber nicht definiert.[66] Er umfasst zunächst die Eigenschaften, die der Kaufsache **unmittelbar physisch** anhaften, also alle ausdrücklichen oder konkludenten Vereinbarungen zu Qualität und Leistung, wie z.B. Laufleistung und Baujahr usw.   1414

Darüber hinaus umfasst der Begriff nach überwiegender Auffassung[67] auch **tatsächliche, wirtschaftliche** und **rechtliche Bezüge** der **Kaufsache zur Umwelt**, soweit sie ihren Grund im tatsächlichen Zustand der Sache selbst haben, ihr auf eine gewisse Dauer anhaften und die Beziehungen nach der Verkehrsanschauung einen Einfluss auf die Wertschätzung der Kaufsache auszuüben pflegen, wie z.B. **Anzahl der Vorbesitzer**[68] und **Standzeit**.[69] Teilweise wird der Begriff enger gezogen und beschränkt auf Eigenschaften, die mit dem physischen Zustand der Kaufsache zusammen hängen,[70] so dass Abweichungen beim **Zeitpunkt der Erstzulassung** (Rn 2187) und   1416

---

62 Staudinger/*Matusche-Beckmann,* § 434 Rn 126 ff.
63 MüKo/*Westermann,* § 434 Rn 44 m.w.N.
64 OLG Düsseldorf NJW-RR 1998, 1587; Staudinger/*Matusche-Beckmann,* § 434 Rn 130; Palandt/*Putzo,* § 434 Rn 8; *Reinking/Eggert,* Rn 1304; a.A. OLG Karlsruhe NJW-RR 1999, 279; LG Offenburg NJW-RR 1997, 1421.
65 *Reinking/Eggert,* Rn 1293.
66 *Eggert,* zfs 2001, 295, 296.
67 BGH NJW 1992, 2564, 2565; *Roth,* NJW 2004, 330, 331; Palandt/*Putzo,* § 434 Rn 11; *Häublein,* NJW 2003, 388 ff.; MüKo/*Westermann,* § 434 Rn 8 ff.
68 OLG Düsseldorf VRS 1963 (Bd. 105), S. 1; BGH NJW 1978, 1373; MüKo/*Westermann,* § 434 Rn 10; a.A. Bamberger/Roth/*Faust,* § 434 Rn 23; Staudinger/*Matusche-Beckmann,* § 434 Rn 45.
69 OLG Düsseldorf DAR 2003, 318; BGH DAR 2004, 23.
70 Bamberger/Roth/*Faust,* § 434 Rn 23.

der **Anzahl der Vorbesitzer** (Rn 2186) keine Sachmängelansprüche auslösen würden, sondern der Käufer seine Ansprüche nur über §§ 280 Abs. 1, 311 Abs. 2 Nr. 1 (culpa in contrahendo) durchsetzen könnte (vgl. Rn 2058).

1418 Diese Auffassung ist jedoch als zu weitgehend abzulehnen. Sie grenzt Tatbestände aus dem Sachmängelbegriff aus, die sogar regelmäßig von Pkw-Kaufvertragsparteien in den Kaufvertrag aufgenommen werden, also einer Beschaffenheitsvereinbarung ausdrücklich zugeführt werden sollen. Zwar gehören nicht alle Angaben, die zum Verkaufsgegenstand gemacht werden, zu dessen Beschaffenheit.[71] Für die Einbeziehung in den Sachmangelbegriff muss es jedoch ausreichen, dass das Kriterium (z.B. Anzahl der Vorbesitzer) Einfluss auf die Beschaffenheit haben **kann**.[72] Das trifft für die Anzahl der Vorbesitzer und die Standzeit zu, weil diese sich auf den technischen Zustand des Fahrzeuges auswirken **können**, nicht jedoch z.B. für den wertmindernden Preisfaktor der Reimporteigenschaft[73] und dem Nichtbestehen einer zu erwartenden Herstellergarantie.[74]

Die Abgrenzungsfrage tritt nur auf, wo eine – negative – Beschaffenheit **nicht** genannt wird, wie im Reimport-Fall des OLG Hamm.[75] Bedeutung erlangt die Abgrenzung vor allem wegen der längeren Verjährungsfrist von drei Jahren für Ansprüche aus §§ 280 Abs. 1, 311 Abs. 2 Nr. 1[76] (vgl. Rn 2892).

b) Vereinbarung

1422 Es muss feststellbar sein, dass **beide** Parteien von einer **bestimmten Beschaffenheit** ausgehen. Einseitig gebliebene Erwartungen des Käufers genügen nicht. Eine Vereinbarung setzt nicht voraus, dass der Verkäufer wie bei einer Garantie hierfür einstehen will[77] (vgl. auch Rn 1998 ff.).

1424 Hierzu genügen insbesondere auch **mündliche Beschreibungen** im Verkaufsgespräch oder Informationen aus einem **Telefonat**,[78] **Inserat**,[79] einem **Verkaufsschild**,[80] Beschreibungen im **Internet**[81] oder einem **Werbeanschreiben**.[82] Will der Verkäufer diese nicht gegen sich gelten lassen, muss er die Aussage ausdrücklich **widerrufen**.[83] Ob insoweit ein vorformulierter Mängelhaftungsausschluss genügt, ist umstritten.[84]

---

71 So *Häublein*, NJW 2003, 388, 390.
72 MüKo/*Westermann*, § 434 Rn 10.
73 OLG Hamm NJW-RR 2003, 1360; Palandt/*Heinrichs*, § 311 Rn 25 u. 46; vgl. auch *Muthers*, MDR 2004, 492.
74 Bamberger/Roth/*Faust*, § 434 Rn 23.
75 OLG Hamm NJW-RR 2003, 1316.
76 Vgl. hierzu *Häublein*, NJW 2003, 388 ff.
77 AG Rheda-Wiedenbrück DAR 2003, 122.
78 LG Bielefeld DAR 2001, 409.
79 OLG Köln NZV 1998, 73; NJW-RR 1990, 758.
80 BGH NJW 1981, 1268.
81 AG Aachen SVR 2005, 33.
82 OLG Düsseldorf NZV 1999, 514; LG Köln DAR 2002, 272.
83 OLG Hamm OLGR 1996, 53.
84 Dafür OLG München OLGR 1992, 113; dagegen OLG Köln NZV 1998, 73.

Praxistipp 1426
Dem Käufer ist zu empfehlen, zum Kauf einen **Zeugen** hinzuzuziehen, um im Streitfall den Inhalt des Verkaufsgesprächs und des Verkaufsschildes nachweisen zu können, insbesondere bezüglich solcher Erklärungen, die nicht in den schriftlichen Kaufvertrag aufgenommen werden. Das Zeitungsinserat bzw. der Internet-Ausdruck mit Angaben über den Wagen sollten aufbewahrt werden.

Die Beschaffenheitsvereinbarung kann auch **stillschweigend** oder durch **konkludentes Verhalten** geschlossen werden.[85] Für die Zusicherungshaftung nach altem Recht wurde dies häufig für die Fragen der Fahrbereitschaft sowie der Verkehrs- und Betriebssicherheit verneint.[86] Dabei stand dann allerdings der Gesichtspunkt im Vordergrund, dass nicht ohne weiteres von der Bereitschaft des Verkäufers ausgegangen werden kann, für alle Folgen garantiemäßig einzustehen (mit der Folge der verschärften Haftung des § 463 a.F.). Die Beschaffenheitsvereinbarung ist hierzu ein „Minus".[87] Wird kein Schrott- oder Bastlerfahrzeug verkauft, wird man in der Regel als stillschweigende Beschaffenheitsvereinbarung annehmen können, dass der Pkw fahrbereit, verkehrs- und betriebssicher ist. Verneint man dies,[88] ist zumindest ein Mangel i.S.d. § 434 Abs. 1 S. 2 Nr. 2 anzunehmen (Eignung für die nach dem Vertrag vorausgesetzte Verwendung), so dass wegen der identischen Rechtsfolgen ein Meinungsstreit nur akademischer Natur sein könnte. 1428

c) Zulässigkeitsgrenze

Ist eine Beschaffenheitsvereinbarung feststellbar, ist diese für die Frage der Fehlerfreiheit maßgeblich. Es spielt keine Rolle, ob der Qualitätsstandard gegenüber üblichen Anforderungen **angehoben** oder **abgesenkt** wird.[89] Dies bietet dem Verkäufer die Gelegenheit, durch eine genaue Beschreibung des Fahrzeugs und dessen Zustands sein Haftungsrisiko soweit wie möglich zu beschränken. Für den **Verbrauchsgüterkauf** (von Unternehmer an Verbraucher) ist die Grenze aber dort zu ziehen, wo die Zustandsbeschreibung in einen unzulässigen **Mängelhaftungsausschluss** (§ 475 Abs. 1) umschlägt. Das ist z.B. der Fall, wenn ein zum Fahren bestimmtes Fahrzeug als „Bastlerfahrzeug" verkauft wird[90] (näheres hierzu Rn 2802 ff.). 1430

d) Anpreisungen

Allgemeine **Anpreisungen** in Inseraten oder auf Verkaufsschildern wie „**Top Zustand**" u.Ä. haben mehr werbenden als beschreibenden Charakter. Sie waren vor 1432

---

85 *Eggert,* zfs 2001, 295, 296; *Reinking,* DAR 2002, 15, 16; *Reinking/Eggert,* Rn 1208 m.N. für Gegenansicht.
86 *Reinking/Eggert,* Rn 1340.
87 AG Rheda-Wiedenbrück DAR 2003, 122.
88 *Schimmel/Buhlmann,* Fehlerquellen im Umgang mit dem neuen Schuldrecht, S. 110.
89 Anwk-BGB/*Büdenbender,* § 434 Rn 6.
90 AG Marsberg DAR 2003, 322; OLG Oldenburg DAR 2004, 92; *Hermanns,* zfs 2001, 437, 438; näher differenzierend *Müller,* NJW 2003, 1975, 1977.

der Schuldrechtsreform im Rahmen der Zusicherungshaftung Gegenstand einer umfangreichen Rechtsprechung, die stets bezogen auf den Einzelfall zu unterschiedlichen Ergebnissen kam, in der Tendenz aber häufiger die Zusicherungsqualität verneinte (vgl. Rn 2078 ff.). Für Beschaffenheitsvereinbarungen, die einen Ausschnitt der Zusicherungen nach altem Recht darstellen,[91] behält diese frühere Rechtsprechung weitgehend Bedeutung, erst recht, wenn sich diese nicht auf gattungsmäßig, sondern individuell bestimmbare Eigenschaften beziehen (vgl. Rn 2006 ff.).

1434 Eine weitere Entwicklung spricht ebenfalls dafür, nur in Ausnahmefällen und nur in eingeschränktem Umfang allgemeine Anpreisungen als Beschaffenheitsmerkmale zu bewerten:

1436 Für den Verbrauchsgüterkauf (Unternehmer an Verbraucher) ist ein Ausschluss der Mängelansprüche unzulässig (§ 475). Der Händler ist also darauf angewiesen, durch eine Beschaffenheitsvereinbarung vor allem bei alten, schadenanfälligen Fahrzeugen sein Haftungsrisiko zu verringern. Hier wird die Rechtsprechung nur **konkrete Zustandsbeschreibungen** ausreichen lassen, da andernfalls der durch § 475 beabsichtigte Verbraucherschutz durch allgemeine – negative – Hinweise auf Mängelrisiken unterlaufen werden könnte (siehe Rn 1430 ff. u. 2810 ff.). Umgekehrt wird die Rechtsprechung dann aber auch konsequenterweise allgemein gehaltene positive Hinweise ebenso aus dem Begriff der ausreichend zu konkretisierenden Beschaffenheitsvereinbarungen ausgrenzen müssen. Aus der Formulierung selbst und den gesamten Begleitumständen muss sich somit entnehmen lassen, dass der Verkäufer gerade für dieses Fahrzeug im Vergleich zu anderen Gebrauchtfahrzeugen dieses Alters von einem überdurchschnittlich guten Zustand bzw. von einem unterdurchschnittlich starken Verschleiß ausgeht.

1438 Je allgemeiner die Anpreisung desto schwieriger ist diese Feststellung. Die Anpreisung „**TOP Zustand**" oder „**100% in Schuss**" ohne Eingrenzung auf Motor, Karosserie oder Technik ist so pauschal, dass insbesondere bei älteren Fahrzeugen schwerlich eine verbindliche Beschaffenheitsvereinbarung angenommen werden kann, wenn nicht besondere Umstände hinzutreten. Das muss für alle unbestimmten, nicht an individualisierenden technischen Eigenschaften des Pkw anknüpfende Anpreisungen gelten.[92]

1440 Der Formulierung „**Technisch einwandfrei**" dagegen kann durchaus auch mit vertraglichem Bindungswillen entnommen werden, dass der Pkw zumindest bei Übergabe technisch in Ordnung, betriebsbereit und verkehrssicher ist (vgl. Rn 2442).

---

[91] OLG Stuttgart DAR 1986, 2318.
[92] LG Kleve NJW-RR 2005, 422; LG Saarbrücken zfs 2001, 115 f. – Zusicherungen.

I. Sach- und Rechtsmängel § 2

Praxistipp **1442**

Allgemeine Anpreisungen wie „Tip Top" oder „Bestzustand" dürfen den Käufer nicht dazu verleiten, auf Untersuchung und Probefahrt zu verzichten, denn sie sind in der Regel rechtlich ohne Bedeutung, da sie zumeist weder als Beschaffenheitsvereinbarung noch als Garantieübernahme beurteilt werden können.

e) Beschreibungen laut Vorbesitzer

Die häufig anzutreffende Formulierung „**kein Unfall laut Vorbesitzer**" oder „**Laufleistung laut Tacho**" hat in der Regel keine verbindliche Wirkung einer Beschaffenheitsvereinbarung.[93] Die Erklärung beschränkt sich auf die Mitteilung dessen, was der Verkäufer selbst vom Vorbesitzer oder durch Ablesen des Tachos erfahren hat.[94] **1444**

Eine Beschaffenheitsvereinbarung bezüglich dem tatsächlichen Kilometerstand und der Unfallfreiheit liegt somit nicht vor. Dennoch wird in der Regel ein Mangel zu bejahen sein und zwar i.S.d. § 434 Abs. 1 Nr. 2, da die Abweichung von Laufleistung und Tacho und auch ein Unfallschaden als „unübliche Beschaffenheit" anzusehen sind, mit welcher der Käufer nicht zu rechnen braucht (vgl. Rn 2262 und 2496). **1446**

Für die Haftung des Verkäufers kommt es dann darauf an, ob er wirksam die Sachmängelhaftung ausgeschlossen hat (vgl. Rn 2714 ff.). **1448**

Praxistipp **1450**

Angaben wie „laut Vorbesitzer" oder „laut Tacho" bieten geringeren Schutz für den Käufer, da in der Regel bei Abweichungen keine Schadensersatzansprüche bestehen. Falls der Käufer ein Kfz mit einer bestimmten Laufleistung oder unfallfrei erwerben will, muss sich der Käufer beides ohne Einschränkungen ausdrücklich zusichern lassen.

2. Eignung für die nach dem Vertrag vorausgesetzte Verwendung

Gemäß § 434 Abs. 1 S. 2 Nr. 1 ist der gebrauchte Pkw mängelfrei, wenn er fährt, denn dann eignet er sich für die nach dem Vertrag vorausgesetzte Verwendung. Nur für die wenigen Fälle, in denen von einer vertraglich vereinbarten Beschaffenheit nicht ausgegangen werden kann, die Parteien aber dennoch eine bestimmte Verwendung der Kaufsache bei Vertragsabschluss vorausgesetzt haben, hat der Satz 2 beim Gebrauchtwagenkauf eine eigene Bedeutung (z.B. Tauglichkeit eines Pferdetransporters zur Mitnahme von Pferden).[95] **1454**

---

93 LG Zweibrücken MDR 1999, 159 f.; AG Homburg zfs 2004, 411.
94 LG Saarbrücken zfs 2004, 562 ff.
95 BGH NJW-RR 1996, 1396.

3. Außervertragliche Eignungsmerkmale

1456 Für die **Eignung zur gewöhnlichen Verwendung** bei üblichen Beschaffenheitsmerkmalen, die der Käufer nach der Art der Sache erwarten kann (außervertragliche Kriterien) dienen **Sachen der gleichen Art** als Vergleichsmaßstab. Beim Gebrauchtwagenkauf sind dies selbstverständlich nicht Neuwagen, sondern eben Gebrauchtwagen, wobei das Alter und die Laufleistung die berechtigten Erwartungen des Käufers wesentlich beeinflussen.[96]

Typische Sachmängel dieser Art (außerhalb der vertraglich vereinbarten oder vorausgesetzten Beschaffenheitsmerkmale) sind:

- Konstruktions- und Fabrikationsfehler,
- nicht ordnungsgemäß reparierte Unfallschäden,
- ordnungsgemäß reparierte Unfallschäden, die nicht angegeben werden und zu einer Wertminderung führen,
- Motor-, Elektronik- und Karosserieschäden, die über das übliche Maß hinausgehen und deren Ausbleiben der Käufer erwarten kann,
- wertmindernde, nicht offenbare Vorbenutzung des Fahrzeuges als Taxi, Miet- oder Fahrschulwagen.

Praxistipp
Bestehen Anhaltspunkte für Mängel wie zu hohe Laufleistung, wertmindernde Vorbenutzung als Taxi usw., sollte mit Hilfe des Kfz-Briefes der Vorbesitzer vor dem Verkäufer ermittelt werden. Der Kfz-Brief weist nur Name und Stadt aus, so dass für die Ermittlung der Anschrift ein EDV-Adressen-Suchprogramm zu empfehlen ist (z.B. KlickTel).

1458 An diesem Sachmängelkriterium entscheidet sich die Frage, wann bei gebrauchten Fahrzeugen die Grenze üblicher **Verschleißerscheinungen** überschritten ist und ein über die gewöhnliche Abnutzung hinaus gehender Fehler vorliegt. Der Vergleich hat in erster Linie stattzufinden mit typgleichen Fahrzeugen der gleichen Serie, bei Serienmängeln jedoch auch mit anderen Fahrzeugserien, die nach Zweckbestimmung und Fahrzeugklasse vergleichbar sind.[97]

1460 **Maßstab** ist also der technische Entwicklungsstand der **gesamten Automobilindustrie** und nicht des einzelnen Herstellers.[98] Dabei ist der Stand der Technik nicht zwangsläufig an der optimalen technischen Lösung ausgerichtet; denn für jedes technische Problem gibt es mehrere technische Lösungen, die noch vertragsgerecht sind. Konstruktionsbedingte Besonderheiten und Eigentümlichkeiten eines bestimmten

---

96 BT-Drucks 14/6040, 214.
97 OLG Düsseldorf NJW-RR 1997, 1211; OLG Düsseldorf NJW 2005, 2235 = DAR 2005, 623; OLG Oldenburg DAR 2000, 219; Palandt/*Putzo*, § 434 Rn 29.
98 OLG Hamm DAR 2003, 223.

Fahrzeugtyps sind keine Mängel, solange die Gebrauchstauglichkeit nicht beeinträchtigt ist.[99]

Dabei reicht es für die Sachmängelfreiheit nicht aus, dass die Beschaffenheit objektiv bei einem vergleichbaren Durchschnittsauto üblich ist. Der Käufer muss diese Beschaffenheit auch nach der Art der Sache **erwarten** können. Abzustellen ist dabei auf den Erwartungshorizont eines Durchschnittskäufers.[100] Dieser kann durchaus von den objektiven Gegebenheiten abweichende Vorstellungen über Verschleiß- und Abnutzungserscheinungen haben. Diese sind maßgeblich,[101] wenn festgestellt werden kann, dass der Käufer solche Vorstellungen haben darf, diese also nicht aus der Sicht eines verständigen technischen Laien sachfremd oder gar abwegig sind. Zu orientieren hat man sich also am **Maßstab der Üblichkeit und der daraus resultierenden berechtigten Erwartung des Käufers.**[102]

1462

Normaler Verschleiß bei einem Gebrauchtwagen stellt grundsätzlich **keinen Mangel** dar.[103] In der Regel muss allgemein bei Gebrauchtwagen mit zunehmendem Alter auch mit zunehmenden Verschleißerscheinungen gerechnet werden, ohne dass ein Laie genauere Prognosen über Zeitpunkt und Ausmaß, z.B. von Rostbildung oder Ölundichtigkeit, abgeben kann. Ein Fehler liegt nicht vor, wenn ein Defekt auftritt, der auf einem natürlichen, normal fortschreitenden Verschleiß beruht und der mit Rücksicht auf das Alter, die Fahrerleistung und den Erhaltungszustand des Fahrzeuges zum Zeitpunkt des Verkaufs zu erwarten war[104] (vgl. im Einzelnen Rn 2536 ff. und 2840 ff.).

1468

Auf einzelne Mängel wird in der Rechtsprechungsübersicht näher eingegangen (Rn 2063 ff.).

1472

4. Beschaffenheitsmerkmale aufgrund öffentlicher Äußerungen

Zu der **Beschaffenheit** nach § 434 Abs. 1 S. 2 Nr. 2 gehören auch Eigenschaften, die der Käufer nach den **öffentlichen Äußerungen** des Verkäufers, des Herstellers oder seines Gehilfen, insbesondere in der Werbung oder bei der Kennzeichnung über bestimmte Eigenschaften, erwarten kann (§ 434 Abs. 1 S. 3). Ergibt sich aus der Werbung ein Höchstverbrauch oder ein Mindestzeitraum von Rostfreiheit, sind hieran im Ausgangspunkt auch der Dritt- oder Viertverkäufer gebunden, und zwar nicht nur der Händler, sondern auch der Privatverkäufer.[105]

1476

---

99 OLG Koblenz VRS 2003 (Bd. 105), 401 für Klimaanlage; vgl. auch Rn 2280.
100 *Reinking*, DAR 2002, 1516.
101 *Eggert*, zfs 2001, 295, 296.
102 Anwk-BGB/*Büdenbender*, § 434 Rn 9; *Kainer*, AnwBl 2001, 380, 383.
103 BGH NJW 2006, 434.
104 OLG Bamberg DAR 2001, 357.
105 Zur Begründung vgl. BT-Drucks 14/6040, 214; *Schellhammer*, MDR 2002, 241, 245.

§ 2　Sachmängelhaftung

1478　Das gilt nur dann nicht,
- wenn der Verkäufer die Äußerung **nicht kannte** und auch **nicht kennen musste**,
- wenn die Äußerung im Zeitpunkt des Vertragsschlusses in gleichwertiger Weise **berichtigt** war oder
- wenn sie die Kaufentscheidung **nicht beeinflussen konnte**.

1480　Durch diese Lockerungsklausel wird ein Spielraum für interessengerechte Lösungen geschaffen, die das Festhalten des Handels an Werbeaussagen über Jahre und Jahrzehnte hinweg ausschließen sollen und insbesondere für den Gebrauchtwagenhandel möglicherweise ein „mehr" an Käuferschutz sogar verhindern.[106]

a) Öffentliche Äußerung über bestimmte Eigenschaften

1484　Die Äußerung muss **öffentlich** erfolgt sein, also in jedermann zugänglicher Weise. Hauptanwendungsfall sind **Werbeaussagen**, insbesondere auch in Firmenprospekten[107] und in Internetangeboten.[108]

1486　Angaben auf Ware oder Verpackung entfallen bei Gebrauchtfahrzeugen. Angaben auf einem öffentlichen Verkaufsschild führen schon zu einer Beschaffenheitsvereinbarung i.S.d. § 434 Abs. 1 S. 1 (vgl. Rn 1424). Angaben aus der Betriebsanleitung (z.B. zum Wendekreis) sind an den einzelnen Kunden gerichtet, der bereits gekauft hat, also nicht „öffentlich" i.S.d. § 434 Abs. 1 S. 2 Nr. 2. Der Verkäufer soll nur dort an die öffentlichen Äußerungen gebunden werden, wo auch er – neben dem Hersteller – hierdurch seinen Absatz fördert, weil Kaufentscheidungen beeinflusst werden.

1488　Weitere Voraussetzung ist, dass es sich um eine Äußerung über „**bestimmte Eigenschaften**" handelt. Damit entfallen reißerische Anpreisungen allgemeiner Art ohne Bezugnahme auf nachprüfbare Aussagen über die Beschaffenheit der Sache.[109]

b) Verkäufer, Hersteller oder Gehilfe

1490　Die Äußerung muss vom **Verkäufer**, **Hersteller** oder vom **Gehilfen des Herstellers** stammen. Als Hersteller ist durch die ausdrückliche Bezugnahme auf § 4 PrdHG auch anzusehen der Importeur, der Quasi-Hersteller sowie der Hersteller eines Grundstoffs oder Teilprodukts (z.B. Werbung des Lackherstellers für schmutzabweisende Eigenschaft).[110]

1492　Eine nähere Definition des Begriffs „**Gehilfe**" fehlt. Er kann insbesondere nicht gleichgesetzt werden mit dem Erfüllungsgehilfen i.S.d. § 278, sondern geht weiter. Gehilfe ist jede natürliche oder juristische, rechtsfähige Person, die als vom Hersteller autorisierter Vertriebshändler oder autorisierte Kundenstelle auftritt,[111] darüber hinaus jeder Beauf-

---

106 *Eggert*, zfs 2001, 295, 298.
107 AG Essen-Steele DAR 2004, 278; OLG München NJW-RR 2005, 494.
108 OLG Celle DAR 2006, 269.
109 BT-Drucks 14/6040, 214.
110 *Reinking*, DAR 2002, 15, 16.
111 *Jorden/Lehmann*, JZ 2001, 952, 954.

tragte i.S.d. § 13 Abs. 4 UWG,[112] insbesondere die Werbeagentur oder der Verlag. Der Gehilfe muss vom Hersteller bei Äußerungen über die Kaufsache „eingeschaltet" werden; dieser muss die Äußerung also mit Wissen und Wollen des Herstellers abgeben,[113] zumindest muss sie auf seinen Willen zurückzuführen sein.[114]

c) Fehlende Kenntnis, unverschuldete Unkenntnis

Die Mängelhaftung des Verkäufers aus öffentlichen Äußerungen entfällt, wenn er die Äußerung **nicht kannte** und auch **nicht kennen musste**, also seine Unkenntnis auch nicht auf Fahrlässigkeit beruht (vgl. § 122 Abs. 2). Es genügt **einfache Fahrlässigkeit**; eine Beschränkung auf grob fahrlässige Unkenntnis ist bewusst unterblieben.[115] Der Verkäufer soll von falschen Werbeaussagen nicht profitieren, wenn ihm ein Fahrlässigkeitsvorwurf hinsichtlich seiner Kenntnis gemacht werden kann. Die Haftung entfällt jedoch, wenn sich der Verkäufer ausdrücklich und konkret vor dem Verkauf von den Werbeaussagen distanziert.[116] 1494

Die **Beweislast** liegt **beim Verkäufer**.[117] Der Nachweis unverschuldeter Unkenntnis oder fehlender Kenntnis wird schwer zu führen sein. Leichteste Fahrlässigkeit genügt; eine Abwägung entsprechend § 254 ist ausgeschlossen,[118] selbst wenn ein privater Verbraucher ein Gebrauchtfahrzeug z.B. einem Vertragshändler der betreffenden Marke in Zahlung gibt, der selbst mit der gleichen falschen Werbeanpreisung früher Neuwagen verkauft hat. 1496

Obwohl die Bestimmung bewusst nicht nur für den Verbrauchsgüterkauf sondern auch für **Privatverkäufer** eingeführt wurde, müssen die Sorgfaltsanforderungen gem. § 276 nach den jeweiligen Verkehrskreisen unterschiedlich bestimmt werden.[119] Der Privatverkäufer wird sich also leichter entlasten können als der Händler, von dem eher erwartet werden kann, dass er öffentliche Äußerungen, die seine Branche betreffen, auch wahrnimmt.[120] 1498

Der **Zeitablauf** seit Erscheinen der maßgeblichen öffentlichen Aussage ist hier der wichtigste Anknüpfungspunkt, insbesondere für den Verbraucher. Liegt die letzte Werbung mehr als ein halbes Jahr vor dem Verkauf des Fahrzeugs, sollte für den Privatmann – nicht allerdings für den Händler – von einer überwiegenden Wahrscheinlichkeit dafür ausgegangen werden können, dass er den Werbeinhalt beim Verkauf nicht kannte und nicht kennen musste, es sei denn, die Werbung war besonders spektakulär. Bei dieser Sachlage kann nicht davon gesprochen werden, der private Verkäu- 1502

---

112 *Bernreuther*, MDR 2003, 63, 66.
113 *Jorden/Lehmann*, JZ 2001, 952, 954.
114 *Westermann*, NJW 2002, 241, 245.
115 BT-Drucks 14/6040, 215.
116 MüKo/*Westermann*, § 434 Rn 25.
117 *Reinking*, DAR 2001, 8, 11.
118 Vgl. Palandt/*Heinrichs*, § 122 Rn 5.
119 BGHZ 39, 283.
120 *Westermann*, NJW 2002, 241, 245.

fer habe durch die fehlende Kenntnis der Werbung die im Verkehr erforderliche Sorgfalt außer Acht gelassen.

1504 Es fällt ohnehin schwer, die Unkenntnis eines Verbrauchers von Werbeaussagen mit „Sorgfaltspflichtverletzung" gleichzusetzen. Nach der Wertung des Gesetzgebers ist dies aber geboten. Es wird von einer begrenzten **Beobachtungs-** und **Marktinformationspflicht** gesprochen.[121] Ein Privatverkäufer muss sich aber vor dem Verkauf nicht aktiv über die Werbung des Herstellers informieren.[122]

1508 *Praxistipp*
Bei einem Kfz, das bezüglich bestimmter Eigenschaften (z.B. Benzinverbrauch oder Rostfreiheit) in der Vergangenheit stark beworben wurde, sollte der Privatkäufer klarstellen, dass wegen des Alters des Fahrzeugs mit der beworbenen Eigenschaft nicht mehr gerechnet werden kann.

1510 Vom **Händler** ist dagegen zu erwarten, dass er Werbeaussagen, die seine Branche betreffen, zur Kenntnis nimmt, und zwar für alle Fahrzeugtypen.[123] Hier wird der Entlastungsbeweis in der Regel nur gelingen, wenn die Werbung sehr alt ist und z.B. der Händler zum damaligen Zeitpunkt noch nicht gewerblich mit Autos handelte. Es bleibt abzuwarten, ob und welche „Faustregeln" die Rechtsprechung hierzu entwickeln wird, wobei nicht damit zu rechnen ist, dass dieser Gesichtspunkt beim Gebrauchtwagenkauf zu einem zentralen Thema wird.

d) Berichtigung der Werbeaussage

1514 Die **Berichtigung** der falschen Werbeaussage muss in **gleichwertiger Weise** erfolgt sein. Es spielt weder eine Rolle, wer die Berichtigung veranlasst hat noch ob sie vom Käufer gelesen wurde. Es kommt nur darauf an, dass die Berichtigung
- im selben **Medium**,
- in gleicher **Länge** bzw. gleichem **Format**,
- in gleicher **Verbreitung** und
- **vor** dem Vertragsabschluss

erfolgt ist.

1516 Man wird allerdings nicht erwarten können, dass die Berichtigung auch so **häufig** geschaltet wird, wie zuvor die Werbung. Sie muss ähnlich effizient sein, wie die Werbung selbst[124] und von ähnlich großer Publizität wie eine Rückrufaktion.[125]

1518 Selbst wenn der Käufer die falsche Werbung liest, die Berichtigung nicht liest und deshalb den Kauf tätigt, gehört die falsch beworbene Eigenschaft nicht zum Beschaf-

---

121 Dauner-Lieb/Heidel/Lepa/*Büdenbender*, § 8 Rn 32.
122 Bamberger/Roth/*Faust*, § 434 Rn 85; *Tröger*, JuS 2005, 508.
123 *Bernreuther*, MDR 2003, 63, 67.
124 *Reinking*, DAR 2002, 15, 17.
125 *Westermann*, NJW 2002, 241, 245.

fenheitsmerkmal i.S.d. § 434 Abs. 1 S. 2 Nr. 2. Der Verkäufer haftet dann nur, wenn er in irgend einer Form auf die falsche Werbeaussage Bezug genommen hat.[126]

Als Berichtigung wird man nicht ausreichen lassen können, wenn zunächst ein halbes Jahr mit einem Durchschnittsverbrauch von 10 l geworben wurde und danach – ohne Hinweis auf die falsche vorausgegangene Werbeaussage – mit einem Verbrauch von 11 l. Es muss eine ausdrückliche **Berichtigung** der vorausgegangenen Werbung erfolgen. Zum einen verlangt dies der Wortlaut der Bestimmung. Zum anderen bliebe sonst auch unklar, ob der höhere Verbrauch möglicherweise auf technische Änderungen des Modells beruht, so dass gerade Gebrauchtwagenkäufer weiterhin annehmen können, dass ein Modell der ersten sechs Monate nur 10 l verbraucht.

1520

e) Fehlende Ursächlichkeit der Werbung

Die Werbeaussage bleibt ohne Relevanz, wenn sie die Kaufentscheidung nicht beeinflussen konnte. Dabei kommt es nicht auf die Ursächlichkeit i.S.e. „conditio sine qua non" an, sondern darauf, dass ein Einfluss auf die Kaufentscheidung **ausgeschlossen** ist,[127] wie z.B. dann,

- wenn die Werbung für den Gebrauchtwagenkäufer aus der Natur der Sache vernünftigerweise **keine Rolle** spielen konnte (Werbung für besonders gute Federung bei 15 Jahre altem Fahrzeug).
- wenn die Werbung **in anderer Sprache** abgefasst[128] war oder nur in **anderen Ländern** erschienen ist.
- wenn der Käufer sie **nicht gelesen** oder die – eigentlich zu klein gehaltene – Berichtigung zur Kenntnis genommen hat.[129]

Diese Voraussetzungen sind i.d.R. schwieriger zu beweisen als fehlende Kausalität.[130]

1524

Beim ersten Beispiel sind durchaus Zweifel angebracht, ob von einer unmöglichen Einflussnahme („konnte") gesprochen werden kann. Nur diese Alternative kann jedoch von den drei Lockerungsklauseln als Einstieg und als Abgrenzungskriterium für die Fälle des Kaufs gebrauchter Sachen dienen, um solche Fälle auszugrenzen, in denen die Werbeaussage erkennbar auf den Neukunden abzielt und ein Vertrauen des Käufers an der gebrauchten Sache in die beworbene Eigenschaft vernünftigerweise nicht mehr gerechtfertigt sein kann.[131] Bei Werbung für zehnjährige Rostfreiheit hat die Aussage schwerlich noch Relevanz für einen Kauf nach 9,5 Jahren. Auch die Werbung für einen Verbrauch von nur 3 l kann nach zehn Jahren die Kaufentscheidung eines verständigen Käufers bei geringem Mehrverbrauch kaum mehr beeinflus-

1528

---

126 BGH NJW 1997, 2590.
127 Palandt/*Putzo*, § 434 Rn 39.
128 Vgl. hierzu *Reinking,* DAR 2002, 15, 16.
129 *Bernreuther*, MDR 2003, 63, 67 betrachtet dies zu Unrecht auch als Fall der „Berichtigung in gleichwertiger Weise".
130 *Grigoleit/Heresthal*, JZ 2003, 233, 238.
131 Ähnl. *Reinking*, DAR 2002, 15, 17 u. Dauner-Lieb/Heidel/Lepa/*Büdenbender*, § 8 Rn 33.

sen, weil erfahrungsgemäß aufgrund von Verschleiß der Kraftstoffverbrauch eines älteren Fahrzeugs steigt.[132]

5. Unsachgemäße Montage

1532 Der § 434 Abs. 2 stellt Montagefehler und fehlerhafte Montageanleitungen einem Sachmangel gleich (so genannte IKEA-Klausel). Bis auf seltene Fälle von Bausätzen gelieferter Liebhaberfahrzeuge spielt diese Mängelkategorie für den Gebrauchtwagenmarkt praktisch keine Rolle.

6. Falschlieferung

1534 Die **Falschlieferung** wird der **Schlechtlieferung** gleichgestellt (§ 434 Abs. 3). Falls der Verkäufer ein falsches Fahrzeug liefert, ist der Käufer auf die Rechte aus § 437 beschränkt, die allerdings – mit Ausnahme der Verjährung – keine Verschlechterung zum ursprünglichen Erfüllungsanspruch darstellen.[133]

1536 Allerdings wird kritisiert,[134] dass jede Falschlieferung als Schlechtlieferung gelten soll und sich hieran nur Käuferrechte knüpfen. Liefert der Verkäufer versehentlich einen hochwertigen Mercedes statt eines minderwertigen VW-Polo, bietet die Regelung keinen Ansatzpunkt für einen Rückgabeanspruch des Verkäufers.[135] Hier kann jedoch mit einem Anspruch aus § 812 (ungerechtfertigte Bereicherung) geholfen werden.[136]

7. Rechtsmängel

1538 Gemäß § 435 ist die Sache frei von **Rechtsmängeln**, wenn Dritte in Bezug auf die Sache keine oder nur die im Kaufvertrag übernommenen Rechte gegen den Käufer geltend machen können. Beim Gebrauchtwagenkauf spielt die Rechtsmängelhaftung eine untergeordnete Rolle; sie ist denkbar bei:
- **Pfandrechten** (§ 1204),
- **fehlender Eigentümerstellung**,[137]
- öffentlich-rechtlichen **Zulassungs-** und **Benutzungshindernissen** (beispielsweise Beschlagnahme).[138]

1540 Die polizeiliche Beschlagnahme eines Fahrzeugs wegen bestehenden Diebstahlsverdachts begründet als solche noch keinen Rechtsmangel.[139]

---

132 *Reinking*, DAR 2002, 15, 16.
133 *Westermann*, JZ 2001, 530, 534.
134 *Wilhelm*, JZ 2001, 861, 868.
135 *Musielak*, NJW 2003, 89 ff.
136 *Westermann*, NJW 2002, 241, 246; *Lorenz/Riehm*, Rn 493; a.A. *Musielak*, NJW 2003, 89 ff.
137 BGH NJW 1985, 376.
138 OLG Köln OLGR 2000, 169; OLG München NJW 1982, 2330.
139 OLG Köln OLGR 2002, 169.

Die Rechtsfolgen von Sach- und Rechtsmängeln sind identisch. Die Tendenz der Rechtsprechung vor der Schuldrechtsreform, eigentliche Rechtsmängel in die Sachmängelhaftung einzubeziehen,[140] wird damit entfallen. 1542

II. Rechte des Käufers bei Mängeln

Ist die Sache **mangelhaft**, kann der Käufer gemäß § 437 unter den näher zu erörternden Voraussetzungen 1544
- **Nacherfüllung** verlangen (§ 437 Nr. 1) oder
- **zurücktreten** oder **mindern** (§ 437 Nr. 2) und
- **Schadensersatz** oder **Ersatz vergeblicher Aufwendungen** verlangen (§ 437 Nr. 3).

Die drei Gruppen von Ansprüchen werden grundsätzlich dem Käufer **zur Wahl** gestellt.[141] § 437 ist jedoch eine **Rechtsgrundverweisung**.[142] Erst aus den besonderen Voraussetzungen der **Rücktritts-, Minderungs-** und **Schadensersatzansprüche** folgt deren **Nachrangigkeit** im Verhältnis zur Nacherfüllung. Jeder Rücktritt setzt gem. §§ 440, 281 voraus, dass dem Verkäufer eine angemessene Nachfrist zur Nacherfüllung gesetzt wurde oder diese verweigert wird, fehlgeschlagen ist oder für den Käufer unzumutbar ist. Die Minderung wiederum ist nur unter den Voraussetzungen des Rücktritts zulässig (§ 441). 1546

Ein echtes **Wahlrecht**[143] zwischen den Anspruchsgruppen entsteht also erst **nach** erfolgloser oder abgelehnter Nacherfüllung. Dieses Wahlrecht schließt weiterhin auch den Nacherfüllungsanspruch mit ein, falls der Verkäufer diesen nicht gem. § 439 Abs. 3 wegen unverhältnismäßig hoher Kosten ablehnen kann.[144] Eine Beschränkung auf die Rechte der zweiten und dritten Gruppe (wie bei § 326 a.F. nach Fristsetzung und Ablehnungsandrohung auf Schadensersatz) findet also nicht statt. 1548

1. Nacherfüllung

Mit der Einführung eines **Nacherfüllungsanspruchs** (§ 439) hat der Gesetzgeber dem allgemeinen Rechtsempfinden der deutschen und internationalen Rechtsgemeinschaft Rechnung getragen, wonach ein Nacherfüllungsanspruch bei Mängeln gewissermaßen der „erste Gedanke" ist („Umtausch") und in der Rechtspraxis auch aufgrund zulässiger AGB schon ständig umgesetzt wird.[145] Auf der anderen Seite muss klar gesehen werden, dass der Verbraucher durch den Verlust des sofortigen 1550

---
140 Z.B. BGH WM 1998, 79 f. – das Fehlen einer Betriebserlaubnis.
141 *Westermann*, JZ 2001, 530, 536 (Ziff. 8 a).
142 Dauner-Lieb/Heidel/Lepa/*Büdenbender*, § 8 Rn 23.
143 Zur Abdingbarkeit durch AGB vgl. Rn 2766; zu Vor- und Nachteilen der einzelnen Rechte vgl. Rn 1844 ff.
144 Palandt/*Putzo*, § 439 Rn 22 a; *Auktor*, NJW 2003, 120; a.A. Erman/*Grunewald*, § 439 Rn 12.
145 BT-Drucks 14/6040, 220.

Rechts auf Wandelung oder Minderung schlechter gestellt wird.[146] Für den Verkäufer ist das **Recht der zweiten Andienung** erwachsen.[147]

1552 Der Käufer kann als Nacherfüllung nach seiner Wahl
- die Lieferung einer mangelfreien Sache (**Nachlieferung**) oder
- die Beseitigung des Mangels (**Nachbesserung**) verlangen.

Der Anspruch setzt weder Verschulden noch Fristsetzung voraus.[148]

> *Praxistipp*
> Eine **Frist zur Nacherfüllung** sollte dennoch stets gesetzt werden, um auch die weiteren Rechte (Rn 1544) geltend machen zu können, falls der Verkäufer auf das Nacherfüllungsverlangen nicht reagiert.

Der Anspruch ist **übertragbar**. Falls die AGB des Verkäufers dessen Zustimmung vorsehen, darf diese nur aus wichtigem Grund verweigert werden.[149] Der Anspruch entfällt, wenn die Erfüllung **unmöglich** ist (§ 275, vgl. Rn 1624).

1554 Der Verkäufer muss sein Leistungsverweigerungsrecht als **Einrede** ausdrücklich ausüben. Das bloße Vorliegen der objektiven Voraussetzungen genügt nicht.[150] Ist der Käufer Kaufmann, trifft ihn nach der Nacherfüllung – erneut – die Untersuchungs- und Rügelast aus § 377 Abs. 1 u. 3 HGB.[151] Zu den Folgen der Nacherfüllung für die Verjährung vgl. Rn 2920.

a) Nachlieferung

1556 Ein Nachlieferungsanspruch kann sich nur auf den **gesamten** Kaufgegenstand beziehen, kann also beim Kfz vom Käufer nicht für ein einzelnes Zubehörteil durchgesetzt werden.[152] Bei einem defekten Zubehörteil hat somit der Verkäufer die Wahl, ob er es repariert oder erneuert.

Klärungsbedürftig und umstritten ist die Frage, ob bzw. wann bei Verkauf eines mangelhaften **Gebrauchtwagens** Lieferung eines **vergleichbaren mangelfreien Wagens** verlangt werden kann[153] oder ob eine solche Lieferung **unmöglich** (§ 275 Abs. 1) ist.[154]

---

146 *Westermann,* JZ 2001, 531, 537.
147 *Reinking,* zfs 2003, 57.
148 Palandt/*Putzo,* § 439 Rn 7.
149 BGH NJW-RR 2000, 1220.
150 Anwk-BGB/*Büdenbender,* § 439 Rn 1.
151 *Mankowski,* NJW 2006, 865 ff.
152 *Reinking,* zfs 2003, 57, 59.
153 Die Möglichkeit bejahen LG Essen, Urt. v. 12.1.2004 – 6 O 514/03 – n.v.; LG Ellwangen NJW 2003, 517; OLG Braunschweig NJW 2003, 1053; *Canaris,* JZ 2003, 831 ff.; *Bitter/Meidt,* ZIP 2001, 2114; *Pammler,* NJW 2003, 1992; *Skamel,* DAR 2004, 565, 566.
154 OLG Hamm NJW-RR 2005, 1220, 1221; Palandt/*Putzo,* § 439 Rn 15; Bamberger/Roth/*Faust,* § 439 Rn 27; Dauner-Lieb/Heidel/Lepa/*Büdenbender,* § 8 Rn 24; *Huber,* NJW 2002, 1004, 1006; *Lorenz,* JZ 2001, 742, 744; *Reinking,* DAR 2002, 15, 19; *Reinking/Eggert,* Rn 1421 ff.; *Schellhammer,* MDR 2002, 301; *Ackermann,* JZ 2002, 378, 379 ff.; *Brüggemeier,* NJW 2000, 529, 532; *Westermann,* NJW 2002, 241, 244.

Im Regelfall ist aus der Natur der Sache heraus die Lieferung eines identischen ge- **1558**
brauchten Fahrzeugs dem Verkäufer gem. § 275 unmöglich. Im Schadensersatzrecht
ist zwar die Lieferung eines gleichwertigen Ersatzfahrzeugs als Naturalrestitution
anerkannt.[155] Hier geht es aber nicht um Schadensausgleich sondern um Nacherfüllung. Gebrauchte Güter können aufgrund ihrer Eigenart im allgemeinen nicht ersetzt
werden. Hieraus wird gefolgert, dass beim Kauf eines Gebrauchtwagens in der Regel[156] die Nachlieferung ausscheidet, da es sich um eine unvertretbare Sache handelt.

Eine Ausnahme erscheint erwägenswert, wenn der Käufer selbst ein anderes gleich- **1560**
wertiges und mit gleichem Preis ausgezeichnetes Fahrzeug als Ersatz akzeptieren
würde, der Verkäufer dies aber ablehnt. Es ist unbefriedigend, ihm sein Wahlrecht
mit der Begründung abzusprechen, gebrauchte Güter könnten nicht ersetzt werden,
wenn er selbst einen derartigen Ersatz akzeptiert. Er hat auch ein legitimes Interesse
daran, dem häufig lästigeren Weg der Mängelbeseitigung aus dem Wege zu gehen. Er
wird überdies schlechter behandelt, als der Käufer einer vertretbaren Sache, insbesondere als der Käufer eines Neufahrzeugs.

Andererseits geht die Verbrauchsgüterkaufrichtlinie,[157] welche die Verbesserung des **1562**
Verbraucherschutzes anstrebt, selbst davon aus, dass gebrauchte Güter „im allgemeinen" nicht ersetzt werden können. Eine gesetzliche Ersetzungsbefugnis des Gläubigers[158] wird man in der weiten Formulierung des § 439 Abs. 1 „Lieferung einer mangelfreien Sache" nicht sehen können.[159] Es darf nicht aus dem Blick verloren werden,
dass es sich um einen Nacherfüllungsanspruch handelt mit dem Ziel, dem Käufer die
gekaufte Sache zu verschaffen, nicht eine andere. Bei anderer Betrachtungsweise
würde man über die Hintertür als Naturalrestitution einen Schadensersatzanspruch
einführen, der jedoch nach dem Willen des Gesetzgebers erst nachrangig zum Zuge
kommen soll, wenn die Nacherfüllung scheitert und der im übrigen „Vertretenmüssen" des Verkäufers voraussetzt.[160]

Im Ergebnis steht dem Käufer eines mangelhaften Gebrauchtfahrzeugs somit in der **1564**
Regel **nicht** das Recht zu, die Lieferung eines **anderen, gleichwertigen Fahrzeugs**
seiner Wahl zu beanspruchen.[161] Er ist im Rahmen des Nacherfüllungsanspruchs
auf das **Nachbesserungsrecht beschränkt** (§ 265). Eine **Ausnahme** für den Stückkauf kommt nur in Betracht, wenn es sich bei der Kaufsache um eine Sache handelt,
die einer **vertretbaren** Sache entspricht und das Leistungsinteresse des Käufers zu-

---

155 BGH NJW 1999, 500, 501.
156 *Reinking*, DAR 2001, 8, 12; *Reinking*, zfs 2003, 57, 58; Henssler/Graf von Westphalen/*Graf von Westphalen*, § 438 Rn 21.
157 Erwägungsgrund 16.
158 Vgl. hierzu Palandt/*Heinrichs*, § 262 Rn 9.
159 *Ackermann*, JZ 2002, 378, 380; a.A. aber OLG Braunschweig NJW 2003, 1053 u. LG Ellwangen NJW 2003, 517.
160 Ebenso *Ackermann*, JZ 2002, 378, 380.
161 Ebenso *Reinking*, a.a.O.; *Brüggemeier*, JZ 2000, 529, 532; *Schellhammer*, MDR 2002, 301.

frieden stellt.[162] Hierzu muss der Pkw nach dem durch Auslegung zu ermittelnden Willen der Vertragsparteien **austauschbar** sein.[163] Das kommt nur für solche Gebrauchtfahrzeuge in Betracht, die einem Neufahrzeug wirtschaftlich und nach dem Käuferinteresse praktisch gleichkommen, wie einer Tageszulassung[164] oder einem Händlerkauf zum Weiterverkauf aus einem großen Bestand an Gebrauchtfahrzeugen,[165] nicht jedoch einen Vorführwagen.[166]

1566
Praxistipp
*Da Ausnahmen von der Unmöglichkeit der Nachlieferung auch bei Gebrauchtfahrzeugen denkbar sind, muss in einem Rechtsstreit der Verkäufer die **Unmöglichkeit** der Nacherfüllung ausdrücklich **darlegen**.*[167]

1568 In den wenigen Fällen, in denen beim Gebrauchtwagenkauf eine Wahl zwischen Nachlieferung und Mängelbeseitigung in Betracht kommt, erlischt das **Wahlrecht** des Käufers, sobald er die eine oder andere Art der Nacherfüllung beansprucht hat und diese nicht nach § 275 ausgeschlossen ist.[168] Es lebt aber wieder auf, wenn der Verkäufer innerhalb einer angemessenen vom Käufer gesetzten Frist die verlangte Art der Nacherfüllung nicht erbringt.[169]

b) Nachbesserung

1572 Das Kaufrecht enthält keine besonderen Bestimmungen zur **Ausgestaltung des Nachbesserungsanspruchs**. Es kann im Wesentlichen auf das Werkvertragsrecht zurückgegriffen werden, welches den Nachbesserungsanspruch in § 635 BGB schon lange kennt.[170]

1574 Das Beseitigungsverlangen muss so **konkret** gefasst sein, dass der Mangel **bestimmbar** ist.[171] Andernfalls ist es dem Käufer im Falle der Ablehnung durch den Verkäufer verwehrt, Rücktritt, Minderung oder Schadenersatz zu beanspruchen. Es genügt, wenn der Käufer die Symptome hinreichend genau bezeichnet[172] (z.B. Nageln des Motors). Damit werden alle Mängel geltend gemacht, auf die das angezeigte Schadensbild zurückgeht.[173] Die Ursache selbst braucht nicht benannt

---

162 LG Ellwangen NJW 2003, 517; Erman/*Grunewald,* § 439 Rn 3; *Ball,* NZV 2004, 217, 220.
163 OLG Schleswig NJW-RR 2005, 1579, 1581; Palandt/*Putzo,* § 439 Rn 15; Staudinger/*Matusche-Beckmann,* § 439 Rn 31; *Reinking/Eggert,* Rn 1421.
164 OLG Braunschweig NJW 2003, 1053; ebenso für ein im Verkaufsraum ausgesuchtes Neufahrzeug (Stückschuld): LG Ellwangen NJW 2003, 517.
165 *Bitter/Meidt,* ZIP 2001, 2114, 2120.
166 *Reinking/Eggert,* Rn 1422.
167 OLG Braunschweig NJW 2003, 1053.
168 *Reinking,* zfs 2003, 57, 59; Palandt/*Putzo,* § 439 Rn 8; Erman/*Grunewald,* § 439 Rn 6; a.A. *Spickhoff,* BB 2003, 593; *Wenzel,* DB 2003, 1891; differenzierend *Ball,* NZV 2004, 217, 219.
169 *Hoeren/Martinek,* § 439 Rn 17.
170 Vgl. BGH NJW 1991, 1882 zur Nachbesserung von Neuwagen.
171 BGH WM 1980, 951.
172 BGH NJW-RR 2000, 309.
173 BGH NJW-RR 1997, 1376.

zu werden.[174] Wegen der Gefahr eines Irrtums sollte die Mängelbeschreibung sich auf keinen Fall auf die vermutete Ursache beschränken, sondern die Mangelerscheinungen selbst beschreiben. Der Umfang der Nachbesserungspflicht muss nicht beschrieben werden.[175]

Eine **Frist zur Nachbesserung** muss nicht gesetzt werden.[176] Sie ist allerdings Voraussetzung für die weiteren Rechte auf Rücktritt (§ 323), Minderung (§ 437) und Schadensersatz (§ 281), sollte in der Praxis also sofort gesetzt werden. **1576**
Art und **Weise** der Nachbesserung bestimmt der Verkäufer.[177] Zu einer bestimmten Nachbesserung ist der Verkäufer nur dann verpflichtet, wenn nur auf diese Art und Weise der Mangel nachhaltig beseitigt werden kann.[178]
Die Verpflichtung zur Nachbesserung bezieht sich nicht auf den Mangel z.Z. des Gefahrübergangs, sondern in dem evtl. **verschlimmerten** Zustand **z.Z. der Nachbesserung**.[179] Auch sog. „**Weiterfresserschäden**" sind i.E. nachzubessern, der Käufer darf insoweit nicht auf Schadensersatzansprüche verwiesen werden.[180] Das gilt jedoch nicht für **Mangelfolgeschäden** an anderen Rechtsgütern als dem Kfz selbst.[181] Der Verkäufer braucht auch nicht vom Käufer nach dem Kauf vorgenommene Veränderungen am Pkw (z.B. Beschriftung auf dem Lack), die wegen der Nachbesserung entfernt werden musste, wieder herzustellen, falls er nicht zusätzlich auf Schadensersatz haftet.[182]

Entstehen durch die hierzu notwendigen Nachbesserungsarbeiten sehr hohe Kosten, die außer Verhältnis zu den Kosten einer einfachen Reparatur stehen, die den Mangel zwar nicht ganz, aber annähernd beheben würde, kann der Verkäufer den Käufer nicht auf diese einfachere Nachbesserung verweisen, denn auch unerhebliche Mängel lösen die Käuferrechte aus. Der Verkäufer kann in diesem Fall die Nachbesserung nur insgesamt wegen unverhältnismäßig hoher Kosten ablehnen (§ 439 Abs. 3, vgl. Rn 1632 ff.). **1580**

Der Verkäufer hat die Nachbesserung **unverzüglich** im Rahmen der zur Verfügung stehenden Werkstattkapazitäten durchzuführen, ggf. unter Vorrang gegenüber anderen nicht dringlichen Aufträgen.[183] Erklärt sich der Käufer mit einem bestimmten Reparaturvorschlag einverstanden, kann darin in der Regel nicht der Verzicht auf bestehende weitere Mängelansprüche gesehen werden.[184] **1582**

---

174 BGHZ 136, 342.
175 BGH NJW 1987, 381.
176 Palandt/*Putzo,* § 439 Rn 7.
177 BGH NJW 1987, 381; *Huber,* NJW 2002, 1004, 1006.
178 BGH DB 1997, 2170; *Reinking,* zfs 2003, 57, 59.
179 Staudinger/*Matusche-Beckmann,* § 439 Rn 11–13.
180 Staudinger/*Matusche-Beckmann,* a.a.O. Rn 14–16.
181 Staudinger/*Matusche-Beckmann,* § 439 Rn 20.
182 Staudinger/*Matusche-Beckmann,* § 439 Rn 21; a.A. Bamberger/Roth/*Faust,* § 439 Rn 18.
183 *Creutzig,* Recht des Autokaufs, Rn 7.2.7. – für Neuwagen.
184 BGH WM 1997, 39.

§ 2 Sachmängelhaftung

1584 Bei einem Gebrauchtfahrzeug müssen **nicht** zwingend **neue** Teile eingesetzt werden.[185] Der Alters- und Verschleißgrad gebrauchter Ersatzteile muss dem der fehlerhaften Teile entsprechen. Beim Tausch von Motorteilen sind dann, wenn Neuteile vom Hersteller nicht vorgeschrieben sind, werksmäßig überprüfte und überholte Teile zu verwenden.[186]

c) Erfüllungsort

1586 Fraglich ist, wo die Nacherfüllung zu erbringen ist. Dies richtet sich nach § 269 BGB. Aus der Natur der zu erbringenden Reparaturleistung wird gefolgert, den Sitz der Werkstatt des Verkäufers als **Erfüllungsort** anzusehen.[187] Auch wenn die Transportkosten dann gem. § 439 Abs. 2 vom Verkäufer zu tragen sind (vgl. Rn 1596), bringt diese Auffassung für den Käufer erhebliche Risiken:

1588 Tritt der Defekt z.B. in Sizilien auf und fordert der Käufer den Verkäufer in Hamburg telefonisch oder per Fax zur Nachbesserung auf, kann der Verkäufer nach dieser Auffassung die Nachbesserung ablehnen, wenn der Käufer das Fahrzeug nicht zum Erfüllungsort verbringt. Transportiert der Käufer das Fahrzeug nach Hamburg, läuft er Gefahr, die Transportkosten tragen zu müssen, wenn die Untersuchung des Fahrzeugs in der Werkstatt des Verkäufers einen eintrittspflichtigen Sachmangel nicht bestätigt. Der Verkäufer kann zwar nach richtiger Auffassung mit den Kosten der eigenen Mängelüberprüfung auch dann belastet werden, wenn ein Mangel nicht feststellbar ist (Rn 1598). Man wird aber nicht so weit gehen können, dem Verkäufer auch die Transportkosten aufzuerlegen. Dieses Risiko trägt dann der Käufer.

1590 Nach richtiger und überwiegender Auffassung[188] ist Erfüllungsort der **momentane Belegenheitsort der Sache**, wo sich diese also vertragsgemäß befindet, in der Regel **beim Käufer**. Dies folgt aus der Regierungsbegründung[189] sowie dem Umstand, dass der Erfüllungsort für die Nacherfüllung nicht danach ausgerichtet werden darf, ob der Verkäufer über eine eigene Werkstatt verfügt oder nicht. Dieser Umstand ist keiner, der „aus der Natur des Schuldverhältnisses" i.S.d. § 269 BGB entnommen werden kann (vgl. auch unten Rn 1652). Gerade auch die Regelung des § 439 Abs. 2 spricht für den Belegenheitsort der Sache, da dem Käufer keine weiteren Aufwendungen entstehen sollen.[190]

---

185 AG Kenzingen SVR 2004, 276.
186 *Reinking/Eggert,* Rn 1433; OLG München DAR 2003, 525.
187 *Reinking,* zfs 2003, 57, 60; *Reinking/Eggert,* Rn 1431 u. 314; *Ball,* NZV 2004, 217, 220; *Skamel,* DAR 2004, 565, 568.
188 OLG München NJW 2006, 449; *Lorenz,* ZGS 2004, 408; MüKo/*Westermann,* § 439 Rn 7; Staudinger/ Matusche-Beckmann, § 439 Rn 9; *Huber,* NJW 2002, 1006; *Lorenz,* NJW 2006, 1175, 1178; Haas/Medicus/Rolland/Schäfer/Wendtland, S. 201 Rn 154; Soergel/*Huber,* § 446 Rn 61; Palandt/*Putzo,* § 439 Rn 3a; Bamberger/Roth/*Faust,* § 439 Rn 13; AG Menden NJW 2004, 2127; vgl. auch *Dötsch,* DAR 2004, 34, 35.
189 BT-Drucks 14/6040, 231, Bamberger/Roth/*Faust,* § 439 Rn 13.
190 OLG München NJW 2006, 449, 450.

d) Kosten der Nacherfüllung

Der **Verkäufer** hat alle erforderlichen **Kosten** zu tragen, und zwar sowohl für die eigenen Aufwendungen, z.b. **Transport, Lohnkosten** und **Material** (§ 439 Abs. 2) als auch für die Aufwendungen des Käufers, wie z.b. **Wegekosten,**[191] zusätzliche **Wartungskosten**[192] (z.b. für Erstinspektion des Ersatzfahrzeugs), **Transportkosten,**[193] **Abschleppkosten**[194] sowie **Rechtsanwaltskosten.**[195] Die vom Käufer für die Fahrten zur Werkstatt aufgewendete Zeit ist auch für Reklamationen und Terminsbestimmungen nicht zu erstatten[196] (zu den Sachverständigenkosten vgl. Rn 1604). **1596**

Der Verkäufer hat auch die Kosten zu tragen, die er aufwendet, um die Berechtigung einer Mängelrüge zu überprüfen, und zwar auch dann, wenn sich die Mängelrüge als unberechtigt erweist,[197] es sei denn, der Käufer hätte mit der im Ergebnis unberechtigten Mängelrüge seinerseits gegen vertragliche Pflichten verstoßen. Es gehört nämlich zum Pflichtenkreis des Käufers, dem Verkäufer zunächst Gelegenheit zur Prüfung des Mangels zu geben, bevor er auf Kosten des Verkäufers Dritte einschaltet oder eigene Mittel einsetzt, um den Mangel feststellen zu können.[198] **1598**

Hotelkosten, Reisekosten, entgangener Urlaub und **Verdienstausfall** sind nur unter den Voraussetzungen eines Schadensersatzanspruchs (vgl. dazu Rn 1860 ff.) zu erstatten. Das gleiche gilt für **Nutzungsausfall**[199] und **Mietwagenkosten.**[200] Wird kein Mietwagen gestellt, kann die Nacherfüllung für den Käufer aber unzumutbar sein (vgl. Rn 1734). **1600**

Der Käufer, der das Fahrzeug selbst zur Werkstatt fährt, trägt das **Transportrisiko.** Unfreiwillig entstandene Transportschäden gehören nicht zu den vom Verkäufer zu tragenden Aufwendungen.[201] Sach- und Transportgefahr liegen dagegen beim Verkäufer, wenn das Fahrzeug in seiner Werkstatt bzw. beim Transport durch ihn beschädigt wird oder untergeht.[202] **1602**

Zu erstatten hat der Verkäufer als Kosten der Nacherfüllung auch grundsätzlich den **Aufwand des Käufers zum Auffinden der Ursache.**[203] Der Käufer ist jedoch gehal- **1604**

---

191 AG Wuppertal NJW-RR 1988, 1141.
192 OLG Hamm zfs 1999, 60.
193 AG Dülmen NJW 1987, 385; a.A. Bamberger/Roth/*Faust*, § 439 Rn 25 (nur bei Absprache mit Verkäufer).
194 *Reinking,* zfs 2003, 57, 61.
195 Palandt/*Putzo*, § 439 Rn 11; Erman/*Grunewald*, § 439 Rn 4; *Reinking/Eggert,* Rn 338; BGH NJW-RR 1999, 813; a.A. wohl Staudinger/*Matusche-Beckmann*, § 439 Rn 32.
196 *Reinking,* zfs 2003, 57, 61.
197 *Reinking/Eggert,* Rn 333 ff.
198 Soergel/*Huber*, § 476a a.F. Rn 18.
199 OLG Karlsruhe DAR 2005, 219; LG Aachen DAR 2003, 273; AG Aachen DAR 2003, 120.
200 *Reinking/Eggert,* Rn 339,
201 Soergel/*Huber*, § 476a a.F. Rn 15.
202 Soergel/*Huber*, § 476a a.F. Rn 15; § 446 Rn 61; MüKo/*Westermann*, § 446 Rn 3; a. A. *Reinking,* DAR 2001, 8, 12 f.
203 Palandt/*Putzo*, § 439 Rn 11; BGH NJW 1991, 1604.

ten, das **Verbot der Selbstvornahme** (Rn 1615) zu beachten. Eigene Maßnahmen zur Fehlerfeststellung sind in der Regel nämlich erst erforderlich, wenn der Verkäufer einen Sachmangel oder Rechte hieraus bestreitet.[204] Die Erstattungsfähigkeit von **Sachverständigenkosten** oder **Untersuchungskosten** einer anderen Werkstatt ohne Nachfristsetzung (Rn 1714) ist daher umstritten.[205] Richtigerweise sollte danach differenziert werden, ob die Kosten der **Feststellung der Ursache** dienen (Untersuchungskosten einer Werkstatt) oder der **Vorbereitung der Durchsetzung von Gewährleistungsansprüchen** (Sachverständigengutachten).[206] Erwogen wird auch, die Erstattung auf die dem Verkäufer ersparten Kosten zu beschränken.[207]

Auch der „eigenmächtige" Transport des Fahrzeugs vom Käufer zum Verkäufer soll nicht erstattungsfähig sein, wenn dies nicht mit dem Verkäufer abgesprochen ist.[208]

e) Kostenbeteiligung des Käufers

1608 Werden für die Nachbesserung **Neuteile** verwendet, weil aus Zeitgründen keine geeigneten, gebrauchten Ersatzteile beschafft werden konnten, kommt ein Anspruch des Verkäufers auf **Wertausgleich** in Betracht.[209] Bejaht wird dieser Anspruch dann, wenn keine andere Nachbesserungsmöglichkeit besteht und der Wert des Fahrzeugs insgesamt sich tatsächlich erhöht[210] und wenn durch die Werterhöhung keine dem Käufer aufgedrängte Bereicherung vorliegt,[211] also z.B. Wartungskosten, die demnächst angefallen wären und damit eingespart werden oder die Kosten für die Beseitigung eines anderen Mangels, der zwangsläufig mit behoben wird.

1610 Der Anspruch kann sich nur aus §§ 242, 254 analog[212] oder aus § 812 ergeben. Wegen der Bestimmung des § 439 Abs. 2 fehlt es jedoch an einer Regelungslücke. Solange die Kosten zum Zwecke der Nacherfüllung erforderlich sind, sind diese auch nicht ungerechtfertigt i.S.d. § 812, sondern eben nach § 439 Abs. 2 zu erstatten. Beim Rücktritt braucht der Käufer bei von ihm unverschuldeter Verschlechterung der Kaufsache (§ 346 Abs. 3 Nr. 3) keinen Wertsatz zu leisten. Für die Nachbesserung darf nichts anderes gelten, wenn man nicht noch eine weitere Schlechterstellung des Verbrauchers neben dem Nachbesserungsrecht des Verkäufers selbst herbeiführen will. Im Falle eines zu groben Missverhältnisses hat der Verkäufer das Recht, die Nachbesserung wegen unverhältnismäßig hoher Kosten abzulehnen (§ 439 Abs. 3).

---

204 *Reinking/Eggert,* Rn 331.
205 dagegen: *Reinking/Eggert,* Rn 331; MüKo/*Westermann,* § 439 Rn 15; dafür: BGH NJW-RR 1999, 813, 814 (zum Werkvertragsrecht); Palandt/*Putzo,* § 439 Rn 11; Erman/*Grunewald,* § 439 Rn 4 (vgl. aber auch Rn 5); Staudinger/*Matusche-Beckmann,* § 439 Rn 32; *Jauernig,* § 439 Rn 17.
206 Ähnlich Bamberger/Roth/*Faust,* § 439 Rn 21.
207 Soergel/*Huber,* § 476 a a.F. Rn 18.
208 Bamberger/Roth/*Faust,* § 439 Rn 25; a.A. AG Dülmen NJW 1987, 385.
209 *Hermanns,* zfs 2001, 437, 439; *Ball,* NZV 2004, 217, 221.
210 AG Bad Hersfeld NJW RR 1999, 1211; LG Freiburg zfs 2006, 91 m. ablehnender Anm. *Diehl;* Palandt/*Putzo,* § 439 Rn 13; § 635 Rn 7.
211 *Reinking,* DAR 2002, 15, 19 und zfs 2003, 57, 61;
212 Palandt/*Heinrichs,* § 254 Rn 4.

Im Ergebnis kann der Verkäufer nach der hier vertretenen Auffassung von dem Käufer eine **Beteiligung** an den Nachbesserungskosten nach den Grundsätzen „Neu für Alt" **nicht** verlangen, auch wenn durch die Reparatur zwangsläufig eine Wertverbesserung eintritt.[213] Eine Ausnahme kommt nur in Betracht, wenn der Käufer das Angebot einer Reparatur mit gebrauchten qualitätsgesicherten Ersatzteilen ausdrücklich ablehnt[214] oder bei einer echten Ersparnis von Kosten, die der Käufer ohne die Nachbesserung sowieso gehabt hätte.[215] Das setzt aber voraus, dass der Verkäufer tatsächlich einen Mehraufwand hatte; andernfalls hat der Käufer nichts auf Kosten des Verkäufers erlangt i.S.d. § 812 Abs. 1 S. 1. Diese Fälle werden sehr selten sein.

1612

Für den Fall der **Nachlieferung** braucht der Käufer trotz §§ 439 Abs. 4, 100 nach richtiger Auffassung für die Nutzung des gebrauchten Fahrzeugs **Gebrauchsvorteile** nur ausnahmsweise und in engen Grenzen zu erstatten,[216] da dem Käufer umgekehrt ein Nutzungsersatz für den – wegen des Mangels überhöhten – Kaufpreis für den mangelhaften Pkw nicht zuerkannt wird.

1614

f) Kosten einer Selbstvornahme

Kosten einer **eigenmächtigen Selbstvornahme** durch den Käufer braucht der Verkäufer, der keine Gelegenheit zur Nachbesserung erhalten hat, nicht zu übernehmen.[217] Der Käufer kann auch nicht die Erstattung der dem Verkäufer **ersparten** Nachbesserungskosten gem. § 326 Abs. 2 S. 2, Abs. 4 verlangen, selbst dann nicht, wenn es ihm aus besonderen Gründen nicht zuzumuten war, dem Verkäufer zuvor Gelegenheit zur Nacherfüllung zu geben.[218] Auch die Reparatur bei einem anderen Vertragshändler der selben Automarke kann der Käufer nicht erstattet verlangen.[219]

1615

Praxistipp
Bei dieser strengen Rechtsprechung muss dem Käufer stets geraten werden, auch dann schriftlich oder telefonisch (dann mit einem mithörenden Zeugen) die **Nach-**

1616

---

213 Ebenso Bamberger/Roth/*Faust*, § 439 Rn 23; Erman/*Grunewald*, § 439 Rn 4; Staudinger/*Matusche-Beckmann*, § 439 Rn 23; *Ball*, NZV 2004, 217, 221; MüKo/*Westermann*, § 439 Rn 16; *Skamel*, DAR 2004, 565, 568.
214 AG Kenzingen SVR 2004, 276 (dazu *Otting*, SVR 2004, 276).
215 Bamberger/Roth/*Faust*, § 439 Rn 23; -a.A. Staudinger/*Matusche-Beckmann*, § 439 Rn 24.
216 OLG Nürnberg NJW 2005, 3000; LG Nürnberg-Fürth NJW 2005, 2558; Palandt/*Putzo*, § 439 Rn 25; *Gsell*, NJW 2003, 1969, 1971 ff.; *Köhler*, ZGS 2004, 48, 53; *Ball*, NJW 2004, 217; *Woitkewitsch*, VuR 2005, 1 ff.; a.A. MüKo/*Westermann*, § 439 Rn 17; Bamberger/Roth/*Faust*, § 439 Rn 32; Erman/*Grunewald*, § 439 Rn 11; *Westermann*, JZ 2001, 530, 537.
217 BGH NJW 2005, 1348 = DAR 2005, 327; BGH NJW 2005, 3211; LG Giessen DAR 2004, 454; AG Kempten DAR 2004, 34 m. Anm. *Dötsch;* AG Daun DAR 2004, 32; AG Nürtingen zfs 2004, 513 m. Anm. *Diehl; Ball,* NZV 2004, 217, 227; Staudinger/*Matusche-Beckmann*, § 439 Rn 25; a.A. *Lorenz*, NJW 2003, 1417 ff.; ders., NJW 2005, 1889, 1895; weitere Nachweise bei Palandt/*Putzo*, § 437 Rn 4 a.
218 BGH NJW 2006, 988.
219 BGH DAR 2006, 259 ff.

erfüllung vom Verkäufer **mit Fristsetzung** zu verlangen, wenn praktisch feststeht, dass der Verkäufer die Nacherfüllung wegen unverhältnismäßig hoher Kosten ablehnen wird (Rn 1632 ff.). Beispiel: Das in Hamburg gekaufte Fahrzeug bleibt in München mit einem Lagerschaden (Kostenaufwand 500 EUR) liegen. Der BGH[220] hält auch in einem solchen Fall an der Notwendigkeit eines befristeten Nachbesserungsverlangens fest.[221]

Ob diese strenge, verbraucherunfreundliche Rechtsfolge so vom Gesetzgeber im Rahmen der Schuldrechtsreform wirklich beabsichtigt war, ist zweifelhaft. Eine entsprechende Vorschrift wie im Werkvertragsrecht (§ 637) wurde jedoch bewusst nicht aufgenommen.

g) Ablehnung durch den Verkäufer

1618 Der Verkäufer kann die vom Käufer gewählte Art der Nacherfüllung ablehnen,
- wenn die Nacherfüllung **unmöglich** ist (§ 326 Abs. 5),
- wenn sie nur mit **unverhältnismäßig hohen Kosten möglich** ist (§ 439 Abs. 3 S. 1, 2),
- wenn die Nacherfüllung einen Aufwand erfordert, der zum Leistungsinteresse des Käufers in einem **groben Missverhältnis** steht (§ 275 Abs. 2).

1620 Die dritte Alternative ist als Auffangtatbestand für die Fälle der sog. faktischen Unmöglichkeit als Ausfluss von § 242 konzipiert (wie z.B. der „Ring am Meeresgrund").[222] Da der Aufwand einer Reparatur niemals in einem derart großen Missverhältnis zum Leistungsinteresse des Käufers stehen wird, scheidet diese Alternative für den Autokauf praktisch aus. Für den Gebrauchtwagenkauf haben somit nur die beiden ersten Alternativen praktische Relevanz.

aa) Unmöglichkeit

1624 Unmöglich ist die Nachbesserung:
- bei einer höheren Laufleistung,
- wenn der mangelhafte Pkw **untergegangen ist**, z.B. gestohlen wurde,[223]
- wenn eine Nachbesserung den Mangel nicht beheben kann, wie z.B. die **merkantile Wertminderung** wegen eines **Unfallschadens**,[224]
- bei einer Vorbenutzung als **Mietwagen** oder **Taxi** oder einem zu **hohen Alter**,[225]
- wenn der Mangel **Folgeschäden** verursacht hat, z.B. einen durch Versagen der Bremsen herbeigeführten Körperschaden,[226]

---

220 BGH DAR 2006, 259, 262.
221 Kritisch hierzu *Lorenz*, NJW 2006, 1175, 1178.
222 Henssler/Graf von Westphalen/*Dedek*, § 275 Rn 19.
223 *Reinking*, DAR 2002, 15, 18.
224 OLG Schleswig NJW-RR 2005, 1579, 1581; *Westermann*, NJW 2002, 241, 248; *Reinking*, zfs 2003, 57, 58.
225 *Reinking/Eggert*, Rn 1425.
226 *Reinking*, DAR 2002, 15, 19.

- wenn Mängel im Wege der Nachbesserung **nicht technisch einwandfrei beseitigt** werden können,[227] wie z.b. bei einer irreparablen Durchrostung,[228]
- zumeist auch bei **Rechtsmängeln** (z.B. fehlendes Eigentum).[229]

Verfügt der Verkäufer über keine eigene Werkstatt, begründet dies **keine** Unmöglichkeit i.S.d. § 275. Er kann die Beseitigung des Mangels auch durch Dritte ausführen lassen.[230]

1626

> *Praxistipp*
>
> Auch ein **Privatverkäufer ohne Werkstatt** muss zunächst zur Nachbesserung aufgefordert werden, bevor zu Rücktritt, Minderung oder Schadensersatz übergegangen werden kann.[231]

1628

bb) Unverhältnismäßig hohe Kosten

Von größerer praktischer Bedeutung ist § 439 Abs. 3. Er stellt eine gegenüber § 275 Abs. 2 niedrigere Schwelle für die Begründung einer Einrede des Verkäufers dar, der die Darlegungs- und Beweislast trägt.[232] Die Bestimmung lehnt sich an die entsprechende Regelung des § 633 Abs. 2 S. 3 a.F. im Werkvertragsrecht an,[233] ersetzt allerdings das Wort „Aufwand" durch „Kosten". Schon deshalb, aber auch wegen der in § 439 Abs. 3 S. 2 genannten Kriterien, kann nicht auf die Rechtsprechung zu § 633 BGB a.F. zurückgegriffen werden, da dort das Verhältnis zwischen Werklohn und Nachbesserungskosten keine Rolle spielt.[234] Hinzu kommt, dass der Verkäufer anders als der Werkunternehmer Nacherfüllung an einer Sache vorzunehmen hat, die er nicht selbst hergestellt hat, so dass für den Verkäufer die Opfergrenze niedriger anzusetzen ist.[235]

1632

Als Abwägungskriterien sind zu berücksichtigen:
- die Höhe der Nachbesserungskosten,
- der Wert der Sache im mangelfreien Zustand,
- die Bedeutung des Mangels,
- die Nachteile des Käufers beim Rückgriff auf die andere Art der Nacherfüllung.

1634

Man unterscheidet zwischen **relativer** und **absoluter** Unverhältnismäßigkeit. Ob relative Unverhältnismäßigkeit vorliegt, ist aufgrund eines Vergleichs der beiden Arten der Nacherfüllung festzustellen. Die absolute Unverhältnismäßigkeit der Nacherfüllung liegt für den Verkäufer vor, wenn beide Nacherfüllungsformen unverhältnis-

1636

---

227 BGH NJW 1963, 1148.
228 *Lorenz/Riehm*, Rn 514; *Huber/Faust*, Kap. 17 Rn 10.
229 *Westermann*, NJW 2002, 241, 248; OLG Karlsruhe MDR 2005, 443.
230 Ebenso Anwk-BGB/*Büdenbender*, § 439 Rn 8; *Reinking*, DAR 2001, 15, 19; *Eggert*, VA 2002, 33, 36; *Reinking/Eggert*, Rn 1428; a.A.: *Brüggemeier*, JZ 2000, 529, 532; *Westermann*, JZ 2001, 539.
231 AG Aachen DAR 2004, 156.
232 LG Münster DAR 2004, 226, 227.
233 BT-Drucks 14/6040, 232.
234 OLG Düsseldorf NJW-RR 97, 1450.
235 *Reinking*, DAR 2002, 15, 18.

mäßig Kosten verursachen.[236] Ist eine Alternative „relativ" unverhältnismäßig, schuldet der Verkäufer nicht etwa für die verbleibende Alternative einen höheren Aufwand.[237]

(1) Relative Unverhältnismäßigkeit

1640 Zentrale Abwägungskriterien sind die Kosten für den Verkäufer und das Interesse des Käufers gerade an der von ihm gewählten Art der Nacherfüllung. Von der Rechtssprechung noch nicht entschieden wurde, ob auch ein **Vertretenmüssen** (Rn 1902) des Verkäufers und dessen Ausmaß für die Bewertung zu berücksichtigen ist.[238]

1642 Da beim Gebrauchtwagenkauf die Nachlieferung meist nicht in Betracht kommt (vgl. Rn 1556 ff.), wird sich die Frage der relativen Unverhältnismäßigkeit selten stellen. Sie wird bejaht, wenn die Kosten der gewählten Art der Nacherfüllung die Kosten der anderen, gleichwertigen Art um mehr als 10%,[239] nach a.A. 20%[240] oder 25%[241] übersteigt oder je nach Verschuldensgrad auf 5% bis 25% abzustufen ist,[242] bei mehreren Sachmängeln auch auf 30%.[243]

(2) Absolute Unverhältnismäßigkeit

1646 Die Schuldrechtsreform wollte zunächst nicht dem Käufer sondern dem Verkäufer das **Wahlrecht** zwischen den Nacherfüllungsansprüchen gewähren.[244] Hiervon ist der Gesetzgeber abgewichen, weil für den Verbrauchsgüterkauf (Unternehmer an Verbraucher, vgl. Rn 2782 ff.) das umgekehrte Wahlrecht von der Verbrauchsgüterrichtlinie vorgeschrieben wurde und zur Vereinheitlichung dann die Regelung für alle Kaufverträge normiert wurde.

1648 Aus diesem für den Verkäufer ungünstigen „Sinneswandel" folgt nun teilweise die Tendenz, das Ablehnungsrecht großzügig zugunsten des Verkäufers auszulegen, um Unbilligkeiten auf Seiten des Verkäufers zu vermeiden.[245] Die Gegenansicht[246] folgt aus der Anbindung des Ablehnungsrechts an die Unverhältnismäßigkeit der Kosten (statt der Aufwendungen) den Ausnahmecharakter des Ablehnungsrechts des Verkäufers und plädiert aus der Notwendigkeit einer der Verbrauchsgüterkaufs-

---

236 Bamberger/Roth/*Faust*, § 439 Rn 36.
237 *Bitter/Meidt*, ZIP 2004, 2121.
238 Dafür: *Reinicke/Tiedtke*, Rn 448; Bamberger/Roth/*Faust*, § 439 Rn 45; *Bitter/Meidt*, ZIP 2001, 2114, 2121 f.; *Huber/Faust*, Kap. 13, Rn 40; -dagegen: Henssler/Graf von Westphalen/*Graf von Westphalen*, § 439 Rn 27; Erman/*Grunewald*, § 439 Rn 7; *Ball*, NZV 2004, 217, 224; *Reinking/Eggert*, Rn 1429; Anwk-BGB/*Büdenbender* § 439 Rn 35; *Kirsten*, ZGS 2005, 66, 70 (vgl. auch Rn 1668).
239 *Bitter/Meidt*, ZIP 2001, 2114, 2122; *Haas/Medicus/Rolland/Schäfer/Wendtland*, Kap. 5 Rn 61; *Huber*, NJW 2002, 1004, 1008; bei hohen Kosten für zu hoch hält diesen Satz: Erman/*Grunewald*, § 439 Rn 8.
240 LG Ellwangen NJW 2003, 517.
241 Henssler/Graf von Westphalen/*Graf von Westphalen*, § 439 Rn 27.
242 Bamberger/Roth/*Faust*, § 439 Rn 46.
243 LG Ellwangen NJW 2003, 517.
244 BT-Drucks 14/6040, 232.
245 *Kainer*, AnwBl 2001, 380, 385; *Honsell*, JZ 2001, 278, 281.
246 *Toner*, VUR 2001, 87, 90.

richtlinie konformen Auslegung für eine Annäherung der Kriterien an die der Unmöglichkeit und des groben Missverhältnisses i.S.d. § 275 Abs. 2.[247]

Die Abwägung hat nicht abstrakt zu erfolgen, sondern muss die **konkreten** Umstände des Einzelfalls berücksichtigen.[248] Das Fehlen einer eigenen Werkstatt allein berechtigt den Verkäufer noch nicht zur Ablehnung, da Reparaturleistungen auf dem Markt zugekauft werden können.[249] Die Gesetzesbegründung[250] spricht aber davon, dass den Verkäufer in diesem Fall in der Regel die Kosten unverhältnismäßig belasten. Dem kann so pauschal nicht zugestimmt werden.[251] Die Alternativen (Rücktritt und Reparatur vor nochmaligem Weiterverkauf oder Minderung bzw. Schadensersatz) verursachen dem Verkäufer ähnlich hohe Kosten. Im Übrigen hat der Käufer häufig am gekauften Pkw ein besonderes Erfüllungsinteresse, also den Wunsch, diesen vielleicht lang und aufwendig gesuchten und mühsam gefundenen Pkw auch zu behalten. **1650**

Einzubeziehen in die Betrachtung ist auch der Aufwand des Verkäufers, der ihm zusätzlich daraus entsteht, dass er die Reparatur dort erbringen muss, wo sich das Fahrzeug gerade befindet (so die h.M; vgl. hierzu Rn 1586 ff.). Ist ihm dies unzumutbar, kann der Käufer die Zumutbarkeit dadurch schaffen, dass er den Transport in die Werkstatt anbietet oder diesen finanziert.[252] **1652**

Der Gesetzgeber bezieht in die Betrachtung zwar die alternativen Käuferrechte (Rücktritt und Minderung) nicht ausdrücklich mit ein.[253] In dem er aber eine Betrachtung des Wertes der mangelfreien Sache und der Bedeutung des Mangels verlangt, spricht einiges dafür, die konkrete Prüfung der Frage der Verhältnismäßigkeit der Kosten letztlich durch einen **Vergleich mit dem Minderungsbetrag** vorzunehmen, den der Käufer sonst durchsetzen könnte.[254] **1654**

Eine Festlegung auf starre prozentuale Grenzwerte ist mit Rücksicht auf die verschiedenen ineinander greifenden Kriterien, insbesondere dem Maß des Vertretenmüssens des Verkäufers (Rn 1640), schwer möglich.[255] **1656**

Folgende Überlegungen in dieser Richtung wurden bisher angestellt: **1657**

Bei nicht zu vertretenden Mängeln wird absolute Unverhältnismäßigkeit bejaht, wenn die Nacherfüllungskosten **150%** des **Wertes der Sache in mangelfreiem Zustand** **1658**

---

247 Bamberger/Roth/*Faust,* § 439 Rn 37 und 50.
248 Erman/*Grunewald,* § 439 Rn 7.
249 Anwk-BGB/*Büdenbender,* § 439 Rn 8; *Huber/Faust,* Kap. 13 Rn 38.
250 BT-Drucks 14/6040, 232.
251 Vgl. hierzu auch *Huber/Faust,* Kap. 13 Rn 38.
252 Vgl. hierzu Bamberger/Roth/*Faust,* § 439 Rn 47 u. 52.
253 Hierzu kritisch *Jorden/Lehmann,* JZ 2001, 952, 958.
254 *Ackermann,* JZ 2002, 383 ff.
255 *Reinking,* DAR 2002, 15, 18; *Skamel,* DAR 2004, 565, 568 f.; *Kirsten,* ZGS 2005, 66.

oder **200%** des **mangelbedingten Minderwertes übersteigen**.[256] Nach a.A.[257] sind Nacherfüllungskosten von nicht mehr als **100%**, bei Verschulden **130%** des **Wertes der mangelfreien Sache** zuzumuten, die Bedeutung des Mangels spielt dagegen keine Rolle.

1660 Eingetreten wird auch für eine nach dem **Maß des Vertretenmüssens** abgestufte Prozentgrenze von 105% bis 145% des Interesses des Käufers an der Nacherfüllung.[258]

1662 Teilweise wird auf den **Minderungsbetrag** abgestellt,[259] der angemessen um ca. 20% zu erhöhen ist.[260] Dagegen wird eingewandt, dass der Minderungsbetrag zu niedrig ist und die Opfergrenze deutlich höher angesetzt werden muss,[261] damit der Nacherfüllungsanspruch nicht leer läuft.

1664 Berücksichtigt man, dass der Nacherfüllungsanspruch durch die Nachrangigkeit der anderen Rechte ähnlich wie im Werkvertragsrecht auch ein Nachbesserungsrecht zugunsten des Verkäufers darstellt, erscheint es systemwidrig, die Anforderungen für das Ablehnungsrecht zu hoch zu schrauben. Der Käufer ist durch die Rechte auf Rücktritt, Minderung und Schadensersatz bestens geschützt, die Nachbesserung erweitert seine rechtlichen Möglichkeiten nur. Es ist kein besonderes Bedürfnis zu erkennen, den Käufer mit besonders starkem Nachdruck zum Nacherfüllungsrecht zu verhelfen. Wird nicht erfüllt, fällt er „weich" in die bewährten Sachmängelansprüche und zwar unabhängig davon, ob die Ablehnung zu Recht oder zu Unrecht erfolgt ist.

1666 Die hieraus herzuleitende **Zumutbarkeitsgrenze** für den Verkäufer sollte dort liegen, wo seine Aufwendungen den Betrag, den er im Falle des Rücktritts oder der Minderung verlieren würde, maßvoll übersteigen, und zwar um etwa 20% bis 30%. Bei Reparaturen in eigener Werkstatt wäre auf die reinen Selbstkosten abzustellen. Der Betrag kann angemessen gesenkt werden, sofern feststeht, dass der Käufer keinerlei Affektionsinteresse am Behalten des Fahrzeugs hat, also ohne erhebliche Nachteile zurücktreten kann.

1668 Ob strengere Maßstäbe zu gelten haben, wenn der Verkäufer eine Eigenschaft **zugesichert** hat oder **arglistig getäuscht** hat (vgl. bereits zur relativen Unverhältnismäßigkeit Rn 1640), ist fraglich.[262] Dieses Kriterium wird in § 439 Abs. 3 nicht genannt und kann schwerlich unter die „Bedeutung des Mangels" subsumiert werden, da damit nicht der Haftungsgrund angesprochen wird. Außerdem begründen beide Tatbestände

---

256 *Bitter/Meidt*, ZIP 2001, 2114, 2121 f.; für zu hoch gegriffen hält diesen Wert: Erman/*Grunewald*, § 436 Rn 10, für hilfreich für die Praxis *Reinking/Eggert*, Rn 373.
257 *Huber*, NJW 2002, 1004, 1008.
258 Bamberger/Roth/*Faust*, § 439 Rn 50.
259 *Ackermann*, JZ 2002, 378, 382 ff.
260 *Huber/Faust*, Kap. 13 Rn 41.
261 *Reinking/Eggert*, Rn 371.
262 Ablehnend Henssler/Graf von Westphalen/*Graf von Westphalen*, § 439 Rn 27; Erman/*Grunewald*, § 439 Rn 7.

die weitergehende Haftung des Verkäufers auf Schadensersatz, so dass der Käufer noch sicherer auch ohne Nachbesserung in seinen Rechten geschützt ist.

Aufgrund der erheblichen **Rechtsunsicherheit**[263] ist zu erwarten, dass die meisten Käufer im Falle der Ablehnung der Nachbesserung auf die weiteren Sachmängel- und Schadensersatzansprüche zurückgreifen werden, weil eine Klage nur auf Nacherfüllung wegen des möglicherweise bestehenden Zurückweisungsrechts des Verkäufers riskanter ist als eine Klage auf Rücktritt, Minderung oder Schadensersatz, denen gegenüber der Verkäufer keine Unzumutbarkeit einwenden kann (vgl. auch Rn 1848). 1670

Praxistipp 1672
Lehnt der Verkäufer die Nachbesserung (Reparatur) ab, sollte der Käufer auf Reparatur nur bestehen, wenn eine Unzumutbarkeit der Nachbesserung für den Verkäufer nicht in Betracht kommt und der Käufer ein großes Interesse gerade an diesem Fahrzeug hat, sonst besteht das **Risiko**, dass trotz bestehender Sachmängelhaftungsansprüche die Klage auf Nachbesserung wegen **Unzumutbarkeit abgewiesen wird**.

h) Verletzung der Nacherfüllungspflicht

Wird mangelhaft nachgebessert, kann der Käufer in der Regel erst zu Rücktritt und Minderung übergehen, wenn er **nochmals zur Nachbesserung auffordert** und auch diese fehlschlägt (§ 440 S. 2, vgl. Rn 1732). Der Käufer kann den Verspätungsschaden gem. §§ 280, 286 erstattet verlangen.[264] 1678

Schadensersatz wegen einer verweigerten oder endgültig fehlgeschlagenen Nachbesserung setzt zusätzlich ein Vertretenmüssen i.S.d. § 276 voraus.[265] Das Fehlen einer Werkstatt oder von reparaturtechnischen Kenntnissen entlastet nicht;[266] es können und müssen Fremdfirmen eingeschaltet werden, für die der Verkäufer gem. § 278 haftet. 1680

Der Käufer ist so zu stellen, wie er bei ordnungsgemäßer Nachbesserung stehen würde, so dass ihm also die Kosten einer Reparatur in einer anderen Werkstatt zu erstatten sind.[267] 1682

2. Rücktritt und Minderung

Der **Rücktritt** (Rn 1690 ff.) des Käufers bezweckt, den Kaufvertrag unter Rückabwicklung der gegenseitig empfangenen Leistungen rückgängig zu machen. Bei 1686

---

263 *Ball*, NZV 2004, 217, 223–225.
264 Erman/*Grunewald*, § 439 Rn 12.
265 Hierzu Bamberger/Roth/*Faust*, § 437 Rn 97.
266 Bamberger/Roth/*Faust*, § 437 Rn 99.
267 *Reinking*, zfs 2003, 57, 61.

der **Minderung** (Rn 1806 ff.) soll der Kaufvertrag abgewickelt werden, jedoch der Kaufpreis dem Minderwert der Kaufsache angepasst werden.

1688 Beide Rechte sind als **Gestaltungsrechte** geregelt (§ 349 für Rücktritt, § 441 Abs. 1 S. 1 für die Minderung), so dass die Erklärungen mit Zugang (§ 130) wirksam werden und insbesondere nicht einseitig vom Käufer rückgängig gemacht werden können. Auch ein **Wechsel** von Minderung zu Rücktritt und umgekehrt **ist unzulässig**.[268] Unwirksame Erklärungen haben **keine** gestaltende Wirkung.[269] Neben Rücktritt oder Minderung kann stets Schadensersatz oder Aufwendungsersatz beansprucht werden (§ 437 Nr. 2, 3).[270]

a) Rücktrittsvoraussetzungen

1690 Der Rücktritt hat folgende Voraussetzungen[271]

- einen **erheblichen** Mangel (§ 323 Abs. 5),
- die Setzung einer angemessenen **Nachfrist** zur Nacherfüllung und Fristablauf oder
- **Unmöglichkeit** (§ 275), **Verweigerung** (§ 281, § 323 Abs. 3 Nr. 1), **Fehlschlagen** oder
- **Unzumutbarkeit** (§§ 437 Nr. 2, 440) der Nacherfüllung;
- **besondere Umstände**, die den sofortigen Rücktritt rechtfertigen (§§ 437 Nr. 2, 281, Abs. 2 Alt. 2, 323 Abs. 2 Nr. 3);
- ein zeitlich gebundenes **Fixgeschäft** (§ 323 Abs. 2 Nr. 2);
- keine **überwiegende Verantwortlichkeit** des Käufers für den Rücktritts- bzw. Minderungsgrund und kein **Annahmeverzug** (§ 323 Abs. 6).

1692
> *Praxistipp*
> Die Rücktrittserklärung durch einen Rechtsanwalt oder eine andere bevollmächtigte Person ist unwirksam, wenn eine schriftliche Vollmacht nicht beigefügt wird und der Erklärungsempfänger die Erklärung aus diesem Grund unverzüglich zurückweist (§ 174). Daher ist der Erklärung (per Einschreiben und Rückschein oder per Gerichtsvollzieher) stets eine **Vollmacht im Original** beizufügen.

aa) Erhebliche Pflichtverletzung

1702 Der Rücktritt setzt gem. § 323 Abs. 5 S. 2 voraus, dass die Pflichtverletzung **nicht unerheblich** ist. Dies erfordert eine umfassende Interessenabwägung.[272] Die Unerheblichkeit muss der Verkäufer substantiiert darlegen und beweisen.[273]

---

268 *Reinking,* DAR 2002, 15, 20.
269 MüKo/*Westermann,* § 437 Rn 52.
270 Vgl. hierzu *Jensch,* NJW 2003, 3613.
271 Vgl. hierzu OLG Düsseldorf DAR 2003, 519 u. *Schellhammer,* MDR 2002, 301 ff.
272 Palandt/*Heinrichs,* § 323 Rn 32.
273 OLG Stuttgart DAR 2005, 91, 93.

II. Rechte des Käufers bei Mängeln § 2

Zu berücksichtigen sind der für die Mängelbeseitigung erforderliche **Aufwand**, das Maß der funktionellen und ästhetischen **Beeinträchtigung**, die Dauer des **Nutzungsausfalls** für den Käufer,[274] nach richtiger Auffassung auch das **Maß des Fehlverhaltens**/Verschuldens des Verkäufers,[275] wie z.B. arglistiges Verhalten (vgl. Rn 2678 ff.), denn § 323 Abs. 5 S. 2 stellt auf das Maß der Pflichtverletzung ab,[276] nicht nur auf Art und Schwere des Mangels.[277] Teilweise wird für das Maß der Pflichtverletzung nicht auf die Leistung der mangelhaften Sache, sondern auf die Verweigerung der Nacherfüllungspflicht abgestellt.[278]

1704

Als **nicht erheblich** werden Mängel angesehen,

1706

- deren Beseitigungskosten 1%,[279] 3%,[280] 4,5%,[281] 10%,[282] 15%,[283] oder sogar unter 20 bis 50%[284] des Wertes ausmachen,
- die mit ganz geringem Aufwand selbst beseitigt werden können,[285]
- die in Kürze von selbst verschwinden,[286]
- ein Defekt am CD-Player[287] oder der Navigationsanlage,[288]
- bei einer um 9% höheren Fahrleistung, als der Kilometerstand ausweist,[289]
- ein serienmäßiger Türenversatz von 1,8 mm,[290]
- eine Geschwindigkeitsunterschreitung um weniger als 5%.[291]

Dagegen kommt es nicht auf die Einordnung im TÜV-Bericht an, da auch sicherheitstechnisch erhebliche Mängel unter Umständen mit einem Handgriff behoben werden können.

1708

Bejaht wurde die **Erheblichkeit** des Mangels bei

- einem undichten Fahrzeug trotz geringer Reparaturkosten,[292]

---

274 BGHZ 10, 242.
275 *Reinking/Eggert*, Rn 427; Palandt/*Heinrichs*, § 281 Rn 48; Palandt/*Grüneberg*, § 323 Rn 32; Staudinger/ *Otto*, § 323 Rn C 30 u. § 281 Rn C 33; zweifelnd: Erman/*Westermann*, § 281 Rn 9.
276 BGH NJW 2006, 1960 (m. abl. Besprechung *Lorenz*, NJW 2006, 1925 ff.) = DAR 2006, 448 m. zust. Anm. *Andreae*; LG Karlsruhe NJW-RR 2005, 1368.
277 So aber Henssler/Graf von Westphalen/*Muthers*, § 437 Rn 25; MüKo/*Ernst*, § 323 Rn 243 u. § 281 Rn 147 ff.; Bamberger/Roth/*Faust*, § 437 Rn 27; Soergel/*Gsell*, § 323 Rn 216.
278 *Ball*, NZV 2004, 217, 218; OLG Stuttgart DAR 2005, 91, 93.
279 BGH NJW 2005, 3490, 3493.
280 Erman/*Grunewald*, § 437 Rn 7 m.w.N.; OLG Düsseldorf DAR 2004, 392 = NJW-RR 2004, 1060.
281 LG Kiel DAR 2005, 38.
282 Palandt/*Grüneberg*, § 323 Rn 32.
283 *Müller/Matthes*, AcP 204, 732/48.
284 MüKo/*Ernst*, § 323 Rn 243.
285 KG NJW-RR 1989, 972.
286 Henssler/Graf von Westphalen/*Muthers*, § 323 Rn 23.
287 Palandt/*Heinrichs*, § 281 Rn 48.
288 OLG Karlsruhe NZV 2002, 132.
289 Vgl. Rn 2274.
290 OLG Düsseldorf OLGR 2005, 627.
291 OLG Düsseldorf NJW 2005, 3504.
292 OLG Karlsruhe DAR 2005, 31.

- einer um 20% zu hohen Laufleistung,[293]
- einem falschen Modelljahr,[294]
- bei einem mit Kosten von 400 bis 450 EUR beseitigten Unfallschaden bei Garantie für Unfallfreiheit.[295]

1710

Praxistipp
Da der Käufer häufig nicht übersehen kann, ob der Mangel als **erheblich** oder **unerheblich** einzuordnen ist, sollte er hilfsweise neben dem Rücktritt auch die Minderung (§ 441) des Kaufpreises erklären,[296] die auch bei unerheblichen Mängeln greift.

bb) Angemessene Nachfrist

1714 Der Rücktritt setzt voraus, dass der Käufer dem Verkäufer erfolglos eine angemessene Frist zur Leistung oder Nacherfüllung bestimmt hat (§ 323 Abs. 1), auch wenn der Käufer nicht sicher weiß, ob der Defekt auf einen Sachmangel i.S.d. § 434 Abs. 1 Satz 1 zurückzuführen ist.[297] Er muss nur **eine** Nachfrist setzen.[298] Sie muss sich auf die Mängel beziehen, auf die später auch der Rücktritt gestützt wird.[299] Er **kann** noch **weitere** Fristen setzen, ohne hierdurch sein Rücktrittsrecht zu verlieren.[300]
Es reicht i.d.R. nicht die Aufforderung aus, sich mit der Nacherfüllung einverstanden zu erklären[301] oder sich über seine Leistungsbereitschaft zu erklären.[302] Der Käufer sollte sich auch nicht auf eine „Selbstmahnung" des Verkäufers verlassen, in der er selbst verspricht, binnen einer bestimmten Frist die Reparatur auszuführen.[303] Die Aufforderung muss zwar keine Ablehnungsandrohung enthalten, aber unmissverständlich zum Ausdruck bringen, dass der Verkäufer eine **letzte Gelegenheit** erhält, die vertragliche Leistung zu erbringen.[304]

1716

Praxistipp
Dem Käufer ist zu empfehlen, schon mit dem ersten Nacherfüllungsverlangen eine Frist zu setzen. Es soll zwar als „Fehlschlagen" der Nacherfüllung angesehen werden können, wenn der Verkäufer die Nacherfüllung trotz Aufforderung (ohne Fristsetzung) nicht in angemessener Frist vorgenommen hat,[305] so dass der Rück-

---

[293] AG Rheda Wiedenbrück DAR 2003, 121.
[294] OLG Nürnberg NJW 2005, 2019.
[295] LG Karlsruhe NJW-RR 2005, 1368.
[296] *Reinking,* DAR 2002, 15, 20.
[297] BGH NJW 2006, 1195 = DAR 2006, 259.
[298] So ausdrücklich BT-Drucks 14/6040, 221.
[299] LG Hanau NJW-RR 2003, 1561.
[300] Soergel/*Gsell,* § 323 Rn 70.
[301] OLG Stuttgart DAR 2005, 91, 93.
[302] BGHZ 142, 36, 42; *Ramming,* ZGS 2002, 209.
[303] Soergel/*Gsell,* § 323 Rn 119.
[304] OLG Köln ZGS 2003, 392.
[305] BT-Drucks 14/6040, 222.

tritt ebenso zulässig wäre. Die Rechtsposition des Käufers ist aber sicherer, wenn er selbst durch die Fristlegung festlegt, welche Frist er für angemessen hält.

Die Nachfrist ist angemessen, wenn der Schuldner in die Lage versetzt wird, die Mängel zu beheben. In der Regel werden je nach Schwere des Mangels Fristen zwischen 1 Woche und – in seltenen Ausnahmefällen – 1 Monat angemessen sein.[306] Nur in wenigen Ausnahmefällen sind Reparaturen denkbar, die länger dauern, eine Frist von 9 Tagen kann bei mehreren Mängeln zu kurz sein.[307] Werkstattkapazitäten müssen notfalls geschaffen werden. Zu berücksichtigen ist, wenn der Verkäufer längere Zeit benötigt, um gleichwertige gebrauchte Ersatzteile zu beschaffen.[308] War die Nachfrist zu kurz gesetzt, wird in der Regel eine **angemessene** Nachfrist in Lauf gesetzt,[309] ein Rücktritt **vor** Ablauf der angemessenen Frist ist jedoch **wirkungslos**.[310]

1718

Praxistipp
Bestehen Zweifel, ob z.Z. des Rücktritts bereits eine angemessene Frist verstrichen war, sollte der Rücktritt wiederholt werden (spätestens in der Klageschrift). Erfolgt die Nachbesserung kurz nach Fristablauf und Rücktrittserklärung, dürfte i.d.R. wegen der offenen Frage der Angemessenheit der Frist von einer Klage auf Rücktritt abzuraten sein, wenn die Nachbesserung erfolgreich war, zumal eine geringfügige Fristüberschreitung auch unschädlich sein kann.[311]

cc) Unmöglichkeit, Verweigerung und Fehlschlagen der Nacherfüllung

Keine Nachfrist muss der Käufer setzen, wenn die Nacherfüllung **unmöglich** ist, **verweigert** wird oder **fehlgeschlagen** ist. Das Nacherfüllungsverlangen selbst ist dagegen nicht zwingend Voraussetzung, um die weitergehenden Rechte geltend zu machen. Insbesondere kann die Weigerung zur Nachbesserung auch schon vor dem Nacherfüllungsverlangen erfolgen.

1720

(1) Unmöglichkeit

Unmöglichkeit i.S.d. § 275 stellt für die **Nachlieferung** beim Gebrauchtwagenkauf die Regel dar (vgl. Rn 1558). Die **Nachbesserung** ist dagegen in der Regel möglich (zu den Ausnahmen vgl. Rn 1624 ff.).

1722

Praxistipp
Werden **zwei** Mängel gerügt, von den einer behebbar ist (z.B. defektes Getriebe) und ein anderer nicht (höhere Laufleistung), kann wegen des nicht behebbaren Mangels sofort der Rücktritt erklärt werden. Vorsorglich sollte aber im selben

---

306 Palandt/*Putzo*, § 439 Rn 7.
307 OLG Celle NJW 2004, 3566.
308 *Reinking*, DAR 2002, 15, 20.
309 BGH NJW 1985, 2640; Palandt/*Putzo*, § 439 Rn 7; Soergel/*Gsell*, § 323 Rn 83.
310 OLG Celle NJW 2004, 3566.
311 Soergel/*Gsell*, § 323 Rn 87.

Schreiben zur Nachbesserung des behebbaren Mangels mit Fristsetzung aufgefordert werden, um den Fall rechtlich abzusichern, dass der 2. Mangel **nicht nachweisbar** ist. Die Aufforderung kann mit der Maßgabe erfolgen, dass der Verkäufer den Rücktritt wegen des **unbehebbaren** Mangels ablehnt oder nicht fristgerecht durchführt. Außerdem sollte ausdrücklich erklärt werden, dass auch im Fall der Nachbesserung des **behebbaren** Mangels der Rücktritt wegen des **unbehebbaren** Mangels **vorbehalten** bleibt.

(2) Verweigerung

1724 **Verweigert** ist die Nacherfüllung, wenn der Verkäufer **beide** möglichen Arten der Nacherfüllung ablehnt. Lehnt er eine ab und ist die andere nicht unmöglich, muss der Käufer ihn zur anderen Art der Nacherfüllung auffordern, bevor er zu den Rechtsbehelfen des § 437 Nr. 2 und 3 übergehen kann.[312]

1726 Für den Rückgriff auf die Sekundäransprüche, also auch den Rücktritt spielt es keine Rolle, ob der Verkäufer zu Recht oder zu Unrecht verweigert. Das hat nur Bedeutung dafür, ob sich das Wahlrecht des Käufers (Rn 1546) auch weiterhin auf die Nacherfüllung erstreckt. Das ist z.B. der Fall, wenn der Verkäufer die Fehlerbeseitigung von einer nicht berechtigten Kostenbeteiligung des Käufers abhängig macht.[313]

1728 An die Annahme einer Erfüllungsverweigerung sind strenge Anforderungen zu stellen.[314] Sie setzt voraus, dass der Verkäufer „als letztes Wort" die Erfüllung in bestimmter Weise endgültig verweigert.[315] Solange die Möglichkeit besteht, dass der Schuldner noch – insbesondere durch Fristsetzung – umgestimmt werden könnte, ist noch nicht von Erfüllungsverweigerung auszugehen.[316] Das gilt insbesondere, wenn der Käufer sofort Rücktritt verlangt und der Verkäufer aus diesem Anlass – gewissermaßen unaufgefordert – Arbeiten am Fahrzeug ablehnt.[317] Keine endgültige Erfüllungsverweigerung hat der BGH[318] in der (unberechtigten) Ablehnung des Verkäufers gesehen, das Fahrzeug zur Nachbesserung abzuholen.

1730 Andererseits wird es auch schon als endgültige Erfüllungsverweigerung angesehen, wenn der Verkäufer – ohne zur Nacherfüllung aufgefordert zu sein – einen **Sachmangel** und damit seine Haftungsverpflichtung **schlechthin bestreitet**,[319] so dass es **aussichtslos** erscheint, mit einer Fristsetzung den Verkäufer noch **umstimmen** zu können.[320] Sogar dann, wenn ein derartiges Bestreiten eines Mangels erst nach Klageerhebung erfolgt, soll dies für eine Erfüllungsverweigerung i.S.d.

---

312 *Schimmel/Buhlmann,* Frankfurter Handbuch, S. 474.
313 OLG Hamm DAR 1985, 380.
314 BGH DAR 2006, 259, 261; AG Kempen DAR 2004, 34; Soergel/*Gsell,* § 323 Rn 98 m.w.N.
315 BGH NJW 1984, 48, 49.
316 BGH DAR 2006, 259, 262.
317 BGH NJW 1996, 1814; LG Hanau NJW-RR 2003, 1561.
318 NJW-RR 1991, 870, 872.
319 BGH NJW 2003, 580; LG Bonn NJW 2004, 74, 75; OLG Stuttgart DAR 2005, 91, 93.
320 BGH NJW-RR 1993, 882, 883.

§ 440 ausreichen.[321] Andererseits soll das Bestreiten des Mangels nur aus prozesstaktischen Gründen nicht als endgültige Erfüllungsverweigerung angesehen werden können, wenn in erster Linie die fehlende Möglichkeit der Nacherfüllung gerügt wird.[322] Kein Fall der Verweigerung liegt auch vor, wenn der Verkäufer eine Haftung bestreitet, aber Mängelbeseitigung auf Kulanz anbietet.[323]

(3) Fehlschlagen

Fehlgeschlagen i.S.d. § 440 ist die Nachbesserung, wenn sie trotz Verlangens nicht in **angemessener Frist** erfolgt ist, insbesondere aber auch dann, wenn die Nachbesserung **erfolglos** versucht worden ist. Nach dem zweiten erfolglosen Versuch gilt die Nachbesserung als fehlgeschlagen, wenn nicht besondere Umstände vorliegen (§ 440 S. 2). Ein dritter Versuch ist dem Käufer in der Regel nicht zuzumuten.[324] Ausnahmen kommen in Betracht bei funktionellen Mängeln, deren Ursache schwer zu finden ist und durch welche die Gebrauchstauglichkeit des Fahrzeugs nicht völlig aufgehoben oder erheblich eingeschränkt wird[325] und bei verbliebenen geringen Mängeln, mit deren Beseitigung bei einem dritten Versuch mit an Sicherheit grenzender Wahrscheinlichkeit gerechnet werden kann.[326]

1732

dd) Unzumutbarkeit für den Käufer

Keine Nachfrist muss der Käufer auch setzen, wenn ihm die Nacherfüllung **unzumutbar** ist. Das ist der Fall, wenn das **Vertrauen** des Käufers in eine **sachgerechte Vertragserfüllung** des Verkäufers **nachhaltig gestört** ist.[327] Maßgeblich sind die Umstände des Einzelfalls unter Berücksichtigung der Grundsätze von Treu und Glauben.[328] Zu berücksichtigen sind die Art und Schwere des Mangels, insbesondere der Einfluss auf die Gebrauchstauglichkeit oder die Verkehrssicherheit, Anzahl und Dauer der Werkstattaufenthalte, Mühe und Sorgfalt des Verkäufers bei der Fehlersuche sowie sonstige Begleitumstände wie die Stellung eines kostenfreien Leihfahrzeugs.[329] Die Behauptung, nur eine näher gelegene Werkstatt habe das ständig benötigte Fahrzeug zeitnah reparieren können, begründet noch keine Unzumutbarkeit.[330]

1734

Schon ein **einziger** Nachbesserungsversuch ist dem Käufer unzumutbar, falls die Nachbesserung zu lange dauert,[331] z.B. bei einem anlassbezogenen Wohnmobilkauf für die Ferien. Es ist darauf abzustellen, ob dem Käufer die Nachbesserung statt Rücktritt,

1736

---

321 LG Bonn NJW 2004, 74, 75.
322 OLG Celle NJW 2004, 3566, 3567.
323 *Reinking/Eggert*, Rn 390.
324 OLG Hamm zfs 1995, 33; OLG Karlsruhe DAR 2005, 31 = zfs 2004, 459 f. m. Anm. *Diehl*.
325 OLG Karslruhe DAR 1977, 323.
326 Erman/*Grunewald*, § 440 Rn 5.
327 Anwk-BGB/*Büdenbender*, § 441 Rn 8.
328 BGH WM 1999, 886; *Kainer*, AnwBl 2001, 380, 385.
329 *Reinking/Eggert*, Rn 399.
330 BGH DAR 2006, 259, 261.
331 *Bitter/Meidt*, ZIP 2001, 2114; Erman/*Grunewald*, § 440 Rn 3; einschränkend: AG Kempen DAR 2004, 34.

§ 2 Sachmängelhaftung

Schadensersatz oder Minderung zuzumuten ist.[332] Daran fehlt es, falls die Vertrauensgrundlage entfallen ist, z.b. durch die schuldhafte Verletzung von Nebenpflichten wie unzulässige technische Änderungen[333] oder eine sachlich nicht gerechtfertigte Bagatellisierung des gerügten Mangels, z.b. als „Peanuts",[334] so dass die begründete Erwartung besteht, das Fahrzeug werde trotz Reparatur wiederum nicht mängelfrei sein.[335] Das ist auch dann der Fall, wenn die angebotene Reparatur behelfsmäßig ist,[336] wie z.b. bei immer wieder auftretenden verschiedenen Elektronikfehlern,[337] insbesondere wenn sie nicht den Vorschriften des Herstellerwerks entspricht.[338]

1738 Ein **zweiter** Nachbesserungsversuch kann als unzumutbar abgelehnt werden, wenn die erste Nachbesserung dilettantisch und fehlerhaft erfolgt ist[339] oder wenn der erste Versuch erst nach einer zweiten Aufforderung deutlich nach Ablauf der angemessenen Frist erfolgt ist und erfolglos war. Allein eine schleppende Nacherfüllung berechtigt den Käufer in der Regel noch nicht zum Rücktritt, wenn der Käufer es versäumt hat, eine – angemessene – Frist zu setzen. Ausnahmen sind aber auch hier denkbar, wie z.B. bei einer Dauer von sechs Wochen bei einem dringend benötigten Pkw.[340]

1740 In allen Fällen **arglistiger Täuschung** ist dem Käufer grundsätzlich eine Nacherfüllung nicht zumutbar.[341] Ausnahmen hievon werden als möglich angesehen, wenn der Schuldner nicht selbst arglistig gehandelt hat, sondern sich die Arglist von Hilfspersonen zurechnen lassen muss (vgl. hierzu Rn 2022 ff.).[342]

1741 Ist die Nachbesserung für den Verkäufer nur mit unverhältnismäßig hohen Kosten möglich, so dass der Verkäufer diese ablehnen darf (Rn 1632) und wahrscheinlich ablehnen wird, entbindet dies den Käufer nicht von der Pflicht, dem Verkäufer diese Möglichkeit dennoch anzubieten.[343]

1742 Weniger eindeutig ist die Unzumutbarkeit einer Nachbesserung für den Käufer für die anderen Formen der Verantwortlichkeit des Verkäufers i.S.d. § 276. **Grobe Fahrlässigkeit** wird nur zur Unzumutbarkeit führen, wenn die näheren Umstände einen Vertrauensverlust gerade auch für die Fähigkeit rechtfertigen, die Nachbesserung, also die Reparatur, korrekt auszuführen. Für den Fall, dass ein **garantiertes** Beschaffen-

---

332 Palandt/*Putzo*, § 440 Rn 8.
333 BGH DAR 1978, 46.
334 OLG Saarbrücken zfs 1999, 518.
335 *Schubel,* JuS 2002, 313, 317; Palandt/*Putzo*, § 440 Rn 8.
336 OLG Karlsruhe NJW-RR 1987, 889.
337 LG Zweibrücken SVR 2005, 188.
338 BGH DAR 1978, 278.
339 *Reinking/Eggert,* Rn 400.
340 OLG Hamburg VersR 1983, 741.
341 Anwk-BGB/*Büdenbender*, § 441 Rn 8; *Reinking/Eggert,* Rn 1449; *Lorenz,* JZ 2001, 742, 743; LG Bonn NJW 2004, 74; MüKo/*Ernst*, § 281 Rn 60.
342 Bamberger/Roth/*Faust*, § 440 Rn 37; *Lorenz,* NJW 2004, 26, 27.
343 BGH DAR 2006, 259, 262; kritisch hierzu *Lorenz* NJW 2006, 1175, 1178.

heitsmerkmal nicht vorliegt, soll zumindest im Regelfall von der Entbehrlichkeit der Fristsetzung auszugehen sein.[344]

Falls sich im Nachhinein herausstellt, dass die – erfolgreiche – Nachbesserung rückblickend eigentlich unzumutbar war, weil der Käufer erheblichen Unannehmlichkeiten ausgesetzt war, löst dies nicht etwa noch ein Rücktrittsrecht aus.[345] 1744

ee) Sonstige besondere Umstände i.S.d. § 323

Nach § 323 Abs. 2 Nr. 2 ist eine Fristsetzung dann entbehrlich, wenn der Verkäufer nicht in fest vereinbarter Frist liefert und der Käufer den Fortbestand seines Leistungsinteresses an die Rechtzeitigkeit der Lieferung gebunden hat (sog. einfaches **Fixgeschäft**).[346] 1748

Nach § 323 Abs. 2 Nr. 3 braucht vor dem Rücktritt keine angemessene Frist bestimmt zu werden, wenn besondere Umstände vorliegen, die unter Abwägung der beiderseitigen Interessen den sofortigen Rücktritt rechtfertigen. Das wird insbesondere bejaht in den Fällen der Arglist und Garantieübernahme durch den Verkäufer.[347] Voraussetzung ist ein endgültiger Vertrauensverlust.[348] Für Gebrauchtwagenkäufe ergeben sich aus dieser Bestimmung keine neuen Gesichtspunkte, die nicht schon durch die besondere Ausnahmen des § 440 abgedeckt sind. 1750

Der § 323 Abs. 6 Alt. 1 führt den Rechtsgedanken des schadensrechtlichen Mitverschuldens aus § 254 in das Rücktrittsrecht ein: Ist der Käufer selbst für den Mangel allein oder weit überwiegend verantwortlich, ist der Rücktritt ausgeschlossen (z.B. bei einem versteckten Blechschaden, der zuvor bei einem vom Käufer verschuldeten Unfall während der Probefahrt verursacht wurde). 1752

Darüber hinaus darf er auch dann nicht zurücktreten, wenn der Mangel am Kfz ohne Verschulden des Verkäufers zu einem Zeitpunkt eintritt, zu welchem der Käufer im Verzug der Annahme ist (§ 323 Abs. 6 Alt. 2). 1753

b) Rücktrittsabwicklung

Die Vertragsparteien haben die Leistungen zurückzugewähren (§ 323), der Verkäufer hat den Kaufpreis zu erstatten, der Käufer den Pkw zurückzuübereignen. 1754

> *Praxistipp* 1755
> Bei der Rücktrittserklärung (vgl. Rn 1692) ist die **Rückübereignung** des Pkw **anzubieten**, damit nach Fristablauf **Annahmeverzug** eintritt. Die Klageanträge sollten lauten,

---

344 Anwk-BGB/*Dauner-Lieb*, § 276 Rn 20.
345 Erman/*Grunewald*, § 440 Rn 3; kritisch hierzu *Reinking*, DAR 2001, 8, 13.
346 Henssler/Graf von Westphalen/*Muthers*, § 323 Rn 14.
347 Anwk-BGB/*Dauner-Lieb*, § 281 Rn 21; a.A. MüKo/*Ernst*, § 281 Rn 60.
348 Henssler/Graf von Westphalen/*Muthers*, § 323 Rn 15.

§ 2 Sachmängelhaftung

1) den Beklagten zu verurteilen, an den Kläger EUR ... nebst 5 Prozent Zinsen über dem Basiszins zu zahlen Zug um Zug gegen Rückübereignung des Pkw ..., Fahrzeug-Ident.-Nr. ...;

2) festzustellen, dass sich der Beklagte mit der Rücknahme des im Antrag zu 1) beschriebenen Pkw in Annahmeverzug befindet.

Ohne die Feststellung gemäß dem Antrag zu 2) müsste der Gerichtsvollzieher bei der Vollstreckung des Zahlungstitels den Pkw nochmals besonders **anbieten**.

1756 Durch den Rücktritt wandelt sich das Schuldverhältnis in ein Rückgewährschuldverhältnis um. Der Käufer kann den Rücktritt auch dann erklären, wenn er die Kaufsache nicht zurückgewähren kann oder diese beschädigt oder verschlechtert wurde.

1757 In diesem Fall hat er dem Verkäufer Wertersatz zu leisten (§ 346 Abs. 2), es sei denn:[349]

- die Verschlechterung beruht auf normalem Verschleiß (§ 346 Abs. 2, 3 Hs. 2),
- der Mangel zeigt sich erst während eines Umbaus des gekauften Fahrzeugs (§ 346 Abs. 3 Nr. 1),
- der Verkäufer hat die Verschlechterung oder den Untergang des gekauften Fahrzeugs zu vertreten, oder der Schaden wäre auch bei ihm eingetreten (§ 346 Abs. 3 Nr. 2),
- der Käufer hat diejenige Sorgfalt beobachtet, die er in eigenen Angelegenheiten anzuwenden pflegt (§ 346 Abs. 3 Nr. 3, § 277).[350]

1758 Gibt ein Autokäufer ein gebrauchtes Kfz in Zahlung und erfolgt sodann ein Rücktritt, ist der Verkäufer berechtigt, das in Zahlung gegebene Kfz zurückzugeben.[351] Er muss also nicht das Kfz behalten und den Kaufpreis erstatten. Nur wenn das in Zahlung gegebene Kfz bereits veräußert ist, hat er den Erlös zu erstatten,[352] wobei streitig ist, ob der Verkäufer einen Mehrerlös behalten darf bzw. einen Mindererlös zu tragen hat.[353]

c) Rücktrittsfolgen

1759 Zwischen Kauf und Rücktritt hat der Käufer häufig bereits Geld in den Pkw investiert und ihn genutzt; überdies war der Vertragsabschluss selbst mit Kosten verbunden und es ist durch die Zahlung des Kaufpreises ein Zinsschaden entstanden. Hieraus können sich Ausgleichsverpflichtungen ergeben:

---

349 Vgl. hierzu Anwk-BGB/*Hager*, § 346 Rn 26 ff.
350 Vgl. hierzu *Motsch*, JR 2002, 221 ff.
351 BGHZ 89, 126, 132; OLG München NJW-RR 1992, 1148; Anwk-BGB/*Hager*, § 346 Rn 18; a.A. OLG Karlsruhe NJW 1965, 111.
352 BGH NJW 1980, 2190, 2191.
353 Zum Meinungsstand Anwk-BGB/*Hager*, § 346 Rn 18.

aa) Verwendungsersatz

Gemäß § 347 Abs. 2 sind dem Käufer die **notwendigen** Verwendungen zu ersetzen. Andere Aufwendungen sind ihm zu ersetzen, soweit der Verkäufer durch diese bereichert wird.

1760

Notwendige Verwendungen sind nur solche Aufwendungen, die der **Erhaltung**, **Wiederherstellung** und **Verbesserung** der Sache dienen.[354] Zu den notwendigen Verwendungen zählt die Rechtsprechung insbesondere:

1762

- alle Reparaturen, die für die Funktionstüchtigkeit und die Verkehrssicherheit notwendig sind, wie den Einbau einer neuen Batterie,[355]
- Austauschmotor und Austauschgetriebe,[356]
- eine Hinterachsenreparatur,[357]
- Kosten für neue Reifen,[358]
- Zulassungskosten,[359]
- Wartungs- und Inspektionskosten,[360]
- Standgeldkosten.[361]

1764

Diese Verwendungen sind unabhängig davon zu ersetzen, ob sie zu einer Werterhöhung des Fahrzeugs geführt haben.

1766

Sonstige Aufwendungen sind nur zu ersetzen, soweit der Verkäufer durch diese **bereichert** wird (§ 348 Abs. 2 S. 2). Als solche wurden von der Rechtsprechung beispielsweise anerkannt:

1768

- ein Autoradio,[362]
- eine Anhängerkupplung,[363]
- eine Korrosionsschutzbehandlung,[364]
- sonstige Instandsetzungsarbeiten und Kundendienstleistungen.[365]

Der Anspruch geht insoweit jedoch nicht auf Kostenerstattung, sondern auf Erstattung des Mehrwertes.[366]

1770

---

354 BGHZ 87, 104, 106.
355 OLG Oldenburg DAR 1993, 467.
356 OLG Nürnberg DAR 1978, 324.
357 OLG Nürnberg DAR 1978, 324.
358 OLG Brandenburg OLGR 1995, 89; OLG Oldenburg DAR 1993, 467.
359 LG Traunstein zfs 1999, 290.
360 BGH NJW-RR 1991, 1011.
361 OLG Schleswig OLGR 1996, 339.
362 OLG Nürnberg DAR 1978, 324.
363 OLG Köln DAR 1986, 320.
364 OLG Nürnberg DAR 1978, 324.
365 OLG Celle OLGR 1995, 86; LG Traunstein zfs 1999, 290.
366 Henssler/Graf von Westphalen/*Muthers*, § 347 Rn 4.

bb) Vertragskostenersatz

1774 **Vertragskosten**, wie z.B. Anmelde- und Zulassungskosten, kann der Käufer aufgrund der Rücktrittsbestimmungen der §§ 346 ff. **nicht** verlangen. Der Gesetzgeber hat § 347 Abs. 2 S. 2 ausdrücklich als abschließend verstanden, andere Ansprüche soll es daneben nicht geben.[367]

1776 Vielmehr werden Vertragskosten bewusst der **Schadensersatzhaftung** zugeordnet.[368] Der Käufer kann diese als vergebliche Aufwendungen gem. §§ 437 Nr. 3, 284 nur beanspruchen, wenn der Verkäufer den Mangel zu **vertreten** hat.[369]

1780
> *Praxistipp*
> Vor allem bei hohen Vertragskosten, z.B. für eine Gebrauchtwagengarantie,[370] sollte sich der Käufer vor Erklärung des Rücktritts im Rahmen seines Wahlrechts gut überlegen, ob er nicht doch besser auf Nacherfüllung besteht, da er diese nicht durchsetzen kann, wenn dem Verkäufer bezüglich des Vertretenmüssens der Entlastungsbeweis (Rn 2032) gelingt, oder die Schadensersatzhaftung wirksam ausgeschlossen wurde (Rn 2754), was sogar für den Verbrauchsgüterkauf zulässig ist (§ 475 Abs. 1 S. 2).

cc) Nutzungsersatz

1782 Gemäß § 346 Abs. 1 hat der Käufer im Falle des Rücktritts die gezogenen **Nutzungen** (§ 100) unter Einschluss der durch den bestimmungsgemäßen Gebrauch entstandenen Abnutzung herauszugeben. Für den Gebrauchtwagenkäufer folgt hieraus, dass er für jeden zurückgelegten Kilometer eine Nutzungsvergütung zu zahlen hat. Diese ist zu bemessen entsprechend der linearen **Wertminderung** im Vergleich zwischen tatsächlichem Gebrauch und voraussichtlicher Gesamtnutzungsdauer bzw. Gesamtlaufleistung.[371] Der Wertverlust, der allein durch die Zulassung eintritt, fällt also nicht darunter.[372]

1784 Der Nutzungsvorteil kann gem. § 287 ZPO geschätzt werden.[373] Ausgangspunkt für die Berechnung ist in der Regel der Bruttokaufpreis,[374] da dieser regelmäßig mit dem Wert übereinstimmt;[375] bei mangelhaften Sachen ist jedoch nicht der vertragliche, sondern der aufgrund des Mangels geminderte Preis zugrunde zu legen.[376] Dieser Preis wird durch die voraussichtliche Lebenserwartung des Fahrzeugs (in km) geteilt

---

367 Anwk-BGB/*Hager*, § 347 Rn 11.
368 Anwk-BGB/*Dauner-Lieb*, § 284 Rn 10; BT-Drucks 14/6040, 144.
369 BGH NJW 2005, 2848.
370 OLG Düsseldorf NJW-RR 1997, 431.
371 BGH NJW 1991, 2484.
372 Henssler/Graf von Westphalen/*Muthers*, § 346 Rn 3.
373 BGHZ 88, 28; OLG Hamm NJW-RR 1994, 375.
374 BGHZ 115, 47; OLG Düsseldorf SVR 2005, 26; für Nettokaufpreis: OLG Düsseldorf OLGR 1996, 78.
375 MüKo/*Janssen*, § 347 Rn 23.
376 OLG Köln NJW-RR 1999, 774, 75; OLG Düsseldorf NJW-RR 1999, 278; Anwk-BGB/*Hager*, § 346 Rn 22.

und mit den tatsächlich seit Gefahrenübergang zurückgelegten Kilometern multipliziert.[377]

$$\text{Gebrauchsvorteil} = \frac{\text{geminderter Bruttokaufpreis} \times \text{gefahrene Kilometer}}{\text{voraussichtliche Restlaufleistung}}$$

1785

Bei einer voraussichtlichen **Gesamtlaufleistung** von 150.000 km beträgt die Nutzungsvergütung 0,67 % des Kaufpreises je 1.000 gefahrener Kilometer. Dieser Vergütungssatz hat sich in Praxis[378] und Rechtsprechung[379] für Neuwagen weitgehend verfestigt. Allerdings erreichen Pkw heutzutage häufig Gesamtfahrleistungen von 200.000 km bis 300.000 km,[380] was die Nutzungsvorteile auf 0,5% bzw. 0,33% des Kaufpreises (für Neufahrzeuge) reduziert. Dementsprechend darf auch für die Berechnung der Nutzungsvorteile für Gebrauchtwagen nicht von einer Restlaufzeit ausgegangen werden, die pauschal von einer Gesamtlaufleistung von 150.000 km ausgeht.[381]

1786

Beispiele aus der Rechtsprechung für die zu erwartenden Gesamtfahrleistungen:

1788

- 200.000 km für **Dieselfahrzeuge** (OLG Stuttgart DAR 1998, 393),
- 200.000 km für **Oberklasse** (OLG Celle DAR 1995, 404, 406; OLG Dresden DAR 1999, 68, 69),
- gehobene **Mittelklasse** (BMW 530 u. Audi A 6) 250.000 km (LG Dortmund NJW 2001, 3196; OLG Karlsruhe NJW 2003, 1950),
- **Lkw** und **Omnibusse** 500.000 bis 800.000 km (*Reinking/Eggert*, Rn 821),
- **Motorräder** 80.000 km (OLG Schleswig DAR 1987, 87).

Die Berechnungsformel ist nicht anwendbar, wenn der Käufer über die Laufleistung des gebrauchten Kraftfahrzeugs **getäuscht** worden ist, weil sich die Anwendung der Formel dann für den Käufer nachteilig auswirkt.[382] Korrekturen kommen auch in Betracht bei durch den Mangel besonders eingeschränkter Nutzbarkeit und für den Fall, dass die Differenz zwischen Anschaffungspreis und Verkehrswert des Fahrzeugs in mangelfreiem Zustand überschritten wird.[383]

1790

Außerdem versagt die Formel dann, wenn die zurückgelegte Laufleistung der fiktiven Restlaufleistung entspricht, da in solchen Fällen rechnerisch der Nutzungsvorteil dem geminderten Kaufpreis entspricht, der Käufer also Gebrauchsvorteile in Höhe des Betrages erstatten müsste, der dem geminderten Kaufpreis entspricht. Hier ist eine nach

1792

---

377 BGH NJW 1996, 250, 252; OLG Nürnberg DAR 2002, 219, 221; *Creutzig,* Recht des Autokaufs, Rn 7.4.11.2.
378 *Creutzig,* Recht des Autokaufs, Rn 7.4.11.2.
379 Z.B. OLG Braunschweig OLGR 1998, 274; LG Bonn NJW-RR 1998, 846.
380 *Reinking/Eggert,* Rn 1456 ff.; OLG Stuttgart DAR 1998, 993; OLG Karlsruhe NJW 2003, 1950; OLG Frankfurt SVR 2004, 345.
381 So LG Bonn NJW-RR 1998, 846; OLG Karlsruhe NJW 2003, 1950.
382 OLG Düsseldorf NJW-RR 1999, 278 (0,15 DM/km); VRS 2003 (Bd. 195), 1 (0,16 DM).
383 OLG Karlsruhe NJW 2003, 1950, 1951.

den Umständen, insbesondere dem Preis und Erhaltungszustand von den Vertragsparteien für das Fahrzeug zu erwartende Restlaufleistung zu ermitteln.[384]

1794 Gemäß § 347 Abs. 1 S. 1 hat der Käufer Wertersatz zu leisten, soweit er mögliche Nutzungsvorteile nicht zieht. Hieraus folgt für den Autokäufer jedoch auch dann keine Erstattungspflicht, wenn er das Fahrzeug trotz Nutzbarkeit nach Feststellung des Mangels nicht mehr fährt.[385] Bei einer nur zum Gebrauch bestimmten Sache gehört es nicht zu den „Regeln einer ordnungsgemäßen Wirtschaft" i.S.d. § 347 Abs. 1 S. 1, die Sache auch wirklich zu benutzen.[386] Der Käufer darf den Pkw also ohne Nachteile stehen lassen.[387]

dd) Verzinsung

1798 Zu erstatten sind vom Verkäufer die **Zinsen**, die er nach den Regeln einer ordnungsgemäßen Wirtschaft aus dem Kaufpreis erzielt hat oder hätte erzielen können (§ 347 Abs. 1 S. 1). Zinsen werden dem Käufer also nur bei entsprechendem Sachvortrag auch zugesprochen.

ee) Verbundener Finanzierungsvertrag

1800 Wurde der Pkw-Kaufvertrag mit einem **Darlehensvertrag** i.S.d. § 358 Abs. 3 verbunden, kann der Käufer bei der Rückabwicklung seine Anzahlung und den durch die finanzierende Bank gezahlten Kaufpreis verlangen, den er gekürzt um die bereits erbrachten Tilgungsleistungen an die finanzierende Bank weiterzuleiten hat.[388] Nach überwiegender Auffassung hat der Käufer **keinen** Anspruch auf Rückzahlung des **Zins-** und **Kostenanteils** aus der Finanzierung und zwar weder gegenüber dem Verkäufer noch der Bank.[389]

1802   *Praxistipp*
Vor Erklärung des Rücktritts sollte der Käufer genau durchrechnen, ob die Minderung nicht vorteilhafter ist, denn

- pro zurückgelegtem Kilometer sind Gebrauchsvorteile zu erstatten,
- Vertragskosten (z.B. für Gebrauchtwagengarantie, Anmeldung usw.) erhält der Käufer nur erstattet, wenn es dem Verkäufer nicht gelingt, fehlendes Verschulden oder nicht erfolgte Garantieübernahme nachzuweisen,
- ein Wechsel von Rücktritt zur Minderung ist nicht mehr möglich.

---

384 OLG Koblenz NJW 2004, 1670, 1671.
385 A.A. LG Mainz NJW-RR 1986, 350.
386 *Jauernig*, § 347 Rn 1; *Kainer*, JZ 2001, 1067.
387 Anwk-BGB/*Hager*, § 347 Rn 2.
388 Palandt/*Grüneberg*, § 359 Rn 8; MüKo/*Habersack*, § 359 Rn 71.
389 *Reinking/Eggert*, Rn 803 m.w.N.

d) Minderung

Statt zurückzutreten kann der Käufer unter den gleichen Voraussetzungen durch Erklärung gegenüber dem Verkäufer den Kaufpreis **mindern**, jedoch auch bei **unerheblichen** Mängeln (§ 441 Abs. 1 S. 2 i.V.m. § 323 Abs. 5 S. 2). Die Minderung ist ebenfalls ein **Gestaltungsrecht**.[390] Ein Übergang zum Rücktritt ist nicht mehr einseitig möglich, Schadensersatz oder Aufwendungsersatz können aber daneben beansprucht werden (§ 437 Nr. 2, 3).

1806

aa) Minderungsberechnung

Der Minderungsbetrag ermittelt sich gem. § 441 Abs. 3 in der Weise, dass der Kaufpreis in dem Verhältnis herabzusetzen ist, in welchem zum Zeitpunkt des Vertragsabschlusses der Wert der Sache in mangelfreiem Zustand zu dem wirklichen Wert gestanden haben würde. Damit ist gewährleistet, dass ein „Schnäppchen" dem Käufer auch nach der Minderung im richtigen Verhältnis erhalten bleibt.

1808

Der objektive Wert der Sache im mangelfreien Zustand (a) verhält sich zum objektiven Wert der mangelhaften Sache (b), wie der vereinbarte Preis (p) zu dem geminderten Preis (X). Hieraus folgt die Formel

1810

$X = (p \times b) : a$

Die Minderung des Kaufpreises beträgt dann $p - X$.

Maßgebend sind die Verkehrswerte der Sache (mit und ohne Mangel) im Zeitpunkt des Vertragsabschlusses. Decken sich Wert und Kaufpreis, fallen Minderung und Minderwert zusammen.[391]

1812

Für den Wert mit Mangel darf nur auf den oder die haftungsbegründenden Mängel abgestellt werden, also nicht auf Verschleiß, Abnutzung oder Mängel, die (z.B. wegen Verjährung oder Haftungsausschluss) keine Haftung begründen.[392] Werterhöhende Aufwendungen des Käufers bleiben ebenfalls außer Ansatz.[393]

1814

Gemäß § 441 Abs. 3 S. 2 ist die Minderung „soweit erforderlich" durch **Schätzung** zu ermitteln. Das darf nicht dahingehend missverstanden werden, dass die oben beschriebene Rechnung in komplizierten Fällen unterbleiben darf. Soweit insbesondere der Wert der Kaufsache in mangelhaftem Zustand nicht mehr mit vernünftigem Aufwand bestimmbar ist, wurde schon bisher eine Schätzung durchgeführt,[394] obwohl § 287 ZPO für die Minderung nicht gilt.[395] Für Gebrauchtwagen können in aller Regel die Werte unschwer durch Sachverständigengutachten festgestellt werden, sodass auf Schätzungen nur in seltenen Ausnahmefällen zurückzugreifen sein wird. Die Be-

1816

---

390 Vgl. Rn 1688.
391 BGH NJW 1961, 1869.
392 BGH NJW 1990, 2682.
393 *Reinking/Eggert*, Rn 1465.
394 BGHZ 77, 320, 326.
395 BGH WM 1971, 1382.

stimmung soll dem Käufer jedenfalls die Darlegungs- und Beweislast nicht etwa erleichtern.

bb) Minderungserklärung

1820 Die Minderungserklärung kann mündlich oder schriftlich gegenüber dem Verkäufer erfolgen. Das Wort „**mindern**" muss nicht verwendet werden, es muss aber eindeutig zum Ausdruck kommen, dass der Käufer wegen eines bestimmten Mangels eine entsprechende Reduzierung des Kaufpreises beansprucht.[396]

1822 Die Minderungserklärung hat gestaltende Wirkung und führt damit ohne weiteres Zutun des Verkäufers oder Käufers zur **Reduzierung** des Kaufpreises in Höhe des **zutreffenden** Minderungsbetrages. Ist der Kaufpreis schon gezahlt, was die Regel sein wird, hat der Käufer einen Rückforderungsanspruch (§ 441 Abs. 4 S. 1). Ein Rücktritt ist nicht mehr möglich, der Käufer ist an seine Erklärung gebunden (vgl. Rn 1688).

1824 Klärungsbedürftig ist, ob diese gestaltende Wirkung bereits mit der **Minderungserklärung** eintritt[397] oder ob ein **konkreter Minderungsbetrag** genannt werden muss.[398] Die Frage wird bedeutsam, wenn der Käufer sich bezüglich des Minderungsbetrags keine oder falsche Vorstellungen gemacht hat. Schätzt er z.B. den merkantilen Minderwert wegen eines verschwiegenen Unfalls auf 1.000 EUR, erklärt er die Minderung und erfährt dann von einem Sachverständigen, dass die merkantile Wertminderung 200 EUR beträgt, ist er dennoch an die Erklärung gebunden, wenn die Minderung ohne Betragsnennung wirksam ist.

Nennt er einen konkreten Betrag, ist er aber auch nach der anderen Auffassung, die die gestaltende Wirkung von der Benennung eines Betrages abhängig macht, an die Erklärung gebunden, selbst wenn der Betrag viel höher ist, als die tatsächliche Wertminderung. Hier könnte dem Käufer, der nach Kenntnis des tatsächlichen Minderwertes dann doch lieber Nacherfüllung oder Rücktritt wünscht, nur geholfen werden, wenn die Erklärung dahingehend ausgelegt werden kann, dass die Minderung **unter der Bedingung** erklärt worden ist, dass der Minderungsbetrag tatsächlich den angegebenen Betrag erreicht.

1825 I.d.R. kann man jedoch eine Erklärung wie z.B. einer „Minderung um 1.000 EUR" nicht als bedingte Erklärung mit dem Inhalt auffassen „Minderung nur, wenn diese 1.000 EUR erreicht".[399] Die Minderung ist im übrigen wie alle Gestaltungsrechte **bedingungsfeindlich**[400] und verträgt sich regelmäßig nur mit solchen Bedingungen, de-

---

396 Henssler/Graf von Westphalen/*Graf von Westphalen*, § 441 Rn 3.
397 So *Schellhammer,* MDR 2002, 301, 303; Bamberger/Roth/*Faust*, § 441 Rn 7; Erman/*Grunewald,* § 441 Rn 2.
398 Palandt/*Putzo,* § 441 Rn 10.
399 Vgl. hierzu auch *Kainer*, AnwBl 2001, 380, 385 Fn 82 u. zur Auslegung MüKo/*Westermann*, § 158 Rn 10 ff.
400 Palandt/*Putzo*, § 441 Rn 10.

ren Eintritt allein vom Willen des Erklärungsempfängers abhängen oder mit reinen Rechtsbedingungen[401] (z.B. behördliche Genehmigungen). Die Rechtsfolge einer derartigen unzulässigen Bedingung wäre grundsätzlich die Nichtigkeit der gesamten Erklärung, nicht nur der Bedingung.[402] Die Minderungserklärung gilt dann als nicht ausgesprochen, so dass noch der Rücktritt erklärt werden könnte.

Umgekehrt führt die Minderung **mit** Nennung des Betrags nach richtiger Auffassung noch nicht zu einer **Bindung bezüglich** des genannten **Betrags**, solange der Verkäufer sich damit nicht einverstanden erklärt hat.[403] Die Bindung beschränkt sich auf den objektiv richtigen und ggf. durch Sachverständigengutachten zu ermittelnden Betrag, so dass die Nennung eines zu niedrigen Betrags für den Käufer nur nachteilig ist, wenn der Verkäufer ihn akzeptiert.

1826

Praxistipp

1840

Vor Erklärung der Minderung des Kaufpreises sollte wegen der bindenden Wirkung dieser Erklärung durch Gutachten oder verbindliche Erklärung einer Werkstatt der Minderwert des Fahrzeugs feststehen. Andernfalls sollte die Erklärung unter die **ausdrückliche Bedingung** gestellt werden, dass die Minderung einen bestimmten Betrag erreicht und man sich für den Fall des Nichterreichens den Rücktritt vorbehält. Die Minderung zu erklären und die Benennung des Minderungsbetrags für einen späteren Zeitpunkt anzukündigen,[404] ist **nicht** zu empfehlen, solange nicht feststeht, welcher Auffassung die Rechtsprechung folgen wird.

cc) Überlegungen vor Ausübung des Wahlrechts

Vor Ausübung des **Wahlrechts** zwischen den drei Haftungsansprüchen (Rn 1546) müssen sorgfältig die Vor- und Nachteile abgewogen werden.[405] Die Minderung steht **statt** Rücktritt zur Wahl (§ 441 Abs. 1). Mit wirksamem Rücktritt entfällt das Wahlrecht und das Recht auf Minderung bindend.[406] Falls der Verkäufer die Wirksamkeit des Rücktritts bestreitet, z.B. weil angeblich keine **erhebliche** Pflichtverletzung vorliegt, kann ausnahmsweise der Übergang zum Minderungsrecht gem. § 242 wegen widersprüchlichen Verhaltens in Betracht kommen.[407] Es wird daher auch empfohlen, bei Zweifeln bezüglich der Erheblichkeit der Pflichtverletzung **hilfsweise zum Rücktritt auch die Minderung zu erklären**,[408] die auch bei unerheblichen Mängeln greift.

1844

---

401 BGHZ 97, 264, 266.
402 MüKo/*Westermann*, § 158 Rn 37.
403 Erman/*Grunewald*, § 441 Rn 2.
404 Palandt/*Putzo*, § 441 Rn 10.
405 Hierzu *Motsch*, JR 2002, 221; MüKo/*Westermann*, § 437 Rn 51 f.
406 *Boerner*, ZIP 2001, 2264, 2279; *Derleder*, NJW 2003, 998.
407 *Westenbruch*, JZ 2002, 862; Palandt/*Putzo*, § 437 Rn 27.
408 *Reinking*, DAR 2002, 15, 20.

§ 2 Sachmängelhaftung

1846 Vor der Rücktrittserklärung muss der anwaltliche Berater die Folgen einer möglichen oder bereits eingetretenen Verschlechterung oder eines Untergangs der Kaufsache (Rn 1756 f.) sowie die voraussichtliche Leistung des Fahrzeugs bzw. Verfahrensdauer (Rn 1782) im Auge behalten. Auch bei hohen Vertragskosten, wie z.b. für eine Gebrauchtwagengarantie,[409] **kann der Rücktritt der ungünstigere Rechtsbehelfe als die Nacherfüllung oder die Minderung sein**, da Vertragskosten im Rahmen des Rücktritts nicht ersetzt werden (Rn 1774 ff.), sondern nur als Schadensersatz (Rn 1892).

1848 Lehnt der Verkäufer die Nacherfüllung wegen unverhältnismäßig hoher Kosten ab (Rn 1632), hat der Käufer das zusätzliche **Prozessrisiko**, dass ein Gericht die Auffassung des Verkäufers teilt, so dass trotz Sachmangels die Klage abgewiesen wird. Es sollte also immer hilfsweise Rücktritt, Minderung oder/und Schadensersatz in Form eines Hilfsantrags eingeklagt werden. Dennoch drohen Kostennachteile, wenn nur dem Hilfsantrag stattgegeben wird.

1850 *Praxistipp*
Aus den vorgenannten Gründen sollte bei Zweifeln bezüglich der Erheblichkeit der Pflichtverletzung hilfsweise zum Rücktritt auch die Minderung erklärt werden und bei Zweifeln bezüglich der Verhältnismäßigkeit der Nachbesserungskosten hilfsweise zur Nacherfüllung auch Rücktritt oder Minderung bzw. Schadensersatz geltend gemacht und im Wege eines Hilfsantrags eingeklagt werden.

3. Schadensersatz

1854 Schadensersatz kann **neben** Rücktritt oder Minderung geltend gemacht werden (§ 437 Nr. 2, 3). Wie für das Rücktrittsrecht verweist das Kaufrecht in § 437 Nr. 3 auch für das Schadensersatzrecht mit der Modifikation des § 440 auf die allgemeinen Regeln.

a) Schadensersatzarten

1860 Systematisch lassen sich folgende Schadensersatzansprüche[410] i.S.d. § 437 Nr. 3 als Folge eines Sach- oder Rechtsmangels unterscheiden:
- Schadensersatz wegen **unbehebbaren Leistungsmangels** (§ 311a Abs. 2),
- Schadensersatz **neben der Leistung** (Mangelfolgeschaden, § 280 Abs. 1),
- Schadenersatz **statt der Leistung** (kleiner Schadensersatz, §§ 280 Abs. 3, 281),
- Schadensersatz **statt der ganzen Leistung** (großer Schadensersatz, § 281 Abs. 1 S. 2, Abs. 5),
- Ersatz **vergeblicher Aufwendungen** (§ 284),
- **Verzugsschaden** (§ 286).

---

409 OLG Düsseldorf NJW-RR 1997, 431.
410 Zum Schadensersatzanspruch gem. § 826 wegen sittenwidriger Schädigung gegen den Vorbesitzer des Verkäufers vgl. Rn 2178.

II. Rechte des Käufers bei Mängeln § 2

Wegen etwas abweichender Anspruchsvoraussetzungen vor allem bezüglich der **Erheblichkeit** des Mangels und der Notwendigkeit einer **Nachfristsetzung** muss zwischen diesen Schadenstypen weiterhin unterschieden werden.[411]   1862

> *Praxistipp*   1864
> Wegen der sehr unübersichtlichen und umstrittenen Zuordnungen einzelner Schäden zu den gesetzlichen Schadensersatzansprüchen,[412] von der die Notwendigkeit der Nachfristsetzung aber abhängt, sollte im Zweifel **immer** erst eine **Nachfrist** zur Mängelbeseitigung gesetzt werden.

aa) Schadensersatz wegen unbehebbaren Leistungsmangels (§ 311a)

Liegt bei Vertragsschluss ein Leistungshindernis i.S.d. § 275 (Unmöglichkeit) vor,[413] kann der Käufer **Schadensersatz statt der Leistung** (§ 281 Abs. 1) oder **Aufwendungsersatz** (§ 284) ohne Fristsetzung zur Nacherfüllung verlangen (§ 311a Abs. 2), wie z.B. bei einem Fahrzeug mit Unfallschäden (vgl. zu weiteren Fällen Rn 1624). Der Käufer ist so zu stellen, als ob der Vertrag ohne Leistungshindernis zustande gekommen wäre (positives Interesse).[414] Der Verkäufer kann sich nur durch den Nachweis entlasten, dass er das Leistungshindernis nicht kannte und seine Unkenntnis nicht zu vertreten hat (§ 311a Abs. 2 S. 2). Für das Vertretenmüssen in diesem Sinne gelten die §§ 276 ff.[415] (vgl. Rn 1902 ff.). Die Anwendbarkeit neben den Sachmängelhaftungsbestimmungen ist von der Rechtssprechung noch nicht geklärt (Rn 2060 ff.). Ebenso ungeklärt ist noch die Frage, ob eine Pflichtverletzung im vorvertraglichen Bereich zum Rücktritt gem. § 324 berechtigt.[416]   1866

Zusammenfassend setzt dieser Schadensersatzanspruch voraus: 1868
- einen unbehebbaren Mangel,
- den der Verkäufer kennt oder dessen Unkenntnis er zu vertreten hat.

bb) Schadensersatz neben der Leistung (§ 280 Abs. 1)

Hiervon sind die Schäden umfasst, die durch die Lieferung eines mangelhaften Fahrzeugs oder durch die Verletzung von Nebenpflichten gem. §§ 241 Abs. 2, 311 Abs. 2 an anderen Rechtsgütern des Käufers entstanden sind, also die Mangelfolgeschäden,[417] wie Körperschäden oder die hieraus erwachsenden Kosten. Auch der Verdienstausfallschaden soll hierüber beansprucht werden können.[418]   1870

Er wird unter folgenden Voraussetzungen erstattet: 1872

---

411 Dauner-Lieb/Heidel/Lepa/*Dauner-Lieb*, § 2 Rn 36; *Schulte-Nölke*, ZGS 2002, 33, 37; *Huber/Faust*, Kap. 13 Rn 98 ff.
412 Vgl. Erman/*Grunewald*, § 437 Rn 14.
413 Bamberger/Roth/*Faust*, § 311a Rn 2.
414 Kritisch hierzu Palandt/*Heinrichs*, § 311a Rn 7; *Muthers*, MDR 2004, 492, 493.
415 BGH NJW 2005, 2852.
416 Vgl. hierzu *Muthers,* MDR 2004, 492, 493; OLG Hamm NJW-RR 2003, 1360.
417 Dauner-Lieb/Heidel/Lepa/*Dauner-Lieb*, § 2 Rn 48; Henssler/Graf von Westphalen/*Dedek*, § 280 Rn 16.
418 BT-Drucks 14/6040, 225; a.A.Dauner-Lieb/Heidel/Lepa*Dauner-Lieb*, § 2 Rn 48.

§ 2 Sachmängelhaftung

- Sach- oder **Rechtsmangel** (§§ 434, 437 Nr. 3, 280 Abs. 1 S. 1),
- **Vertretenmüssen** (§ 280 Abs. 1 S. 2).

cc) Schadensersatz statt der Leistung (§§ 280 Abs. 3, 281 Abs. 1 S. 1)

1874 Hiervon wird der eigentliche **Mangelschaden** umfasst, der aufgrund eines objektiv behebbaren Mangels am Kaufobjekt selbst entsteht, sowie der in unmittelbarem Zusammenhang mit der Mangelhaftigkeit stehende Vermögensschaden wie z.B.:

- Ersatz des Minderwertes,[419]
- Ersatz der Kosten für eine fachgerechte Mängelbeseitigung,[420]
- Nutzungsausfall (str.),[421]
- Mietwagenkosten,[422]
- Rechtsanwaltskosten,[423]
- Gutachterkosten.[424]

1876 Finanzierungskosten sind auch nicht für den Kaufpreisteil zu erstatten, um den das Fahrzeug wegen des Minderwertes weniger wert ist.[425]

1878 Der Mangelschaden statt der Leistung wird unter folgenden Voraussetzungen erstattet:

- Sach- oder **Rechtsmangel** (§§ 434, 437 Nr. 3),
- **Nachfristsetzung** zur Nacherfüllung oder deren **Unmöglichkeit, Verweigerung, Fehlschlagen** oder **Unzumutbarkeit** (§§ 440, 275, 280 Abs. 3, 281),
- **Vertretenmüssen** (§ 280 Abs. 1, Vermutung muss vom Verkäufer entkräftet werden).

> *Praxistipp*
> Für den Fall, dass dem Verkäufer der Entlastungsbeweis für fehlendes Vertretenmüssen gelingt, sollte der Käufer, der Ersatz der Kosten für Mängelbeseitigung verlangt, auch die **Minderung** erklären, um auf diesem Weg seinen Anspruch ganz oder teilweise durchzusetzen, da ohne Geltendmachung dieses Rechts das Gericht nicht von sich aus ein Urteil auf Minderung stützen kann.[426]

dd) Schadensersatz statt der ganzen Leistung (§ 281 Abs. 1 S. 3, Abs. 5)

1882 Dieser beinhaltet die gesamte Rückabwicklung des Vertrags, also die Rückgabe der Kaufsache und den Ersatz der durch die Nichterfüllung des gesamten Vertrags entstandenen Schadens. Es bestehen die gleichen Voraussetzungen wie für den Schadenersatz statt der Leistung (vgl. Rn 1878), zusätzliche Voraussetzung ist jedoch, dass eine **erheb-**

---

419 KG DAR 1998, 69.
420 OLG München NJW 1980, 1581.
421 BGH NJW 1978, 2241; Palandt/*Heinrichs*, § 280 Rn 18 u. 20; a.A. (für Einordnung als Verzögerungsschaden i.S.d. § 286) *Reinking/Eggert*, Rn 1501; a.A. Anwk-BGB/*Dauner-Lieb*, § 280 Rn 48; AG Aachen DAR 2003, 120 m. Anm. *Lehnen*, DAR 2003, 178; vgl. auch LG Aachen DAR 2003, 273.
422 OLG Frankfurt NZV 1993, 190.
423 LG Aachen zfs 1992, 171; OLG Frankfurt DAR 1988, 242; OLG Düsseldorf VA 2005, 134.
424 BGH-NJW 1978, 2241.
425 BGH WM 2003, 152.
426 BGH NJW 2006, 988, 990.

liche Pflichtverletzung vorliegt.[427] Außerdem ist zu beachten, dass gem. § 281 Abs. 4 der Anspruch auf die Lieferung des Fahrzeugs ausgeschlossen ist, sobald der Käufer statt der Lieferung Schadensersatz verlangt.[428] Der Verkäufer ist dann zur Rückforderung des Fahrzeugs gemäß den Rücktrittsregeln (§§ 346–348) berechtigt (§ 281 Abs. 5).

Zu erstatten sind Zug um Zug gegen Rückgabe des Fahrzeugs (neben dem Kaufpreis) über die in Rn 1874 aufgeführten Beispiele hinaus: **1884**
- Finanzierungskosten,[429]
- Transportkosten[430] und Unterstellkosten,[431]
- Vertragsabschlusskosten (z.B. Anreise),[432]
- Kosten für Zusatzgarantie,[433]
- Steuer- und Versicherungsprämie (für kurze Zeit),[434]
- TÜV-Kosten,[435]
- Anmelde- und Zulassungskosten.[436]

Die Voraussetzungen für diesen Schadensersatzanspruch sind zusammenfassend: **1886**
- **Sach-** oder **Rechtsmangel** (§§ 434, 437 Nr. 3),
- **erhebliche** Pflichtverletzung (§ 281 Abs. 1 S. 3; vgl. hierzu Rn 1702 ff.),
- **Nachfristsetzung** zur Nacherfüllung oder deren **Unmöglichkeit**, **Verweigerung**, **Fehlschlagen** oder **Unzumutbarkeit** (§§ 440, 275, 280 Abs. 3, 281),
- **Vertretenmüssen** (§ 280 Abs. 1).

Der Geltendmachung des Schadensersatzes statt der ganzen Leistung steht nicht der Einwand des Rechtsmissbrauchs (§ 242) entgegen, selbst wenn der tatsächliche Schaden nur 2% des Wertes des gekauften Gegenstandes ausmacht.[437] Der Käufer muss sich jedoch – wie beim Rücktritt – die gezogenen Nutzungen entsprechend der zurückgelegten Fahrstrecke schadensmindernd anrechnen lassen,[438] selbst wenn seinem Schadenersatzanspruch Arglist oder Vorsatz des Verkäufers zugrunde liegt. **1888**

ee) Ersatz vergeblicher Aufwendungen (§ 284)

Hierunter fallen **Investitionen**, die der Käufer in Erwartung einer vereinbarungsgemäßen Vertragsabwicklung getätigt hat und die sich wegen der Mangelhaftigkeit des Pkw als **nutzlos** erweisen. Er umfasst alle in Rn 1874 und 1884 beispielhaft auf- **1892**

---

427 *Huber/Faust,* Kap. 13 Rn 135; vgl. Rn 1702 ff.
428 Anwk-BGB/*Dauner-Lieb,* § 281 Rn 26; kritisch *Schultz,* AnwBl 2001, 397, 399 (dd).
429 Anwk-BGB/*Dauner-Lieb,* § 284 Rn 10; BGH-NJW 1995, 2159; a.A. LG Zweibrücken NZV 2000, 129.
430 BGH NJW 1996, 1962.
431 OLG Hamm NJW 1999, 3273.
432 OLG Schleswig OLGR 2002, 360.
433 OLG Düsseldorf OLGR 1994, 186.
434 OLG Hamburg DAR 1978, 336; a.A. LG Zweibrücken NZV 2000, 129, 130.
435 OLG Düsseldorf OLGR 1994, 186.
436 OLG Düsseldorf NJW-RR 1997, 431.
437 OLG Stuttgart zfs 2001, 258 für den Fall einer arglistigen Täuschung.
438 Vgl. Rn 1782 ff.

§ 2 Sachmängelhaftung

gezählten Positionen, insbesondere Vertragskosten,[439] darüber hinaus aber auch sog. **frustrierte Aufwendungen**, deren schadensrechtliche Erfassung bisher schwierig bzw. nur im Wege der sog. Rentabilitätsvermutung oder gar nicht möglich war,[440] wie z.b. für die zeitlich befristete Anmietung eines Stellplatzes für ein Wohnmobil auf einem Freizeitgelände.[441]

1894 Nicht zu erstatten ist der reine Vertrauensschaden, z.b. die entgangene Ersparnis, die der Käufer beim Kauf eines anderen günstigeren Fahrzeugs gehabt hätte.[442]

1896 Der Aufwendungsersatzanspruch hat die gleichen Voraussetzungen wie der Schadensersatzanspruch statt der Leistung (vgl. Rn 1878). Er steht dem Käufer nur **alternativ**, nicht kumulativ zum Schadensersatzanspruch statt der Leistung zu. Das führt im Ergebnis für den Käufer jedoch in der Regel nicht zu einem Risiko, eventuell einen ungünstigeren Anspruch zu wählen, denn praktisch sämtliche vergeblichen Aufwendungen sind auch über den Schadensersatzanspruch statt der Leistung oder der ganzen Leistung zu erstatten.[443] § 284 sperrt den Rückgriff auf § 282 insoweit nicht.[444]

1898 Die Wahl hat nur Bedeutung für den kleinen Ausschnitt der „frustrierten Aufwendungen" die ausnahmsweise nicht vom Nichterfüllungsschaden umfasst sind (Rn 1892).[445] Im Übrigen wird auch gefordert, ausnahmsweise aus Billigkeitsgründen eine kumulative Geltendmachung zuzulassen.[446]

Der Aufwendungsersatzanspruch besteht auch im Fall des Rücktritts und wird insbesondere nicht gem. § 347 Abs. 2 auf den Ersatz notwendiger Verwendungen oder solcher Aufwendungen beschränkt, durch die der Verkäufer bereichert ist.[447] Wurde das Fahrzeug genutzt, mindert sich der Ersatzanspruch entsprechend der Laufleistung und Nutzungsdauer des Fahrzeugs, und zwar auch für einmalig anfallende und nicht wertmäßig sinkende Aufwendungen, wie Überführungs- und Zulassungskosten.[448]

1900 Nur Aufwendungen am Fahrzeug selbst, die zu einer **Wertverbesserung** führen, sind **verschuldensunabhängig** gem. § 347 Abs. 2 S. 2 zu erstatten (vgl. Rn 1768), jedoch betragsmäßig beschränkt auf den Mehrwert des Fahrzeugs.

ff) Verzugsschaden

1901 Gerät der Verkäufer nach der Lieferungsaufforderung des Käufers in Verzug, kann der Käufer den Verzugsschaden (§ 286) beanspruchen, sofern er das verspätet gelieferte Fahrzeug annimmt. Für Gebrauchtfahrzeuge sehen die GWVB unter III.2. eine

---

439 BGH NJW 2005, 2848.
440 Bamberger/Roth/*Grüneberg*, § 281 Rn 44; § 284 Rn 3.
441 *Reinking*, DAR 2002, 1061.
442 Anwk-BGB/*Dauner-Lieb*, § 284 Rn 11; *Canaris*, JZ 2001, 499, 517.
443 Henssler/Graf von Westphalen/*Dedek*, § 284 Rn 6.
444 LG Bonn NJW 2004, 74, 75 m.w.N.; *Grigoleit*, ZGS 2002, 122 f.; *Lorenz*, NJW 2004, 26 ff.
445 Vgl. hierzu vertiefend: *Lorenz*, NJW 2004, 26 ff.; *Reim*, NJW 2003, 3662 ff.
446 *Canaris*, JZ 2001, 499, 517; Henssler/Graf von Westphalen/*Dedek*, § 284 Rn 9.
447 BGH DAR 2005, 556 = NJW 2005, 2849.
448 BGH a.a.O.

Beschränkung des Verzugsschadens des Händlers auf 5% des vereinbarten Kaufpreises bei leichter Fahrlässigkeit vor.

b) Vertretenmüssen

Abgesehen davon, dass je nach Schadensersatzart Anspruchsvoraussetzungen hinzutreten oder wegfallen, decken diese sich mit denen des Rücktritts und der Minderung, so dass darauf verwiesen werden kann (Rn 1690 ff.). Zusätzliche Voraussetzung für einen Schadensersatzanspruch ist, dass der Verkäufer den Mangel zu **vertreten** hat, was gesetzlich vermutet wird (§ 276). Er haftet also, wenn er sich **nicht** entlasten kann. 1902

Zu vertreten hat der Käufer gem. § 276: 1904

- **Vorsatz** (Kenntnis des Mangels),
- **Fahrlässigkeit** (außer Acht lassen der im Verkehr erforderlichen Sorgfalt, § 276 Abs. 2),
- jede nicht erfüllte Verpflichtung aus Übernahme einer **Garantie** (§ 276 Abs. 1 S. 1).[449]

Fehler eines **Erfüllungsgehilfen** wie z.B. eines Sachverständigen bei der Beurteilung eines Sachmangels muss sich der Verkäufer zurechnen lassen.[450]

aa) Vorsatz

Vorsatz setzt einen **bewussten** und **gewollten Pflichtverstoß** voraus. Dabei genügt es, dass der Verkäufer das Vorhandensein eines Mangels und dessen Relevanz für den Käufer **billigend in Kauf nimmt**. Es genügt nicht, dass er eines der beiden Merkmale nur für möglich hält, jedoch für eher unwahrscheinlich, also die innere Haltung „wird schon gut gehen" einnimmt. Dann liegt nur **grobe Fahrlässigkeit** vor. Da beide Schuldformen zu den gleichen Haftungskonsequenzen führen, bedarf es einer Abgrenzung im Einzelfall in der Regel nicht, sondern nur, wenn es um die Frage der Zulässigkeit des Haftungsausschlusses geht, der für vorsätzliches Handeln generell unzulässig ist (§ 276 Abs. 3). 1908

Vorsatz ist begrifflich **nicht** gleichzusetzen mit „**Arglist**"[451] (vgl. Rn 2678 ff.), allerdings in wesentlichen Elementen damit deckungsgleich. Abweichend von der Arglist gehört zum subjektiven Tatbestand beim Vorsatz nicht, dass der Verkäufer damit rechnet, der Käufer werde den Vertrag bei Kenntnis des Mangels nicht oder jedenfalls nicht zu diesen Bedingungen abschließen. Wer allerdings die genannten subjektiven Voraussetzungen erfüllt, wird in aller Regel auch diese Absicht haben, so dass die Abgrenzung sicherlich rein akademischer Natur bleiben wird und in der Praxis kaum ein Fall auftreten wird, wo ein Verkäufer zwar vorsätzlich, aber nicht arglistig handelt. 1912

---

449 Die 2. Alternative „Aus Übernahme eines Beschaffungsrisikos" ist für Gebrauchtwagenkäufe regelmäßig ohne Bedeutung, da diese in aller Regel Stückkäufe sind (vgl. Rn 1556 ff.).
450 OLG Karlsruhe DAR 2005, 219.
451 A.A. *Gröschler,* NJW 2005, 1601, 1603.

§ 2 Sachmängelhaftung

1914 Notwendig wird die **Abgrenzung** von **Vorsatz** und **Arglist** nur für die Frage der längeren **Verjährung** von drei Jahren (§ 438 Abs. 3) und die **Erhaltung der Rechte** des Käufers trotz **Mangelkenntnis** (§ 442): In beiden Fällen wird Arglist verlangt, Vorsatz genügt nicht. Dagegen gilt das Verbot des Haftungsausschlusses für beide Schuldformen (für Arglist § 444, für Vorsatz § 276 Abs. 3).

1916 Der Verkäufer, der ein gebrauchtes Auto mit Mängeln verkauft, handelt vorsätzlich,
- wenn er den Mangel **verschweigt** oder **bagatellisiert**,
- wobei er den Fehler oder die Fehlerquelle bei Abschluss des Vertrages **kennt** oder mit ihm **rechnet**,
- und er damit rechnet, dass der **Käufer** den **Mangel nicht kennt**.

1920 Vorsatz ist in der Regel zu verneinen,
- wenn der Verkäufer den Mangel zwischenzeitlich **vergessen** hat,[452]
- wenn der Verkäufer nicht das **Bewusstsein** hat, ungefragt zur **Aufklärung verpflichtet** zu sein[453] (insbesondere bei geringfügigen Mängeln),
- wenn der Mangel **offensichtlich** ist, so dass der Verkäufer annimmt, dass der Käufer ihn erkannt hat.[454]

1922 Treten **mehrere** Personen auf **Verkäuferseite** auf (z.B. Ehepaar oder Erbengemeinschaft), ist nur der vorsätzlich handelnde Verkäufer haftbar.[455] Eine Mithaftung des oder der anderen Verkäufer kommt nur in Betracht, wenn sein Verhalten als Übernahme der Vorsatzhaftung seines Mitverkäufers angesehen werden kann, insbesondere dann, wenn die Verhandlungen im Namen des anderen gutgläubigen Mitverkäufers mitgeführt werden.[456]

1924 Bei **mehreren** Personen auf der **Käuferseite** genügt der schuldhafte Pflichtverstoß gegenüber **einem** der Käufer, um für alle Käufer Schadensersatzansprüche auszulösen.[457]

bb) Fahrlässigkeit

1928 Ob der Verkäufer die im Verkehr erforderliche Sorgfalt außer Acht lässt, beurteilt sich nach einem **objektiv-abstrakten** und **typisierenden Sorgfaltsmaßstab**.[458] Damit ist die Sorgfalt gemeint, die nach dem Urteil besonnener und gewissenhafter Angehöriger des in Betracht kommenden Verkehrskreises zur Zeit des zu beurteilenden Verhaltens zu beachten ist.[459] Somit ist der Sorgfaltsmaßstab für den **Händler** deutlich **höher** anzusetzen als für den **Verbraucher** als privaten Verkäufer. Das hat sich schon

---

452 LG Bückeburg DAR 1995, 369 – zur Arglist.
453 *Reinking/Eggert*, Rn 1624 – für Arglisthaftung.
454 BGH NJW-RR 1992, 1076.
455 BGH NJW 1992, 1500.
456 BGH NJW-RR 1996, 1332.
457 *Reinking/Eggert*, Rn 1630 – für Arglisthaftung.
458 BGHZ 113, 303.
459 BGH NJW 1988, 909.

vor der Schuldrechtsreform (1.1.2001) darin ausgedrückt, dass vom Privatmann vor dem Verkauf keine Untersuchung des Fahrzeugs erwartet wird, wohl aber vom Gebrauchtwagenhändler.[460]

(1) Untersuchungs- und Aufklärungspflicht des Händlers

Über den Umfang der **Untersuchungspflicht** sind vor der Schuldrechtsreform (1.1.2001) zahlreiche kontroverse Entscheidungen ergangen.[461] Mit dogmatisch uneinheitlicher Begründung[462] konnte früher der Händler vom Verbraucher trotz Gewährleistungsausschlusses im Fall von Mängeln in Anspruch genommen werden, wenn er den Pkw keiner sorgfältigen Sichtprüfung unterzogen und dieses Versäumnis dem Käufer nicht vor Abschluss des Kaufvertrages offenbart hatte. Da das Gesetz anders als heute einen fahrlässig begehbaren Haftungstatbestand i.R. der Sachmängelhaftung nicht zur Verfügung stellte, wurde im Wege einer gekünstelt wirkenden Konstruktion[463] in der fehlenden Aufklärung über die unterlassene Untersuchung ein arglistiges Verhalten i.S.d. § 463 BGB a.F. festgestellt.[464]   **1930**

Dieser umstrittenen Argumentation bedarf es nun nicht mehr. Die Rechtsprechung zur Untersuchungspflicht bleibt dennoch insoweit aktuell, als eingegrenzt wird, ob und inwieweit die Untersuchung eines Gebrauchtfahrzeugs der im Verkehr erforderlichen Sorgfalt eines Händlers entspricht, also **Fahrlässigkeit** vorliegt.   **1932**

Der BGH hat zunächst eine allgemeine Untersuchungspflicht sogar ganz verneint.[465] Zwischenhändlern sei es nicht zumutbar, generell jede behandelte Ware zu untersuchen, weil ein entsprechender Handelsbrauch nicht bestehe und bei den Kunden auch keine entsprechende Verkehrsauffassung feststellbar sei.   **1934**

Sodann bejahte er eine Untersuchungspflicht auf mögliche Veränderungen des Fahrzeugs hin, die zum Erlöschen der allgemeinen Betriebserlaubnis führen[466] (sog. Veränderungskontrolle) und für den Fall handgreiflicher Anhaltspunkte für einen Mangel.[467] Dagegen werde eine Untersuchungspflicht nicht schon durch Umstände wie einen besonders hohen Wert[468] oder die Frage des Käufers nach Unfallschäden[469] ausgelöst.   **1936**

---

460 Vgl. zuletzt OLG Köln OLGR 2001, 234 u. NJW-RR 1997, 1214.
461 Vgl. *Reinking/Eggert,* Rn 1537 ff.
462 Für c. i.c. BGH NJW 1983, 217; für nicht abdingbare Nebenpflicht: BGHZ 74, 383; für Arglisthaftung BGH NJW 1979, 1707.
463 So *Reinking/Eggert,* Rn 1652.
464 Dagegen nun auch BGH NJW 2004, 1032.
465 BGH NJW 1977, 1055.
466 BGH NJW 1978, 2241.
467 BGH NJW 1979, 672 und 1886; 2004, 1032, 1033.
468 BGH NJW 1977, 1055.
469 BGH NJW 1981, 928, 929.

§ 2 Sachmängelhaftung

1938 In der Literatur[470] und bei den Instanzgerichten[471] festigt sich inzwischen die Auffassung, dass eine **allgemeine Untersuchung** des Gebrauchtwagens i.S. einer **Sicht- und Funktionsprüfung** je nach den Umständen des Einzelfalls in mehr oder weniger starkem Umfang **geschuldet** wird. Die Untersuchungspflicht gehöre zu den „spezifischen Grundgedanken" des Gebrauchtwagenkaufs vom Händler.[472] Da der Kunde in aller Regel die Sachkunde des Gebrauchtwagenhändlers durch einen höheren Kaufpreis als beim Privatkauf üblich mit vergüte, könne der Käufer normalerweise darauf vertrauen, dass der Kfz-Händler, der ja grundsätzlich eine fehlerfreie Ware schulde, diese Angaben zumindest in einem gewissen Rahmen überprüfe,[473] falls hierauf nicht ausdrücklich oder stillschweigend vom Käufer verzichtet wurde,[474] oder der Händler nicht deutlich zu erkennen gibt, dass er die Fahrzeuge nicht untersucht.[475]

1940 Spätestens nachdem die Freiheit von Sachmängeln nun durch die Schuldrechtsreform zur vertraglichen **Erfüllungspflicht** erhoben wurde, ist dem mit folgender Maßgabe zuzustimmen:

1942 Wer **zumutbare** und **in den Verkehrskreisen übliche** Vorkehrungen unterlässt, den Verkauf mängelbehafteter Ware zu vermeiden, handelt **vorwerfbar pflichtwidrig**. Üblich und zumutbar – und zwar in der Regel schon beim Ankauf[476] – sind im gewerbsmäßigen Autohandel eine **Sichtprüfung**[477] von außen und innen sowie eine **Funktionsprüfung**.[478] Zu dieser Feststellung bedarf es nicht einer statistischen Erhebung, die im übrigen diesen Tatbestand mit Sicherheit bestätigen würde. Es kann vielmehr von einem „Rollenvertrauen"[479] gesprochen werden, welches sich schon aus dem Auftreten im Rechtsverkehr als fachkundiger Händler ergibt und schon allein die Erwartung rechtfertigt, dass im professionellen Handel angebotene Fahrzeuge fachmännisch untersucht werden.[480] Wird nicht untersucht, hat der Händler eine entsprechende **Aufklärungspflicht**, anderenfalls darf der Käufer davon ausgehen, dass der Pkw ohne Ergebnis auf Unfallschäden untersucht wurde.[481] Das soll auch für

---

470 *Reinking/Eggert*, Rn 1543 m.w.N. auf ältere Literatur; *Reinicke/Tiedtke*, Rn 567; Erman/*Grunewald*, § 437 Rn 27; Das neue Schuldrecht/*Haas*, Kap. 5 Rn 228; einschränkend (nach den Umständen des Einzelfalls) MüKo/*Westermann*, § 437 Rn 28; Bamberger/Roth/*Faust*, § 437 Rn 82; Palandt/*Heinrichs*, § 280 Rn 19; *Finkenauer*, WM 2003, 665, 667 m.w.N.; *Gröschler*, NJW 2005, 1601; Staudinger/*Matusche-Beckmann*, § 433 Rn 103 f. (vgl. aber auch ders., § 434 Rn 189).
471 OLG München DAR 1976, 132; OLG Düsseldorf WM 1973, 473; OLG Köln NJW-RR 1997, 1214; OLG Köln DAR 2001, 404; OLG Nürnberg NJW-RR 1999, 1208; OLG Hamm DAR 2000, 119; OLG Düsseldorf OLGR 2000, 307; LG Saarbrücken zfs 2001, 115.
472 *Reske*, NJW 1983, 2428.
473 OLG Köln OLGR 2001, 234.
474 OLG Düsseldorf DAR 2002, 163.
475 Erman/*Grunewald*, § 437 Rn 27.
476 OLG Nürnberg NJW-RR 1999, 1208, 1209.
477 OLG Düsseldorf OLGR 1992, 277; OLG Celle OLGR 1996, 194.
478 OLG Köln OLGR 2001, 234.
479 *Reinking/Eggert*, Rn 1547.
480 OLG Nürnberg NJW-RR 1999, 1208; LG München I DAR 2005, 38.
481 BGH NJW 2004, 1032; LG München I DAR 2005, 38.

den privaten Verkauf gelten, wenn der Verkäufer bei dem Käufer den Eindruck erweckt, dass er einen gewerblichen Gebrauchtwagenhandel betreibe und dass er jedenfalls über die überlegene Sachkunde eines Gebrauchtwagenhändlers und Kfz-Fachmannes verfüge.[482]

Der **Umfang** der **Untersuchungspflicht** bestimmt sich nach dem **technisch Möglichen** und **wirtschaftlich Zumutbaren**. Verfügt der Händler nicht über eine eigene Werkstatt, genügt eine Überprüfung auf leicht erkennbare Mängel; Händler mit Werkstatt müssen genauer untersuchen.[483] **1944**

Die **Sichtprüfung** hat durch einen Techniker zu erfolgen und umfasst **Karosserie** (innen und außen) einschließlich **Radhaus** und **Federbeinwänden**, **Reifen**, **Felgen** und auch die **Fahrzeugunterseite**, auch wenn eine Hebebühne nicht vorhanden ist.[484] Zu kontrollieren ist neben der Zulässigkeit von **Reifen** und **Felgen** sowie der **Fahrzeugidentitätsnummer**[485] insbesondere auf **Durchrostungen** und Unfallindikationen wie **Nachlackierungen**, unterschiedliche **Türspalten** und **Blechunebenheiten**. **1946**

Ohne konkreten Unfall- oder Mängelverdacht besteht **keine** Pflicht zur **Achsvermessung**, zum Einsatz von **Rostsuchgeräten**,[486] der Demontage der **Bremsanlage**[487] einer **Lackschichtmessung**[488] oder einer umfassenden **Motoruntersuchung**.[489] Für zweifelhaft hält es der BGH,[490] ob ein Händler das Alter von Hochgeschwindigkeitsreifen überprüfen muss, wenn er diese kurz zuvor als neu und äußerlich einwandfrei erworben hat. Er bejaht die Untersuchungspflicht aber jedenfalls dann, wenn das Profil schon längere Zeit nicht mehr hergestellt wird, so dass sich Zweifel über das tatsächliche Alter des Reifens hätten aufdrängen müssen.[491] **1948**

Für den **Motor** genügt eine **Sichtprüfung** sowie eine **Funktionsprüfung** auf **Laufgeräusche**, der Kompressionsdruck braucht nicht geprüft zu werden. Insbesondere bei einem Händler ohne Werkstatt ist eine Motorinspektion nicht zu erwarten.[492] **1950**

Während im Fachhandel die optische und technische Untersuchung Standard ist, gelten diese Erwägungen nicht für den Verkauf von **Leasingfahrzeugen** durch den Leasinggeber:[493] Das Fahrzeug wird nicht angekauft, so dass kein angemessener Preis ermittelt werden muss. Aufgrund seiner AGB und der abzuschließenden Vollkaskoversicherung kann der Leasinggeber davon ausgehen, dass ihm ein Unfallschaden – **1952**

---

482 LG Saarbrücken, NJW-RR 1999, 1065.
483 *Huber/Faust,* Kap. 13 Rn 113; BT-Drucks 14/6040, S. 210.
484 *Reinking/Eggert,* Rn 1474.
485 OLG Hamburg DAR 1992, 378.
486 *Reinking/Eggert,* Rn 1550.
487 OLG Hamm DAR 2000, 119; LG Aachen DAR 2004, 452, 453.
488 *Reinking/Eggert,* Rn 1550; a.A. LG München I DAR 2005, 38.
489 OLG Hamm DAR 1996, 150.
490 BGH NJW 2004, 1032, 1033.
491 Vgl. hierzu auch OLG Nürnberg DAR 2002, 270.
492 OLG Düsseldorf NJW-RR 1997, 431.
493 OLG Nürnberg NJW-RR 1999, 1208.

auch ohne Untersuchung – bekannt würde. Schließlich beschränkt sich der Geschäftszweck nicht auf Gebrauchtwagenhandel, so dass im Ergebnis eine Untersuchungspflicht nicht anzunehmen ist, selbst wenn eine Reparaturwerkstatt vorhanden ist.

1954 Soweit eine Untersuchungspflicht nicht besteht, schuldet der Verkäufer auch keine **Aufklärung** darüber, ob und inwieweit er untersucht hat. Falls der Käufer allerdings danach fragt, muss der Verkäufer wahrheitsgemäß antworten.[494]

1956 Ergibt sich aus der Untersuchung ein **Mangelverdacht**, muss der Händler dem weiter nachgehen oder den Käufer auf den Verdacht hinweisen.[495] Wird keine Sichtprüfung durchgeführt, entfällt eine Haftung dennoch, wenn feststeht, dass die Sichtprüfung den Mangel nicht zutage gebracht hätte.[496]

1958 Eine Untersuchungs- und damit auch eine **Aufklärungspflicht** auf die nicht durchgeführte Untersuchung soll dagegen zu verneinen sein, wenn der Händler nicht ganz vollständige Informationen bezüglich eines Unfalls durch den Vorbesitzer vollständig als eigene Informationen weitergibt und diese inhaltlich hinreichend bestimmt sind („behobener Front- und Seitenschaden rechts ca. 6.000 EUR" ohne Erwähnung eines Dachschadens nach Überschlag), da nach Offenbarung des Unfalls eben gerade kein Anlass bestanden habe, auf Unfallschäden zu untersuchen.[497]

1960 Ob diese Überlegungen im Rahmen der Fahrlässigkeitshaftung noch zutreffen, erscheint zweifelhaft. Der Käufer durfte annehmen, dass der Verkäufer des Unfallfahrzeugs selbst eine Überprüfung der fachgerechten Beseitigung der Unfallschäden durchgeführt hat. Der Verkäufer musste deshalb von sich aus auf die nicht durchgeführte Untersuchung hinweisen oder bei der Beschreibung des Unfallschadens hinzusetzen „laut Angaben des Vorbesitzers", wodurch deutlich würde, dass er dies nicht überprüft hat. Fehlt dieser Hinweis, besteht die konkrete Gefahr, dass der Käufer ohne weiteres von einer erfolgten Untersuchung ausgeht. Der unterlassene Hinweis begründete somit zwar – nach dem Recht vor dem 1.1.2001 – keine Arglisthaftung, jedoch – nach neuem Recht – eine Fahrlässigkeitshaftung, falls der nicht offenbarte Dachschaden den merkantilen Minderwert des Fahrzeugs im Vergleich zum offenbarten Unfallschaden erhöht hat. Zur Beweislast vgl. Rn 2032 ff.

1962 Streitig ist, ob ein Verkäufer ihm **bekannte Mängel** stets offen legen muss[498] oder nur ausnahmsweise,[499] und ob sich diese Pflicht auf **erhebliche** Mängel[500] beschränkt, die für den Käufer **erkennbar von Bedeutung sind**.[501] Auch diese Frage wird man nur nach dem Umständen des Einzelfalls entscheiden können und im Ausgangspunkt

---

494 BGHZ 74, 383, 391, 392.
495 OLG Frankfurt NJW-RR 1999, 1064; vgl. auch Rn 2300.
496 OLG Hamm DAR 2000, 119; LG Saarbrücken zfs 2001, 115, 116.
497 OLG Köln DAR 2001, 404.
498 Bamberger/Roth/*Faust*, § 438 Rn 37.
499 Palandt/*Putzo*, § 433 Rn 23.
500 Erman/*Grunewald*, § 433 Rn 24.
501 BGH NJW 1990, 975; KG NJW-RR 1998, 1132.

II. Rechte des Käufers bei Mängeln § 2

die Aufklärungspflicht des Händlers strenger als die des Privatverkäufers zu beurteilen haben, da es jedenfalls für den Privatverkäufer an einer entsprechenden Verkehrssitte (§ 157) oder an einem Handelsbrauch (§ 346 HGB), den Käufer insgesamt aufzuklären, fehlt.

(2) Pflichten des Privatverkäufers

Für den **Privatverkäufer** besteht grundsätzlich **keine Pflicht** zur **Untersuchung** vor dem Verkauf. Sie wird weder erwartet noch ist sie üblich.[502] Als Laien ist dem Verbraucher eine geringere im Verkehr erforderliche Sorgfalt zuzugestehen.

1966

Eine **Aufklärungspflicht** besteht für Umstände, die **erkennbar** für den Kaufabschluss **ursächlich** oder **maßgeblich** sind (vgl. Rn 1962). Der Verkäufer handelt fahrlässig, wenn er Verdachtsmomente für einen Mangel oder Unfall nicht weitergibt,[503] von denen er irrtümlich annimmt, dass diese für die Kaufentscheidung nicht bedeutsam sind.[504] Er handelt aber auch dann zumindest leicht fahrlässig, wenn er den Mangel kannte, ihn aber zum Zeitpunkt der Vertragsverhandlungen entweder vergessen hat zu erwähnen oder den Mangel selbst vergessen hat, etwa infolge Gewöhnung. Ein vermeidbarer Irrtum schließt Fahrlässigkeit nicht aus.[505]

1968

Der Verkäufer eines über drei Jahre alten Pkw der Oberklasse muss den Käufer nicht über die Neulackierung des Fahrzeugs aufklären, wenn diese nur der optischen Aufbereitung und nicht der Kaschierung von Schäden z.B. infolge eines Unfalls diente.[506] Bedenklich ist die Auffassung des AG Reinbeck,[507] die Aufklärungspflicht über Fehler eines gebrauchten Fahrzeugs beziehe sich in erster Linie auf Unfallschäden. Der Verkäufer brauche daher nicht ungefragt auf von ihm wahrgenommene Geräusche sowie einen möglichen Getriebeschaden hinzuweisen. Gefolgt werden kann dem nur für den Fall, dass der Verkäufer von einer rein verschleißbedingten Abnutzung ausgehen durfte.[508]

1970

Ein Verkäufer ist verpflichtet, Fragen des Kaufinteressenten wahrheitsgemäß und ohne jede Bagatellisierung zu beantworten.[509] Bagatellunfallschäden, die nach der Verkehrsanschauung unter Berücksichtigung des Alters des Fahrzeugs keinen „Unfallschaden" darstellen, braucht der Verkäufer allerdings bei einer Frage nach „Unfallschäden" nicht zu erwähnen.[510]

1972

---

502 LG München I DAR 2004, 277.
503 OLG Köln OLGR 1999, 122; LG Bonn NJW 2004, 74.
504 BGH NJW 1991, 2900.
505 *Jauernig,* § 276 Rn 30.
506 OLG Frankfurt MDR 2001, 747.
507 AG Reinbeck DAR 1999, 414.
508 OLG Düsseldorf OLGR 2001, 270.
509 BGHZ 74, 383, 391–392; vgl. Rn 2102 ff.
510 OLG Karlsruhe OLGR 2001, 301; LG Oldenburg OLGR 2001, 50; vgl. Rn 2120 ff.

(3) Einfache oder grobe Fahrlässigkeit

1974 Für alle Gebrauchtwagenkaufverträge, also auch für den Verbrauchsgüterkauf (§ 475 Abs. 3), besteht die Möglichkeit, durch Vertrag oder AGB die Haftung für die einfache und mittlere Fahrlässigkeit bei Sach- und Rechtsmängeln (nicht für Körperverletzungen) auszuschließen (§ 309 Nr. 7).

1976 Die **Abgrenzung** zwischen **grober** und **mittlerer Fahrlässigkeit** gewinnt an Bedeutung, da hiervon abhängt, ob die Mängelhaftung wirksam **ausgeschlossen** werden kann (bei mittlerer Fahrlässigkeit) oder nicht (bei grober Fahrlässigkeit).

1978 **Grobe Fahrlässigkeit** liegt vor, wenn die verkehrserforderliche Sorgfalt im **besonders schweren Maße** verletzt wird, also schon einfachste, ganz nahe liegende Überlegungen nicht angestellt werden und das nicht beachtet wird, was im gegebenen Fall jedem einleuchten muss.[511] Dabei sind besonders die subjektiven, in der Person des Handelnden begründeten Umstände zu berücksichtigen.[512]

1980 In den oben (Rn 1930 ff.) behandelten Fällen der **Untersuchungspflicht** des Händlers wird **in aller Regel** von **grober** Fahrlässigkeit auszugehen sein. Wer die selbstverständlich geschuldete Sicht- und Funktionsprüfung als Händler nicht durchführt und den Käufer hierüber nicht aufklärt, verletzt die verkehrserforderliche Sorgfalt in besonders schwerem Maße, handelt in der Regel sogar vorsätzlich,[513] zumindest aber besonders verantwortungslos, wenn er glaubt, einen Verbraucher über einen so wichtigen Umstand nicht aufklären zu müssen. Das Gleiche gilt für den Fall, dass der Händler „**ins Blaue hinein**" nicht geprüfte Erklärungen zum technischen Zustand des Fahrzeugs abgibt. Schon zur Rechtslage vor dem 1.1.2001 vertrat der BGH[514] die Auffassung, dass durch vorformulierte Vertragsklauseln zumindest bei einem Mängelverdacht die Untersuchungspflicht nicht abbedungen werden kann. Nur eine deutliche, individuelle Beschaffenheitsvereinbarung, die etwa den Inhalt hat „das Fahrzeug wurde technisch nicht geprüft", lässt die Vorwerfbarkeit entfallen.[515]

cc) Übernahme einer Garantie

1984 Nach altem Recht (bis 31.12.2000) haftete ohne Verschulden (Fahrlässigkeit oder Vorsatz) auf Schadensersatz, wer eine Eigenschaft einer Kaufsache zusicherte, die dann aber fehlte (§ 463 BGB a.F.). Dieser Haftungstatbestand ist entfallen. An seine Stelle tritt nun die Haftung aus „**Übernahme einer Garantie**" i.S.d. § 276 Abs. 1.[516]

1986 Der Begriff „Garantie" hat eine Doppelbedeutung. Zum einen wird er verwendet i.S.d. **Haltbarkeitsgarantie** (§ 443 Abs. 1 Alt. 2), also i.S. einer **Beschaffenheitsgarantie**

---

511 BGH NJW-RR 94, 1471.
512 BGHZ 119, 149.
513 OLG Köln OLGR 2001, 234; BGH NJW 2004, 1032.
514 BGH NJW 1979, 1886.
515 *Reinking/Eggert*, Rn 1554.
516 Anwk-BGB/*Dauner-Lieb*, § 276 Rn 19; BGH DAR 2006, 143.

für das „**Vorhandenbleiben**" von Eigenschaften.[517] Zum anderen wird er in §§ 442, 443 Abs. 1 Alt. 1 als Garantie für das „**Vorhandensein**" von Eigenschaften verwendet. Auf die Garantie im zweitgenannten Sinne bezieht sich die „Übernahme einer Garantie" aus § 276 Abs. 1.[518]

Damit ist noch nicht die Frage beantwortet, ob **beide** Formen der „Garantie", also auch die Haltbarkeitsgarantie zur erweiterten Verantwortlichkeit mit der Folge der Verpflichtung zum Schadensersatz führen. Die erweiterte Verantwortlichkeit nach § 276 knüpft daran an, dass eine strengere Haftung aus der Übernahme einer Garantie „zu entnehmen ist". Eine Garantie dafür, dass eine Kaufsache die Beschaffenheitsmerkmale **behält**, kann bei dieser Bewertung nicht gleichgesetzt werden mit einer Garantie, dass eine Kaufsache bestimmte Merkmale **hat**. Es ist „verantwortungsloser", etwas zu verkaufen, was zugesicherte Eigenschaften schon nicht besitzt, als etwas, was diese erst später verliert. Einer Haltbarkeitsgarantie i.S.d. § 443 Abs. 1 Alt. 2 ist daher in der Regel **nicht** eine strengere Haftung i.S.d. § 276 Abs. 1 zu entnehmen.[519] Ausnahmen sind möglich, wenn die konkrete Auslegung (§§ 157, 133) einen weitergehenden Einstandswillen des Verkäufers ergibt,[520] insbesondere dann, wenn in der Garantie auch die Zusicherung einer Eigenschaft zu sehen ist.[521]

1988

Nicht **jede** Garantie löst also automatisch die erweiterte Haftung nach § 276 aus, sondern nur dann, wenn eine „**strengere oder mildere Haftung**" aus der Übernahme einer Garantie „zu **entnehmen**" ist. Kritisch wird daher auch von der Notwendigkeit der Interpretationskunst eines „Entdeckerjuristen" gesprochen.[522]

1990

Die **Verantwortlichkeit** aus der **Übernahme einer Garantie** i.S.d. § 276 setzt voraus, dass aus der Sicht des Käufers der **erklärte Wille** des Verkäufers **erkennbar** ist, die **Gewähr** für eine **bestimmte Beschaffenheit** oder **Eigenschaft** zum Zeitpunkt des Gefahrübergangs zu **übernehmen** und für alle Folgen ihres Fehlens **wie für eigenes Verschulden einstehen zu wollen**.[523] Sie kommt unter engen Voraussetzungen auch in Betracht, wenn sie **nach** Abschluss des Kaufvertrags in einer damit in engem Zusammenhang stehenden Erklärung abgegeben wird.[524]

1992

Erklärungen über Vorgänge oder Ereignisse mit Auswirkung auf die Beschaffenheit des Fahrzeugs, die erkennbar **nicht** in den **eigenen Besitzzeitraum** fallen, sind in aller

1994

---

517 Vgl. hierzu Rn 2061.
518 BT-Drucks 14/6040, 226, 240.
519 Ebenso Anwk-BGB/*Dauner-Lieb*, § 276 Rn 19.
520 Bamberger/Roth/*Grüneberg*, § 276 Rn 40; Palandt/*Heinrichs*, § 276 Rn 29.
521 BT-Drucks 14/6040, 238.
522 *Altmeppen*, DB 2001, 1821, 1822.
523 Palandt/*Heinrichs*, § 276 Rn 29; vgl. zur ähnlichen Definition der Zusicherung: BGH NJW 1997, 2318; NJW 1995, 518.
524 OLG Brandenburg NJW-RR 1997, 428.

Regel **nicht** als **Garantieübernahme** zu bewerten.[525] Gleiches gilt für die Erklärung des Verkäufers, ihm seien keine versteckten Mängel des Kaufobjekts bekannt.[526]

(1) Abgrenzung zu Beschaffenheitsvereinbarungen

1998 Zum alten Recht (vor dem 1.1.2001) wurde der Satz geprägt: „Beschaffenheitsvereinbarungen bei Verkauf von Gebrauchtwagen sind in der Regel als „Zusicherungen" anzusehen".[527]

1999 Abweichungen von Beschaffenheitsvereinbarungen stellen aber bereits einen Sachmangel i.S.d. § 434 Abs. 1 S. 1 dar. Damit stellt sich die Frage, ob jeder Mangel wegen Abweichung von der Beschaffenheitsvereinbarung nicht nur Nacherfüllungs-, Rücktritts- und Minderungsansprüche, sondern auch Schadensersatzansprüche auslöst, oder ob eine sachliche Grenze zur „Garantieübernahme" feststellbar ist.

2000 Schon nach altem Recht stand die Ausdehnung der Zusicherungshaftung (gem. § 463 a.F.) praktisch auf jede Beschaffenheitsvereinbarung in der Kritik.[528] Die Motive für die Ausdehnung der Zusicherungshaftung (insbesondere die Ausschaltung von Freizeichnungsklauseln und das Fehlen einer fahrlässigen Haftung) sind weitgehend weggefallen, so dass die Bedeutung dieses Haftungstatbestandes abgenommen hat.

2004 Der **zusätzliche, besondere Einstandswille** des Verkäufers ist das entscheidende Unterscheidungskriterium zur Beschaffenheitsvereinbarung.[529] Der Verkäufer muss sich für ein Beschaffenheitsmerkmal **stark** machen.[530] Für die Abgrenzung[531] sind auch die Besonderheiten des Gebrauchtwagenmarktes zu berücksichtigen:

2006 Beschaffenheitsvereinbarung und Garantieübernahme liegen um so näher zusammen, als es sich bei der verkauften Sache um eine nicht vertretbare und zudem noch um eine gebrauchte Sache handelt. Während Produktbeschreibungen bei neuen und vertretbaren Sachen zwar verbindlichen aber nicht garantierenden Charakter haben, ist deren Bedeutung bei unvertretbaren Sachen, erst recht bei gebrauchten Sachen, für den Käufer wesentlich höher, denn er erwirbt ein Unikat, sodass für die Kaufentscheidung jede beschriebene Einzelheit an Bedeutung gewinnt, insbesondere zu Alter und Laufleistung (individuell), weniger zu Leistung und Geschwindigkeit (gattungsmäßig).

2008 Beschreibungen **gattungsmäßiger** Merkmale sind somit eher als **Beschaffenheitsvereinbarungen**, die Hervorhebung **individueller** Merkmale eher als **Garantieübernahme** zu bewerten,[532] vor allem bei Erklärungen eines Verkäufers, der Händler oder Fachmann ist.[533]

---

525 LG Hanau NJW-RR 2003, 1561; LG München I DAR 2004, 276.
526 OLG Celle MDR 1997, 926.
527 OLG Stuttgart DAR 1986, 150.
528 *Reinking/Eggert,* Rn 1326.
529 Henssler/Graf von Westphalen/*Graf von Westphalen,* § 444 Rn 17.
530 Erman/*Grunewald,* § 437 Rn 34.
531 Für konkrete Abgrenzungsbeispiele aus der Rechtssprechung vgl. z.B. Rn 2070 ff. u. 2078 ff.
532 OLG Koblenz DAR 2004, 395; LG Kleve NJW-RR 2005, 422.
533 Erman/*Grunewald,* § 437 Rn 30; *Stöber,* DAR 2004, 570, 572 ff.

Eine versehentlich falsche Erklärung zum Hubraum oder zur Motorstärke in kW, also Leistungsmerkmale, die auch einem Gebrauchtfahrzeug gattungsmäßig zugehören, ist dagegen in der Regel nicht als Garantieübernahme zu bewerten.[534] Allerdings haftet der Verkäufer dennoch auf Schadensersatz, wenn er fahrlässig gehandelt hat und hierfür nicht in zulässiger Weise ein Haftungsausschluss vereinbart wurde. 2010

Angaben in Inseraten und Verkaufsangeboten sind jedenfalls dann nicht als Garantieübernahme zu bewerten, wenn diese bei der Besichtigung erkennbar nicht vorliegen (z.b. Lederausstattung) oder im Kaufvertrag korrigiert werden.[535] Ohne Korrektur wird aber – auch bei einem Privatverkäufer – die Fahrzeugbeschreibung im Internet häufig als Garantie für die aufgeführten Ausstattungsmerkmale (z.B. Alarmanlage und Airbag) anzusehen sein,[536] falls nicht konkrete Umstände dagegen sprechen, wie z.b. der Hinweis darauf, dass der Verkäufer den Pkw selbst gebraucht gekauft hat und der km-Stand daher als „Ca.-Stand" angegeben wird.[537]

Verwenden private Verkäufer ausdrücklich das Wort „Garantie", müssen sie i.d.R. dann auch für die entsprechenden Zustandsbeschreibungen nach § 276 Abs. 1 einstehen.[538] Andererseits setzt die Haftung nicht voraus, dass das Wort „Garantie" auch benutzt wird. Setzt ein Kfz-Händler in dem Feld mit der Überschrift „unfallfrei" das Wort „ja" ein, ist dies i.d.R. als Garantie zu bewerten.[539]

(2) Stillschweigende Garantieübernahme

Eine Garantie kann auch **stillschweigend** vereinbart werden.[540] 2014

Vor der Schuldrechtsreform (1.1.2001) ging die Rechtsprechung mit der Annahme stillschweigender Zusicherungen i.S.d. §§ 459 Abs. 2, 463 Abs. 1 BGB a.F. relativ großzügig um.[541] Sie setzte voraus, dass durch konkludentes, schlüssiges Verhalten bei einem verständigen Käufer der Eindruck entstanden ist und entstehen durfte, dass der Verkäufer für alle Folgen des Fehlens der zugesicherten Eigenschaft einstehen will.[542] Die Wertung ist unter Einbezug aller zum Vertragsschluss führenden Umstände vom Käuferhorizont aus vorzunehmen, wobei das Vertrauen, das der Käufer der Sachkunde des Verkäufers entgegenbringt, eine maßgebliche Rolle spielt.[543] 2016

Es ist damit zu rechnen, dass nun seltener eine stillschweigende Garantieübernahme angenommen werden wird,[544] da die Zusicherungshaftung für den Käuferschutz we- 2018

---

534 So bereits für die alte Rechtslage BGH NJW 1997, 2318 für „PS laut Fahrzeugbrief".
535 KG NJW-RR 2005, 60.
536 LG Kleve NJW-RR 2005, 422.
537 LG Saarbrücken MMR 2004, 556.
538 OLG Hamm NJW-RR 2005, 1220, 1221.
539 LG Karlsruhe NJW-RR 2005, 1368.
540 Palandt/*Heinrichs,* § 276 Rn 29; Erman/*Grunewald,* § 437 Rn 30.
541 *Reinking/Eggert,* Rn 1379.
542 BGH NJW 1997, 2318.
543 BGH NJW-RR 1991, 1401.
544 Ähnlich: Anwk-BGB/*Dauner-Lieb,* § 276 Rn 20; Henssler/Graf von Westphalen/*Graf von Westphalen,* § 444 Rn 17; Bamberger/Roth/*Grüneberg,* § 276 Rn 40.

gen der neuen Fahrlässigkeitshaftung und der nun eingeschränkten Freizeichnungsmöglichkeit seine Bedeutung verliert. Hierauf deutet auch eine Entscheidung des BGH[545] hin, worin er beim Kauf eines gebrauchten Wärmetauschers aus einer Bescheinigung „schadstoffarm" nur eine Beschaffenheitsvereinbarung, jedoch keine Zusicherung herleitet. Im übrigen erscheint es begrifflich als Anachronismus, eine „Garantie" stillschweigend zu übernehmen (was auf eine stillschweigende Zusicherung nicht in dem Maße zutraf). Insbesondere für allgemeine Anpreisungen wie „Bestzustand" ist Zurückhaltung geboten.[546]

dd) Zurechnung bei Handeln Dritter

2022 Der **Verkäufer** und nicht eine dritte Person muss schuldhaft handeln bzw. die Garantie übernehmen. Das ist problematisch bei **juristischen Personen** und **Personenhandelsgesellschaften**, in denen zahlreiche Mitarbeiter tätig sind:

2024 Bei Betrieben, die als GmbH firmieren, ist auf das Wissen des vertretungsberechtigten Geschäftsführers abzustellen, bei Werksniederlassungen von Automobilherstellern eigentlich auf das der Mitglieder des Vorstandes der AG, gem. § 166 Abs. 1 aber auch auf das zuzurechnende Wissen des Niederlassungsleiters.[547]

2026 Unterhalb der Geschäftsleitungsebene ist jedes schuldhafte Verhalten eines Angestellten dem Verkäufer gem. § 278 zuzurechnen. Darüber hinaus erkennt die Rechtsprechung auch den „**Wissensvertreter**" an, der kein Erfüllungsgehilfe beim Verkauf ist, z.B. den Einkäufer.[548] Ob dessen Wissen oder auch das sog. „Werkstattwissen"[549] dem Verkäufer im Einzelfall zuzurechnen ist, hängt von verschiedenen Faktoren ab, insbesondere auch davon, ob ein Weiterverkauf wahrscheinlich ist bzw. ein anderer Anlass zur Weitergabe an die Geschäftsführung bestand,[550] es sich also um typischerweise aktenmäßig festgehaltenes Wissen handelt.[551]

Es genügt für den bedingten Vorsatz, dass der Verkäufer seine Mitarbeiter nicht ausreichend mit vertragsrelevanten Mitteilungen versorgt hat, so dass zu erwarten war, dass in seinem Namen unrichtige Erklärungen abgegeben werden.[552] Eine Garantie seines Mitarbeiters muss sich der Verkäufer als Pflichtverletzung zurechnen lassen.[553]

2028 Kann Arglist, Vorsatz oder Garantie nicht nachgewiesen werden, kann die Haftung in den meisten Fällen aus einem fahrlässigen **Organisationsmangel** folgen, wenn wichtige Informationen innerhalb einer Firma nicht weitergegeben wurden.[554]

---

545 BGH NJW 2000, 3130; vgl. auch LG Bielefeld DAR 2001, 409, 352.
546 Vgl. Rn 2132.
547 *Reinking/Eggert*, Rn 1631.
548 BGH NJW 1996, 1205; OLG Schleswig NJW-RR 2005, 1579.
549 *Reinking/Eggert*, Rn 1645.
550 BGH NJW 1996, 1205.
551 BGH NJW 1995, 2159; 1996, 1205.
552 LG Gießen MDR 2005, 390.
553 LG Karlsruhe NJW-RR 2005, 1368.
554 So der BGH NJW 1996, 1205 in dem Fall einer unterlassenen Dokumentation.

ee) Beweislastumkehr

Die **Verantwortlichkeit** des Verkäufers i.S.d. § 276 wird **vermutet**. Schadensersatz kann bei einer Pflichtverletzung, die der Käufer darlegen und beweisen muss, nur dann nicht beansprucht werden, wenn der Verkäufer diese nicht zu vertreten hat (§ 280 Abs. 1 S. 1). 2032

An den **Entlastungsbeweis** dürfen **keine** zu **hohen** Anforderungen gestellt werden.[555] Andernfalls kann der Entlastungsbeweis praktisch nie gelingen. Es reicht aus, wenn die Wahrscheinlichkeit eines vom Verkäufer nicht verschuldeten Geschehensablaufs ein so hohes Maß erreicht, dass die Wahrscheinlichkeit eines Verschuldens des Verkäufers dahinter zurücktritt.[556] 2034

Erforderlich, aber auch ausreichend sind damit die Darlegungen und der Nachweis **ganz überwiegender Wahrscheinlichkeit**, dass der Mangel nicht auf vom Verkäufer zu vertretenden Umständen beruht.[557] Für den **Gebrauchtwagenhändler** bedeutet dies, dass er mit Hilfe von Zeugen und eventuell Werkstattunterlagen eine überwiegende Wahrscheinlichkeit dafür nachweisen muss,[558] 2036

- dass er die Sicht- und Funktionsprüfung ausgeführt hat und
- dass diese keinen Fehler und auch keinen Hinweis auf einen möglichen Fehler erbracht hat oder
- dass bezogen auf den Fehler eine Untersuchung nicht geschuldet wurde, nicht zum Auffinden des Fehlers geführt hat oder auf die nicht durchgeführte Untersuchung hingewiesen wurde.

Mit Rücksicht auf die verlängerten Mängelhaftungsfristen von mindestens einem Jahr (beim Verbrauchsgüterkauf) wird schon wegen des häufig lang zurückliegenden Verkaufsfalles auch dieser erleichterte Nachweis einer überwiegenden Wahrscheinlichkeit häufig nicht zu führen sein. Für einen Ein-Mann-Betrieb ohne Mitarbeiter gilt dies erst recht. 2038

Der **Privatverkäufer**, der einen Unfall oder Mangel nicht angegeben hat, muss eine überwiegende Wahrscheinlichkeit dafür nachweisen, 2040

- dass der Pkw in seiner Besitzzeit keinen Unfall hatte bzw. der beanstandete Mangel nicht aufgetreten ist,
- dass er von einem nicht erkennbaren Mangel keine Kenntnis hatte.

Hierzu eignen sich Zeugenaussagen – z.B. des Vorbesitzers – Werkstatt- und Inspektionsrechnungen und der beim Ankauf geschlossene Kaufvertrag. 2042

---

555 Anwk-BGB/*Dauner-Lieb*, § 280 Rn 60; Palandt/*Heinrichs*, § 280 Rn 40; Bamberger/Roth/*Grüneberg*, § 280 Rn 81; *Finkenauer*, WM 2003, 665, m.w.N. auch für die Gegenansicht.
556 BGH NJW-RR 1992, 1338.
557 *Jauernig*, § 280 Rn 25.
558 Vgl. hierzu auch *Finkenauer*, WM 2003, 665 ff.

§ 2 Sachmängelhaftung

2044 *Praxistipp*
Dem Verkäufer ist zu empfehlen, den Vertrag, mit dem er selbst das Kfz erworben hat, aufzubewahren, außerdem Kopien von allen Unterlagen, die er dem Käufer mitgibt oder im Pkw belässt, insbesondere von Reparaturrechnungen, TÜV-Berichten usw. Falls der Käufer später Mängel oder Unfallschäden behauptet oder feststellt, kann dann mit Hilfe dieser Unterlagen leichter die fehlende Kenntnis nachgewiesen werden.

4. Konkurrierende Ansprüche

2048 Konkurrierende Ansprüche zu den Sachmängelhaftungsansprüchen sind insbesondere die **Anfechtungsrechte** (§§ 119 ff.), die Haftung aus **Verschulden bei Vertragsschluss** (§§ 311 Abs. 2, 311a) und Ansprüche aus **Garantieverträgen** (§ 443).

a) Anfechtungsrechte

2050 Die Anfechtung wegen **Erklärungsirrtums** ist zulässig, z.B. wenn der Käufer darüber geirrt hat, dass er überhaupt ein Fahrzeug gekauft hat. Eine Anfechtung wegen **Inhaltsirrtums** gem. § 119 Abs. 2 ist dagegen nach h.M.[559] von Anfang an ausgeschlossen, nach Ansicht von *Putzo*[560] erst ab Gefahrübergang; nach Ansicht von *Faust*[561] dagegen ist auch diese Anfechtung durch das Sachmängelhaftungsrecht nicht beschränkt.

2052 Die Anfechtung wegen **arglistiger Täuschung** steht dem Käufer nach einhelliger Auffassung frei.[562] Er nimmt dem Verkäufer damit zwar das Recht der Nacherfüllung, was jedoch mit Rücksicht auf die Arglist des Verkäufers unbeachtlich ist[563] (vgl. Rn 1740).

2054 Der Käufer muss bei der Wahl des Rechtsmittels berücksichtigen, dass geringe Unterschiede bei der Rückabwicklung nach den Rücktrittsbestimmungen einerseits (§ 346) und den Bereicherungsbestimmungen andererseits (§ 812) bestehen, deren Angleichung jedoch insbesondere für das Entfallen der Wertersatzpflicht bei Untergang der Kaufsache durch eine analoge Anwendung des § 346 Abs. 3 S. 3 auf das Bereicherungsrecht vorgeschlagen wird.[564] Im Übrigen wird die **Umdeutung** einer Anfechtungserklärung in einen Rücktritt gemäß § 140 für zulässig gehalten.[565]

---

[559] Anwk-BGB/*Büdenbender*, § 437 Rn 26; *Haas/Medicus/Rolland/Schäfer/Wendtland*, Kap. 5 Rn 270; BT-Drucks 14/6040, 210; vgl. auch Bamberger/Roth/*Faust*, § 437 Rn 169 m.w.N.
[560] Palandt/*Putzo*, § 437 Rn 53.
[561] *Bamberger/Roth*, § 437 Rn 173.
[562] Palandt/*Putzo*, § 437 Rn 54; LG Gießen NJW-RR 2005, 493.
[563] Bamberger/Roth/*Faust*, § 437 Rn 175.
[564] *Freund/Stölting*, ZGS 2002, 182.
[565] OLG Schleswig NJW-RR 2005, 1579, 1580 f.

b) Verschulden bei Vertragsschluss

Bereits im vorvertraglichen Bereich können vorvertragliche Pflichten bestehen, deren Verletzung den Haftungstatbestand der §§ 311 Abs. 2, 3 begründen können. Sie wurden bisher von Rechtsprechung und Lehre unter dem Rechtsinstitut „**culpa in contrahendo**" behandelt und z.B. auch bezeichnet als „Nichterfüllungshaftung"[566] (vgl. dazu bereits Rn 1866).

2058

Es ist umstritten, ob der Anspruch aus § 311a Abs. 2 wegen Spezialität der §§ 437 ff. ausgeschlossen ist, sobald der Kaufvertrag zustande gekommen und das Fahrzeug übergeben worden ist.[567] Da in § 437 Nr. 3 der § 311a ausdrücklich ohne Einschränkung erwähnt ist, dürfte der h.M.[568] der Vorzug zu geben sein, wonach § 311a **auch nach Gefahrübergang** anwendbar ist, allerdings nur, soweit es sich nicht um Merkmale handelt, die einer Beschaffenheitsvereinbarung zugänglich sind[569] (vgl. hierzu Rn 1416).

2060

c) Garantien

Neben der Beschaffenheitsgarantie (vgl. Rn 1984 ff.), bei denen der Verkäufer die Garantie für die mangelfreie Beschaffenheit des Fahrzeugs im **Zeitpunkt des Gefahrübergangs** übernimmt, besteht auch die Möglichkeit, dass der Verkäufer eine **Haltbarkeitsgarantie** übernimmt, die sich auch auf die **während der Garantiezeit** auftretenden Mängel erstreckt (§ 443 Abs. 1). Garantiegeber kann der Verkäufer, der Hersteller oder ein Dritter (Garantieversicherung) sein. Die Haltbarkeitsgarantie tritt **gleichrangig** neben die Sachmängelhaftung des Verkäufers. Der Käufer hat die freie Wahl, wen er zuerst in Anspruch nimmt.[570]

2061

In der Regel enthält die Garantie eine Verpflichtung zur Nachbesserung durch einen Vertragshändler. Dies ist zumeist der Händler, der das Fahrzeug verkauft hat. Liegt der Betriebssitz mehr als 50 km vom Wohnsitz des Käufers entfernt, kann i.d.R. auch bei einem anderen Vertragshändler die Reparatur verlangt werden. Der Anspruch ist aber nicht gegen den Vertragshändler, sondern gegen den **Garantiegeber** zu richten.[571] Erfüllt der Garantiegeber die Rechte aus der Garantie nicht, kann der Käufer Leistungsklage gegen ihn erheben oder unter den gesetzlichen Voraussetzungen Schadensersatz verlangen, wenn die Nachbesserung misslingt.

> *Praxistipp*
> Ist der aufgesuchte Händler nicht der Verkäufer des Fahrzeugs, sollte der Käufer entweder selbst oder über den Händler die Zustimmung des Verkäufers zur Nach-

---

566 *Katzenstein,* JR 2003, 447.
567 So: Palandt/*Putzo,* § 437 Rn 51a; Palandt/*Heinrichs,* § 311 Rn 25.
568 *Derleder,* NJW 2004, 969, 974; Bamberger/Roth/*Faust,* § 437 Rn 168 ff.; *Haas/Medicus/Rolland/Schäfer/Wendtland,* Kap. 5 Rn 249; *Häublein,* NJW 2003, 388 ff.; OLG Hamm NJW-RR 2003, 1360.
569 Noch weitergehend Bamberger/Roth/*Faust,* § 437 Rn 168 ff.
570 OLG Stuttgart NJW-RR 1997, 1533; *Hammen,* NJW 2003, 2588.
571 *Reinking/Eggert,* Rn 695.

besserung durch den Händler einholen, um sich auch die gesetzlichen Sachmängelhaftungsansprüche zu erhalten für den Fall, dass der Garantiegeber den Schaden ganz oder teilweise nicht zahlt. Dies kommt insbesondere immer wieder bei Garantieversicherungen vor, die nur Reparaturen an bestimmten Teilen übernehmen.

2062 Nach der Länge der **Garantiefrist** richtet sich, bis zu welchem Zeitpunkt ein aufgetretener Mangel unter die Garantie fällt. Die Garantiezeit kann kürzer oder länger sein als die **Verjährungsfrist** (§ 438).[572] Die Verjährungsfrist beginnt nicht etwa erst mit dem Ende der Garantiefrist an zu laufen, sondern mit dem **Auftreten** des Mangels und der **Kenntnis** des Käufers hiervon bzw. der **grob fahrlässigen Unkenntnis**.[573] Der Lauf der Verjährungsfrist ist **unabhängig** von der Dauer der Garantie. Es kann also theoretisch passieren, dass Ansprüche aus der Garantie **innerhalb** der laufenden Garantiefrist bereits **verjähren**, wenn diese in der Anfangszeit auftreten und vom Käufer bemerkt werden. Die längere Garantie führt nicht automatisch zu einer Verlängerung der Verjährungsfrist auf mindestens die Dauer der Garantiezeit (vgl. auch Rn 2903).[574]

Für Gebrauchtwagengarantien aller Art wird **vermutet**, dass ein während ihrer Geltungsdauer auftretender Sachmangel die **Rechte** aus der **Garantie begründet** (§ 443 Abs. 2 BGB). Den Verlust des Garantieanspruchs muss der Garantiegeber beweisen, z.B. dass der Käufer die vorgeschriebenen oder empfohlenen Inspektionen nicht hat ausführen lassen.[575]

Im Gegensatz zur Neuwagengarantie, die durch AGB Leistungen von der fristgerechten Durchführung der Inspektionen und Wartungen beim Vertragshändler abhängig machen kann,[576] sind solche Klauseln für **selbständige Reparaturkostengarantien** gemäß § 307 Abs. 1 unwirksam, weil dem Garantienehmer der Nachweis abgeschnitten wird, dass die nicht durch den Vertragshändler, jedoch woanders durchgeführte Wartung nicht für den Schaden ursächlich geworden ist.[577] Die Durchführung einfachster Wartungsarbeiten (z.B. Ölwechsel) in einer nicht in den Garantiebedingungen zugelassenen Werkstatt lässt den Garantieschutz im übrigen auch dann nicht entfallen, wenn man die AGB insoweit für wirksam halten würde.[578]

---

572 Palandt/*Putzo*, § 443 Rn 13.
573 *Reinking/Eggert*, Rn 700 u. 1407 (S. 954).
574 BGH NJW 1979, 645; a.A. OLG Hamm MDR 1980, 399; *Mischke,* BB 1994, 2156; vgl. hierzu *Reinking/ Eggert*, Rn 1407.
575 vgl. *Reinking/Eggert*, Rn 1210.
576 OLG Nürnberg NJW 1997, 2186 f.
577 LG Düsseldorf DAR 2005, 688 m. Anm. *Kauffmann*.
578 AG Rendsburg NJW-RR 2005, 1429.

II. Rechte des Käufers bei Mängeln | § 2

Praxistipp

Es ist sorgfältig zu prüfen, **wer** aus der Garantievereinbarung in Anspruch genommen werden kann, der **Garantiegeber**, der **Verkäufer** oder der **Verkäufer** nur bei **Ablehnung** durch den Garantiegeber.[579] Auch bei Importfahrzeugen ist besonders sorgfältig zu prüfen, ob der Händler oder der Hersteller Garantiegeber ist.[580]

Bei einer „Tageszulassung" muss der Händler auf die damit verbundene Verkürzung der Garantiezeit nur hinweisen, wenn seit der Werbung bzw. dem Angebot mehr als 2 Wochen vergangen sind.[581]

---

579 AG Rendsburg NJW-RR 2005, 1429.
580 BGH MDR 2003, 625.
581 BGH DB 2000, 206; BGH DAR 2005, 281, 282.

§ 3 Rechtsprechung zur Mängelhaftung

2063 Die folgende alphabetische geordnete Übersicht knüpft an Eigenschaften und Begriffe an, aus denen typischerweise Sachmängelansprüche hergeleitet werden und zeigt hierzu Rechtsprechungsbeispiele auf.

ABS
2064 Der Hinweis, der Pkw verfüge über ABS, wird i.d.R. nicht als Garantieübernahme bewertet, aber als Beschaffenheitsvereinbarung (mit der Folge der Sachmängelhaftung, jedoch ohne Schadenersatzpflicht) (LG Bielefeld DAR 2001, 409 für Telefonat nach Internet-Angebot; LG Trier DAR 2000, 364 für Verkaufsschild am Fahrzeug).

Allradantrieb
2066 Der Verkauf eines „Geländefahrzeugs" ohne Hinweis auf das Fehlen eines Allradantriebs löst Schadensersatzansprüche aus (OLG Düsseldorf OLGR 1995, 195, Arglist; a.A. OLG Köln NJW-RR 1994, 440).

Alter
2068 Weicht das angegebene vom wirklichen Alter des Fahrzeugs ab, liegt in der Regel ein Sachmangel vor (OLG Celle OLGR 1998, 160). Ausnahmen wurden nur unter dem Gesichtspunkt der „Erheblichkeit" zugelassen (BGH NJW 1981, 224; OLG Hamm DAR 1994, 120). Da dieser Gesichtspunkt weggefallen ist und auch unerhebliche Mängel die Käuferrechte auslösen, ist ein Mangel auch dann anzunehmen, wenn das Fahrzeug im Übrigen in besonders gutem Zustand und voll funktionsfähig ist.

2070 Alter, Baujahr und Erstzulassung sind häufig Gegenstand einer Beschaffenheitsvereinbarung (deren Nichteinhaltung Sachmängelansprüche auslöst). Die Rechtsprechung befasste sich in der Vergangenheit mit diesem Thema praktisch ausschließlich unter dem Gesichtspunkt der Eigenschaftszusicherung (heute Garantieübernahme). Für Angaben zum Baujahr wurde eine Eigenschaftszusicherung regelmäßig bejaht (OLG Oldenburg MDR 1982, 1018; OLG Köln VersR 1976, 500). Keine Garantieübernahme, jedoch eine Beschaffenheitsvereinbarung liegt vor, wenn ausdrücklich auf die Fahrzeugpapiere Bezug genommen wird („eingetragenes Baujahr 1984" oder „Baujahr laut Fahrzeugbrief 1984"; vgl. OLG Düsseldorf OLGR 1994, 293 für ein Importfahrzeug).

2072 Noch größere Vorsicht bezüglich einer Garantieübernahme ist beim Zeitpunkt der Erstzulassung geboten. Dieser wird häufig aus dem Fahrzeugschein abgeschrieben. Dennoch wurden Angaben zur Erstzulassung häufig als Zusicherung gewertet (OLG Hamm MDR 1984, 141). Keine Garantieübernahme, sondern nur eine Beschaffenheitsvereinbarung wurde in folgenden Fällen angenommen:

- „Erstzulassung 5.5.88" ohne Hinweis auf die Fahrzeugpapiere, jedoch mit dem Zusatz an anderer Stelle des Vertrags „keine Zusicherungen" (BGH NJW 1992, 170),
- Angabe des Zulassungsdatums im Zeitungsinserat, nicht jedoch im Vertrag, der darüber hinaus die Gewährleistung ausschloss (OLG München OLGR 1992, 113),
- bei importierten Fahrzeugen (OLG Düsseldorf OLGR 1994, 293).

Sichere Faustregeln können nicht aufgestellt werden. Es fehlt an einer gefestigten Rechtsprechung. Die Tendenz zur Annahme einer Garantieübernahme wird abnehmen, da die Annahme einer Beschaffenheitsvereinbarung die – durch die Schuldrechtsreform gestärkten – Sachmängelansprüche auslöst. Schon zur alten Rechtslage wurde vertreten, dass im Regelfall die Angabe des Verkäufers zum Zeitpunkt der Erstzulassung nur als Bezugnahme auf die behördliche Eintragung in Fahrzeugpapieren verstanden werden kann (*Reinking/Eggert*, Rn 1333). Vgl. auch Rn 2128 u. 2187. **2074**

Anpreisungen

Häufig wird in Inseraten oder auf Verkaufsschildern, seltener im Vertrag selbst, der Verkauf des Kfz mit anpreisenden Attributen versehen, wie z.B. „TIP TOP" oder „technisch einwandfrei". Für die Frage der Zusicherungshaftung kam die Rechtsprechung hier zu sehr unterschiedlichen Ergebnissen, stets abgestimmt auf den Einzelfall. **2078**

So wurde z.B. „TIP TOP" oder „TOP-Zustand" oder „in gutem Zustand" als Zusicherung bewertet vom LG Würzburg DAR 1991, 152; OLG Düsseldorf OLGR 1998, 279; OLG Saarbrücken OLGR 1997, 62. Dagegen wurde eine Zusicherung verneint vom OLG Hamm NJW-RR 1997, 429; OLG Hamm OLGR 1998, 40; OLG Oldenburg OLGR 1998, 255; LG Saarbrücken zfs 2001, 115. **2080**

Es ist eine überwiegende Tendenz der Rechtsprechung feststellbar, allgemeine Anpreisungen dieser Art eher nicht als Zusicherung (Garantieübernahme) und auch nicht als Beschaffenheitsvereinbarung zu bewerten (vgl. hierzu Rn 1432 ff. u. 2442 f.). **2082**

Arglistige Täuschung
Vgl. hierzu Rn 2678 ff. **2086**

Auslandsimport

Ein importierter, insbesondere ein reimportierter Gebrauchtwagen hat in aller Regel einen deutlich niedrigeren Marktpreis, als inländische Gebrauchtfahrzeuge. Klärt der Verkäufer über die Importeigenschaft bzw. den Reimport nicht auf, verschweigt er einen preisbildenden Faktor und es liegt ein Sachmangel vor (OLG Saarbrücken NJW-RR 1999, 1063; LG Düsseldorf DAR 2003, 420; LG Ellwangen NJW 2003, 517). **2090**

Das OLG Hamm (NJW-RR 2003, 1360) verneint einen Sachmangel, bejaht aber Käuferrechte auf Schadensersatz aus §§ 280 Abs. 1, 311 Abs. 2 Nr. 1 (c.i.c.). Ein Sachman- **2092** gel liege nur vor bei einer sog. Magerausstattung, die vom üblichen Lieferumfang nach unten abweiche (vgl. auch AG St. Ingbert zfs 1999, 104). Vgl. auch Rn 1416.

Auslaufmodell

2096 Vgl. Rn 1306.

Ausschlachtung

2098 Ist ein Pkw nach einem Diebstahl ausgeschlachtet worden, stellt dies bereits unabhängig davon einen Sachmangel dar, wie das Fahrzeug wieder aufgebaut worden ist (LG Itzehoe, Urt. v. 4.6.2002 – 7 O 166/01 – n.v.).

Bagatellisierung

2102 Ein Verkäufer ist verpflichtet, Fragen des Kaufinteressenten wahrheitsgemäß und ohne jede Bagatellisierung zu beantworten (BGHZ 74, 383, 391; BGH NJW-RR 1987, 436, 437; OLG Düsseldorf NJW-RR 1991, 1402).

2104 Der Verkäufer hat das volle Ausmaß eines Unfallschadens und die zur Instandsetzung erforderlichen Arbeiten mitzuteilen (OLG Karlsruhe DAR 1992, 151). Dazu genügt eine schlagwortartige Umschreibung der Beschädigungen bzw. der Instandsetzungsarbeiten (OLG Hamm DAR 1994, 401). Eine Schilderung des Unfallgeschehens ist nicht zu verlangen. Wird jedoch ein Hinweis hierauf gegeben, darf dieser nicht bagatellisierend sein (OLG Oldenburg zfs 1997, 299, Transportschaden; LG Itzehoe zfs 1993, 374, Wildschaden).

2106 Weist der Verkäufer bei den Vertragsverhandlungen darauf hin, dass durch einen Unfall bestimmte konkret genannte Schäden an einem Fahrzeug entstanden seien, so liegt darin zugleich die Zusicherung, dass durch den Unfall keine weiteren wesentlichen Schäden entstanden sind (OLG München OLGR 2001, 293). Das Gericht nahm einen Sachmangel und ein arglistiges Verhalten an, obwohl der Verkäufer einen Frontschaden eingeräumt hatte, bei dem Windschutzscheibe, Motorhaube, Kotflügel und Radhaus betroffen waren, ohne einen ebenfalls eingetretenen Rahmenschaden zu erwähnen.

2108 Wenn der Verkäufer eines gebrauchten Kraftfahrzeugs einen Vorschaden offenbart, ist er verpflichtet, den Käufer auch ungefragt vollständig und richtig über alle Umstände der Unfallbeschädigungen zu informieren, die für dessen Kaufentschluss bedeutsam sein konnten (OLG Düsseldorf NZV 1999, 423). Auch wenn der Verkäufer nicht nach Unfallschäden oder möglichen Mängeln gefragt wird, hat er bei Kenntnis oder Verdacht eine Aufklärungspflicht und darf nicht verharmlosen (BGH DAR 1954, 296; NJW-RR 1987, 436; OLG Düsseldorf OLGR 1993, 161; OLG Hamm BB 1994, 1040).

2110 Hiervon abweichend meint das AG Reinbek (DAR 1999, 414), der Verkäufer brauche nicht ungefragt auf von ihm wahrgenommene Geräusche sowie einen möglichen Getriebeschaden hinzuweisen, die Aufklärungspflicht über die Fehler eines gebrauchten

Fahrzeugs beziehe sich in erster Linie auf Unfallschäden; dieser Entscheidung kann nicht gefolgt werden.

Der Hinweis „hinten ausgebessert" reicht nicht aus und ist bagatellisierend, wenn noch Restschäden im Bereich des Boden- und Heckblechs vorhanden sind (Saarl. OLG MDR 2000, 157). Gleiches gilt bei behaupteten „Blechschäden", wenn tatsächlich ein Rahmenschaden (OLG Frankfurt NJW-RR 1987, 1268) oder ein schwerer Unfallschaden mit Schädigung der Lenkung (OLG Oldenburg NJW-RR 1987, 1269) vorlag (vgl. auch OLG Köln NZV 1999, 381; OLG Saarbrücken NJW-RR 1998, 1273; OLG Koblenz zfs 2003, 239). 2112

Ordnungsgemäß reparierte Bagatellvorschäden wie Kratzer, Schrammen, kleine Beulen und dergleichen stellen zumindest bei sechs Jahre alten Fahrzeugen nach der Verkehrsanschauung keine „Unfallschäden" dar und sind daher bei der Frage nach Unfallvorschäden des Fahrzeugs auch nicht zu offenbaren. Das gilt auch dann, wenn die Reparatur dieser Vorschäden Kosten von über 1.000 DM verursacht hatte (OLG Karlsruhe OLGR 2001, 301). 2114

Die Reparatur eines unfallbedingten Rahmenschadens entgegen den Vorgaben des Herstellers durch Schweiß- und Richtarbeiten statt durch den Einbau von Neuteilen muss offenbart werden, andernfalls liegt auch eine Bagatellisierung vor, die zum Schadensersatz verpflichtet (OLG Celle OLGR 1996, 195). 2116

Bagatellvorschaden

Ein Fahrzeug war nach bisheriger Rechtslage nicht als mangelhaft anzusehen, wenn ein Bagatellvorschaden vorlag. Die Grenze für solche ohne Folgen bleibenden Bagatellvorschäden wurde schon bisher von der Rechtsprechung eng gezogen (BGH NJW-RR 1987, 436). Nachdem nun jeder Mangel – nicht nur ein erheblicher Sachmangel – Ansprüche auslöst, wird die Grenze noch enger gezogen werden müssen. 2120

In der Vergangenheit haben Gerichte Unfallvorschäden als jenseits der Bagatellgrenze angesehen, wenn sie zu einem Reparaturaufwand führten von (umgerechnet von DM) 2122
- über ca. 500 EUR (OLG Düsseldorf OLGR 1992, 139; OLG Frankfurt DAR 2001, 359; LG München I DAR 2005, 38),
- über ca. 800 EUR (OLG Koblenz VRS 96, 241),
- 700 EUR (AG Leonberg DAR 2000, 277; AG Gütersloh DAR 2000, 365).

Dagegen sind Kratzer und kleine Schrammen und Beulen bei einem sechs Jahre alten Fahrzeug nicht als Unfallschaden zu offenbaren, selbst wenn die Reparatur gut 500 EUR gekostet hat (OLG Karlsruhe DAR 2002, 167). 2124

Baujahr

Da das Baujahr nicht mehr im Fahrzeugbrief eingetragen wird, erscheint überwiegend das Datum der Erstzulassung im Vertrag. Hieraus sind gewisse Rückschlüsse auf das Baujahr mit der Qualität einer Beschaffenheitsvereinbarung zulässig (vgl. Rn 2187). 2128

Die Angabe eines falschen Baujahrs begründet Sachmängelansprüche (BGH NJW 1995, 2159; OLG Karlsruhe DAR 2004, 649). Vgl. auch Rn 2068 ff.

Benzinverbrauch

2130 Vgl. Rn 2282.

Bestzustand

2132 Eine Zusicherung verneint wurde vom OLG Schleswig VersR 190, 98. Vgl. Rn 2078 ff.

Betriebserlaubnis

2136 Das Fehlen einer Betriebserlaubnis stellt einen Sachmangel dar (BGHZ 10, 242; BGH NJW-RR 1991, 870). Wenn die Betriebserlaubnis nur wegen unzulässiger Umrüstungen entfallen ist, soll kein Sachmangel vorliegen, wenn die Betriebserlaubnis mit geringem Änderungsaufwand wieder erreicht werden kann (BGH NJW 1953, 1505; OLG Stuttgart DAR 1971, 13). Dagegen wird es als **erheblicher** Sachmangel mit der Folge eines Rücktrittrechts bewertet, wenn Umrüstungen bereits begutachtet und als eintragungsfähig bestätigt worden sind, der Nachweis gem. § 19 Abs. 3 u. 4 StVZO jedoch trotz Nacherfüllungsverlangen nicht dem Käufer ausgehändigt wird (OLG Bamberg DAR 2005, 619).

Ist der Einbau eines Zusatzgerätes und die Änderung der Leistungsstärke im Fahrzeugbrief eingetragen (ChipTuning), ist die Betriebserlaubnis nicht erloschen und liegt kein Sachmangel vor, selbst wenn ein Originalmotor versprochen wurde (OLG Düsseldorf zfs 2005, 130).

2138 Beispiele für Umrüstungen mit der Folge des Erlöschens der Betriebserlaubnis und der Annahme eines Mangels finden sich in BGH NJW-RR 1991, 870; OLG Karlsruhe VRS 84, 241 und OLG Oldenburg BB 1995, 430.

2140 Allein der Verkauf eines Fahrzeugs zur Weiterbenutzung im Straßenverkehr stellt noch keine konkludente Zusicherung des Bestehens einer Betriebserlaubnis dar (BGH NJW-RR 1991, 870). Anders ist dies zu bewerten, wenn der Fortbestand der allgemeinen Betriebserlaubnis von den mit der Typenbezeichnung charakterisierten Merkmalen abhängt (BGH NJW 1991, 1880).

2142 Erklärt ein Verkäufer, ein Auto sei ordnungsgemäß tiefer gelegt worden, obwohl er von einer zweiten nicht TÜV-abgenommenen Tieferlegung weiss, die zum Erlöschen der Betriebserlaubnis führt, handelt er arglistig und haftet auf Schadensersatz (OLG Koblenz NJW-RR 2004, 344). Vgl. Rn 2490 f.

Betriebssicherheit

2146 Fehlt die Betriebssicherheit, liegt ein Mangel vor, wenn die Betriebssicherheit zugesagt wurde (Beschaffenheitsvereinbarung). Enthält der Vertrag hierzu nichts, hat sich die Rechtsprechung in der Vergangenheit überwiegend mit der Frage beschäftigt, ob von einer stillschweigenden Zusicherung der Betriebssicherheit ausgegangen werden kann, was vereinzelt bejaht wurde (LG Köln DAR 1991, 188; LG Karlsruhe DAR 1981, 152, für Verwendungsfähigkeit), teilweise aber auch verneint wurde (OLG Hamm zfs 1994, 245; BGH NJW 1984, 1452), da die Normalerwartung der Vertragsparteien nicht zu einer Zusicherung im Rechtssinn aufgewertet werden darf (*Reinking/Eggert*, Rn 1341). Eine Garantieübernahme kann also in der Regel nicht angenommen werden.

Dagegen wird ein Sachmangel in der Regel zu bejahen sein, da das Fahrzeug, welches nicht betriebssicher ist, sich nicht für die nach dem Vertrag vorausgesetzte Verwendung eignet (§ 434 Abs. 1 S. 2 Nr. 1), es sei denn, die Betriebssicherheit ist mit geringem Aufwand wieder herzustellen oder der Verkauf erfolgt ausdrücklich als „Bastlerfahrzeug" oder unter Hinweis auf die fehlende Betriebssicherheit. **2150**

Blechschaden

Nicht offenbarte vorausgegangene Blechschäden stellen auch bei fachgerechter Reparatur einen Mangel dar, sofern es sich nicht um Bagatellvorschäden handelt (vgl. Rn 2120 ff.). Beispiele in der Rechtsprechung finden sich in BGH NJW 1981, 1441; BGH NJW-RR 1987, 436; OLG Düsseldorf OLGR 1992, 170; OLG Frankfurt DAR 1987, 121; OLG Oldenburg NJW-RR 1987, 1269. **2154**

Der Hinweis „Blechschaden" kann als Zusicherung für das Nichtvorliegen eines Rahmenschadens gewertet werden (OLG Frankfurt DAR 1987, 121). **2156**

Bordunterlagen

Das Fehlen von Bordunterlagen, insbesondere das Fehlen einer Bedienungsanleitung, kann Sachmängelansprüche begründen (*Reinking/Eggert*, Rn 1310). **2158**

Bremsen

Bremsgeräusche müssen bis zu einem gewissen Grad hingenommen werden und stellen keinen Mangel dar (LG Freiburg MDR 1993, 119). **2160**

Die Erklärung „Bremsen neu" besagt im Regelfall nur, dass neue Bremsbeläge vorhanden sind (KG OLGR 1972, 402). **2162**

Die Untersuchungspflicht des Händlers erstreckt sich ohne besondere Verdachtsmomente nicht auf die Bremsanlage (OLG Hamm DAR 2000, 119). **2164**

CD-Autoradio

Ein Mangel liegt nicht vor, wenn auf dem CD-Autoradio nicht alle kopiergeschützten Compact-Discs abspielbar sind, auch eine Hinweispflicht des Verkäufers besteht nicht (AG Aachen NJW-RR 2004, 311). **2168**

ChipTuning

Vgl. Rn 2136, 2317 u. 2476. **2169**

§ 3 Rechtsprechung zur Mängelhaftung

Dichtungen

2170 Abgenutzte Dichtungen und Dichtringe stellen bei einem Gebrauchtwagen keinen Mangel dar, da es in der Natur der Sache liegt, dass Dichtungen irgendwann undicht werden (OLG Bamberg DAR 2001, 357).

Diebstahl

2172 Weist der Händler den Käufer nicht darauf hin, dass an einem Kfz nach einem Diebstahl die Fahrzeugidentitätsnummer verändert wurde, haftet er auf Schadensersatz (OLG Düsseldorf DAR 2000, 261); vgl. auch Rn 2098 und zum gutgläubigen Erwerb Rn 2956.

Dienstwagen

2174 Ein Vorführwagen darf vom Verkäufer beim Verkauf als „Dienstwagen" bezeichnet werden (OLG Hamm, Urt. v. 5.10.1989 – 23 U 26/89 – n.v.). Vgl. auch Rn 2564.

Direktionswagen

2176 Vgl. Rn 2564.

Durchgriffshaftung

2178 Kann der Käufer gegen den Verkäufer z.b. wegen eines Rahmenschadens, den dessen Vorbesitzer und Verkäufer arglistig verschwiegen hat, nicht vorgehen, weil der Verkäufer davon nichts wusste, hat er keinen Anspruch auf Abtretung von dessen Schadensersatzansprüchen (OLG Hamm MDR 2001, 87), kann aber unter den Voraussetzungen des § 826 BGB Schadensersatz vom Vorbesitzer verlangen (OLG Düsseldorf DAR 2002, 163; LG Traunstein zfs 1999, 290; OLG München DAR 1999, 506; OLG Hamm NJW 1997, 212). Vgl. auch Rn 2520 und 2720 ff.

Einwandfrei

2182 Keine Zusicherung sehen in dieser Anpreisung BGH NJW 1991, 1880 („Maschine einwandfrei in Ordnung"); OLG Hamm OLGR 1993, 302 („Fahrzeug technisch einwandfrei"). Eine Zusicherung bejaht haben dagegen OLG Saarbrücken MDR 1998, 1208 und OLG Düsseldorf NZV 2000, 83 („technisch in Ordnung, betriebsbereit und verkehrssicher"). Vgl. auch Rn 2078 ff.

Ersthandfahrzeug

2184 Wert und Gebrauchstauglichkeit sind bei einer höheren Anzahl von Vorbesitzern bzw. Vorhaltern beeinträchtigt. Ist die Beschaffenheitsvereinbarung „Ersthandfahrzeug" nicht erfüllt, liegt ein Sachmangel vor (LG Gießen DAR 1960, 14; BGH NJW 1978, 1373). Ausnahmsweise ist eine weitere Haltereintragung unschädlich, wenn damit ein Besitzwechsel nicht verbunden war (OLG Celle NJW-RR 1990, 1527). Sachmängelansprüche werden in diesen Fällen häufig an § 442 Abs. 1 scheitern, da ein Blick in den Fahrzeugbrief die Anzahl der Voreintragungen offen legt. Eine Garantieübernahme soll aber auch in der Regel bei der vorbehaltlosen Angabe

„Ersthandfahrzeug" vorliegen (so für die zugesicherte Eigenschaft LG Berlin VersR 1976, 396; OLG Köln VersR 1982, 89; LG Hannover MDR 1992, 557).

Die Angabe „aus erster Hand" ist auch bei mehrfachem Besitzerwechsel ohne Eintragung in den Kfz-Brief unzulässig (OLG Düsseldorf VRS 2003 [Bd. 105], 1), also auch bei einem formalen Halterwechsel von einem Ehegatten zum anderen Ehegatten (OLG Köln DAR 1974, 71). Vgl. auch Rn 2594.

2186

Erstzulassung

Wird das Datum der Erstzulassung in den Vertragstext aufgenommen, gehört es zur vereinbarten Beschaffenheit i.S.d. § 434 Abs. 1 S. 1, dass das Baujahr jedenfalls nicht mehrere Jahre davon abweicht (OLG Karlsruhe DAR 2004, 649 = NJW 2004, 2456), bei einem Vorführwagen mit 3.291 km sogar, dass zwischen Herstellung und Erstzulassung nicht mehr als ½ Jahr liegt (OLG Oldenburg, Urt. v. 28.10.2005 – 6 U 155/05, MittBl der Arge Verkehr 2006, 25), bei einem Fahrzeug mit 16.000 km, dass es im selben Modelljahr (Rn 2312) hergestellt ist (LG Bautzen DAR 2006, 281). Vgl. Rn 2068 ff. u. 2128.

2187

EU-Zulassung

Vgl. Rn 2090.

2188

Extras

Vgl. Rn 2426.

2190

Fahrbereitschaft

Ist „Fahrbereitschaft" vereinbart, ist in der Regel von einer Garantieübernahme auszugehen (BGH NJW 1993, 1854; OLG Celle OLGR 1996, 195; a.A. OLG Frankfurt zfs 1993, 14), und zwar dahingehend, dass das Fahrzeug verkehrs- und betriebssicher ist (LG Rostock, Urt. v. 11.8.2000 – 9 O 120/00 – n. v.; a.A. Erman/*Grunewald*, § 437 Rn 35 für Privatverkäufer). An der Fahrbereitschaft fehlt es aber nur bei unmittelbarer Verkehrsgefährdung aufgrund eines Mangels; ein Riss des Zylinderkopfes mit Auswirkungen innerhalb von vier bis fünf Wochen reicht nicht aus (LG Rostock a.a.O.); die Verkäuferhaftung beschränkt sich in diesem Fall auf Nacherfüllung, Rücktritt und Minderung, Schadensersatz kann nicht beansprucht werden. Schadensersatz aus Zusicherung (Garantieübernahme) unter dem Gesichtspunkt der Fahrbereitschaft wurde andererseits bejaht bei Undichtigkeit im Zylinderkopf, wenn dies bei einer Geschwindigkeit von 140 km/h zu einer kurzfristigen Überhitzung, einem dadurch bedingten Kühlwasserverlust und der Gefahr eines plötzlichen Motorausfalls führt (OLG Hamm MDR 1994, 1086).

2194

Auf Schadensersatz haftet auch, wer einen Pkw als fahrbereit verkauft, obwohl der – offenbarte – Unfallschaden nicht ordnungsgemäß repariert wurde, so dass das Fahrzeug verkehrsunsicher ist (OLG Koblenz DAR 2002, 163, 169).

2196

Fahrgestellnummer

2198 Die Fahrzeugidentifizierungsnummer ist in das Fahrgestell und das Typenschild eingeschlagen. Das Fehlen oder die schwere Lesbarkeit stellen in der Regel einen Sachmangel dar (BGHZ 10, 242; OLG Hamburg DAR 1992, 378). Im Falle einer Verfälschung oder einer Manipulation muss ein Gebrauchtwagenhändler darauf hinweisen (OLG Düsseldorf NZV 2000, 83).

Fahrschulwagen

2202 Die Eigenschaft als Fahrschulwagen ist jedenfalls beim mehrjährigen Einsatz ein Sachmangel (OLG Köln NZV 1999, 338; OLG Köln NJW-RR 1990, 1144). Vgl. auch Rn 2552 ff.

Fahrwerksveränderung

2204 Führt diese zu Einschränkungen der Betriebssicherheit oder zu einem Erlöschen der allgemeinen Betriebserlaubnis, stellt sie einen Sachmangel dar (BGH NJW-RR 1991, 870). Vgl. auch Rn 2142.

Fahrzeugbrief

2206 Ein gefälschter Brief (BGH NJW 1953, 1505) oder die Vorenthaltung des Fahrzeugbriefs (OLG Stuttgart DAR 1971, 13) stellen einen Sach- oder Rechtsmangel (vgl. *Reinking/Eggert*, Rn 1298) dar.

Falschlieferung

2208 Wird versehentlich ein anderes als das vertraglich vereinbarte Fahrzeug übergeben, löst dies gem. § 434 Abs. 3 die Sachmängelansprüche aus (vgl. Rn 1534).

Farbabweichungen

2209 Weicht die Lackierung farblich von der vereinbarten Lackfarbe ab, liegt ein Sachmangel vor (OLG Köln NJW 2006, 781).

Fertigungsmangel

2210 Beim Verkauf eines Jahreswagens hat der Verkäufer über Fertigungsmängel sowie über zu deren Behebung durchgeführter Karosseriearbeiten aufzuklären (OLG Köln OLGR 1999, 325).

Führerscheinfreiheit

2212 Wird ein Fahrzeug als „führerscheinfrei" verkauft, haftet der Verkäufer auf Schadensersatz aus Garantieübernahme, falls diese Angabe nicht zutrifft (LG München I NZV 2000, 417).

Garagenwagen
So dürfen nur Fahrzeuge bezeichnet werden, die in der gesamten Zeit nach der Erstzulassung ohne längere Unterbrechung in einer Garage und nicht auf freier Straße abgestellt worden sind (OLG Köln OLGZ 1974, 1).

2214

Garantieverlust
Neuwagen- und Gebrauchtwagengarantien (vgl. Rn 2061 ff.) gehen dann, wenn diese als „Anschlussgarantien" ausgestattet sind, fahrzeuggebunden auch auf den Käufer über. Sie können Gegenstand einer Beschaffenheitsvereinbarung sein, so dass ihr Fehlen ggf. einen Sachmangel darstellt. Wird zur Garantie nichts besprochen oder vereinbart, kommt es auf die Umstände des Einzelfalls an, ob konkret der Käufer mit einem Garantieschutz rechnen durfte (einen Sachmangel haben bejaht LG Bielefeld MDR 1971, 661; OLG Frankfurt MDR 1984, 141; für eine Haftung aus positiver Vertragsverletzung BGH NJW 1996, 2025). Dabei geht es insbesondere um die Fälle, wo die Garantie wegen nicht durchgeführter Wartung und Inspektionen entfallen ist (vgl. hierzu auch OLG Köln VersR 1997, 1019).

2218

Bei einer „Tageszulassung" (vgl. Rn 2436) muss der Händler auf die damit verbundene Verkürzung der Garantiezeit nur hinweisen, wenn seit der Werbung bzw. dem Angebot mehr als zwei Wochen vergangen sind (BGH DB 2000, 206). Schadensersatzpflichtig macht sich ein Händler, der den Kunden nicht auf ein bei der Übergabeinspektion verwendetes Motoröl hinweist, welches zu verkürzten Wartungsintervallen führt (normales statt Long-Life Öl), deren Nichteinhaltung zum Garantieverlust führt (AG Eggenfelden DAR 2005, 95).

2220

Generalüberholt
Dieser anpreisende Begriff findet sich seltener bezogen auf das gesamte Fahrzeug (OLG Hamm NJW-RR 1986, 932), häufiger auf den Motor (OLG Köln OLGR 1994, 182) und das Getriebe (BGH NJW 1986, 316). Vgl. Rn 2316 ff.

2224

Geländefahrzeug
Die Erklärung des Verkäufers, ein Geländewagen laufe ruhig wie ein anderer Pkw, wurde nicht als Zusicherung bewertet (OLG Koblenz zfs 1995, 418). Vgl. Rn 2066.

2226

Gesamtlaufleistung
Vgl. Rn 2262.

2228

Geschäftswagen
Vgl. Rn 2564.

2230

Geschwindigkeit
Die Unterschreitung der angegebenen Höchstgeschwindigkeit ist ein Mangel, auch wenn diese nur mit als Sonderausstattung angebotenen Reifen nicht erreicht wird.

2231

Der Mangel berechtigt aber mangels **Erheblichkeit** nicht zum Rücktritt, wenn die Unterschreitung nicht mehr als 5% beträgt (OLG Düsseldorf NJW 2005, 3504). Wird die Höchstgeschwindigkeit mit der Ergänzung „ca." angegeben und als Beschaffenheitsvereinbarung aufgenommen, kann darin eine Garantieübernahme liegen (OLG Düsseldorf OLGR 1993, 129 für eine Abweichung von 6,6% bis 9,6%).

Getriebe
2232 Nach Auffassung des AG Reinbeck (DAR 1999, 410) muss ein Verkäufer nicht ungefragt auf von ihm wahrgenommene Geräusche sowie einen möglichen Getriebeschaden hinweisen. Vgl. Rn 1970.

Guter Zustand
2234 Keine Zusicherung sehen in einer derartigen Anpreisung LG München DAR 1978, 18; OLG Hamm OLGR 1998, 40 (Bestzustand). Vgl. auch Rn 2078 und 2182.

Haldenfahrzeug
2236 Vgl. hierzu Rn 2292, 2432 und OLG München NJW-RR 1998, 1595.

Hagelschlag
2238 Ein durch Hagelschlag verursachter Blech- und Glasschaden (Kostenaufwand für die Reparatur 3.900 DM) muss – wie ein Unfallschaden – offenbart werden (OLG Düsseldorf OLGR 1992, 139).

Hochwasserschaden
2242 Hat ein Pkw in einem Fluss gelegen, ist dies dem Käufer mitzuteilen, auch wenn der Verkäufer annimmt, dass dies nur von kurzer Dauer gewesen ist (OLG Koblenz zfs 2002, 529).

Höchstgeschwindigkeit
2244 Vgl. Rn 2231.

Hubraum
2246 Wird der „Hubraum laut Fahrzeugbrief" eingetragen und stellt sich dieser als falsch heraus, kann in der Regel keine Garantieübernahme mit der Folge von Schadensersatzansprüchen angenommen werden (BGH NJW 1997, 2318 für „PS laut Fahrzeugbrief"). Jedenfalls liegt aber eine Beschaffenheitsvereinbarung vor, die Sachmängelansprüche auslöst.

Import
2248 Vgl. Rn 2090.

Inspektion

Es begründet keinen Sachmangel, wenn bei einem Kfz die vom Hersteller empfohlenen Inspektionen nicht durchgeführt worden sind, selbst wenn der Verkäufer (ein Privatmann) versichert, dass das Fahrzeug ohne technische Mängel ist (OLG Köln VersR 1997, 1019); es ist Sache des Käufers, danach zu fragen. Vgl. Rn 2406.

2252

Jahreswagen

Darunter versteht man ein Gebrauchtfahrzeug aus erster Hand, das von einem Werksangehörigen ein volles Jahr gefahren worden ist (OLG Köln NJW-RR 1989, 699). Es darf auch älter als zwölf Monate sein, insbesondere muss man mit einer gewissen Standzeit von z.B. auch Monaten rechnen (OLG Köln a.a.O.). In der Regel wird aber nur von einer Beschaffenheitsvereinbarung, nicht von einer Garantieübernahme ausgegangen werden können (*Reinking/Eggert*, Rn 1345). Wer als Werksangehöriger einen Jahreswagen verkauft, muss über Karosseriearbeiten zur Mängelbeseitigung aufklären (OLG Köln DAR 2000, 121).

2254

Die Bezeichnung eines Kfz als Jahreswagen umfasst nicht die stillschweigende Zusicherung (Garantieübernahme) von Unfall- oder Mängelfreiheit (OLG Düsseldorf DAR 2002, 163).

2256

Kabelbrand

Vgl. Rn 2546.

2257

Katalysator

Ungefragt brauchen zum Vorhandensein eines Katalysators keine Angaben gemacht zu werden (LG Kiel NJW-RR 1996, 1142). Wer jedoch ausdrücklich auf einen Katalysator hinweist, sichert damit stillschweigend zu, dass mit dem Katalysator auch steuerliche Vorteile verbunden sind, da der Rechtsverkehr regelmäßig mit einem Katalysator auch Steuervorteile verbindet (OLG Köln OLGR 2000, 191).

2258

Ein Defekt am Katalysator soll auch bei älteren Fahrzeugen als Sachmangel zu beurteilen sein, da nicht ein „Verschleiß" (wie bei Reifen), sondern ein technischer Fehler vorliege (AG Zeven DAR 2003, 379; a.A. AG Offenbach, NJW-RR 2005, 423).

2260

Kilometerstand

Die Angabe eines KM-Standes im Kaufvertrag ist vom Käufer so zu verstehen, dass die tatsächliche Leistung dem angegebenen Wert entspricht (AG Rheda-Wiedenbrück DAR 2003, 121).

2262

Entspricht die wirkliche Fahrleistung nicht dem Stand des Kilometerzählers, liegt ein Sachmangel vor, es sei denn, die konkreten Umstände lassen erkennen, dass der Kilometerstand nicht stimmen kann (BGH WM 76, 614; OLG Celle OLGR 1995, 35; OLG Düsseldorf NJW-RR 2000, 505). Zweifel muss ein Käufer z.B. bei Differenzen von 100.000 km bei einem fünfstelligen Zählwerk haben, wenn das Alter des Fahrzeugs

2264

es nahe legt, dass mehr als 100.000 km gefahren wurden (OLG Köln MDR 1975, 53; OLG München DAR 1974, 2296).

2266 Bei einem **Händlerverkauf** eines Gebrauchtwagens sichert der Verkäufer regelmäßig durch eine Kilometerangabe im Zweifel zu, dass das Fahrzeug keine höhere als die angegebene Fahrleistung aufweist (OLG Düsseldorf NJW-RR 2000, 505; BGH NJW 1975, 1693). Ohne einschränkenden Zusatz wie z.B. „laut Vorbesitzer" ist von einer Beschaffenheitsgarantie i.S.d. § 443 BGB auszugehen (OLG Köln, Beschl. v. 16.2.2004 – 12 U 120/03 – n.v.).

2268 Der **Privatverkäufer** will dagegen bei der reinen KM-Angabe i.d.R. keine Garantie für deren Richtigkeit übernehmen (OLG Nürnberg NJW-RR 1997, 1212; KG NJW-RR 2005, 60; LG Saarbrücken MMR 2004, 556; a.A. OLG Brandenburg NJW-RR 1997, 428), falls der Käufer hierauf nicht erkennbar besonderen Wert legt (OLG München DAR 2000, 164) oder der Verkäufer auf Nachfrage ausdrücklich bestätigt, dass die Gesamtfahrleistung mit dem Tachostand übereinstimmt (OLG Koblenz DAR 2004, 395).

2270 Definiert der Verkäufer die Gesamtfahrleistung „laut Tacho", liegt darin keine Garantieübernahme für die Laufleistung (LG Saarbrücken zfs 2001, 115), falls die Übereinstimmung im Verkaufsgespräch nicht vom Verkäufer ausdrücklich bestätigt wird (OLG Koblenz NJW 2004, 1670).

2272 Werden die Angaben „laut Vorbesitzer" oder „laut Angaben des Verkäufers" gemacht, wird in der Regel nicht von einer Garantie ausgegangen werden können (OLG Celle NJW-RR 1988, 1135). Wer allerdings bei einer solchen Angabe verschweigt, dass er den Pkw nicht vom eingetragenen Vorbesitzer, sondern von einem „fliegenden Zwischenhändler" gekauft hat, haftet auf Schadensersatz, wenn sich der KM-Stand als höher erweist (OLG Bremen NJW 2003, 3713).

2274 Rücktritt und Schadensersatz setzen eine erhebliche Pflichtverletzung voraus. Bisher hat die Rechtsprechung eine erheblich höhere Fahrleistung bejaht bei einem Unterschied von 40% (OLG Celle DAR 1959, 209), mehr als 20% (AG Rheda-Wiedenbrück DAR 2003, 121) oder auch nur 5% (OLG Zweibrücken DAR 1986, 89). Unerheblichkeit wurde dagegen angenommen bei einer Abweichung von 9% (OLG Schleswig, Autohaus 1985, 269). Vgl. Rn 2438.

2276 *Praxistipp*
Bei Zweifeln bezüglich der Laufleistung lassen sich diese nicht selten durch übergebene oder im Fahrzeug zurückgelassene Papiere wie das Serviceheft, den Bericht über die ASU-Untersuchung oder den TÜV-Bericht klären. Technische Überprüfungen sind schwierig und aufwendig, vgl. auch Rn 1444.

Klimaanlage

Die Klimaanlage (keine Klimaautomatik) eines Pkw ist nicht fehlerhaft, wenn die Temperaturen an verschiedenen Luftaustrittsöffnungen bei bestimmten Einstellungen erheblich voneinander abweichen (OLG Koblenz VRS 2003 [Bd. 105], 401). 2280

Kraftstoffverbrauch

Zur alten Rechtslage hat der BGH für Neufahrzeuge den Standpunkt eingenommen, dass eine Abweichung des Kraftstoffverbrauchs um weniger als 10% von den Herstellerangaben nur eine unerhebliche Minderung des Fahrzeugwertes, also keinen Sachmangel darstelle (BGH NZV 1997, 398). Da nach der Schuldrechtsreform auch nicht erhebliche Sachmängel Käuferrechte auslösen, kann auf diese Rechtsprechung nicht ohne weiteres zurückgegriffen werden. 2282

Für den Gebrauchtwagenkauf wird bezüglich des Kraftstoffverbrauchs selten eine Beschaffenheitsvereinbarung zwischen den Parteien getroffen; allerdings sind die öffentlichen Angaben des Herstellers über § 434 Abs. 1 S. 3 einbezogen, auch ohne dass sich der Verkäufer darauf bezieht. Der Gebrauchtwagenkäufer muss größere Toleranzen als der Neuwagenkäufer hinnehmen. Bei älteren Fahrzeugen wird die Toleranz noch größer sein müssen. Wenn z.B. bei einem fünf Jahre alten Fahrzeug im Verkaufsprospekt mit einem Durchschnittsverbrauch von 9 l auf 100 km geworben wird, wird bei einem Verbrauch von 10,5 l (16,6% Mehrverbrauch) wohl noch davon gesprochen werden können, dass der Käufer auch bei Kenntnis der öffentlichen Äußerungen über den Verbrauch des Neuwagens in seiner Kaufentscheidung hiervon nicht beeinflusst worden wäre (§ 434 Abs. 1 S. 3; vgl. Rn 1520). 2284

Kühlsystem

Ein defektes Kühlsystem stellt in der Regel einen Mangel dar, also keine Verschleißerscheinung, mit der man rechnen muss. Darüber hinaus wurde ein Fahrzeug mit einem defekten Kühlsystem auch als nicht fahrbereit angesehen, mit der Folge einer Schadensersatzhaftung (OLG Köln VersR 1989, 592, 593). 2288

Lackierung

Vgl. Rn 2354 f. 2290

Lagerfahrzeug

Verkauft der Händler ein Lagerfahrzeug wegen Modellwechsels mit 25% Abschlag, besteht keine besondere Aufklärungspflicht mehr bezüglich des Alters des Fahrzeugs, solange der Gebrauchswert hierdurch nicht beeinträchtigt wird (OLG Zweibrücken NJW-RR 1998, 1211). 2292

Neufahrzeuge mit über 12 Monaten Standzeit müssen als solche ausgewiesen werden, anderenfalls bestehen Sachmängelansprüche des Käufers (BGH DAR 2004, 23), bei einem EU-Importfahrzeug kann die Standzeit auch länger sein (OLG Düsseldorf, Urt. v. 24.10.2005 – I-1 U 84/05 – n.v.). Beim Verkauf als Lagerfahrzeug gibt es keine

Höchstgrenzen für eine noch zulässige Lagerzeit (OLG Braunschweig NJW-RR 2005, 1508 für 27 Monate Lagerzeit). Ob eine Lagerzeit Gewährleistungsrechte begründet, ist nach den Umständen des Einzelfalls zu entscheiden (OLG Braunschweig a.a.O.; vgl. auch OLG Schleswig NJW-RR 2000, 505; OLG Koblenz NJW-RR 1997, 430). Vgl. auch Rn 2432.

Laufleistung

2294 Vgl. Rn 2262 ff.

Lenkung

2296 Wird vom Verkäufer verschwiegen, dass ein Unfall auch zu Lenkungsschäden geführt hat, folgen hieraus Schadensersatzansprüche (OLG Oldenburg NJW-RR 1987, 1269).

Magerausstattung

2298 Wird ein Fahrzeug mit einer für diesen Fahrzeugtyp nicht marktüblichen bzw. vom Serienmodell abweichenden Magerausstattung verkauft, wie z.b. bei reimportierten Fahrzeugen häufig üblich, muss der Verkäufer dies offenbaren und ist bei einem Verstoß gegen diese Pflicht zu einer Schadensersatzleistung verpflichtet (AG St. Ingbert zfs 1999, 104).

Mangelverdacht

2300 Bereits der Verdacht der Mangelhaftigkeit kann als solcher einen Sachmangel i.S.v. § 434 Abs. 1 BGB darstellen (LG Bonn NJW 2004, 74).

2301 Der durch Pressemitteilungen aufgekommene Verdacht einer eingeschränkten Fahrsicherheit stellt als solches keinen Mangel dar (LG Hechingen NZV 2001, 479). Wer den Verdacht eines Mangels oder einer Unfalleigenschaft hegt, muss diesen als Verkäufer offenbaren (OLG Köln NJW 1965, 110), selbst dann, wenn objektiv kein Mangel vorliegt (OLG Schleswig VersR 1975, 189). Auch das OLG Köln vertritt die Auffassung, dass schon der fehlende Hinweis auf die Möglichkeit, dass ein Pkw als Fahrschulwagen eingesetzt worden sein könnte, zu einer Haftung des Verkäufers führt, der hierauf nicht hinweist (OLG Köln OLGR 1999, 122).

2304 Demgegenüber vertritt das AG Reinbek die Auffassung, ein Verkäufer brauche nicht ungefragt auf von ihm wahrgenommene Geräusche sowie einen möglichen Getriebeschaden hinzuweisen (DAR 1999, 410). Behält ein Verkäufer einen sich ihm aufdrängenden Mängelverdacht für sich, handelt er regelmäßig bedingt vorsätzlich (OLG Frankfurt NJW-RR 1999, 1064; OLG Zweibrücken OLGR 1999, 434). Vgl. Rn 1962.

Merkantiler Minderwert

2306 Als solchen bezeichnet man den Wertverlust, den das Fahrzeug aufgrund einer Vorschädigung auf den Gebrauchtwagenmarkt hat und zwar trotz sach- und fachgerechter Instandsetzung (BGHZ 35, 397). In Verbindung mit der unfallbedingten Vorschädi-

gung stellt der Minderwert einen Sachmangel dar (OLG Düsseldorf NJW-RR 1997, 431). Eine Wertminderung entfällt bei älteren Kraftfahrzeugen (Palandt/*Heinrichs*, § 251 Rn 21). Nach unterschiedlichen Faustregeln wird die Grenze gezogen:
- bei fünf Jahren oder 100.000 km (OLG Frankfurt DAR 84, 319; OLG Karlsruhe VRS 79, 328),
- bei Fahrzeugen, deren Zeitwert unter 40% des Neuwertes gesunken ist (*Ruhkopf-Sahm*, VersR 1962, 596),
- bei einem Fahrzeug mit erheblichen – bekannten – Vorschäden (OLG Celle VersR 1973, 717),
- bei reinen Blechschäden (LG Köln VersR 1981, 45),
- bei sonstigen Bagatellschäden, wenn die Reparaturkosten 10% des Wiederbeschaffungswertes nicht übersteigen (OLG Köln DAR 1973, 71).

Mit Rücksicht darauf, dass seit dem 1.1.2002 auch unerhebliche Mängel die Sachmängelansprüche auslösen, bedarf die vorgenannte Rechtsprechung einer neuen Bewertung. 2308

Mietfahrzeug
Vgl. Rn 2552 ff. 2310

Modelljahr
Wird der verkaufte Pkw mit „Modell 2001" bezeichnet, kann der Pkw durchaus im Jahre 2000 zugelassen worden sein. Mit „Modelljahr" wird der Zeitraum bezeichnet, in dem die Modellreihe des betreffenden Fahrzeugs produziert worden ist. Dieser Zeitraum beginnt häufig nach den Werksferien des Vorjahres. Die Bezeichnung ist falsch, wenn das Fahrzeug tatsächlich vor diesem „Modelljahr-Zeitraum" gebaut worden ist. Es liegt dann ein **erheblicher** Sachmangel vor, der auch zum Rücktritt berechtigt (OLG Nürnberg ZGS 2005, 239). Vgl. auch Rn 2128. 2312

Montagsauto
Bei einem Neufahrzeug kann bereits eine erhöhte Fehleranfälligkeit (Montags- oder Zitronenauto) Sachmängelansprüche rechtfertigen (OLG Köln NJW-RR 1992, 1147), bei Gebrauchtfahrzeugen, wie z.B. einem Vorführwagen ist dies zweifelhaft (OLG Düsseldorf NJW-RR 1998, 845). 2314

Motor
Zu unterscheiden sind insbesondere 2316
- fabrikneuer Motor (Originalmotor),
- Austauschmotor,
- generalüberholter Motor,
- teilüberholter Motor.

Die Zusicherung „Originalmotor" hat den Erklärungsinhalt, dass das Fahrzeug mit einem vom Werk für diesen Fahrzeugtyp vorgesehenen Originalmotor ausgerüstet ist, 2317 mit dem es auch für den Straßenverkehr zugelassen ist, trifft also auch auf einen Motor zu, der technisch und rechtlich in zulässiger Weise (z.b. durch ChipTuning) geändert worden ist (OLG Düsseldorf zfs 2005, 130).

2318 Bei einem Kfz mit einem Austausch- statt eines Originalmotor liegt kein Mangel vor (BGH BB 1969, 1412). Die Bezeichnung als „neuer" Motor stellt keine Zusicherung eines fabrikneuen Motors dar, sondern umfasst auch einen Austauschmotor (OLG Düsseldorf DAR 1992, 180). Voraussetzung für die Wertung als Austauschmotor ist die Gesamterneuerung beim Herstellerwerk nach den Methoden der Serienfertigung (OLG Karlsruhe DAR 1975, 155); teilweise wird es auch als ausreichend angesehen, wenn der Austauschmotor von einer vom Hersteller autorisierten Spezialwerkstatt stammt (OLG Oldenburg OLGZ 1967, 129; OLG Bremen DAR 1968, 128).

2320 Ein technischer und merkantiler Minderwert wurden auch für den Fall verneint, dass kein „Original-Austausch-Motor", sondern ein „Neuteilemotor" eingebaut wurde (OLG München DAR 2003, 525 = NJW-RR 2003, 1562).

2322 Von einem Austauschmotor darf der Verkäufer nicht sprechen, wenn es sich um einen generalüberholten Originalmotor handelt (OLG Zweibrücken VRS 76, 409) oder der Motor abweichende Leistungsmerkmale hat, also nicht typengerecht ist (BGH NJW 1983, 1424).

2324 Wird ein Fahrzeug mit einer Gesamtlaufleistung von 27.000 km ohne Hinweis auf einen Austauschmotor verkauft und weist der Motor tatsächlich eine Laufleistung von 70.000 km auf, verneint der BGH (NJW 1984, 1454) die Zusicherung eines bestimmten Erhaltungszustandes des Motors jedenfalls dann, wenn der Verkäufer kein Händler (hierzu BGH NJW 1981, 1268), sondern ein Privatmann ist. Allerdings dürfte zumindest von einer Beschaffenheitsvereinbarung i.S.d. § 434 Abs. 1 S. 1 auszugehen sein, so dass – ohne Gewährleistungsausschluss – Sachmängelansprüche (ohne Schadenersatz) in Betracht kommen.

2326 Der Käufer darf grundsätzlich zumindest bei einem Fahrzeug mit einer Laufleistung unter 150.000 km erwarten, dass dieses mit einem Originalmotor ausgerüstet ist (*Reinking/Eggert,* Rn 1335). Ist ein Austausch- oder Teilemotor eingebaut, stellt dies aber nur einen Sachmangel dar, wenn dieser tatsächlich im Vergleich zum Originalmotor minderwertig ist (BGH NJW 1982, 1386) oder zwar technisch gleichwertig, jedoch konkret mangelhaft ist (BGH DB 1969, 2082).

2328 Bei einem generalüberholten Motor müssen sämtliche beweglichen Motorteile ausgebaut und entweder hergerichtet oder erneuert werden, während die feststehenden Teile auf ihre Unversehrtheit hin untersucht worden sein müssen (OLG Nürnberg DAR 1962, 202); alle inneren Motorteile sowie alle Ausbauaggregate (Wasserpumpe, Vergaser und Lichtmaschine) müssen erneuert worden sein (OLG Köln DAR 1966, 267). Eine große Inspektion genügt nicht (OLG Karlsruhe OLGZ 1979, 431).

2330 Die Übergabe einer Rechnung mit dem Vermerk „generalüberholt" ist nicht als Zusicherung eines tatsächlich generalüberholten Motors zu bewerten, wenn die aus der

Rechnung ersichtlichen Arbeiten tatsächlich keine Generalüberholung darstellen (OLG Hamm DAR 1986, 150).

Teilüberholt ist ein Motor, bei dem einzelne Teile repariert oder erneuert worden sind (OLG Düsseldorf VersR 1978, 745). Die Erklärung „überholt" bedeutet regelmäßig nicht „generalüberholt" (OLG Köln DAR 1966, 267; LG Hanau NJW-RR 2003, 1561). **2332**

Wird ein neuwertiger Motor angeboten – gleichzusetzen mit einer Leistung von 0 km – darf der Käufer zumindest einen Motor erwarten, der qualitativ einem Austauschmotor gleichzusetzen ist (OLG Köln DAR 1971, 237; OLG Düsseldorf DAR 1971, 237). **2334**

Die Eintragung einer Motornummer in den Kaufvertrag lässt nicht den Rückschluss zu, der Wagen habe noch den ersten Motor (BGH NJW 1975, 1693). **2336**

Die Erklärung, ein erst 40.000 km gelaufener Motor sei einwandfrei, ist als Garantie dafür zu bewerten, dass in nächster Zeit keine schwerwiegenden Reparaturen notwendig werden (LG Heidelberg DAR 1974, 124; a.A. OLG Frankfurt PVR 2001, 318 – wobei das Alter des Motors nicht genannt wird). Anders kann jedoch die Erklärung nach einer Nachbesserung eines ruckenden Motors zu beurteilen sein, der Motor sei „jetzt in Ordnung" (OLG Hamm NJW-RR 1997, 429). **2338**

Bei einem sieben Jahre alten VW Bully mit 110.000 km Laufleistung und einem Preis von 12.900 DM wurde ein Motorschaden als Mangel und nicht nur als gewöhnliche Verschleißerscheinung bewertet (OLG Köln DAR 2001, 461). **2340**

Auch der Einbau eines generalüberholten Motors anstelle eines Austauschmotors nach Vertragsabschluss vor Übergabe löst keine Käuferrechte aus (OLG Frankfurt DAR 1992, 121). **2342**

Motorumrüstung

Mit der in einem Kaufvertrag über einen Gebrauchtwagen enthaltenen Marken- und Typenbezeichnung sichert der Verkäufer dem Käufer zu, dass das Fahrzeug mit einem von seinem Hersteller vorgesehenen – typgerechten – Motor ausgestattet ist (BGH NJW 1983, 217), wobei die Betonung auf „typgerecht" liegt, also die Zusicherung nicht so weit geht, dass der Käufer stets einen dem Fahrzeugtyp entsprechenden Motor erwarten kann, sondern nur einen solchen, der im Rahmen der allgemeinen Betriebserlaubnis zulässig ist (BGH NJW 1985, 967). Auch hier muss wieder betont werden: Die Rechtsprechung bezog sich auf die Zusicherungshaftung. Von einem Sachmangel wird dagegen auszugehen sein, wenn z.B. ein BMW 520, dessen Motor serienmäßig 115 PS hat, mit einem Motor verkauft wird, der zwar im Rahmen der allgemeinen Betriebserlaubnis zulässig ist, jedoch nur 85 PS leistet (so im vom BGH NJW 1985, 967 entschiedenen Fall). **2346**

Diese Grundsätze sind nicht ohne weiteres auf den privaten Direktkauf übertragbar, sondern für den Gebrauchtwagenhändler entwickelt worden (BGH NJW 1991, 1800). **2348**

Sie gelten jedoch für den privaten Verkäufer, wenn dieser bei dem Käufer den Eindruck erweckt, dass er einen gewerblichen Gebrauchtwagenhandel betreibt und über die entsprechende Sachkunde verfügt (LG Saarbrücken NJW-RR 1999, 1065 für einen nicht typgerechten VW-Motor). Vgl. Rn 2136 und 2316.

Navigationsanlage
2350 Vgl. Rn 2426.

Neulackierung
2354 Der Verkäufer eines über drei Jahre alten Pkw der Oberklasse muss den Käufer nicht über die Neulackierung des Fahrzeugs aufklären, wenn diese nur der optischen Aufbereitung und nicht der Kaschierung von Mängeln diente (OLG Frankfurt MDR 2001, 747 = DAR 2001, 306).

2356 Vom Käufer eines gebrauchten Fahrzeugs darf nicht erwartet werden, dass der Pkw noch über die Originallackierung verfügt (OLG Frankfurt DAR 2001, 306). Eine Neulackierung ist somit in der Regel kein Sachmangel, selbst wenn optisch praktisch nicht wahrnehmbare Lackstärkefehler vorliegen (OLG Düsseldorf zfs 2003, 75). Vgl. Rn 2209.

Ölverbrauch
2360 Bezeichnet der Verkäufer den Ölverbrauch als „völlig normal" ist dies als Zusicherung zu bewerten (OLG Koblenz NJW-RR 1990, 60). Bei einem überdurchschnittlich hohen Ölverbrauch infolge verschleißbedingter Motorschäden wurde ein Sachmangel verneint (AG Mainz zfs 1992, 267). Ein um das neun – bis zehnfache über dem vom Hersteller angegebenen Höchstwert liegender Ölverbrauch stellt dagegen einen Sachmangel dar (LG Mosbach DAR 1987, 152).

2362 Allein aus der Kenntnis von einem hohen Ölverbrauch (1,5 l pro 1.000 km bei einem älteren Modell der Luxusklasse) braucht ein Händler noch nicht auf einen bevorstehenden Motorschaden zu schließen (OLG Köln DAR 2000, 308; vgl. auch OLG Zweibrücken OLGR 1999, 434).

Ohne technische Mängel
2364 Diese „Anpreisung" (vgl. Rn 2078) besagt allenfalls, dass zum Zeitpunkt des Verkaufs die Funktionsfähigkeit nicht beeinträchtigt ist, schließt aber nicht typische Verschleißerscheinungen aus, die im weiteren Verlauf zur Funktionsunfähigkeit führen können (OLG Köln VersR 1997, 1019).

Oldtimer
2368 Verwendet der Verkäufer eines Oldtimer-Fahrzeugs die auf dem Markt üblichen Wertstufen und Zustandsnoten von 1 bis 5, wird darin die Zusicherung einer Eigenschaft (nach altem Recht), also eine Garantieübernahme nach neuem Recht gesehen

(OLG Frankfurt NJW 1989, 1095; a.A. OLG Karlsruhe, Urt. v. 29.5.2002 – 9 U 133/01 – n.v.).

Unter einem „restaurierten" Oldtimer ist ein Fahrzeug zu verstehen, dass infolge seines Alters nicht mehr auf dem gewöhnlichen Gebrauchtwagenmarkt, sondern in speziellen Liebhaberkreisen gehandelt wird, sich aber gleichwohl infolge durchgreifender Reparaturmaßnahmen in einem fahrbereiten und verkehrstauglichen Zustand befindet, also insbesondere seine Verkehrssicherheit nicht durch Durchrostungen von tragenden Teilen verloren hat (LG Bonn DAR 1994, 32; OLG Köln DAR 1993, 263). Vgl. überdies OLG Köln NJW-RR 1998, 128; OLG Köln NZV 1998, 73. 2370

Originalteile
Bei einem Gebrauchtfahrzeug kann grundsätzlich nicht erwartet werden, dass dieses ausschließlich aus Originalteilen besteht (OLG Karlsruhe NJW-RR 1993, 1138). Vgl. Rn 2346 und 2412. 2372

Osteuropäische Reparatur
Erfolgt eine Unfallreparatur in Polen oder in der Türkei, galt dies nach Auffassung des OLG Köln als sachmangelhaft (OLG Köln OLGR 1993, 301; ebenso OLG Celle OLGR 1996, 208). 2374

PS
Wird die Motorstärke zu niedrig angegeben, liegt ein Sachmangel vor, u.U. auch bei nur einem PS zuviel wegen der damit verbundenen Mehrprämie für die Haftpflichtversicherung (*Reinking/Eggert*, Rn 1097). Falsche Angaben in einem vorgedruckten Feld „PS laut Fahrzeugbrief" stellen keine Zusicherung, jedoch eine Beschaffenheitsvereinbarung dar (BGH NJW 1997, 2318). Vgl. auch Rn 2246. 2376

Rahmenschaden
Ein nicht nach den Herstellervorgaben mit Schweißarbeiten reparierter Rahmenschaden ist mangelhaft und muss offenbart werden (sonst Haftung auf Schadensersatz, OLG Celle OLGR 1996, 195). 2380

Wer Blech- und Glasschäden erwähnt jedoch nicht einen bekannten Rahmenschaden, haftet auf Schadensersatz (OLG München MDR 2001, 1407; LG Traunstein zfs 1999, 290). Vgl. Rn 2456. 2382

Raucherfahrzeug
Mit dieser Eigenschaft muss ein Käufer rechnen, sie ist durchaus gebrauchstypisch und damit grundsätzlich kein Sachmangel (*Reinking/Eggert*, Rn 1612). 2384

Reifen
Beim Verkauf eines Gebrauchtfahrzeugs muss ein Gebrauchtwagenhändler das Alter der Reifen jedenfalls dann anhand der DOT-Nummer überprüfen, wenn aufgrund be- 2386

sonderer Umstände hierzu Anlass besteht, wie z.b. bei einem Autoverwerter, der Altfahrzeuge wieder aufbaut (OLG Köln NJW-RR 2002, 530) oder einem erkennbar seit langer Zeit nicht mehr produziertem Profil eines Hochgeschwindigkeitsreifens (BGH NJW 2004, 1032).

2388 Unterlässt der Händler diese Prüfung, so haftet er für den Schaden, der dadurch entsteht, dass ein Reifen infolge Überalterung platzt und es zu einem Unfall kommt (BGH NJW 2004, 1032).

2390 Für einen Reifenhändler sind die Anforderungen strenger, er muss einen gebrauchten Reifen immer auf Alter und Verkehrstauglichkeit prüfen (OLG Nürnberg NJW-RR 2002, 1247), Arglist wird aber in der Regel nicht vorliegen (AG Witten NJW-RR 2002, 1348).

2392 Vom privaten Fahrzeugverkäufer ohne Fachkenntnisse wird dagegen nicht erwartet, dass er aus der DOT-Nummer Schlüsse auf das Alter des Reifens ziehen kann und muss (OLG Köln NJW-RR 2002, 530).

Reimport
2394 Vgl. Rn 2090.

Reparatur, unsachgemäße
2398 Eine unsachgemäße Reparatur stellt einen Sachmangel dar (OLG Braunschweig Nds.Rpfl. 1992, 26 und OLG Hamm DAR 1996, 499). Dies bestimmt sich nach den herrschenden Regeln der Unfallreparaturtechnik (OLG Karlsruhe NJW-RR 1987, 889). Bei Verwendung von Altteilen muss die Gebrauchstauglichkeit voll gewährleistet sein (*Pamer*, DAR 2000, 150). Schon die Tatsache einer Reparatur im osteuropäischen Ausland soll offenbarungspflichtig sein (OLG Köln OLGR 1993, 301). Dies wird auch für die Reparatur mit gebrauchten Teilen erwogen (*Pamer*, DAR 2000, 150, 155).

Rostschaden
2400 Vgl. Rn 2536 ff.

Schadstoffarm
2402 Vgl. Rn 2258 f.

Scheckheftgepflegt
2406 Die Anpreisung „scheckheftgepflegt" besagt, dass der Pkw regelmäßig alle vorgeschriebenen Inspektionen durchlaufen hat. Ist die Angabe unrichtig, liegt ein Sachmangel vor, der in der Regel Schadensersatzansprüche auslöst (LG Paderborn DAR 2000, 275; OLG Düsseldorf NZV 1993, 110; LG Itzehoe, Urt. v. 4.6.2002 – 7 O 166/01 – n.v.; LG Saarbrücken ADAJUR-Archiv Dok.Nr. 64485; LG Wuppertal SVR 2005, 422).

Eine lückenlose Inspektionskette wird nicht versprochen, auch nicht, dass alle nur empfohlenen Austauscharbeiten ausgeführt wurden (z.b. der Wasserpumpe) (LG Wuppertal SVR 2005, 422).

Schweißarbeiten
Ist ein unfallbedingter Rahmenschaden entgegen den Vorgaben des Herstellers nicht durch den Einbau von Neuteilen, sondern durch Schweiß- und Richtarbeiten repariert worden, liegt ein Sachmangel vor (OLG Celle OLGR 1996, 195). 2408

Serienmäßigkeit
Eine reine Falschbezeichnung des Fahrzeugtyps 380 SEL statt 380 SE ist unschädlich (OLG Koblenz NJW-RR 1992, 1145). Das im Kaufvertrag beschriebene Fahrzeug muss die serienmäßig zu erwartende Eigenschaften aufweisen (z.B. Vierradantrieb beim Audi Quattro). 2412

Ohne konkrete Hinweise darf von der für diesen Typ üblichen Serienausstattung ausgegangen werden; eine Magerausstattung löst Sachmängelansprüche aus, unter Umständen auch Schadensersatzansprüche (AG St. Ingbert zfs 1999, 104). 2416

Eine Garantieübernahme wird nur selten anzunehmen sein; was im Rahmen der Betriebserlaubnis für die Serie zulässig ist, gilt in der Regel nicht als Gegenstand der Zusicherungshaftung, allenfalls der Sachmängelansprüche ohne Schadensersatzhaftung, vgl. Rn 2490 f. 2418

Servolenkung
Wird ein Fahrzeug mit „Servo" verkauft und verfügt es über keine Servolenkung, liegt ein Sachmangel vor; darüber hinaus wurde auch eine Zusicherung angenommen (LG Bochum DAR 1981, 15). 2422

Sonderausstattung
Wird eine Sonderausstattung versprochen, die tatsächlich nicht vorhanden ist, wie Servolenkung (Rn 2422), ABS (BGH NJW 1995, 518), Tempomat (AG Solingen DAR 1985, 257) oder Standheizung (OLG Nürnberg, Urt. v. 27. 4.1993 – 13 S 4875/92 – n.v.), löst dies Sachmängelhaftungsansprüche aus (LG Bielefeld DAR 2000, 409; LG Köln DAR 2002, 272; LG Trier DAR 2000, 364), bei Fahrlässigkeit, Vorsatz oder Garantieübernahme (vgl. OLG Köln VRS 94, 168) auch Schadensersatzansprüche. 2426

Ist ein Zubehörteil mangelhaft, rechtfertigt dies nicht ohne weiteres den Rücktritt vom Kaufvertrag über den Pkw, sondern in der Regel nur über das Zubehörteil (OLG Karlsruhe NZV 2002, 132 für Navigationsanlage). Das Wahlrecht des Käufers i.S.d. § 439 soll sich für Zubehör auf Mängelbeseitigung beschränken, ein Nachlieferungsanspruch für einzelne Teile des Fahrzeug bestehe nicht (*Reinking*, zfs 2003, 57, 59). 2428

§ 3 Rechtsprechung zur Mängelhaftung

Standzeit

2432 Eine überlange Standzeit eines Gebrauchtwagens (drei Jahre und drei Monate) stellt einen Sachmangel dar und löst bei Verschweigen Schadensersatzansprüche aus (OLG Düsseldorf DAR 2003, 318; AG Rottweil DAR 1999, 369). Neufahrzeuge verlieren die Neuwagenqualität nach einer Standzeit von zwölf Monaten (BGH NZV 2004, 20 = DAR 2004, 23; *Roth*, NJW 2004, 330). Vgl. Rn 2292.

Steuervergünstigung

2434 Das Fehlen der Kfz-Steuerfreiheit, von welcher der Käufer beim Kauf für den Verkäufer erkennbar ausging, stellt einen Mangel dar. Der Verkäufer kann sich dem Rücktritt auch nicht dadurch entziehen, dass er den Steuernachteil ausgleicht (OLG Celle OLGR 2002, 38). Vgl. Rn 2258 f.

Tageszulassung

2436 Ist ein Neufahrzeug 1 Tag bis zu 1 Woche auf einen Händler zugelassen, darf der Händler das Fahrzeug als „Tageszulassung" verkaufen (BGH DAR 2000, 400). Ob es sich dann noch um ein Neufahrzeug oder ein gebrauchtes Fahrzeug handelt, ist umstritten (vgl. Rn 1307).

Tacho

2438 Trägt der Verkäufer unter der Rubrik „Stand des Kilometerzählers" handschriftlich „laut Tacho" ein, ist darin eine Zusicherung zu sehen, dass die Gesamtfahrleistung dem Kilometerstand entspricht (OLG Koblenz NJW 2004, 1670; OLG Naumburg NZV 1998, 73; a.A. OLG Hamm MDR 1980, 847). Die Angabe „Kilometerstand laut Tacho: ca. 96.000 km" enthält dagegen i.d.R. **keine** Zusicherung (LG Saarbrücken zfs 2001, 115; KG MDR 2005, 142).

2440 Wird ein Fahrzeug unter der Voraussetzung verkauft, dass es mit dem Originaltacho ausgerüstet sei, so hat das Fahrzeug einen Fehler, wenn nachträglich ein gebrauchter Ersatztacho eingebaut worden ist (OLG Köln NJW-RR 1986, 988). Auch ein Manipulationsverdacht kann schon genügen (OLG Hamm OLGR 1995, 41). Vgl. Rn 2262 ff.

Taxi

2441 Vgl. Rn 2552.

Technisch einwandfrei

2442 Eine Zusicherung und Beschaffenheitsvereinbarung wurde in dieser anpreisenden Beschreibung gesehen von BGH NJW 1978, 2241; BGH NJW 1996, 584; OLG Saarbrücken MDR 1998, 1028; OLG Koblenz VRS 86, 413; OLG Hamm OLGR 1996, 115 und differenzierend OLG Düsseldorf NZV 2000, 83 (Zusicherung nur der Betriebsbereitschaft und Verkehrssicherheit, nicht jedoch der Mängelfreiheit), ebenso OLG Nürnberg, Urt. v. 23.3.1994 – 9 U 3995/93 – n.v.

Keine Zusicherung sehen in einer solchen Anpreisung OLG Hamm OLGR 1993, 302, OLG Köln NZV 1998, 466 („Fahrzeug einwandfrei") und LG München DAR 1978, 18. Vgl. Rn 2078 ff.   **2444**

Tieferlegung
Vgl. Rn 2204 u. 2142.   **2446**

TIP TOP Zustand
Vgl. Rn 2078 ff.   **2448**

Tierhalterfahrzeug
Wie beim Raucherfahrzeug muss auch hier ein Käufer damit rechnen, dass Tiere in dem Fahrzeug transportiert worden sind. Ein Sachmangel ist in der Regel zu verneinen.   **2450**

TOP-Zustand
Vgl. Rn 2078 ff.   **2452**

Totalschaden
Ob ein Unfall zu einem wirtschaftlichen Totalschaden geführt hat, ist ohne besondere Nachfrage des Käufers nicht mitzuteilen (OLG Düsseldorf NJW-RR 1991, 1402; OLG Hamm DAR 1994, 401).   **2454**

TragendeTeile
Auch bei fachgerechter Behebung von Schäden an tragenden Teilen muss der Schaden offenbart werden (OLG Düsseldorf NZV 1999, 423). Vgl. auch Rn 2380 f.   **2456**

Tragfähigkeit
Angaben zur Tragfähigkeit sind in der Regel Beschaffenheitsvereinbarungen ohne die Qualität einer Zusicherung (Garantieübernahme) (BGH MDR 1958, 509), es sei denn, der Käufer hat erkennbar besonderes Interesse an der genauen Tragfähigkeit des Fahrzeugs erkennen lassen (OLG Bremen JR 1951, 629). Vgl. Rn 2586.   **2458**

TÜV-Abnahme
Das Fehlen einer gültigen Prüfplakette (§ 29 Abs. 2 StVZO) stellt allein noch keinen Sachmangel dar, wenn nicht der Vertrag oder die Umstände den Eindruck des Käufers rechtfertigen, dass eine TÜV-Abnahme vorliegt. Auch dann werden Sachmängelansprüche aber regelmäßig wegen grob fahrlässiger Unkenntnis gem. § 442 Abs. 1 ausgeschlossen sein.   **2460**

Verspricht ein Händler mit eigener Werkstatt die TÜV-Abnahme, so liegt darin zugleich die Zusicherung, der Pkw werde bei Übergabe dem für die Hauptuntersuchung erforderlichen Zustand entsprechen (BGH DAR 1988, 209 und OLG Hamm NJW   **2462**

1999, 3273), fahrtüchtig sein (AG Marsberg DAR 2003, 322) bzw. verkehrssicher (OLG Köln OLGR 1997, 172).

2464 Bei einem Händler ohne eigene Werkstatt wurde eine Zusicherung der Verkehrssicherheit verneint (OLG Köln NZV 1998, 466). In der Vorlage eines nur wenige Tage alten TÜV-Berichts durch einen Verkäufer mit Werkstatt wird ebenfalls die Zusicherung gesehen, dass das Fahrzeug in einem verkehrssicheren Zustand sei (*Reinking/Eggert*, Rn 1384). Bei einem ein oder zwei Monate alten TÜV-Bericht soll hiervon nicht mehr ausgegangen werden können (OLG München SP 1992, 60; OLG Düsseldorf OLGR 1996, 180).

2466 Der Privatverkäufer will durch die Verpflichtung einer TÜV-Abnahme vor Übergabe (LG Dortmund, Urt. v. 28.6.2001 – 11 S 9/01 – n.v.) oder durch den Hinweis auf die kürzlich durchgeführte TÜV-Abnahme in der Regel keine Zusicherung für den Zustand des Fahrzeugs insbesondere zur Verkehrssicherheit oder Betriebssicherheit abgeben, wenn er nicht gerade diesen Umstand besonders herausstellt (OLG München NJW-RR 1998, 845; OLG Köln NJW 1993, 271). Die Bezeichnung als „TÜV-abnahmefähig" ist als Zusicherung für Betriebs- und Verkehrssicherheit angesehen worden (OLG Stuttgart OLGR 1998, 256).

2468 Trotz erteilter TÜV-Plakette ist arglistiges Verhalten eines Verkäufers beim Verkauf eines mangelhaft reparierten, verkehrsunsicheren Fahrzeugs nicht ausgeschlossen (OLG Koblenz DAR 2002, 169).

2470 Hat der Verkäufer das Fahrzeug durch den TÜV gebracht und stellt sich nach dem Verkauf heraus, dass Mängel vorliegen, welche die Betriebssicherheit beeinträchtigen, bestehen neben möglichen Ansprüchen gegen den Verkäufer, die aber z.B. durch einen Gewährleistungsausschluss versperrt sein können, keine direkten Ansprüche des Käufers gegen den TÜV, insbesondere auch nicht unter dem Gesichtspunkt des Vertrages mit Schutzwirkung zugunsten Dritter (OLG Düsseldorf OLGR 1996, 17).

Türen

2474 Das Festfrieren der Türen an der beflockten Dachleiste bei einem VW Golf IV entspricht nicht dem Stand der Technik und stellt somit einen Sachmangel dar (OLG Hamm DAR 2003, 223). Serienmäßig fehlende Bündigkeit der Türen (Versatz 1,7 mm) ist kein **erheblicher** Mangel und rechtfertigt daher keinen Rücktritt (OLG Düsseldorf NJW 2005, 2235 = DAR 2005, 623).

Tuning

2476 Beim Tunen eines Pkw-Motors ist eine Gewährleistung des Tuners nicht stillschweigend ausgeschlossen (OLG Braunschweig zfs 1995, 95). Vgl. Rn 2490 f.

Typbezeichnung

2478 Die Angabe von Marke und Typ durch den Händler beinhaltet die Zusicherung, dass der vom Hersteller vorgesehene typgerechte Motor eingebaut ist (BGH NJW 1983,

217), jedenfalls ein im Rahmen der Betriebszulassung statthafter Motor (BGH NJW 1985, 967).

Wird ein Daimler Benz 380 SE fälschlicherweise als „DB 380 SEL" verkauft, löst dies keine Käuferrechte aus, wenn dieser das Fahrzeug besichtigt und „wie gesehen" gekauft hat (der SEL ist lediglich 14 cm länger und hat einen breiteren Radstand) (OLG Koblenz NJW-RR 1992, 1145). **2480**

Mit der im Kaufvertrag enthaltenen Marken- und Typenbezeichnung sichert der Verkäufer dem Käufer über den Fortbestand der Voraussetzungen der allgemeinen Betriebserlaubnis hinaus nicht zu, dass das Fahrzeug mit einem dem Fahrzeugtyp entsprechenden Motor ausgerüstet ist (BGH NJW 1985, 967). **2482**

Typenbezeichnungen eines Privatkäufers enthalten in der Regel nur Beschaffenheitsvereinbarungen, die Sachmängelansprüche auslösen, jedoch keine Schadensersatzansprüche. (OLG Koblenz NJW-RR 1992, 1145). Vgl. auch Rn 2490 und 2136. **2484**

Überführungsfahrt
Eine Überführungsfahrt darf bis zu 1.000 km betragen, bevor aus einem Neufahrzeug ein Gebrauchtfahrzeug wird (OLG Stuttgart DAR 2000, 573). Jede andere Fahrt, die nicht zu Überführungs- oder Testzwecken erfolgt, macht das Fahrzeug zu einem Gebrauchtwagen (LG Bielefeld DAR 2002, 35). **2488**

Umrüstungen
Umrüstungen, durch welche die Fahreigenschaften erheblich verändert werden oder die Betriebserlaubnis wegfällt, stellen Sachmängel dar, insbesondere Fahrwerksveränderungen und Reifenumrüstungen (BGH NJW-RR 1991, 870) oder die Auswechslung des gesamten Rahmens eines Motorrads (OLG Karlsruhe VRS 84, 241; vgl. auch OLG Oldenburg BB 1995, 430). **2490**

Erklärt der Verkäufer, er gehe davon aus, dass die am Fahrzeug vorgenommenen Änderungen in den Papieren eingetragen seien, ist diese Erklärung nicht als Zusicherung (Garantieübernahme) zu bewerten (BGH NJW-RR 1991, 870), kann aber dennoch Schadensersatzansprüche auslösen, falls die Erklärung fahrlässig falsch abgegeben wurde. Vgl. Rn 2136 ff. **2492**

Unfallfreiheit
Unfallschäden stellen einen Sachmangel dar (OLG Düsseldorf NJW-RR 1997, 431). Das gilt beim Kauf vom Erstbesitzer auch für ordnungsgemäß reparierte Unfallschäden, soweit es sich nicht um Bagatellvorschäden (vgl. Rn 2120) gehandelt hat. Die Angabe „kein Unfallschaden" ist dahin auszulegen, dass kein über einen Bagatellschaden hinausgehender Schaden vorliegt (OLG Düsseldorf zfs 2005, 130). Auch Wildschäden sind Unfallschäden (OLG Frankfurt DAR 2001, 359). **2496**

Die Bezeichnung als „Bastlerfahrzeug" beinhaltet nicht, dass es sich um ein Unfallfahrzeug handelt (AG München DAR 1994, 329). **2498**

§ 3 Rechtsprechung zur Mängelhaftung

2500 Bei einem zehn Jahre alten Fahrzeug, welches vor sieben Jahren einen Unfall hatte, ist bei ordnungsgemäßer Reparatur nicht von einem Fehler zu sprechen (OLG Köln NJW-RR 1992, 49 für einen Wohnwagen).

2502 Der **fachgerecht reparierte** Unfallschaden ist nur beim Verkauf durch den Erstbesitzer als Sachmangel anzusehen und zwar Kraft stillschweigender Beschaffenheitsvereinbarung. Beim Nachbesitzer kann von einer derartigen stillschweigenden Erklärung nicht mehr ausgegangen werden, allenfalls für den Zeitraum, in dem er den Wagen gefahren hat. Hier hängen die Käuferrechte davon ab, ob bezüglich der Unfallbeteiligung im Kaufvertrag etwas festgehalten oder darüber gesprochen wurde.

2504 Ein unsachgemäß reparierter Unfallschaden stellt stets einen Sachmangel dar (OLG Hamm DAR 1996, 499).

2506 Wer die Unfallfreiheit fälschlich zusichert, haftet auf Schadensersatz (OLG Köln DAR 1975, 327; OLG Hamm DAR 1994, 402). Wann von einer Zusicherung (Garantieübernahme) für die Unfallfreiheit im Einzelnen ausgegangen werden kann, wird von der Rechtsprechung nach den Umständen des Einzelfalls sehr unterschiedlich beantwortet, insbesondere auch für den Gebrauchtwagenhandel bzw. Privatkäufer:

2508 Der **gewerbliche Gebrauchtwagenhändler** sichert nicht schon stillschweigend eine Unfallfreiheit zu, wenn er einen für einen unfallfreien Wagen üblichen Preis verlangt (BGH NJW 1977, 1055). Es genügt aber, wenn er in einer Vordruckzeile „Unfallschäden" das Kreuz bei „nein" setzt (OLG Frankfurt zfs 1992, 338). Erst recht gilt dies für die Erklärung „Verkäufer versichert, dass das Fahrzeug unfallfrei ist" (BGH NJW 1978, 261).

2512 Der Händler kann sich durch den Zusatz „nach Angaben des Vorbesitzers" vor einer Haftung schützen, wenn der Unfallschaden nicht im Rahmen der geschuldeten Untersuchung (hierzu Rn 1930 ff. u. 2524 ff.) erkennbar war (LG Saarbrücken zfs 2001, 115). Auch wer erklärt, er wisse nichts von einem Unfall, sichert damit nicht die Unfallfreiheit zu (BGH WM 1981, 323).

2514 Beim **Privatkäufer** ist schon die Erklärung „der Verkäufer sichert zu ... soweit ihm bekannt" nicht als Zusicherung zu bewerten (OLG Köln NJW 1999, 2106); der formularmäßige Text im Kaufvertrag „soweit ihm bekannt" ist zulässig (LG Leipzig DAR 1999, 366; LG Zweibrücken DAR 1999, 367). Die Erklärung der Unfallfreiheit für die Zeit, in der das Kfz im Eigentum des Verkäufers war, stellt ebenfalls keine uneingeschränkte Zusicherung der Unfallfreiheit dar (OLG Hamburg DAR 1996, 72). Sogar die uneingeschränkte Erklärung „das Fahrzeug ist unfallfrei" ist nicht immer als Beschaffenheitsgarantie zu bewerten (LG München I DAR 2004, 276). Insbesondere ist sie darauf zu überprüfen, ob die Erklärung aufgrund der Gesamtumstände doch nur als auf die Besitzzeit des Verkäufers bezogen verstanden werden kann (LG Saarbrücken zfs 1994, 245 bei acht Vorbesitzern und der Erklärung „Fahrzeug ist bis zum heutigen Tage unfallfrei").

Die Erklärung eines Privatverkäufers, er habe das Fahrzeug als „unfallfrei" erworben, ist nicht als Zusicherung einer tatsächlichen Unfallfreiheit zu verstehen (*Reinking/Eggert*, Rn 1390). 2516

Die Angabe „unfallfrei" in einem Inserat ist keine verbindliche Zusicherung, wenn der Verkäufer diese Angabe im Kaufvertrag einschränkt mit „Während meiner Zeit sind keine wesentlichen Unfälle passiert, Heckschäden links hinten" (KG NJW-RR 2005, 60). 2517

Auch die Erklärung des Privatverkäufers, das Fahrzeug habe lediglich eine kleine reparierte Delle im Kotflügel, enthält bei zugleich vereinbartem Gewährleistungsausschluss nicht die stillschweigende Zusicherung, der Pkw sei ansonsten – also auch außerhalb der eigenen Besitzzeit – unfallfrei (OLG Köln OLGR 1999, 205). 2518

Die Erklärung, dass der Schaden in einer Fachwerkstatt behoben wurde, ist als Garantieübernahme für eine tatsächlich erfolgte fachgerechte Beseitigung zu bewerten (LG Ingolstadt DAR 2001, 513). 2519

Wer einen schweren Unfallschaden beim Verkauf verschweigt, haftet nicht nur gegenüber seinem Vertragspartner (OLG Saarbrücken DAR 2000, 361), sondern aus § 826 (sittenwidrige Schädigung) auch gegenüber allen späteren Käufern des Kfz in der Käuferkette (OLG München DAR 1999, 506; OLG Hamm NJW 1997, 212; vgl. auch OLG Düsseldorf DAR 2002, 163, 164). 2520

Untersuchungspflicht
Den Gebrauchtwagenhändler trifft eine allgemeine Untersuchungspflicht im Sinne einer Sicht- und Funktionsprüfung, bevor er einen Gebrauchtwagen verkauft (vgl. Rn 1938 m.N.). 2524

Nimmt er die Sicht- und Funktionsprüfung nicht vor, muss er den Käufer darauf hinweisen. Andernfalls hat die Rechtsprechung in der Vergangenheit regelmäßig Arglist angenommen (OLG Köln a.a.O.; a.A. neuerdings BGH NJW 2004, 1032, der aber zur Fahrlässigkeitshaftung aus § 823 kommt). Zumindest ist aber in der Regel von grober Fahrlässigkeit auszugehen, sodass die Haftung nicht durch einen formularmäßigen Haftungsausschluss entfällt. Im fehlenden Hinweis auf die nicht durchgeführte Untersuchung wird die konkludente Zusicherung der Unfallfreiheit gesehen (LG München I DAR 2005, 38) (Einzelheiten hierzu unter Rn 1930 ff.). 2526

Auch beim Einkauf ist eine Sicht- und Funktionsprüfung üblich. Unterbleibt sie, ist von einem stillschweigenden Haftungsverzicht auszugehen (AG Menden NZV 2003, 194). Vgl. auch Rn 2670 und 2776. 2528

Verdacht auf Mängel
Vgl. Rn 2300. 2530

Verkehrssicherheit
Vgl. Rn 2146. 2532

Verschleißmängel

2536 Für die Beurteilung der Frage, ob Verschleißmängel und Qualitätsmängel Sachmängel i.S.d. § 434 sind, ist abzuwägen, ob eine normale Abnutzung und Alterung unter Berücksichtigung von Laufleistung und Baujahr des Fahrzeugs vorliegt oder ob der bemängelte Tatbestand im Vergleich zu einem Durchschnittsfahrzeug unüblich ist und von einem durchschnittlichen Käufer nicht erwartet werden kann (*Eggert*, zfs 2001, 298).

2538 Auch bei einem Gebrauchtwagen sind Mängel, die aufwendige Reparaturen erfordern, als Fehler im Sinne des Gesetzes anzusehen, wenn sich dies aus der Relation zum Alter des Fahrzeugs, zur Zahl der gefahrenen Kilometer und zum Kaufpreis ergibt (MüKo/*Westermann*, § 434 Rn 58).

2540 Ein Fehler liegt nicht vor, wenn ein Defekt auftritt, der auf einem natürlichen, normal fortschreitenden Verschleiß beruht und der mit Rücksicht auf das Alter, die Fahrleistung und den Erhaltungszustand des Fahrzeugs zum Zeitpunkt des Verkaufs zu erwarten war (OLG Saarbrücken NJW-RR 1996, 1325; OLG Bamberg DAR 2001, 357; *Friedemann*, AnwBl 2001, 380, 385). Der Verkäufer ist auch nicht verpflichtet, den Käufer auf natürliche Verschleißerscheinungen hinzuweisen, da deren Eintritt selbstverständlich ist (OLG Bamberg DAR 2001, 357; OLG Düsseldorf OLGR 2001, 270).

2542 Verschleiß setzt einen Defekt infolge dauerhafter Abnutzung voraus (wie bei einem Reifen oder durch Rost). Das wurde z.B. verneint, also ein Fehler bejaht, bei einem Katalysatordefekt (AG Zeven DAR 2003, 379; a.A. AG Offenbach NJW-RR 2005, 423) und bei einem Kabelbrand (AG Marsberg DAR 2003, 322). Dagegen wurde der Riss eines Zahnriemens sogar vor Ablauf der für den Austausch empfohlenen Laufleistung als Verschleiß beurteilt und ein Sachmangel verneint (AG Offenbach DAR 2003, 178; vgl. Rn 2576).

2544 Zumindest in der veröffentlichten Rechtsprechung überwiegen stark die Fälle, in denen bei geltend gemachten Verschleißmängeln ein Sachmangel abgelehnt wurde, z.B. in folgenden Fällen:

- Katalysatordefekt (vgl. Rn 2542),
- überdurchschnittlich hoher Ölverbrauch durch verschleißbedingten Motorschaden bei einer Laufleistung von 116.000 km (AG Mainz zfs 1992, 267),
- Getriebeschaden bei einem zwölf Jahre alten Jeep mit einer Laufleistung von 83.000 Meilen (OLG Celle OLGR 1994, 65),
- Lagerschaden bei einem Geländewagen mit Laufleistung 130.000 km und Alter von zwölf Jahren (OLG Koblenz BB 1995, 2133),
- Brems-, Lenkungs- und Karosserieschäden bei einem Geländewagen mit 110.000 km und 15 Jahren Laufzeit (OLG Celle OLGR 1996, 194),
- Rostschäden an Fahrzeugen mit einem Alter von 13 bis 17 Jahren (OLG Karlsruhe DAR 1988; 162; OLG Schleswig DAR 1989; OLG Köln NJW 1993, 271; OLG Frankfurt DAR 1989, 463),

Rechtsprechung zur Mängelhaftung § 3

- Durchrostungen des Unterbodens bei einem acht Jahre alten Mercedes mit 177.000 km Laufleistung, die der Gutachter für durchschnittlich eingeschätzt hat (BGH NJW 1981, 928),
- Leistungsabfall bei einem zehn Jahre und 174.500 km gefahrenen Pkw (OLG Düsseldorf OLGR 2001, 270),
- Undichtigkeiten an Öl- und Benzinleitung, Nachlassen der Bremsen und weitere Mängel bei sechs Jahre altem Pkw mit 108.000 km (OLG Düsseldorf OLGR 2001, 508),
- Ölverlust wegen abgenutzter Dichtungen (OLG Bamberg DAR 2001, 357),
- Defekte an Stoßdämpfer und Querlenker sowie bei 13 bzw. zehn Jahre altem Pkw (LG Dessau DAR 2003, 119; AG Neukölln SVR 2004, 431),
- Reißen des Zahnriemens (vgl. Rn 2578),
- Motorschäden an älteren Fahrzeugen (OLG Koblenz MDR 1986, 316; LG Arnsberg NZV 1988, 68; OLG Schleswig DAR 1989, 147; LG Köln DAR 1991, 224; AG Mainz zfs 1992, 267),
- abgenutzte Bremsscheiben und verringerter Ölstand (LG Aachen DAR 2004, 452),
- Defekt der Wasserpumpe nach 179.000 km und über 4 Jahren (LG Wuppertal SVR 2005, 422),
- Defekte an Bremsen, Auspuff, Lenkung und Ölverlust bei 9 Jahre altem Fiat Punto mit 124.000 km (LG Kassel SVR 2005, 421).

Einen Fehler hat die Rechtsprechung dagegen z.B. in folgenden Fällen bei Verschleiß- und Abnutzungserscheinungen bejaht: **2546**

- Katalysatordefekt und Kabelbrand (vgl. Rn 2542),
- um ein Vielfaches zu hoher Ölverbrauch über den vom Hersteller angegebenen Maximalwert (LG Mosbach DAR 1987, 152),
- Rostschäden, die zu Betriebsunsicherheit führen – bei einem 15 Jahre alten vom TÜV abgenommenen Pkw (OLG Köln DAR 1979, 286),
- Durchrostungen an tragenden Teilen bei einem älteren Fahrzeug (AG Nienburg zfs 1993, 304),
- Dauerbruch einer Ventilfeder eines Zylinders bei zehn Jahre altem Porsche mit 122.000 km (OLG Köln DAR 2004, 91),
- erhebliche Durchrostungen an der Auspuffanlage eines zwölf Jahre alten Fahrzeugs (OLG Celle OLGR 1994, 329),
- Durchrostungen mit der Folge der Verkehrsunsicherheit bei einem 20 Jahre alten Pkw (OLG Hamm zfs 1995, 176),
- Motorschaden bei einem sieben Jahre alten Fahrzeug mit einer Laufleistung von 110.000 km und einem Kaufpreis von umgerechnet ca. 6.500 EUR (OLG Köln DAR 2001, 461), bzw. 4 Jahre alten Pkw mit 88.000 km (OLG Frankfurt DAR 2005, 339),

- solche Verschleißmängel, welche die Fahrbereitschaft eines Pkw unmittelbar aufheben (OLG Hamm MDR 1994, 1086; OLG Köln VersR 1998, 592),
- Kabelbrand (AG Marsberg DAR 2003, 322). Vgl. auch Rn 1458 ff., 2576 f. und 2840 ff.

Versicherungsschutz

2550 Das Fehlen des Versicherungsschutzes ist kein Sachmangel, kann aber zu Schadenersatzansprüchen führen, wenn der Verkäufer z.B. ohne eigene Nachforschungen dem Käufer erklärt, dieser könne das Fahrzeug beruhigt fahren (BGH NJW-RR 1989, 211).

Vorbenutzung

2552 Die Vorbenutzung des Fahrzeugs als Taxi-, Miet- oder Fahrschulwagen ist für den Käufer von wesentlicher Bedeutung und muss bei Kenntnis offenbart werden (OLG Köln NJW-RR 1990, 1144). So darf ein Mietwagen nicht als Gebrauchtwagen aus erster Hand verkauft werden (LG Berlin VersR 1976, 396; OLG Düsseldorf NZV 1999, 514).

2554 Wer keine Kenntnis von der Vorbenutzung seines Fahrzeugs hat, sollte beim Weiterverkauf entweder keine Erklärungen abgeben oder die Klausel „soweit bekannt" hinzusetzen. Wer die Frage, ob der Wagen früher als Taxi benutzt wurde, einfach verneint, haftet auf Schadensersatz (BGH BB 1977, 61).

2556 Allein in dem Angebot eines Fahrzeugs „von Privat" kann noch nicht die Zusicherung gesehen werden, dass es nicht vorher als Mietwagen oder Taxi genutzt wurde (KG OLG Z 1972, 402).

2558 Ein Kfz-Händler handelt nicht arglistig, wenn er dem Käufer nicht mitteilt, dass der Pkw in seinem Betrieb auch zur Personenbeförderung (also als Mietwagen) bestimmt war und für eine überschaubare Zeit von drei Monaten bei einer Laufleistung von knapp 3.000 km als Ersatzfahrzeug für Werkstattkunden zur Verfügung stand und beim Verkauf als „Vorführwagen" bezeichnet wurde (OLG Düsseldorf NJW-RR 1997, 427).

Vorbesitzer

2562 Ist die Zahl der Vorbesitzer höher, als im Kaufvertrag ausgewiesen oder im Verkaufsgespräch zugesagt, liegt in der Regel ein Sachmangel vor (LG Gießen DAR 1960, 14). Vgl. Rn 2184 f.
Zu Beschreibungen „laut Vorbesitzer" vgl. Rn 1444.

Vorführwagen

2564 Hier handelt es sich um ein Fahrzeug, welches noch nicht auf einen Endabnehmer zugelassen worden ist. Die atypische Art der Vorbenutzung durch verschiedene Benutzer kann, muss aber nicht zu einem Sachmangel führen. Ein Sachmangel wurde verneint bei einer Nutzung von nur 3,5 Monaten und einer Laufleistung von nur 2.924 km

(OLG Düsseldorf NJW-RR 1997, 427). Beim Verkauf eines Vorführwagens ist der Verkäufer verpflichtet, nicht nur das Erstzulassungs-, sondern auch das Herstellungsdatum zu offenbaren, wenn seit diesem mehr als ½ Jahr verstrichen ist (OLG Oldenburg, Urt. v. 28.10.2005 – 6 U 155/05, MittBl. der Arge VerkR 2006, 25). Vgl. auch Rn 2174 und Rn 2314.

Vorschaden
Vgl. Rn 2120 ff. und 2496 ff. 2566

Vorschadenverdacht
Vgl. Rn 2300 ff. 2568

Werkstattgepflegt
Aus dieser unverbindlichen Bezeichnung wird sich anders als bei einem „scheckheftgepflegten" Fahrzeug keine Garantie und auch keine Beschaffenheitsvereinbarung für eine bestimmte Qualität herleiten lassen, allenfalls dafür, dass das Fahrzeug nicht ausschließlich eigenhändig oder mit Nachbarschaftshilfe instand gesetzt und instand gehalten wurde, sondern mit gewisser Regelmäßigkeit in einer Werkstatt repariert und gewartet wurde (ebenso *Reinking/Eggert*, Rn 1371). 2570

Werkstattgeprüft
So darf ein Fahrzeug bezeichnet werden, welches in einer Werkstatt einer sorgfältigen äußeren Besichtigung unterzogen worden ist und dessen hierauf festgestellte Mängel behoben worden sind; einzelne Teile müssen nicht zerlegt werden (BGH NJW 1983, 2192). In der Regel wird nicht nur eine Beschaffenheitsvereinbarung sondern eine Garantieübernahme für diesen Sachverhalt anzunehmen sein, insbesondere bei der Formulierung „alle Fahrzeuge durch Meisterhand geprüft" (OLG Köln NJW 1972, 162). 2572

Windanfälligkeit
Auf die besondere Windanfälligkeit eines Pkw-Anhängers muss der Verkäufer zur Vermeidung von Schadensersatzansprüchen hinweisen (LG Konstanz NJW-RR 1999, 279 für einen Vermieter). 2574

Zahnriemen
Verschiedene Fahrzeugtypen benötigen zur Vermeidung eines Motorschadens nach bestimmten Laufleistungen (z.B. 60.000 km) einen Wechsel des Zahnriemens. Von einem Gebrauchtwagenhändler muss erwartet werden, dass er beim Verkauf eines Fahrzeugs, bei dem er Wechsel des Zahnriemens kurz bevorsteht, hierauf hinweist. Anderes gilt für den Privatmann ohne technische Kenntnisse. 2576

In der Regel verneint die Rechtsprechung bei einem gerissenen Zahnriemen einen Sachmangel, da es sich um ein Verschleißteil handelt (OLG Köln VersR 1997, 1019; AG Offenbach DAR 2003, 178; LG Itzehoe DAR 2004, 96; AG Aachen DAR 2004, 156.) Ein Sachmangel (und kein Verschleiß) wurde aber bejaht für den Fall, dass nach 2578 dem Austausch des Zahnriemens eine Unterlegscheibe im Gehäuse des Zahnriemens zurückgeblieben ist und diese nach dem Verkauf zum Riss des Zahnriemens und zu einem Totalschaden des Motors führte (OLG Köln NJW-RR 2004, 268).

Zentralverriegelung

2582 Verfügt ein Fahrzeug (Baujahr 1997) nur über eine manuelle Zentralverriegelung (statt einer automatischen) stellt dies keinen Sachmangel dar (OLG München DAR 2003, 525).

Zubehör

2584 Vgl. Rn 2426 ff.

Zulässiges Gesamtgewicht / Zuladungsmöglichkeit

2586 Ist die Zuladungsmöglichkeit so beschränkt, dass sie für den gewöhnlichen Gebrauch des Fahrzeugs nicht ausreicht, stellt dies einen Sachmangel dar, wenn nicht auf die geringe Zuladungsmöglichkeit hingewiesen wurde (OLG Nürnberg DAR 2002, 219).

Zulassungsfähigkeit

2588 Die Fähigkeit, zum Straßenverkehr zugelassen werden zu können, ist beim Gebrauchtwagenkauf in der Regel konkludent zugesichert (OLG Oldenburg NJW-RR 1997, 1213).

Zustandsbeschreibung

2590 Vgl. Rn 2078.

Zustandsnoten

2592 Zustandsnoten sind beim Oldtimerkauf häufig anzutreffen und haben in der Regel Zusicherungsqualitäten (OLG Frankfurt NJW 1989, 1059; KG OLGR 1993, 1; OLG Köln NZV 1998, 73). Vgl. auch Rn 2368 f.

Zweithandfahrzeug

2594 Der Begriff „Zweithandfahrzeug" besagt nicht, dass das verkaufte Fahrzeug nicht mehr als zwei Halter hatte, sondern nur, dass das Fahrzeug nicht aus erster Hand kommt, also bereits mehrere Besitzer hatte (OLG Düsseldorf NZV 2000, 83); vgl. Rn 2184 f.

Zylinderkopf

2596 Bei einer bereits bei Fahrzeugübergabe vorliegenden Undichtigkeit im Zylinderkopf fehlt es an der Fahrbereitschaft eines Fahrzeugs, wenn dieses bei einer Geschwindigkeit von über 140 km/h zu einer kurzfristigen Überhitzung, Kühlwasserverlust und der Gefahr eines plötzlichen Motorausfalls führt. Fahrbereitschaft gilt in der Regel als zugesichert, so dass nicht nur Sachmängelansprüche, sondern Schadensersatzansprüche ausgelöst werden (OLG Köln MDR 1994, 1086).

§ 4 Sachmängelhaftungsausschlüsse

Die Rechte eines Käufers wegen eines Mangels sind ausgeschlossen, 2650
- wenn er bei Vertragsschluss den Mangel **kennt** (§ 442 Abs. 1 S. 1),
- wenn er bei Vertragsabschluss den Mangel infolge **grober Fahrlässigkeit nicht kennt** und der Verkäufer den Mangel nicht arglistig verschwiegen hat oder eine Garantie für die Beschaffenheit der Sache übernommen hat (§ 442 Abs. 1 S. 2),
- wenn die Sachmängelhaftung wirksam durch den **Kaufvertrag** (§§ 444, 475) oder durch **AGB** (§§ 305–310) **ausgeschlossen** worden ist,
- wenn der Käufer seine Rechte **verwirkt** hat (§ 242).

I. Kenntnis oder grob fahrlässige Unkenntnis

1. Positive Kenntnis

Die **Kenntnis** des Mangels führt ausnahmslos zum Verlust der Rechte bezüglich dieses Mangels,[582] also auch dann, wenn der Verkäufer eine arglistige Täuschung versucht hat[583] oder eine Eigenschaft zusichert, von welcher der Käufer positiv weiß, dass diese nicht vorliegt (z.B. Steuerbefreiung).[584] Von einer positiven Kenntnis kann noch nicht gesprochen werden, wenn der Käufer einen Sach- oder Rechtsmangel nur für möglich hält.[585] Die äußerliche Wahrnehmung von Auffälligkeiten, z.B. Rost, führt noch nicht zur positiven Kenntnis. Der Käufer muss vielmehr sicher wissen, dass der Auffälligkeit eine Beschaffenheit zugrunde liegt oder diese selbst eine Eigenschaft darstellt, die bei vergleichbaren Gebrauchtfahrzeugen nicht üblich und nicht zu erwarten ist,[586] sonst kommt nur grobe Fahrlässigkeit i.S.v. Satz 2 in Betracht. 2652

Bei Kenntnis eines Mangels bleibt die Haftung für andere nicht erkannte Mängel unberührt.[587] Wer Kenntnis von einem nicht näher beschriebenen Unfallschaden hat, kann nicht einwenden, das Ausmaß des Schadens unterschätzt zu haben.[588] 2654

Es ist ausreichend, wenn der Vertreter des Käufers positive Kenntnis hatte, weil dessen Wissen dem Käufer gem. § 166 Abs. 1 zuzurechnen ist.[589] 2656

Maßgeblicher Zeitpunkt ist der **Abschluss des Kaufvertrags**,[590] nicht der des Gefahrübergangs. Das ist beim Kauf vom Händler nicht schon der Zeitpunkt der Unter- 2658

---

582 Anwk-BGB/*Büdenbender*, § 442 Rn 2.
583 Bamberger/Roth/*Faust*, § 442 Rn 14.
584 LG Köln MDR 1991, 55.
585 Bamberger/Roth/*Faust*, § 442 Rn 17.
586 BGH NJW 1981, 2540.
587 BGH NJW 1981, 2640; OLG Düsseldorf OLGR 1993, 129.
588 *Reinking/Eggert*, Rn 1558.
589 Henssler/Graf von Westphalen/*Graf von Westphalen*, § 442 Rn 2; Palandt/*Heinrichs*, § 166 Rn 6.
590 Anwk-BGB/*Büdenbender*, § 433 Rn 9.

zeichnung der Bestellung durch den Käufer,[591] sondern erst der Zeitpunkt der schriftlichen Bestätigung oder der Übergabe des Fahrzeugs (vgl. Rn 1316 ff.). Spätere Kenntnis kann allenfalls unter dem Gesichtspunkt der Verwirkung oder des Verzichts zum Haftungsausschluss führen. Die Beweislast für die positive Kenntnis liegt beim Verkäufer.[592]

2. Grob fahrlässige Unkenntnis

2660 **Grob fahrlässig** handelt der Käufer, der einen Mangel nur deshalb nicht erkennt, weil er die im Verkehr erforderliche Sorgfalt in besonders schwerem Maße verletzt, also schon einfachste, ganz nahe liegende Überlegungen nicht anstellt und nicht beachtet, was im gegebenen Fall jedermann einleuchten müsste.[593] Auch hier kommt es auf den Zeitpunkt des Vertragsabschlusses, nicht der Übergabe an (vgl. Rn 2658).

2662 Für die Beurteilung kommt es auf die Umstände des Einzelfalls an. Für den Kfz-Händler gilt ein höherer Sorgfaltsmaßstab als für den Privatmann, insbesondere die Untersuchungspflicht ist intensiviert.[594]

a) Privatmann

2664 Vom **Privatmann** wird regelmäßig keine Untersuchung erwartet.[595] Auch das Unterlassen einer Probefahrt,[596] einer Sichtprüfung oder der Frage nach der Unfallfreiheit[597] kann in der Regel allenfalls als fahrlässig – aber nicht als grob fahrlässig – beurteilt werden,[598] wenn man vom Fachhandel mit einem gewissen Vertrauensvorschuss kauft.

2666 Dagegen kommt **grobe Fahrlässigkeit** in Betracht, wenn bei einem älteren Fahrzeug mit hoher Laufleistung beim Kauf von Privat keine Probefahrt und Besichtigung durchgeführt wird;[599] erst recht dann, wenn der Käufer eine sachkundige Hilfsperson hinzugezogen hat.[600] Hat der Käufer z.B. Kenntnis von Durchrostungen am Fahrzeugunterboden, ist es als grob fahrlässig zu bewerten, wenn er sich nicht durch gezielte Überprüfung oder Fragen an den Verkäufer über den sonstigen Karosseriezustand vergewissert.[601] Auch bei einem stillgelegten Fahrzeug sind die Anforderungen erhöht.[602]

---

591 So aber Bamberger/Roth/*Faust,* § 442 Rn 7.
592 BGH NJW 1990, 42, 43.
593 BGH NJW-RR 1994, 1471.
594 Anwk-BGB/*Büdenbender*, § 442 Rn 7.
595 Anwk-BGB/*Büdenbender*, § 442 Rn 7; OLG Köln NJW 1973, 903.
596 BGH NJW 1977, 1095.
597 OLG Brandenburg OLGR 1995, 89.
598 A.A. Soergel/*Huber*, § 460 a.F. Rn 20.
599 OLG Frankfurt zfs 1992, 230; OLG Köln NJW-RR 1992, 49; OLG Hamm DAR 1995, 446.
600 LG Münster NZV 1988, 145.
601 AG Nienburg zfs 1993, 304.
602 LG Karlsruhe DAR 1981, 152.

I. Kenntnis oder grob fahrlässige Unkenntnis § 4

Praxistipp 2668
Ist im schriftlichen Vertrag vermerkt, dass der Käufer das Fahrzeug genau untersucht hat (z.B. auf Rost, den Unterboden usw.), muss diese Textpassage gestrichen werden, falls tatsächlich keine Untersuchung erfolgt ist, da sonst der Käufer trotz Mängeln seine Käuferrechte wegen § 442 Abs. 1 S. 2 verlieren kann, wenn er nicht die Unrichtigkeit der vertraglichen Aussage beweisen kann.

b) Händler

Im Kfz-Handel ist es heute allgemein üblich, einen Gebrauchtwagen beim Einkauf einer Sicht- und Funktionsprüfung zu unterziehen. Ein Ankauf ohne diese Prüfung wird regelmäßig als **grob fahrlässig** beurteilt,[603] teilweise auch als stillschweigender **Haftungsverzicht**,[604] auch beim Kauf des Händlers vom Händler.[605] 2670

c) Garantieübernahme durch Verkäufer oder Arglist

Der Käufer behält seine Rechte trotz grob fahrlässiger Unkenntnis, wenn der Verkäufer eine **Garantie** für die Beschaffenheit der Sache übernommen oder den Mangel **arglistig verschwiegen** hat (§ 442 Abs. 1 S. 2). 2672

aa) Garantieübernahme

Gemeint ist vom Gesetzgeber die **Beschaffenheitsgarantie**, für die der Verkäufer gem. § 276 einzustehen hat (vgl. Rn 1984 ff.).[606] Vom Wortlaut umfasst ist aber auch die Haltbarkeitsgarantie gem. § 443.[607] Insoweit muss im Einzelfall aus dem Empfängerhorizont geklärt werden, ob die Garantiehaftung trotz grob fahrlässiger Unkenntnis des Mangels gewollt ist.[608] 2674

bb) Arglist

Arglist geht weiter als Vorsatz (vgl. Rn 1912). Sie setzt nicht nur einen bewussten und gewollten Pflichtverstoß voraus, sondern auch die Gewissheit, beim Käufer einen Irrtum über die Beschaffenheit der Kaufsache hervorzurufen oder zu unterhalten.[609] Eine Bereicherungs- oder Schädigungsabsicht wird dagegen nicht verlangt.[610] Damit wird eine schwer greifbare Grenze zum strafrechtlich relevanten Betrug (§ 263 StGB) gezogen.[611] Im Einzelnen setzt Arglist subjektiv voraus,[612] dass der Verkäufer: 2678

---

603 OLG Oldenburg MDR 1962, 901; OLG Düsseldorf BB 1972, 857.
604 BGH NJW 1982, 1700.
605 AG Menden NZV 2003, 194.
606 BT-Drucks 14/6040, 236; Anwk-BGB/*Büdenbender*, § 442 Rn 3.
607 Bamberger/Roth/*Faust*, § 442 Rn 26; Palandt/*Putzo*, § 442 Rn 19.
608 BGH NJW 1996, 1337; Palandt/*Putzo*, § 442 Rn 19.
609 Palandt/*Heinrichs*, § 123 Rn 2.
610 BGH NJW 1995, 1549.
611 Vgl. hierzu LG Bonn NJW 2004, 74, 75.
612 BGH NJW-RR 2003, 989; BGH NJW 2003, 2381 u. 2004, 1032.

- den Mangel bei Abschluss des Vertrages **kennt** oder ihn für **möglich hält** (erleichterte Beweislast beim Käufer, Indizien genügen),[613]
- **weiß** oder damit **rechnet**, dass der Käufer den Sachmangel **nicht kennt** (Beweislast für Kenntnis des Käufers beim Verkäufer),
- **weiß** oder **damit rechnet**, der Käufer werde den Vertrag bei **Kenntnis** des Mangels **nicht** oder jedenfalls nicht zu den konkreten Bedingungen schließen (erleichterte Beweislast beim Käufer, i.d.R. Anscheinsbeweis).[614]

2688 Nachdem die Rechtssprechung bis zur Schuldrechtsreform (1.1.2001) wegen des Fehlens einer Fahrlässigkeitshaftung und der unerwünscht weitgehenden Möglichkeit des Sachmängelhaftungsausschlusses in einem eigentümlichen Umkehrschluss[615] die subjektiven Tatelemente als gegeben unterstellt hat, weil diese Verpflichtungen dem Verkäufer obliegen, kann jedoch in diesen Fällen (z.B. der Händler unterlässt die Sichtprüfung des Fahrzeugs und weist den Kunden nicht darauf hin) wegen des zumeist nicht aufklärbaren subjektiven Tatbestandes häufig nur ein **fahrlässiger** Vorwurf nachgewiesen werden.[616]

2690 Das gilt auch für die Fälle, bei denen Fehler oder Unfallfreiheit gewissermaßen „ins Blaue hinein" behauptet werden, d.h. ohne Gewissheit, ob die Behauptung zutrifft. Hier kam die Rechtsprechung[617] in aller Regel zu dem Ergebnis, dass der Verkäufer „arglistig" handelte.[618] Sie forderte, ließ es aber auch genügen, dass der Verkäufer wenigstens mit der Unwahrheit seiner Behauptung gerechnet haben muss.[619] Solange der Verkäufer mit überwiegender Wahrscheinlichkeit auf Fehlerfreiheit und Unfallfreiheit vertraute, was ihm schwerlich widerlegt werden kann, ist eben die Schwelle von der bewussten Fahrlässigkeit zum bedingten Vorsatz (als Mindestbestandteil der Arglist) noch nicht überschritten. Im Zuge der Schuldrechtsreform, durch welche die Fahrlässigkeitshaftung eingeführt und die Möglichkeit des Sachmängelhaftungsausschlusses beschränkt wird, sollte diese „Haftung für Fahrlässigkeit" nach Arglistregeln[620] wieder zurückgeführt werden auf das, was sie ist, nämlich eine Haftung für grobe Fahrlässigkeit.

Die nachfolgenden Beispiele für Fälle der Arglist werden daher zumindest teilweise aus heutiger Sicht anders zu beurteilen sein:

---

613 BGH NJW-RR 1997, 270.
614 OLG Köln VersR 1996, 631.
615 *Reinking/Eggert,* Rn 1652 sprechen von einer gekünstelten Konstruktion.
616 *Reinking/Eggert,* Rn 1621; BGH NJW 2004, 1032.
617 BGH NJW 1974, 642; 1977, 1055; 1995, 955.
618 Verneint hat dies dagegen zuletzt das OLG Nürnberg NJW-RR 1999, 1208 für einen Leasinggeber, da dieser keine Untersuchungspflicht habe.
619 BGH NJW 1981, 1411.
620 *Reinking/Eggert,* Rn 1658.

Arglist wurde bejaht, wenn die Fragen nach einem offenbarungspflichtigen Unfallschaden (also kein Bagatellschaden, vgl. Rn 2120 f.)[621] verneint oder das Ausmaß des Schadens bagatellisiert wurde.[622]

Art und Umfang der Beschädigung oder der Instandsetzungsarbeiten seien mitzuteilen.[623] Das OLG München[624] hielt es bereits für arglistig, dass der Händler zwar auf einen Unfall mit Frontschaden hinwies, bei dem Windschutzscheibe, Motorhaube, Kotflügel und Radhaus betroffen waren, jedoch den ebenfalls aufgetretenen vollständig beseitigten Rahmenschaden nicht erwähnte. Hat der Verkäufer selbst repariert oder reparieren lassen, werden an seine Aufklärungspflicht zu Recht strenge Anforderungen gestellt,[625] auch bei einer länger zurückliegenden Instandsetzung,[626] insbesondere bei Billigreparaturen im Ausland.[627] Arglist wurde auch bejaht, weil der Verkäufer trotz konkreter Bedenken bezüglich der Laufleistung wegen des Erwerbs von einem ihm unbekannten „fliegenden Zwischenhändler" diese dem Käufer nicht von sich aus offenbart hat.[628]

2698

Die **Aufklärungspflicht** besteht auch, wenn der Käufer nicht nach einem Unfall fragt,[629] ist allerdings weniger weitgehend. Einem desinteressierten Käufer, der aufgrund eines allgemeinen Hinweises auf einen Unfallschaden keine weiter gehenden Fragen stellt, schuldet der Verkäufer keine Einzelbeschreibung des Schadensbildes.[630]

2704

Auch bei Verschweigen oder Täuschung über andere Beschaffenheitsmerkmale als die Unfallfreiheit liegt in der Regel Arglist vor, insbesondere in folgenden Fällen:
- bei einer höheren Laufleistung,[631]
- bei einer überlangen Standzeit (drei Jahre und drei Monate),[632]
- beim Fehlen von Allradantrieb bei einem Geländefahrzeug,[633]
- dem Verschweigen der Reimport-Eigenschaft,[634]
- beim Verschweigen eines konkreten Unfallverdachts.[635]

2706

---

621 BGH NJW 1982, 1186; LG Gießen MDR 2005, 390.
622 BGH NJW 1977, 914; OLG Saarbrücken MDR 2000, 157; OLG Hamm NJW-RR 1995, 689; OLG Köln NJW-RR 1995, 51; OLG Düsseldorf NZV 1999, 423.
623 OLG Hamm DAR 1994, 401; OLG Saarbrücken OLGR 1999, 509; kritisch *Reinking/Eggert,* Rn 1885.
624 OLG München OLGR 2001, 293.
625 OLG Köln NJW-RR 1986, 1380; OLG Koblenz OLGR 1997, 194; OLG Hamm DAR 1994, 401.
626 OLG Düsseldorf NJW-RR 1998, 1751.
627 OLG Köln OLGR 1993, 301; OLG Hamm DAR 1996, 499.
628 OLG Bremen NJW 2003, 3713.
629 OLG Düsseldorf NZV 1999, 423.
630 OLG Köln OLGR 1992, 94.
631 OLG Düsseldorf NJW-RR 1999, 278.
632 AG Rottweil DAR 1999, 369.
633 OLG Düsseldorf OLGR 1995, 195.
634 AG St. Ingbert zfs 1999, 104; OLG Saarbrücken NJW-RR 1999, 1063.
635 OLG Frankfurt NJW-RR 1999, 1064.

§ 4 Sachmängelhaftungsausschlüsse

2708 Dagegen begründen die Fälle, in denen der Verkäufer das Gebrauchtfahrzeug nicht oder nicht ausreichend untersucht und den Käufer hierauf auch nicht hinweist oder ins Blaue hinein nicht überprüfte Angaben über den Zustand des Fahrzeugs macht, den Vorwurf der Arglist nur dann, wenn der Verkäufer einen **konkreten Mängelverdacht** hat,[636] den Mangel für wahrscheinlich hält, den Käufer aber weder auf den Verdacht noch auf die nicht erfolgte Untersuchung hinweist. Arglist liegt auch nicht vor, wenn der Verkäufer sich eines Mangels wegen Gewöhnung nicht mehr bewusst war.[637] Zur Zurechnung arglistigen Verhaltens von Mitarbeitern des Verkäufers vgl. Rn 2022 ff.

2710 Dem arglistigen Verschweigen ist das arglistige Vorspiegeln gleichgestellt.[638] Die Beweislast trägt der Käufer.[639] Bei einem schriftlichen Vertrag hilft ihm die Vermutung, dass die Vertragsurkunde vollständig ist.[640]

2712 Die praktischen Fälle des § 442 Abs. 2 werden vereinzelt bleiben. Die Offensichtlichkeit des Mangels oder dessen Erkennbarkeit schließt nämlich in der Regel Arglist bereits aus.[641] Das gilt allerdings dann nicht, wenn für den Verkäufer erkennbar Indizien dafür vorliegen, dass der Käufer den Mangel kennen könnte, er sich hierum nicht kümmert und in Kauf nimmt, dass der Käufer den Vertrag abschließt.[642] Es wird also nur selten den Fall geben, dass ein Käufer grob fahrlässig einen leicht erkennbaren Fehler übersieht, aber dennoch von Arglist des Verkäufers auszugehen ist.

II. Haftungsausschluss durch Vereinbarung

2714 Der **völlige Mängelhaftungsausschluss** beim Verkauf gebrauchter Sachen ist außerhalb des Verbrauchsgüterkaufs (Rn 2716) grundsätzlich **zulässig**[643] und zwar sowohl durch einen **individuellen** Kaufvertrag (dazu Rn 2728 ff.) als auch durch vorgedruckte **Formularverträge** oder beigefügte vorgedruckte **allgemeine Geschäftsbedingungen** (AGB) (dazu Rn 2736 ff.). Der Haftungsausschluss für Sachmängel erfasst nicht die Mängel, die **nach** Vertragsschluss entstehen,[644] im Übrigen auch nicht Schadensersatzansprüche aus Delikt oder wegen fehlerhafter Beratung.[645]

2716 Soweit es sich um einen **Verbrauchsgüterkauf** i.S.d. § 474 handelt (vgl. Rn 2782 ff.), also um einen Verkauf von einem Unternehmer an einen Verbraucher (§§ 13, 14), sind

---

636 OLG Köln DAR 2001, 404; OLG Düsseldorf DAR 2002, 163.
637 OLG Düsseldorf DAR 2001, 358.
638 Soergel/*Huber,* § 463 a.F. Rn 1.
639 BGH NJW 2001, 78.
640 OLG Dresden DAR 1999, 68; OLG Saarbrücken OLGR 1999, 509.
641 BGH NJW-RR 1992, 1076; 1994, 907.
642 BGH NJW 1990, 42, 43; Hensslar/Graf von Westphalen/*Graf von Westphalen,* § 444 Rn 5.
643 BGH NJW 1979, 1886; AG Rheda-Wiedenbrück DAR 2003, 121; Palandt/*Heinrichs,* § 307 Rn 34a u. § 309 Rn 78.
644 BGH NJW 2003, 1316.
645 Palandt/*Heinrichs,* § 276 Rn 36.

II. Haftungsausschluss durch Vereinbarung § 4

Vereinbarungen über Haftungsausschlüsse (vor Mitteilung eines Mangels an den Verkäufer) **unzulässig** (§ 475 Abs. 1) mit Ausnahme solcher über Schadensersatzansprüche (§ 475 Abs. 3).

Haftungsausschlüsse kommen also – außer bei Schadensersatzansprüchen – nur in Betracht bei Verkäufen von: **2718**
- Verbraucher an Unternehmer,
- Verbraucher an Verbraucher,
- Unternehmer an Unternehmer.

Ist die Haftung wirksam ausgeschlossen, hat der Käufer keine Sachmängelansprüche. Es kann auch nur bei konkreten Anhaltspunkten eine **Abtretung** der Ansprüche des Verkäufers gegen seinen Erstverkäufer an den Käufer durch schlüssige Vereinbarung angenommen werden.[646] Die Annahme einer solchen Abtretung wäre zwar häufig gerecht und wünschenswert,[647] insbesondere dann, wenn z.B. der Zweitverkäufer seinerseits arglistig von seinem Erstverkäufer getäuscht worden ist, der Endkäufer aber wegen einer wirksamen Haftungsausschlussvereinbarung nicht gegen den Zweitverkäufer vorgehen kann. **2720**

Das gewünschte Ergebnis eines **Durchgriffsanspruchs** des Käufers gegen den Erstverkäufer muss aber in die Dispositionsfreiheit der Vertragsparteien, insbesondere des Zweitverkäufers gestellt bleiben, der durchaus ein Interesse daran haben kann, dass sein Erstverkäufer nicht Ansprüchen des Endkäufers ausgesetzt wird. Da diese Situation aber sicherlich nicht der Regelfall ist, findet sich zum Schutz des Käufers im ADAC-Formular für private Gebrauchtfahrzeugverkäufe die ausdrückliche, vorgedruckte Vereinbarung „ggf. noch bestehende Ansprüche gegenüber Dritten aus Sachmängelhaftung werden an den Käufer abgetreten". **2722**

Ist keine Abtretung erfolgt, hat der Käufer auch keinen **Anspruch** auf Abtretung von Ansprüchen des Verkäufers, die diesem gegenüber dem Erstverkäufer zustehen, auch nicht, wenn der Zweitverkäufer vom Erstverkäufer arglistig getäuscht worden ist.[648] Zur Haftung des Erstverkäufers gegenüber dem Endkäufer aus § 826 BGB vgl. Rn 2178 und 2520. **2724**

1. Ausschluss durch Kaufvertrag

Die Sachmängelhaftung muss regelmäßig **ausdrücklich** ausgeschlossen werden. Die einseitig gebliebene mündliche Erklärung eines Verkäufers **nach** Abschluss des Kaufvertrages, er gebe keine Garantie, reicht hierfür nicht aus.[649] **2728**

---

646 Erman/*Grunewald,* § 444 Rn 3.
647 BGH NJW 1997, 652.
648 OLG Hamm MDR 2001, 87; OLG Düsseldorf OLGR 2002, 229; *Reinking/Eggert,* Rn 1582 ff.
649 AG Rheda-Wiedenbrück DAR 2003, 121.

§ 4   Sachmängelhaftungsausschlüsse

> *Praxistipp*
> Im Individualvertrag genügt die Formulierung „die Haftung für Sachmängel wird ausgeschlossen". Soll der Vertragstext aber **mehrfach** benutzt werden, muss der Text bereits den §§ 305 ff. für Formularverträge standhalten, so dass die Formulierung dann die Haftung nicht mehr wirksam ausschließt (Rn 2754). Zur dann wirksamen Formulierung vgl. Rn 2758.

2730 Einen **stillschweigenden** Ausschluss hat die Rechtsprechung ausnahmsweise zu Lasten von Händlern angenommen, wenn ein Privatmann seinen gebrauchten Pkw ohne besondere Absprache einem Händler in Zahlung gibt,[650] insbesondere dann, wenn der Händler seinerseits beim Verkauf einen Haftungsausschluss vereinbart hat.[651] Dies soll auch noch Gültigkeit haben, nachdem ein Händler im Verhältnis zum Verbraucher die Sachmängelhaftung nicht mehr ausschließen kann (§ 475).[652] Für den reinen Fahrzeugtausch wurde dagegen ein konkludenter Haftungsausschluss verneint.[653]

2732 Wird das Fahrzeug verkauft „**wie besichtigt**", „**wie Probe gefahren**" oder „**wie gesehen**", so ist die Sachmängelhaftung nur für solche technischen Mängeln ausgeschlossen, die der Käufer bei einer normalen Besichtigung und Probefahrt ohne sachkundige Hilfe hätte feststellen können,[654] falls nicht zusätzlich noch ein formularmäßiger, uneingeschränkter und wirksamer Haftungsausschluss im Vertrag vorgedruckt ist.[655] Das gilt auch dann, wenn eine Besichtigung überhaupt nicht stattgefunden hat.[656] Bei einem 10 Jahre alten Kfz sind Schäden und Roststellen auch an der Unterseite vom Haftungsausschluss „wie besichtigt" umfasst.[657]
Ist ein fachkundiger technischer Berater anwesend, kommt es auf dessen Wahrnehmungsfähigkeit an.[658] Nur ausnahmsweise, vor allem bei älteren Fahrzeugen aus dritter oder vierter Hand, kann von einer völligen Freizeichnung ausgegangen werden,[659] außerdem dann, wenn ein fachkundiger Händler ein Fahrzeug „in dem besichtigten Zustand" in Zahlung nimmt.[660]
„**Ohne Garantie**" bedeutet i.d.R. keinen Haftungsausschluss, sondern nur die klarstellende Vereinbarung, dass keine Garantie i.S.d. § 443 gewährt wird.[661]

---

650 BGH NJW 1982, 1700.
651 OLG Frankfurt NJW 1974, 1823.
652 *Reinking/Eggert,* Rn 1587; *Binder,* NJW 2003, 393, 396.
653 OLG Hamm NJW-RR 1994, 882.
654 BGH DAR 1954, 14; OLG Koblenz NJW-RR 1992, 1145; LG Köln DAR 2000, 270; *Tiedtke/Burgmann,* NJW 2005, 1135.
655 BGH DAR 2005, 560.
656 OLG Köln NJW-RR 1992, 49.
657 OLG Köln NJW-RR 1992, 49.
658 LG Münster NZV 1988, 145.
659 OLG Köln DAR 1999, 406.
660 OLG Köln DAR 1973, 326.
661 Palandt/*Putzo,* § 444 Rn 19.

Der Verkäufer kann sich auf einen Sachmängelhaftungsausschluss **nicht** berufen,
- wenn er **vorsätzlich** Pflichten verletzt hat (§ 276 Abs. 3),
- wenn er den Mangel **arglistig** verschwiegen hat (§ 444),[662]
- wenn er eine **Garantie** für die Beschaffenheit der Sache[663] übernommen hat (§ 444), und zwar eine solche i.S.d. § 276, nicht jedoch der Haltbarkeitsgarantie des § 443.[664]

2. Ausschluss durch AGB und Formularverträge

Reine Individualvereinbarungen im Gebrauchtwagenhandel sind eher selten. In der Regel werden **vorgedruckte** Vertragsurkunden verwendet. Die Einschränkungen für die Gestaltung rechtsgeschäftlicher Schuldverhältnisse durch die §§ 305 ff. gelten für alle für eine Vielzahl von Verträgen vorformulierten Vertragsbedingungen, gleichgültig, ob die Bestimmungen einen äußerlich gesonderten Bestandteil des Vertrags bilden oder in die Vertragsurkunde selbst aufgenommen werden (§ 305). Alle vorgedruckten Verträge müssen sich also nicht nur an § 444, sondern auch an §§ 305 ff. messen lassen.[665]

2736

Als vorformuliert gelten auch Texte, die aus gespeicherten Textbausteinen zusammengefügt sind und deren variierenden individuellen Angaben wie z.B. Name und Anschriften und Bezeichnung des Fahrzeugtyps vor dem Ausdruck eingefügt werden.[666]

2738

Die Einbeziehung von AGB in den Vertrag richtet sich nach § 305. Notwendig ist ein **ausdrücklicher** Hinweis, falls dieser nur unter unverhältnismäßigen Schwierigkeiten möglich ist, ein deutlich sichtbarer Aushang, der dem Käufer auch mit Rücksicht eventueller Körperbehinderungen die Möglichkeit der Kenntnisnahme in zumutbarer Weise gibt. Die Beweislast für die wirksame Einbeziehung liegt beim Verkäufer.[667]

2740

Der Sachmängelhaftungsausschluss durch Formularvertrag oder AGB beim Gebrauchtwagenkauf ist grundsätzlich **zulässig**.[668] Wird der vorgedruckte Sachmängelhaftungsausschluss vom Käufer gestrichen, hat dies nur rechtliche Wirkung, wenn die Streichung **vor** dem Vertragsabschluss erfolgt.[669]

2742

---

662 Vgl. Rn 2678 ff.
663 Vgl. Rn 1984 ff.
664 Palandt/*Putzo*, § 444 Rn 12.
665 Vgl. hierzu *Graf von Westphalen,* NJW 2002, 12 ff.
666 Hanseatisches OLG, Urt. v. 29.5.2002 – 5 U 170/01 – n.v.
667 OLG Frankfurt NJW 1989, 1095.
668 BGH NJW 1979, 1886; Palandt/*Heinrichs*, § 307 Rn 34 a; Staudinger/*Matusche-Beckmann*, § 444 Rn 31; a. A. für gebrauchte Sachen im Allgemeinen: LG Berlin CR 2001, 412.
669 OLG Köln OLGR 2004, 2.

2744 *Praxistipp*
Obwohl die Streichung des Sachmängelhaftungsausschlusses erst nachträglich erfolgt war, hat das OLG Köln (OLGR 2004, 2) der Klage des Käufers stattgegeben, weil der Verkäufer in erster Instanz die nachträgliche Streichung nicht vorgetragen hat. Die Korrektur in zweiter Instanz kam zu spät.

Enthält ein zwischen Privatpersonen geschlossener Kaufvertrag einen formularmäßigen Haftungsausschluss, wird dieser durch den handschriftlichen Zusatz „gekauft wie gesehen" nicht eingeschränkt.[670]

2746 Bei einem fast neuen Vorführwagen oder einer Tageszulassung kann ausnahmsweise der Sachmängelhaftungsausschluss überraschend und damit unwirksam sein.[671] Da zumeist ein Händlerverkauf vorliegen wird, stellt sich die Frage nur beim Verkauf an einen Unternehmer, der Verbraucher ist bereits durch § 475 vor einem Sachmängelhaftungsausschluss geschützt.

2748 Bei der Beurteilung der Zulässigkeit von Haftungsbeschränkungen durch AGB wird häufig nicht hinreichend zwischen dem Kauf **gebrauchter** und **neuer** Sachen unterschieden.[672] Wenn ein völliger Haftungsausschluss zulässig ist, sind auch Einschränkungen zulässig, so dass für **gebrauchte** Sachen **außerhalb des Verbrauchsgüterkaufs** auch Aufwendungen im Rahmen der Nacherfüllung entgegen § 439 Abs. 2 auf den Gebrauchtwagenkäufer abgewälzt werden können und die Verjährungsfrist beliebig verkürzt werden kann.

2750 In den vom ZDK empfohlenen Gebrauchtwagen-Verkaufsbedingungen wird in VI. Ziff. 1 von der Möglichkeit des vollständigen Haftungsausschlusses beim Verkauf an Nicht-Verbraucher dennoch nur für Nutzfahrzeuge Gebrauch gemacht, da ein umfassender Ausschluss aus Marketinggründen im Grundsatz dem gewerblichen Käufer nicht vermittelbar sei.

2752 Wird ein Gebrauchtwagen mit **Neuteilen** (z.B. einem neuen Motor) verkauft, sind die Klauselverbote für den Kauf neuer Sachen aus § 309 Nr. 8b auf die Neuteile anzuwenden.[673]

a) Haftungsausschluss für Körperverletzungen und grob fahrlässige Pflichtverletzungen

2754 Gemäß § 309 Nr. 7 darf die Haftung für **fahrlässige Körperverletzungen** und **grob fahrlässige Pflichtverletzungen** durch AGB und Formularverträge[674] **nicht** ausgeschlossen werden (vorsätzliche sind bereits nach § 276 Abs. 3 und arglistige nach § 444 unwirksam), selbstverständlich auch nicht bei Verbrauchsgüterkäufen (§ 475

---

670 BGH DAR 2005, 560; BGH DAR 1996, 359; LG Saarbrücken zfs 2001, 115.
671 OLG Frankfurt NJW-RR 2001, 780; LG Augsburg DAR 1998, 476; a.A. LG Gießen NJW-RR 1992, 186.
672 Z.B. Henssler/Graf von Westphalen/*Graf von Westphalen*, § 440 Rn 11; *Henssen*, MDR 2002, 12, 16.
673 MüKo/*Basedow*, § 309 Nr. 8 Rn 16.
674 Palandt/*Heinrichs*, § 309 Rn 78.

Abs. 3). Wird die Sachmängelhaftung ohne diese Einschränkung insgesamt ausgeschlossen, ist dieser Haftungsausschluss **unwirksam**,[675] auch beim **Privatverkauf**.[676] Die Klausel ist auch nicht teilbar i.d.S., dass **nur** der Ausschluss fahrlässiger Körperverletzungen und grob fahrlässiger Pflichtverletzungen unwirksam ist,[677] so dass der **gesamte** Sachmängelhaftungsausschluss unwirksam ist.

Praxistipp 2758

Der viel benutzte ADAC-Mustervertrag für Gebrauchtwagenkäufe berücksichtigt § 309 Nr. 7 und ist damit **wirksam**. Die Formulierung lautet:

„Das Kraftfahrzeug wird unter Ausschluss der Sachmängelhaftung verkauft – soweit nicht nachfolgend eine Garantie übernommen wird. Dieser Ausschluss gilt nicht für Schadensersatzansprüche aus Sachmängelhaftung, die auf einer grob fahrlässigen oder vorsätzlichen Verletzung von Pflichten des Verkäufers beruhen sowie bei Körperschäden."

Viele andere Kaufvertragsvordrucke enthalten die notwendige Einschränkung jedoch nicht und sind damit **unwirksam**, wie z.B. die Klausel „wie besichtigt unter Ausschluss jeder Gewährleistung".[678] Immer wieder wird auch noch der alte ADAC-Kaufvertrag verwendet, der natürlich ebenfalls nicht ausreicht. In einem solchen Fall, wo der Sachmängelhaftungsausschluss unwirksam ist, kann dem Käufer in zunächst aussichtslos erscheinenden Fällen häufig noch geholfen werden.

Durch das Verbot des Haftungsausschlusses für grob fahrlässige Pflichtverletzungen 2760 ist der Weg frei, die Fälle, bei denen der Händler weder untersucht noch die fehlende Untersuchung dem Käufer mitteilt und die Rechtsprechung bisher mit der Einordnung als „Arglist" über § 463 a.F. gelöst hat, als in der Regel grob fahrlässige Pflichtverletzung einem formularmäßigen Sachmängelhaftungsausschluss zu entziehen, ohne auf den häufig schwierig zu begründenden Nachweis der subjektiven Tatseite (Vorsatz oder Arglist) angewiesen zu sein (vgl. bereits oben Rn 2678 ff.).

b) Haftungsausschluss für fahrlässige Pflichtverletzungen

Die Haftung für **einfache** Fahrlässigkeit kann trotz § 433 Abs. 1 S. 2 und § 307 Abs. 2 2764 Nr. 1 ausgeschlossen werden.[679] Eine Ausnahme gilt nur für die Verletzung von **Kardinalpflichten** (§ 307 Abs. 2 Nr. 2),[680] wie beim Verkauf unsicherer gebrauchter Reifen durch einen Fachhändler.[681] Außerdem muss das Transparenzgebot gewahrt sein

---

675 *Reinking/Eggert,* Rn 1569 u. 1584 (zum ADAC-Kaufvertrag), Rn 1110, 1754 (zu den ZDK-AGB); *Graf von Westphalen,* ZGS 2002, 214, 216.
676 OLG Hamm NJW-RR 2005, 1220.
677 Vgl. hierzu Palandt/*Heinrichs,* vor § 307 Rn 8 bis 12.
678 Unrichtig daher Staudinger/*Matusche-Beckmann,* § 444 Rn 34.
679 Palandt/*Heinrichs,* § 309 Rn 78; § 307 Rn 34a; *Litzenburger,* NJW 2002, 1244; a.A. *Graf von Westphalen,* NJW 2002, 22.
680 Palandt/*Heinrichs,* § 307 Rn 35.
681 OLG Nürnberg NJW-RR 2002, 1247, 1248.

(§ 307). Daran fehlt es nach Auffassung des BGH,[682] wenn pauschal die Haftung für leichte Fahrlässigkeit ausgeschlossen wird, soweit der Schaden durch die Fahrzeug- und Haftpflichtversicherung gedeckt ist. In diesem Fall hatte der Gebrauchtwagenhändler trotz gegebenem Anlass die Reifen eines Gebrauchtfahrzeugs vor dem Verkauf nicht auf Überalterung hin überprüft und es kam zum Unfall.

c) Einschränkungen des Wahlrechts des Käufers

2766 Umstritten ist, ob das **Wahlrecht** zwischen **Nacherfüllung** und **Mangelbeseitigung** (vgl. Rn 1546) durch AGB (außerhalb des Verbrauchsgüterkaufs) beschränkt werden kann.[683] In den ZDK-Bedingungen ist eine solche Einschränkung nicht vorgesehen; auch in anderen Musterverträgen findet sich eine solche Einschränkung bisher nicht, so dass diese Frage bisher in der Praxis nicht relevant geworden ist.

d) Einschränkungen von Beschaffenheitsvereinbarungen

2768 Gemäß § 305b haben individuelle Vertragsabreden Vorrang vor Formularvereinbarungen und AGB. Hieraus wird gefolgert, dass die Sachmängelhaftung für **Beschaffenheitsvereinbarungen** (§ 434 Abs. 1 Nr. 1) **nicht formularmäßig ausgeschlossen** werden kann.[684] Erst durch eine Auslegung der Individualabrede lässt sich jedoch feststellen, welche Rechte begründet und in welchem Umfang hierdurch abweichende AGB als verdrängt anzusehen sind.[685] Beschaffenheitsvereinbarungen verlieren häufig gerade die Qualität einer solchen durch den gleichzeitigen Sachmängelhaftungsausschluss. Beide stehen meist in einer Urkunde individuell oder formularmäßig (also vorgedruckt) zusammen. Falls also ein Verkäufer erkennbar für Beschaffenheitsvereinbarungen auf die Angaben des Vorbesitzers, die Papiere oder den Kilometerzähler angewiesen war, erhalten diese stets in Verbindung mit einem Mängelhaftungsausschluss einen **unverbindlicheren** Charakter, der ihnen die **Qualität** einer vertraglich verbindlichen **Beschaffenheitsvereinbarung** in der Regel **nimmt**. Der Fall einer individuellen Beschaffenheitsvereinbarung in Verbindung mit einem formularmäßigen Gewährleistungsausschluss ist eher theoretischer Natur.[686] Der BGH hat jedenfalls im Ergebnis – wenn auch ohne Begründung – trotz Annahme einer nicht eingehaltenen Beschaffenheitsvereinbarung Sachmängelansprüche wegen eines wirksamen Gewährleistungsausschlusses verneint.[687] Nur in den Fällen, wo die Abweichung von der vereinbarten Beschaffenheit die Qualität einer **Falschlieferung** (z.B. falsche Farbe) erreicht, greift der Sachmängelhaftungsausschluss **nicht**.[688]

---

682 BGH NJW 2001, 292; NJW 2004, 1032, 1034.
683 Dafür: Erman/*Grunewald*, § 439 Rn 13; *Reinking*, zfs 2003, 58, m.w.N. auch für die Gegenansicht.
684 Bamberger/Roth/*Schmidt*, § 305b Rn 8.
685 MüKo/*Basedow*, § 305b Rn 9.
686 Vgl. hierzu auch *Hoeven*, ZGS 2002, 10, 13.
687 BGH NJW 1997, 2318; vgl. hierzu *Reinking/Eggert*, Rn 1344, 1577; OLG München OLGR 1992, 113; OLG Köln NZV 1998, 73.
688 AG Menden NJW-RR 2006, 638; AG Aachen NJW-RR 2005, 1143.

e) Einschränkung „soweit bekannt"

Der vorgedruckte Einschub im Kaufvertrag, dass das Fahrzeug „soweit bekannt" auch bei Voreigentümern keinen Unfallschaden erlitten habe, ist beim Privatgeschäft regelmäßig **wirksam** (vgl. Rn 2514 ff.).[689] Als überraschend oder unklar und damit **unwirksam** wurde die Klausel überwiegend nur bei der Verwendung durch **Händler** beurteilt,[690] für die heute beim Verkauf an einen Verbraucher jeder Haftungsausschluss unzulässig ist (§ 475, vgl. Rn 2802).

2770

III. Haftungsausschluss durch Verzicht und Verwirkung

Nimmt ein Händler ein Fahrzeug mit Mängeln entgegen, die bei einer Sicht- und Funktionsprüfung aufgefallen wären oder aufgefallen sind, sieht der BGH[691] darin einen **stillschweigenden Haftungsverzicht**. Ein konkludenter Verzicht oder eine Verwirkung der Ansprüche kommt auch in Betracht, wenn der Käufer das Fahrzeug nach Entdeckung des Mangels so benutzt, dass nach Treu und Glauben der Eindruck entsteht, er wolle die Sache behalten, wie z.b. bei einer Weiterbenutzung über 15 Monate und 50.000 km[692] Laufleistung bzw. bei 2,5 Jahren und 60.000 km[693] Laufleistung.

2774

Das Unterlassen einer Sicht- und Funktionsprüfung beim Einkauf durch einen Händler wird in der Regel von der Rechtsprechung als stillschweigender Haftungsverzicht bewertet.[694] Erfährt der Käufer bei der **Übergabe** von Mängeln, kann einem späteren Rücktritt vom Vertrag wegen dieser Mängel der Einwand der Treuwidrigkeit entgegenstehen.[695] Auch beim Erwerb des geleasten Fahrzeugs durch einen Leasingnehmer nach Ablauf der Leasingzeit durch Annahme des bereits beim Abschluss des Leasingvertrags erklären Kaufangebots des Leasinggebers wird im Wege der ergänzenden Vertragsauslegung die Haftung des Leasinggebers für nach Abschluss des Kaufvertrags auftretende Mängel des Fahrzeugs als ausgeschlossen angesehen, wenn der Leasingvertrag keine gegenteilige ausdrückliche Regelung enthält.[696]

2776

Als **unzulässige Rechtsausübung** betrachtet der BGH[697] schließlich die Verfolgung des Rücktrittsanspruchs, wenn der Käufer das Auto monatelang benutzt, ohne den Mangel zu bemerken und ohne Nachteile zu erleiden, wenn der Fehler vor dem Rücktritt beseitigt wird. Dieser Fall kann wegen des neu eingeführten Nacherfüllungsanspruchs so nicht mehr auftreten. Überhaupt stellen Fälle der Verwirkung bzw. des konkludenten Verzichts seltene Ausnahmen dar. Grundsätzlich darf dem Käufer

2778

---

689 OLG Köln NJW 1999, 2601; LG Zweibrücken MDR 1999, 159; OLG Hamburg DAR 1998, 72.
690 BGH NJW 1998, 2207; KG DAR 1998, 69.
691 BGH NJW 1982, 1700; ähnlich OLG Köln DAR 1973, 326.
692 OLG Frankfurt NJW-RR 1994, 120.
693 OLG Hamm NJW-RR 1998, 1212.
694 BGH NJW 1982, 1700; AG Menden NZV 2003, 194.
695 OLG Celle MDR 2005, 143 f.
696 AG Frankfurt NJW-RR 2004, 486.
697 BGH NJW 1984, 2287.

die normale Weiterbenutzung des Fahrzeugs nicht als widersprüchliches Verhalten entgegengehalten werden, weil die Weiterbenutzung für den Verkäufer regelmäßig günstiger als die Beschaffung eines Ersatzfahrzeugs ist und die Interessen des Verkäufers dadurch gewahrt werden, dass ihm der Käufer Wertersatz für die gezogenen Gebrauchsvorteile schuldet.[698]

---

[698] BGH NJW 1971, 1795; OLG Koblenz MDR 1986, 316.

§ 5 Sonderregelungen zum Verbrauchsgüterkauf

Die §§ 474 ff. begründen für den Gebrauchtwagenkauf eines **Verbrauchers** von einem **Unternehmer** im Wesentlichen folgende Besonderheiten: 2782
- Die **Kernbereiche der Käuferrechte** dürfen nicht im Voraus durch abweichende Vereinbarungen **abbedungen** werden (§ 475 Abs. 1).
- Die **Verjährung** darf nicht auf einen Zeitraum **unter einem Jahr** gekürzt werden (§ 475 Abs. 2).
- Bei einem Mangel, der sich innerhalb von **sechs Monaten** zeigt, wird **vermutet**, dass er bei Übergabe bereits vorgelegen hat (§ 476).
- Im Falle eines **Transports** geht die **Gefahr** des zufälligen Untergangs nicht schon bei Übergabe an die Transportperson auf den Käufer über, sondern erst bei **Übergabe an den Käufer** selbst (§ 474 Abs. 2 i.V.m. § 447).[699]

I. Verbraucher/Unternehmer

Verbraucher ist jede natürliche Person, welche ein Rechtsgeschäft für einen Zweck abschließt, der weder ihrer gewerblichen noch ihrer selbständigen beruflichen Tätigkeit zuzurechnen ist (§ 13). Somit kann ein rechtsfähiger Verein nicht als Verbraucher den Schutz des Verbrauchsgüterkaufs für sich in Anspruch nehmen, auch wenn er mit dem Kauf karitative Zwecke erfüllt. Umstritten ist dies für den nicht rechtsfähigen Verein.[700] Der EuGH[701] hat klargestellt, dass der Verbraucherbegriff sich ausschließlich auf **natürliche** Personen bezieht. 2784

Unternehmer ist jede natürliche oder juristische Person, welche bei Abschluss eines Rechtsgeschäftes in Ausübung ihrer gewerblichen selbständigen beruflichen Tätigkeit handelt (§ 14). Im Zweifel sind Rechtsgeschäfte eines Unternehmers dem Unternehmen zuzuordnen (§ 344 HGB).[702] 2786

Umstritten ist, ob **jeder** Verkäufer, der in Ausübung seiner gewerblichen oder selbständigen beruflichen Tätigkeit **gelegentlich** ein Kfz an einen Verbraucher verkauft (z.B. Ärzte, Landwirte, Architekten und Rechtsanwälte) als **Unternehmer** zu behandeln ist.[703] Aufgrund der zwingenden Vorgabe in Art. 1 Abs. 2 der EG-Richtlinie dürfte es rechtlich nicht zulässig sein, den Unternehmerbegriff auf Autohändler zu beschränken.[704] Es ist 2788

---

[699] AG Miesbach NJW-RR 2005, 422.
[700] Für Verbraucher: *Flume*, ZIP 2000, 1428; dagegen: *Reinking*, DAR 2001, 8, 9; Palandt/*Heinrichs*, § 13 Rn 2.
[701] EUGH NJW 2002, 205.
[702] Palandt/*Heinrichs*, § 14 Rn 2; OLG Koblenz NJW-RR 2004, 345; a.A. *Pfeiffer*, NJW 1999, 169, 173.
[703] Dafür *Reinking*, DAR 2001, 8, 9; Bamberger/Roth/*Faust*, § 474 Rn 12 f.; dagegen AG Bad Homburg NJW-RR 2004, 345; *Brüggemeier*, WM 2002, 1376, 1385; vgl. hierzu auch *Schattenkirchner/Stroich*, DAR 2005, 181, 184.
[704] *Reinking/Eggert*, Rn 1306; *Winkelmann*, in: Schimmel/Buhlmann, Kap. E, Rn 216.

§ 5 Sonderregelungen zum Verbrauchsgüterkauf

aber im Einzelfall darauf abzustellen, ob das Fahrzeug auch tatsächlich **unternehmerisch genutzt** wurde, was z.b. auf eine Zahnärztin nicht zutrifft.[705]

2790 Als Unternehmer handelt auch, wer sein Unternehmen **gründet** und hierzu vorbereitende Geschäfte macht;[706] eine § 507 vergleichbare Bestimmung, die Existenzgründer für Verbraucherdarlehen privilegiert gibt es nicht.

2792 Neben der OHG, KG und Partnergesellschaft unterfällt auch die GbR, die durch ihre Teilnahme am Rechtsverkehr eigene Rechte und Pflichten begründet, dem Unternehmerbegriff.[707]

Vier Beispiele sollen die Abgrenzung erläutern:

2794
- Ein Arbeitnehmer kauft einen Pkw für die Fahrten zur Arbeit: Er handelt als Verbraucher.
- Ein selbständiger Händler erwirbt einen Pkw für den privaten Gebrauch: Er handelt als Verbraucher.
- Ein selbständiger Handwerker erwirbt einen Pkw für seinen Betrieb: Er handelt nicht als Verbraucher.
- Ein selbständiger Rechtsanwalt verkauft ein beruflich angeschafftes und genutztes Fahrzeug. Er handelt als Unternehmer, so dass ein Verbrauchsgüterkauf vorliegt, wenn er an einen Verbraucher verkauft.

2796 Bei **gemischter** Zweckbestimmung ist festzustellen, wo der **Schwerpunkt** liegt.[708] Es kommt nicht auf den inneren Willen der Handelnden an, sondern der Inhalt des Rechtsgeschäftes ist durch Auslegung im Blick auf den persönlichen Zweck und Gebrauch der Kaufsache zu ermitteln. Abzustellen ist auf eine Beurteilung ex ante.[709] Die **Beweislast** für ein Handeln zu **privaten Zwecken** trägt derjenige, der sich auf die Anwendung von Verbraucherschutznormen bezieht.[710] Die **Beweislast** für die **Unternehmereigenschaft** des Verkäufers trägt der **Käufer**, wobei sich die Beweislast bei Verkäufen über das **Internet umkehrt**.[711]

2798 Eine **Käufermehrheit**, bei der eine Person privat und die andere gewerblich handelt, wird es in der Praxis selten geben (z.B. eine Fahrgemeinschaft, die teils beruflich selbständig, teils privat ein Auto anschafft und nutzt). Einen Lösungsansatz bietet die Rechtsprechung zur Kreditvergabe,[712] allerdings mit dem möglichen Ergebnis einer Aufspaltung mit der Folge unterschiedlicher Rechtspositionen der einzelnen Käufer.[713]

---

705 LG Frankfurt NJW-RR 2004, 1208; AG Homburg NJW-RR 2004, 1208; a.A. LG Trier Urt. v. 8.6.2004 – 1 S 87/03 – n.v.; vgl. hierzu auch *Steinmeister*, SVR 2005, 204, 205.
706 BGH NJW 2005, 1273; OLG Düsseldorf NJW 2004, 3192; a.A. OLG München NJW-RR 2004, 913; Palandt/*Heinrichs*, § 14 Rn 3 m.w.N.
707 Dauner-Lieb/Heidel/Lepa/*Ring*, § 12 Rn 11; a.A. HK-BGB/*Dörner*, §§ 13 f. Rn 4.
708 Dauner-Lieb/Heidel/Lepa/*Ring*, § 12 Rn 8; OLG Celle NJW-RR 2004, 1645.
709 Palandt/*Heinrichs*, § 13 Rn 4.
710 OLG Celle NJW-RR 2004, 1645; AG Siegburg NJW-RR 2005, 1583.
711 OLG Koblenz NJW 2006, 1438.
712 BGH WM 1996, 1258.
713 Palandt/*Heinrichs*, § 13 Rn 4.

Dem Käufer, der dem Verkäufer einen gewerblichen Verwendungszweck der Kaufsache **vortäuscht**, ist die Berufung auf die Vorschriften über den Verbrauchsgüterkauf verwehrt.[714]

II. Verbot des Mängelhaftungsausschlusses (§ 475 Abs. 1)

Auf eine vor der Mitteilung eines Mangels an den Verkäufer getroffene Vereinbarung, die zum Nachteil des Verbrauchers von den §§ 433–435, 437, 439–443 und 447–479 abweicht, kann der Unternehmer sich (mit Ausnahme der Schadensersatzansprüche, § 475 Abs. 3) nicht berufen. 2802

Unzulässig sind somit insbesondere: 2804
- Sachmängelhaftungsausschlüsse oder -beschränkungen,[715] auch der Ausschluss des Nacherfüllungsanspruchs,[716]
- Kostenübernahmevereinbarungen zum Nachteil des Käufers,
- ungünstige Beweislastregeln,
- abweichende Gefahrübergangsregelungen,
- Erschwernisse für die Rechtsverfolgung.

Voraussetzungen und Inhalt der Sach- und Rechtsmängelhaftung müssen uneingeschränkt zugunsten des Verbrauchers verbleiben.[717] 2806

Die Vertragsparteien bleiben aber berechtigt, **Beschaffenheitsvereinbarungen** i.S.d. § 434 Abs. 1 S. 1 zu treffen, denn diese sind der primäre Anknüpfungspunkt für die Prüfung der Sachmängelfreiheit. Dies bietet dem Unternehmer die Gelegenheit, durch genaue Beschreibung des Fahrzeugs und dessen Zustands sein Haftungsrisiko trotz des Verbots des Haftungsausschlusses so weit wie möglich zu beschränken. 2808

Die Grenzziehung zwischen **zulässiger Beschaffenheitsvereinbarung** und **unzulässiger Haftungsbeschränkung** ist nicht immer leicht.[718] 2810

Es ist abzustellen auf **den Anlass** für die Beschaffenheitsvereinbarung und deren **Konkretheit**.[719]

Der Mangel oder das Mangelrisiko muss **konkret** beschrieben werden. Dann ist es auch im Rahmen eines Verbrauchsgüterkaufs weiterhin möglich, einvernehmlich einen nicht voll funktionstauglichen Gebrauchtwagen zu erwerben, ohne dass entgegen der Vereinbarung Ansprüche des Käufer ausgelöst werden.[720] Hierzu eignen sich Mängellisten und Befundberichte am besten.[721] Zulässig ist es auch, auf qualitative 2812

---

714 BGH DAR 2005, 211.
715 LG Dessau DAR 2003, 119.
716 Staudinger/*Matusche-Beckmann,* § 475 Rn 31.
717 Henssler/Graf von Westphalen/*Graf von Westphalen,* § 475 Rn 5.
718 Vgl. bereits Rn 1430; *Reinking/Eggert,* Rn 1210 ff.; Bamberger/Roth/*Faust,* § 475 Rn 8–10.
719 *Eggert,* zfs 2001, 295, 296.
720 *Kainer,* AnwBl 2001, 380, 388; *Pfeiffer,* ZGS 2002, 23, 32.
721 *Eggert,* VA 2002, 33, 34; *Reinking/Eggert,* Rn 1218.

Schwachstellen eines Modells hinzuweisen, die sich demnächst auswirken können, wie z.b. „Bei diesem Modell ist erfahrungsgemäß damit zu rechnen, dass nach 100.000 km das Automatikgetriebe gewechselt werden muss."

2814 Auch das Risiko eines Unfallvorschadens kann einvernehmlich vom Verbraucher übernommen werden, wenn dies in **transparenter** Weise individuell – also nicht vorgedruckt oder in AGB – im Vertrag z.B. unter ausdrücklichem Hinweis auf eine nicht durchgeführte Untersuchung auf Mängel und Unfallschäden vereinbart wird.[722] Man wird den Maßstab anlegen können und müssen, den die Rechtsprechung zur alten Rechtslage für die Frage herangezogen hat, mit welcher vertraglichen Vereinbarung sich der Händler von seiner Haftung wegen einer nicht durchgeführten Gebrauchtwagenuntersuchung befreien konnte.[723]

2816 Entscheidend ist allerdings, dass die Vereinbarung auch eine **objektive Grundlage** hat. Andernfalls liegt ein Umgehungstatbestand i.S.d. § 475 Abs. 1 S. 2 vor. Unzulässig sind demnach z.B.:

- Vereinbarungen wie „es wird als vertragliche Beschaffenheit vereinbart, dass altersbedingt mit baldigen Reparaturen zu rechnen ist",[724] oder „der Kaufgegenstand wird so geschuldet, wie er steht und liegt",[725] oder „der Pkw hat optische und technische Mängel",[726]
- ein vorgedruckter Hinweis im Formularvertrag oder den AGB's, es handele sich um ein „Schrottfahrzeug", wenn der Zustandsbericht das Gegenteil ausweist,[727]
- der Verkauf eines fahrbereiten Autos als „Bastlerfahrzeug",[728] oder „rollender Schrott".[729]

Das gilt auch dann, wenn ein Preisnachlass „für diverse Mängel" gewährt wird.[730]

2818 Abzulehnen ist dagegen die Auffassung,[731] beschreibende Klauseln dürften die Sache **schlechter** machen, als sie ist. Unzulässig ist also z.B. der Verkauf eines neuen Fahrzeugs als gebraucht[732] oder eines rostfreien Gebrauchtfahrzeugs als durchrostet. Darin ist eine **Umgehung** i.S.d. § 475 Abs. 1 S. 2 zu sehen (vgl. Rn 2864 ff.).

2820 Beruft sich der Käufer auf eine unzulässige Vertragsklausel, bleiben die übrigen Bestimmungen des Vertrages wirksam,[733] insbesondere auch die für den Käufer vorteil-

---

[722] *Westermann*, JZ 2001, 530, 536.
[723] Hierzu OLG Köln NZV 1998, 466.
[724] Bamberger/Roth/*Faust*, § 475 Rn 10.
[725] *Kesseler*, ZRP 2001, 70, 71.
[726] AG München DAR 2004, 158.
[727] AG Zeven DAR 2003, 379.
[728] *Hermanns*, zfs 2001, 437, 438; AG Marsberg DAR 2003, 322; OLG Oldenburg DAR 2004, 92; näher differenzierend *Müller*, NJW 2003, 1975, 1977.
[729] Vgl. hierzu *Müller*, NJW 2003, 1975, 1977 f.
[730] *Reinking*, DAR 2002, 15, 22.
[731] Bamberger/Roth/*Faust*, § 475 Rn 9; wie hier Staudinger/*Matusche-Beckmann*, § 475 Rn 58.
[732] Erman/*Grunewald*, § 475 Rn 8.
[733] Henssler/Graf von Westphalen/*Graf von Westphalen*, § 475 Rn 8.

haften Absprachen, selbst dann, wenn diese mit der nachteiligen Regelung verknüpft waren[734] (z.B. Preisnachlass wegen diverser Mängel).

III. Beweislastumkehr (§ 476)

Zeigt sich innerhalb von **sechs Monaten** seit Gefahrübergang ein **Sachmangel**, so wird **vermutet**, dass die Sache bereits bei **Gefahrübergang** mangelhaft war, es sei denn, diese Vermutung ist mit der **Art der Sache** oder des **Mangels** unvereinbar.[735] 2824

Im Ergebnis handelt es sich um eine Rückwirkungsvermutung. 2826
Der Käufer muss weiterhin nachweisen:
- einen wirksamen Kaufvertrag (und zwar einen Verbrauchsgüterkaufvertrag),
- die gegenwärtige Mangelhaftigkeit,
- das Auftreten des Mangels innerhalb von sechs Monaten.

Liegen diese Voraussetzungen vor, braucht der Käufer nicht mehr den Nachweis zu erbringen, dass der Mangel **auch zum Zeitpunkt des Gefahrübergangs** vorlag. Die Rückwirkungsvermutung kann dann nur noch durch den Nachweis des Verkäufers widerlegt werden, dass der Fehler zum Zeitpunkt des Gefahrübergangs **nicht** vorhanden war.[736] 2828

> *Praxistipp*
> Der Käufer darf diesen Nachweis nicht dadurch vereiteln, dass er das mangelhafte Teil von der ausbauenden Werkstatt nicht aufbewahren lässt.[737]

Die Bestimmung gilt nur für Sach-, nicht für Rechtsmängel. Auch ohne ausdrückliche Regelung gilt sie wegen der Einordnung in Untertitel 3 nur für Verbrauchsgüterkäufe.[738] 2830

Die Sechsmonatsfrist beginnt mit der Übergabe des Fahrzeugs (§ 446) oder mit dem Zeitpunkt des Annahmeverzugs des Käufers.[739] Von der Rechtsprechung zu klären sein wird die sich auch für die Verjährung stellende Frage (vgl. Rn 2920), ob die Sechs-Monats-Frist mit erfolgter Nacherfüllung neu zu laufen beginnt.[740] 2832

Der Mangel muss sich innerhalb von sechs Monaten **nach** Gefahrübergang „zeigen". Zeigt sich der Mangel bei der Übergabe, bedarf der Verbraucher der Beweislastumkehr nicht.[741] Nach Gefahrübergang zeigt sich der Mangel aber auch dann, wenn er 2834

---

734 *Reinking,* DAR 2002, 15, 22.
735 Eine unzumutbare Belastung für den Verkäufer sehen darin *Ehmann/Rust,* JZ 1999, 857.
736 *Reinking,* DAR 2002, 15, 23.
737 BGH NJW 2006, 434.
738 Anwk-BGB/*Büdenbender,* § 476 Rn 6.
739 Anwk-BGB/*Büdenbender,* § 476 Rn 10; Palandt/*Putzo,* § 476 Rn 6; a.A. *Gsell,* JZ 2001, 65, 74.
740 Vgl. hierzu *Reinking,* zfs 2003, 57, 63.
741 OLG Stuttgart DAR 2005, 91, 92.

im Fall einer eingehenden Untersuchung schon bei der Übergabe hätte entdeckt werden können.[742]

„**Sich zeigen**" heißt, dass der Mangel optisch oder infolge Gebrauchs erkennbar oder deutlich wird. Es genügt nicht, dass er verborgen in der Sache angelegt war und sich erst **nach** dem Ablauf von sechs Monaten zeigt.[743] Es genügt allerdings auch, dass der Käufer innerhalb von sechs Monaten einen Mangel zufällig oder im Rahmen einer Untersuchung „entdeckt", der Mangel muss sich also nicht unbedingt „von sich aus" zeigen.[744]

2836 Andererseits ist nicht Voraussetzung, dass der Mangel dem Verkäufer auch innerhalb von sechs Monaten **angezeigt** wird.[745] Zur Vermeidung von Beweisschwierigkeiten ist dies jedoch zu empfehlen.

2838 Die Rückwirkungsvermutung tritt nicht ein, wenn sie mit der **Art der Sache** (z.B. bei Lebensmitteln mit einer kürzeren Verfallzeit als sechs Monaten) oder des **Mangels** (z.B. bei einer zerbrochenen Vase) unvereinbar ist. Die Darlegungs- und Beweislast hierfür trägt der **Verkäufer**.[746] Als Beispiel bezeichnet die amtliche Begründung[747] insbesondere Kaufverträge über gebrauchte Sachen. Andererseits steht außer Frage, dass die Rückwirkungsvermutung auch für **gebrauchte** Sachen gilt.[748] Einschränkungen wegen der Art des Mangels sind in der Regel angebracht,
- wenn technisch feststeht, dass der Mangel bei Gefahrübergang nicht vorhanden gewesen sein kann (z.B. bei einem Defekt in einem erst später eingebauten Teil),[749]
- wenn feststeht, dass der Mangel seiner Natur nach erst im Laufe der Zeit – also nach Gefahrübergang – eingetreten sein muss (z.B. bei einem geplatzten Reifen),[750]
- wenn der Käufer vom Hersteller vorgeschriebene Wartungsmaßnahmen nicht hat durchführen lassen und dies für den Mangel ursächlich geworden sein kann,[751]
- wenn es sich um eine äußerliche Beschädigung handelt, die auch dem fachlich nicht versierten Käufer bei Übergabe hätte auffallen müssen.[752]

Dagegen ist die Rückwirkungsvermutung nicht schon deshalb mit dem Mangel unvereinbar, wenn dieser typischerweise **jederzeit** auftreten kann und deshalb keinen hin-

---

742 BGH NJW 2005, 3490.
743 Anwk-BGB/*Büdenbender*, § 476 Rn 11.
744 *Reinking*, DAR 2002, 8, 15.
745 *Kainer*, AnwBl 2001, 380 384.
746 *Reinking/Eggert*, Rn 1313; a.A. Henssler/Graf von Westphalen/*Graf von Westphalen*, § 476 Rn 9.
747 BT-Drucks 14/6040, 245.
748 *Reinking*, zfs 2002, 7; Palandt/*Putzo*, § 476 Rn 3; OLG Köln NJW-RR 2004, 268.
749 *Hänlein*, DB 1999, 2393, 2396.
750 *Kainer*, AnwBl 2001, 380, 385.
751 *Reinking*, DAR 2002, 15, 23.
752 BGH DAR 2006, 259, 260.

III. Beweislastumkehr (§ 476) § 5

reichend sicheren Rückschluss darauf zulässt, dass er schon beim Gefahrübergang vorhanden war.[753]

Der Ausnahmetatbestand bezüglich der „Art des Mangels" wird vor allem bei Defekten von **Verschleißteilen**[754] relevant.[755] Eine einfache Verschleißerscheinung lässt nicht den Schluss zu, dass ein Mangel bei Gefahrübergang vorhanden war.[756] Wie die Darlegungs- und Beweislast hier zu verteilen ist, ist streitig: 2840

Einerseits wird vertreten,[757] es sei Sache des Käufers, für den sich innerhalb von sechs Monaten zeigenden Mangel bereits umfassend nachzuweisen, dass kein normaler Verschleiß vorliegt, sondern ein über den Normalzustand hinaus gehender Mangel. Diese Beweislast des Käufers entfällt nur, wenn der Defekt nicht auf Verschleiß beruht. Hierzu muss der Käufer eine andere technische Ursache für den Mangel beweisen. 2842

Demgegenüber wird darauf hingewiesen,[758] dass dieser Nachweis einer anderen technischen Ursache als Verschleiß (z.B. eines Fabrikationsfehlers) praktisch den Nachweis des Zeitpunktes des Mangels bei Übergabe zwangsläufig mit einschließe, der durch die Rückwirkungsvermutung ihm gerade erspart werden soll. Die Rückwirkungsvermutung laufe damit praktisch leer. Es könne daher vom Käufer nicht erwartet werden, den Beweis einer anderen Ursache als Verschleiß führen zu müssen. Die Rückwirkungsvermutung müsse der Regelfall bleiben.[759] 2844

Dem Gesetz und den Entwurfsmaterialien[760] ist für eine so weit gehende Beweisvermutung zugunsten des Käufers aber nichts zu entnehmen. Vielmehr hat sich der federführende Entwurfsverfasser[761] ausdrücklich gegen eine Überschätzung dieser Beweisvermutung ausgesprochen. Es muss sich ein **Sachmangel** zeigen, denn der Gesetzestext spricht nicht von einem „Defekt" oder Ähnlichem. Verschleißbedingte Defekte stellen nicht unbedingt einen Sachmangel dar (vgl. Rn 1458 ff. u. 2536 ff.). Es ginge zu weit, bei jedem Defekt innerhalb von sechs Monaten vom Verkäufer den Nachweis zu erwarten, dass der Defekt auf normalem Verschleiß beruht, also kein Mangel vorliegt.[762] Der BGH[763] hat daher eine Klage wegen fahrlässiger Beweisvereitelung abgewiesen, bei der das defekte Teil weggeworfen und daher nicht mehr auf normalen Verschleiß oder Mangel untersucht werden konnte. 2846

Der Käufer muss das **Auftreten eines Sachmangels** innerhalb von sechs Monaten darlegen und beweisen. Ein verschleißbedingter Defekt stellt nur **ausnahmsweise** ei- 2850

---

753 BGH NJW 2005, 3490; BGH NJW 2006, 1195 = DAR 2006, 259, 260.
754 Vgl. Rn 2536.
755 Henssler/Graf von Westphalen/*Graf von Westphalen*, § 476 Rn 7.
756 *Westermann*, NJW 2002, 242, 252; Palandt/*Putzo*, § 476 Rn 10; *Steinmeister*, SVR 2005, 204, 208.
757 Henssler/Graf von Westphalen/*Graf von Westphalen*, § 476 Rn 9 u. 10.
758 *Reinking*, DAR 2001, 8, 14.
759 *Kessler*, ZRP 2001, 70, 71.
760 BT-Drucks 14/6040, 245.
761 *Schmidt-Räntsch*, ZIP 1998, 849, 852.
762 Henssler/Graf von Westphalen/*Graf von Westphalen*, § 476 Rn 10; AG Neukölln SVR 2004, 431.
763 BGH NJW 2006, 434 = DAR 2006, 78.

nen Sachmangel dar. Es ist daher technisch zunächst zu klären, ob ein Defekt **überhaupt** auf **Verschleiß** beruht (vgl. Rn 2536 ff.). Das wird z.B. verneint bei einem Kabelbrand,[764] bei einem Katalysatordefekt,[765] und bei einem Bruch der Ventilfeder eines Zylinders,[766] so dass ein Sachmangel bejaht wird und die Rückwirkungsvermutung eingreift.

2852 Dagegen lässt das LG Hanau[767] ausdrücklich offen, ob Löcher in einem alten Wohnmobil einen Sachmangel i.S.d. § 434 darstellen, verwehrt dem Käufer aber die Rückwirkungsvermutung des § 476 mit folgender Überlegung:

2854 Bei den geltend gemachten Mängeln handele es sich um solche, welche infolge Verschleißes kurzfristig auftreten **können**. Allein diese konkrete Möglichkeit erfülle den Tatbestand, dass die Rückwirkungsvermutung mit der Art der Sache nicht vereinbar sei.

2855 Der BGH[768] geht noch weiter und verneint die Rückwirkungsvermutung in einem Fall, wo als wahrscheinliche Ursache für einen Motorschaden ein zu lockerer Zahnriemen (also kein Verschleiß) festgestellt wurde, der Gutachter aber auch als Ursache einen fehlerhaften Gangwechsel, also einen Bedienungsfehler des Fahrers nicht ganz ausschließen konnte. Die Vermutungsregel soll sich also **nur** auf den **Zeitpunkt** des Bestehens des nach Gefahrübergang aufgetretenen Mangels beziehen, nicht aber so verstanden werden können, dass ein Mangel, der in seiner konkreten Ausgestaltung (Motorschaden) erst **nach** Gefahrübergang eingetreten ist, z.Z. des Gefahrübergangs bereits **veranlagt** war (defekter Zahnriemen).
Es ist sehr fraglich, ob der BGH damit dem Zweck des § 476 gerecht wird und die Instanzgerichte dieser Auffassung folgen werden.[769] Die Rückwirkungsvermutung des § 476 betrifft nicht nur den **Zeitpunkt** des Vorliegens eines Sachmangels, sondern gerade auch die Frage, ob der nach Gefahrübergang aufgetretene Folgemangel (Motorschaden) auf einen bereits bei Gefahrübergang vorliegenden Grundmangel (defekter Zahnriemen) zurückzuführen ist.[770] Nach dem Wortlaut des § 476 wird gerade nicht vermutet, dass der **aufgetretene** Sachmangel bei Gefahrübergang vorhanden war, sondern „dass die Sache bereits bei Gefahrübergang mangelhaft war".
Inzwischen spricht der BGH[771] auch schon nur noch davon, dass die Beweislastumkehr sich nicht auf die „**Ursache**" eines sich innerhalb von 6 Monaten zeigenden Mangels erstrecken darf. Stellt diese „Ursache" selbst bereits technisch einen Mangel dar, ist die rein **zeitliche** Komponente des BGH durchbrochen. Dies deutet sich auch schon

---

[764] AG Marsberg DAR 2003, 322.
[765] AG Zeven DAR 2003, 379; AG Offenbach SVR 2004, 432.
[766] OLG Köln DAR 2004, 91.
[767] NJW-RR 2003, 1561.
[768] BGH DAR 2004, 515.
[769] *Reinking*, AnwBl 2004, 607, 611.
[770] *Lorenz*, NJW 2004, 3020; *Steinmeister*, SVR 2006, 204, 209.
[771] BGH NJW 2006, 434, 436.

III. Beweislastumkehr (§ 476) § 5

darin an, dass er für diesen Fall eine ausführliche Hilfsbegründung gibt (Beweisvereitelung durch Wegwerfen des Ersatzteils).[772]

Die theoretische Möglichkeit eines **Bedienungsfehlers** durch den Fahrer darf einer Anwendung von § 476 jedenfalls nicht entgegenstehen.[773] Eine verbraucherfreundlichere Linie schlägt der BGH[774] auch ein, wenn er für einen Karosserieschaden die Rückwirkungsvermutung bejaht, solange es sich um eine Beschädigung handelt, die auch dem fachlich versierten Käufer bei Übergabe nicht hätte auffallen müssen.[775]

Noch nicht geklärt ist abschließend, ob der Verkäufer zur Entkräftung der Rückwirkungsvermutung nur eine „**Gegenwahrscheinlichkeit**" nachweisen muss, also Tatsachen, die ernstliche Zweifel darüber begründen, dass der Mangel z.Z. der Übergabe vorhanden war,[776] oder den **Vollbeweis** (§ 292 ZPO).[777] 2856

Diesen Nachweis, dass der Mangel z. Z. der Übergabe noch nicht vorgelegen hat, kann der Verkäufer insbesondere durch einen **Befund**- oder **Zustandsbericht** oder auch ein **Mängelprotokoll** führen. Hieraus muss ersichtlich sein, dass der betreffende Fahrzeugteil auch tatsächlich geprüft wurde.[778] Jeder Fehler im Protokoll (auch bezüglich anderer Schäden) kann ihm seine Beweiskraft nehmen.[779] Der Verkäufer muss aber nicht beweisen, **wodurch** und **wie** der Sachmangel **später** aufgetreten ist.[780] 2858

Die Rückwirkungsvermutung gilt für **alle** Verbrauchsgüterkäufe, also auch für Verkäufe durch andere Unternehmen als Gebrauchtwagenhändler (vgl. bereits oben Rn 2788). Sie beruht zwar auf der Überlegung, dass es dem Verkäufer aufgrund seiner Kenntnis des Produkts viel eher als dem Verbraucher möglich ist, die Vertragsmäßigkeit nachzuweisen.[781] Aufgrund der zwingenden Vorgabe in Art. 1 Abs. 2 der EG-Richtlinie besteht jedoch für die Rechtsprechung trotz einer inzwischen gegenteiligen Entscheidung[782] keine Möglichkeit zur Beschränkung des Unternehmerbegriffs auf Autohändler.[783] Die Beweislastumkehr muss also auch dann gelten, wenn z.B. ein selbständiger Rechtsanwalt sein beruflich genutztes Auto an einen Kfz-Meister zum Zwecke der privaten Nutzung veräußert.[784] 2860

---

772 BGH NJW 2006, 434, 436.
773 OLG Frankfurt DAR 2005, 339.
774 BGH NJW 2005, 3490; hierzu *Witt,* NJW 2005, 3486; BGH NJW 2006, 1195.
775 Vgl. auch OLG Stuttgart DAR 2005, 91, 93 m.w.N.
776 OLG Stuttgart ZGS 2005, 156; *Reinking/Eggert,* Rn 1313.
777 OLG Celle NJW 2004, 3566; Palandt/*Putzo,* § 476 Rn 8 a.
778 AG Potsdam DAR 2003, 179.
779 OLG Stuttgart DAR 2005, 91, 93.
780 Palandt/*Putzo,* § 476 Rn 8 a.
781 *Staudenmayer,* NJW 1999, 2394, 2396.
782 AG Bad Homburg NJW-RR 2004, 345.
783 *Reinking,* DAR 2001, 8, 9; *Reinking/Eggert,* Rn 1306; Schimmel/Buhlmann/*Winkelmann,* Kap. E Rn 216.
784 *Reinking,* DAR 2001, 8, 14.

IV. Umgehungstatbestände

2864 Die Bestimmungen zum Verbrauchsgüterkauf gelten auch für Vertragsgestaltungen, durch welche eine **Umgehung** der die Verbraucher schützenden Bestimmungen beabsichtigt ist (§ 475 Abs. 1 S. 2). Eine Umgehung ist immer dann zu bejahen, wenn eine vom Gesetz verbotene Regelung bei gleicher Interessenlage durch eine andere rechtliche Gestaltung erreicht werden soll, die objektiv nur den Sinn haben kann, den gesetzlichen Verbotstatbestand zu vermeiden und ihm zu entgehen.[785] Eine Umgehungsabsicht ist nicht erforderlich.[786]

1. Beispiele für Umgehungen

2866 Unzulässige Umgehungsversuche[787] sind insbesondere:
- Abreden über einzelne Tatbestandsmerkmale, die über zulässige **Beschaffenheitsvereinbarungen** hinaus gehen[788] (Beispiel: „Fahrzeuge zum Ausschlachten" bei einem Pkw, der zum Fahren genutzt werden soll),
- der Verkauf eines Neufahrzeugs als **gebraucht**,[789]
- der handschriftliche Zusatz „**von privat**" durch Kfz-Händler, der seine AGB beifügt,[790]
- die Erklärung des Käufers, dass ihm der Zustand der Kaufsache bei Vertragsabschluss **bekannt** war (mit der Folge des Haftungsausschlusses nach § 442),[791]
- offene oder verdeckte **Vertragsstrafen** für den Fall der Ausübung von Käuferrechten[792] (Beispiel: „Falls der Käufer aus Gewährleistungsrechten vorgeht, wird eine Garantiegebühr von 500 EUR fällig"),
- **Umformulierungen**, **Fiktionen**[793] (z.B. „der Käufer ist damit einverstanden, gegen einen Preisnachlass von 500 EUR rechtlich wie ein Unternehmer behandelt zu werden"),
- der **systematische** gewerbliche Verkauf über private **Strohmänner**,
- die Veranlassung des Käufers (etwa durch einen Preisnachlass), den Pkw nicht wie geplant als Verbraucher, sondern zum **Schein** für sein **Unternehmen** zu kaufen,
- der ausdrückliche **Verzicht** des Käufers auf Sachmängelansprüche,
- die **Abtretung** von Sachmängelansprüchen an den Verkäufer oder eine dritte – dem Verkäufer nahestehende – Person.

---

785 BGH NJW 2005, 1645.
786 Henssler/Graf von Westphalen/*Graf von Westphalen*, § 475 Rn 10; *Müller*, NJW 2003, 1975, 1976.
787 Vgl. hierzu *May*, DAR 2004, 557; *Steinmeister*, SVR 2005, 204, 205 ff.; Staudinger/*Matusche-Beckmann*, § 475 Rn 42 ff.
788 Vgl. Rn 1430 ff. u. 2816 ff.; *May*, DAR 2004, 557, 558 ff.
789 Erman/*Grunewald*, § 475 Rn 8; a.a. Bamberger/Roth/*Faust*, § 475 Rn 9.
790 AG München DAR 2004, 158.
791 Bamberger/Roth/*Faust*, § 475 Rn 6.
792 Anwk-BGB/*Büdenbender*, § 475 Rn 4.
793 Anwk-BGB/*Büdenbender*, a.a.O.; AG Zeven DAR 2003, 379.

Stellt sich der Verbraucher dem Händler als Unternehmer vor, kommt es darauf an, ob **2868** der Händler dennoch die Verbrauchereigenschaft **kannte** oder **kennen musste**.[794] Täuscht der Käufer einen gewerblichen Verwendungszweck vor, kann er sich nicht auf § 13 und § 475 berufen.[795]

Ob bereits darin eine Umgehung gesehen werden kann, dass z.B. ein Rechtsanwalt **2870** seinen für die Praxis gekauften und genutzten Pkw zunächst an die Ehefrau verkauft (steuerpflichtige Privatentnahme) und diese den Pkw dann weiterveräußert, ist zweifelhaft.[796] Eine Umgehung wird jedenfalls für den Fall verneint, dass von der Ehefrau oder der anderen zwischengeschalteten Privatperson das Fahrzeug vor dem Verkauf wenigstens für eine Übergangszeit von sechs Monaten gehalten wird.[797]

2. Umgehung durch Agenturgeschäfte

Agenturgeschäfte (vgl. Rn 2970 ff.), bei denen der Unternehmer nicht selbst als Ver- **2874** käufer auftritt, sondern den Verkauf für einen Dritten (Verbraucher) vermittelt, führen dazu, dass die Regeln des Verbrauchgüterkaufs nicht anzuwenden sind, der Verkäufer also insbesondere die Beweislastumkehr des § 476 nicht gegen sich gelten lassen muss und die Sachmängelhaftung ausschließen kann. Ein Aufblühen dieser Vertragsform wurde daher erwartet[798] und ist auch in der Praxis zu beobachten.

Eine **systematische** Umstellung auf Agenturgeschäfte, insbesondere ohne Rücksicht **2878** auf die Interessen des einliefernden Kunden, wäre eine unzulässige Umgehung.[799] Solche konkreten Feststellungen werden sich in der Regel nicht treffen lassen. Eine zusätzliche gesetzliche Bestimmung, dass die Vorschriften des Gebrauchsgüterkaufs auch gelten, wenn der Unternehmer im Auftrag eines Kunden verkauft, wird daher für wünschenswert gehalten.[800]

Ein Umgehungsgeschäft liegt vor, wenn bei wirtschaftlicher Betrachtungsweise der **2879** Gebrauchtwagenhändler als der **Verkäufer** des Fahrzeugs anzusehen ist.[801] Entscheidende Bedeutung kommt hierbei der Frage zu, ob der Händler oder der als Verkäufer in Erscheinung tretende Eigentümer das **wirtschaftliche Risiko** des Verkaufs zu tragen hat. Sinnvolle Motive für das Agenturgeschäft können für den Verkäufer die Vermeidung fester Ankaufspreise, die fehlende finanzielle Möglichkeit, einen größeren Gebrauchtwagenstand vorzufinanzieren oder die Begrenzung des Haftungsrisikos

---

794 *Müller*, NJW 2003, 1975, 1979 m.w.N.
795 BGH DAR 2005, 211.
796 Verneinend: *Reinking*, DAR 2001, 8, 10; Staudinger/*Matusche-Beckmann*, § 475 Rn 50.
797 Schimmel/Buhlmann/*Winkelmann*, Frankfurter Handbuch, S. 529 f.
798 *Reinking* DAR 2001, 8, 10.
799 *Reinking*, DAR 2002, 15, 22.
800 *Reinking*, DAR 2001, 8, 10.
801 BGH MDR 2005, 568; OLG Stuttgart DAR 2004, 588; *May*, DAR 2004, 557, 561 f.; *Reinking*, AnwBl 2004, 607, 608.

im Verhältnis zum Kunden sein, der sein Fahrzeug in Zahlung gibt.[802] Steuerliche Vorteile sind dagegen im Regelfall nicht mehr gegeben.

Bei ordnungsgemäßer transparenter Abwicklung stellt das Agenturgeschäft somit **keine Umgehung** dar, wenn der **private Verkäufer** rechtlich und wirtschaftlich die **Verkaufsrisiken** und -**chancen** hat. Die Beweislast für ein Vermittlungsgeschäft trägt im Zweifel der Händler, der ein Eigengeschäft bestreitet.[803]

2881 Ein Agenturgeschäft **kann** also, **muss** aber **nicht** ein unzulässiges Umgehungsgeschäft sein.[804] Mehr oder weniger starke **Indizien** für einen **Umgehungstatbestand** sind,

- dass der Verkäufer den Pkw tatsächlich bereits **angekauft** hat, also in Wirklichkeit nicht vermittelt,
- dass der Einlieferer über die Konsequenz des Vermittlungsgeschäfts im **Unklaren** gelassen wurde, insbesondere über die Tatsache, dass nicht der Händler, sondern eine dritte Person Vertragspartner wird oder werden soll (Beispiel: der Händler erklärt dem Einlieferer, der Agenturvertrag habe für beide Vorteile, der Verkäufer erhalte aber auf jeden Fall auch ohne Weiterverkauf spätestens nach drei Wochen seinen Kaufpreis),
- dass eine **Anzahlung** oder **Gesamtzahlung** des Mindestpreises des Händlers an den Einlieferer erfolgt,[805]
- ein Weiterverkauf **unter** dem mit dem Einlieferer vereinbarten **Mindestpreis**,
- die **systematische** Werbung mit „Ankauf zu Höchstpreisen" u.Ä., die agenturmäßige Inzahlungnahme **ohne Provisionsvereinbarung**,
- die komplette **Abtretung** des Kaufpreisanspruchs vom Verkäufer an den „Vermittler" (unschädlich ist dagegen eine Einziehungs- bzw. Inkassoermächtigung),
- die Eintragung eines **Verwandten** des Händlers im Kfz-Brief, der kein Händler ist und Verkäufer sein soll,[806]
- die Vereinbarung der **Differenzbesteuerung** gem. § 25a UStG im Vermittlungsvertrag,[807]
- wenn der Vermittler auf seine Rechnung ein Fahrzeug des Käufers **in Zahlung nimmt**.

Praxistipp
Besteht der Verdacht, dass der Händler einen privaten Verkäufer „vorschiebt", empfehlen sich zur Verbesserung der Beweissituation Nachforschungen bezüg-

---

802 Solche Motive bezweifelt *Schellhammer*, MDR 2002, 301, 307.
803 BGH NJW-RR 1992, 1010.
804 Bamberger/Roth/*Faust*, § 474 Rn 7; *Eggert*, VA 2002, 33, 34; *Reinking/Eggert*, Rn 1133 ff.; *Steinmeister*, SVR 2005, 2404, 206; *Jauernig*, § 475 Rn 6; *Müller*, NJW 2003, 1975, 1978 (m.w.N. zu abweichenden Auffassungen); BGH MDR 2005, 568; AG Hamburg-Altona NJW-RR 2004, 413; OLG Stuttgart DAR 2004, 588.
805 Für ein Eigengeschäft lässt dies der BGH NJW 1980, 2185 allein als Indiz nicht ausreichen; für ein nur schwaches Indiz hält dies auch *Müller*, NJW 2003, 1975, 1979.
806 *Müller*, NJW 2003, 1975, 1979.
807 *Müller*, NJW 2003, 1975, 1979.

lich der Kriterien gemäß Rn 2881, z.B. durch ein Telefonat mit dem Vorbesitzer oder durch eine weitere Testkaufverhandlung zwecks Feststellung, ob der Händler dieselbe Person auch bei einem weiteren Vertrag als Verkäufer benennt (diese Praxis ist vor allem auf Automärkten zu beobachten).

Ein **Finanzierungsleasingvertrag** zwischen einem Leasinggeber und Leasingnehmer mit Verbrauchereigenschaft, der im Rahmen der leasingtypischen Abtretungskonstruktion die Abtretung der kaufrechtlichen Gewährleistungsansprüche des Leasinggebers gegen den Lieferanten der Leasingsache an den Leasingnehmer (ohne den Schutz des Verbrauchsgüterkaufrechts) vorsieht, ist **kein** Umgehungsgeschäft i.S.d. § 475 Abs. 1 S. 2.[808] Der Lieferant kann sich auf einen mit dem Leasinggeber vereinbarten Sachmängelhaftungsausschluss berufen, der Leasingnehmer kann seine mietrechtlichen Ansprüche gegen den Leasinggeber geltend machen. 2882

Die Rechtsfolge eines Verstoßes gegen § 475 Abs. 1 S. 2 ist die Haftung des **Verkäufers** nach den Vorschriften des Verbrauchsgüterkaufs. Ob als solcher dann der vermittelnde Händler oder der Voreigentümer anzusehen ist, ist noch ungeklärt.[809] Es wird erwogen, von zwei Kaufverträgen (Voreigentümer/Händler und Händler/Verbraucher) auszugehen,[810] jedenfalls dem vermittelnden Händler die Sachmängelhaftung eines Eigenhändlers aufzuerlegen.[811] 2884

Praxistipp
Bis zur obergerichtlichen Klärung dieser Frage sollten stets **beide**, also sowohl der vermittelnde Händler als auch der Voreigentümer, in Anspruch genommen werden, insbesondere **beiden** die **Frist zur Nacherfüllung** gesetzt werden.

---

808 BGH NJW 2006, 1066.
809 Vgl. hierzu *Müller,* NJW 2003, 1975, 1980.
810 OLG Stuttgart NJW 2004, 2169.
811 *Reinking/Eggert,* Rn 1140.

§ 6 Verjährung

2890 Die Ansprüche des Gebrauchtwagenkäufers aus § 437 verjähren grundsätzlich in zwei Jahren (§ 438 Abs. 1 Nr. 3), also auch alle Ansprüche auf Schadensersatz mit folgenden Ausnahmen:

2892 Bei arglistiger Täuschung gilt die regelmäßige Frist (§ 195) von drei Jahren (§ 438 Abs. 3), ebenso für die Ansprüche aus einer Garantie i.S.d. § 443[812] und die aus § 280 i.V.m. § 311 Abs. 2 (culpa in contrahendo)[813] (zur Konkurrenz vgl. Rn 2060).

2894 Rücktritt und Minderung (§ 437 Nr. 2) unterliegen als Gestaltungsrecht nicht der Verjährung, sind jedoch nach §§ 438 Abs. 4 S. 1 und Abs. 5, 218 Abs. 1 S. 1 unwirksam, wenn der Anspruch auf Leistung oder Nacherfüllung verjährt ist und der Schuldner sich darauf beruft.

I. Abweichende Vereinbarung

2898 Im voraus vereinbarte Abweichungen sind – mit folgenden Ausnahmen – grundsätzlich zulässig (§ 202):
- Bei Haftung wegen Vorsatz (§ 202 Abs. 1), arglistiger Täuschung und Übernahme einer Beschaffenheitsgarantie (§ 444) ist jede Verkürzung unzulässig.
- Bei Haftung wegen Körperschäden aufgrund fahrlässiger und wegen sonstiger Schäden bei grob fahrlässiger Pflichtverletzung ist die Verkürzung durch AGB unzulässig (§ 309 Nr. 7).
- Beim Verbrauchsgüterkauf gebrauchter Sachen darf die Frist darüber hinaus auch für die sonstige Sachmängelhaftung nicht unter ein Jahr verkürzt werden. (§ 475 Abs. 2).

2900 *Praxistipp*
Da die Verkürzung der Verjährungsfrist von zwei Jahren für neue Sachen ganz unzulässig ist, besteht die Tendenz von Pkw-Verkäufern, neue Fahrzeuge als „gebrauchte" zu verkaufen,[814] z.B. die Vereinbarung, das Fahrzeug sei schon zugelassen gewesen, ein Auslaufmodell oder habe eine Standzeit von mehr als einem Jahr. Abzustellen ist jedoch für § 475 Abs. 2 ausschließlich auf den Gesichtspunkt, ob das Fahrzeug zum Zwecke der Teilnahme am Straßenverkehr in Gebrauch genommen worden ist (vgl. Rn 1306).

---

812 Palandt/*Putzo*, § 443 Rn 15 u. 23; Anwk-BGB/*Büdenbender* § 443 Rn 42; -zweifelnd *Reinking/Eggert*, Rn 1407, der eine Frist von 2 Jahren erwägt.
813 *Muthers*, MDR 2004, 492.
814 Vgl. *Reinking*, DAR 2001, 8, 10; für zulässig hält dies Bamberger/Roth/*Faust*, § 475 Rn 9.

II. Beginn der Verjährung

Die Verjährung beginnt – außer in den Fällen der Regelverjährung (Rn 2892) – mit der **Ablieferung der Sache** (§ 438 Abs. 2). Die Ablieferung setzt die vollständige alleinige Verfügungsgewalt des Käufers über das Fahrzeug voraus,[815] das Fehlen von Zubehörteilen[816] oder Papieren ist unschädlich, es sei denn, der Mangel ergibt sich gerade aus einem Abweichen der Papiere zum Fahrzeug.[817] Eine Abnahmeverweigerung des Käufers ersetzt die Übergabe nicht, kann aber u.U. dazu führen, dass die Berufung auf die fehlende Übergabe treuwidrig ist.[818]

2902

Der Lauf der Verjährungsfrist beginnt i.d.R. **unabhängig von der Mangelkenntnis.**[819] Etwas anderes gilt, wenn vom Verkäufer eine **Garantie** i.S.d. § 443 übernommen wurde. Dann beginnt der Lauf der Verjährungsfrist (vgl. Rn 2892) für die von der Garantie umfassten Mängel erst mit der Entdeckung des Mangels (innerhalb der Garantiefrist) und läuft dann auch ggf. über das Ende der Garantiefrist hinaus (vgl. bereits Rn 2061).[820]

2903

§ 438 Abs. 2 findet auf alle in § 437 Nr. 1 und 3 genannten Mängelansprüche Anwendung, also auch auf den Anspruch auf Schadensersatz statt der Leistung gem. §§ 280, 281, obwohl dieser Anspruch nicht mit Übergabe der Kaufsache entstehen kann, sondern erst mit Ablauf der Nachfrist (§ 281 Abs. 1 S. 1) oder mit dem Verlangen von Schadensersatz (§ 281 Abs. 3).[821] Auch für den Mangelfolgeschaden ist von einem hypothetischen Verjährungsbeginn mit dem Zeitpunkt der Übergabe auszugehen.[822]

2904

Für die beiden Ansprüche mit der **Regelverjährung** (vgl. Rn 2892) beginnt der Lauf der Frist gem. §§ 438 Abs. 2, 199 erst mit dem **Ende des Jahres**, in dem der Anspruch entstanden ist[823] und der Käufer von den Umständen, die den Anspruch begründen, **Kenntnis** erlangt hat oder ohne grobe Fahrlässigkeit hätte erlangen müssen.[824]

2906

Kenntnis bedeutet in diesem Zusammenhang Tatsachenkenntnis, keine Rechtskenntnis. Geht der Käufer irrtümlich davon aus, bei der gegebenen Sachlage keinen Anspruch zu haben, hindert das den Verjährungsbeginn nicht.[825] Er braucht nicht Kenntnis in allen Einzelheiten zu haben, sondern es genügt, wenn ihm aufgrund der bekannten Tatsachen zuzumuten ist, Klage zu erheben.[826]

2908

---

815 BGH NJW 1995, 3381.
816 OLG Düsseldorf NJW-RR 1999, 283.
817 *Reinking/Eggert,* Rn 1595.
818 BGH NJW 1995, 3381.
819 OLG Frankfurt OLGR 1996, 122.
820 BGH NJW 1979, 645; OLG Saarbrücken NJW-RR 1997, 1423; Palandt/*Putzo,* § 443 Rn 15.
821 Dauner-Lieb/Heidel/Lepa/*Mansell,* § 1 Rn 150, 151.
822 Anwk-BGB/*Büdenbender,* § 438 Rn 10.
823 *Muthers,* MDR 2004, 492.
824 Vgl. hierzu Dauner-Lieb/Heidel/Lepa/*Mansell,* § 1 Rn 54–68.
825 *Heinrichs,* BB 2001, 1417, 1418.
826 Dauner-Lieb/Heidel/Lepa/*Mansell,* § 1 Rn 150, 151.

§ 6 Verjährung

2910 Für die grob fahrlässige Unkenntnis ist auf den Zeitpunkt abzustellen, zu dem der Käufer oder sein Wissensvertreter seine Unkenntnis nach dem gewöhnlichen Lauf der Dinge hätte beseitigen können und müssen.[827]

III. Hemmung und Neubeginn

2914 Der Ablauf der Verjährungsfrist ist unter den Voraussetzungen der §§ 203–208 gehemmt, insbesondere durch gerichtliche Geltendmachung (§ 204) oder höhere Gewalt (§ 206). Kein Fall der höheren Gewalt ist z.b. die Beschlagnahme des gekauften Autos wegen Diebstahlverdachts.[828] Frühestens drei Monate nach dem Ende der Hemmung tritt erst Verjährung ein (§ 203 S. 2).

2916 Hervorzuheben ist § 203, durch den die bisher nur vereinzelt geltende Hemmung der Verjährung bei Verhandlungen auf alle Schuldverhältnisse, also auch auf das Kaufrecht, seit 1.1.2001 erweitert wird. Es genügt jeder **Meinungsaustausch** über den Anspruch oder die ihn begründenden Umstände, sofern der Schuldner nicht sofort und eindeutig die Anspruchserfüllung ablehnt.[829] Bei einem schlichten Einschlafen der Gespräche endet die Hemmung dann, wenn der nächste Verhandlungsschritt nach Treu und Glauben zu erwarten gewesen wäre.[830]

2917 *Praxistipp*
Zur Herbeiführung der Hemmung z.B. kurz vor Ablauf der Verjährung genügt es **nicht**, den Anspruch anzumelden. Antwortet der Verkäufer nicht oder lehnt er ab, kommt es nämlich nicht zu „Verhandlungen", die eine Hemmung auslösen.[831]

2918 Zu beachten ist, dass Anträge auf Durchführung des selbständigen Beweisverfahrens (§ 204 Abs. 1 Nr. 7) oder auf ein Begutachtungsverfahren (§ 204 Abs. 1 Nr. 8) die Verjährung nur bezüglich der Mängel hemmen, die Gegenstand des Verfahrens sind.[832]

2920 Nimmt der Verkäufer Nachbesserungsarbeiten vor, kann dies zu einem Neubeginn der Verjährung (§ 212) führen, wenn darin eine Anerkennung des Anspruchs zu sehen ist.[833] Daran fehlt es aber häufig, insbesondere bei einer als Kulanz angebotenen Nachbesserung. Ob und wie der Käufer bei einer Nacherfüllung kurz vor Ablauf der Verjährungsfrist geschützt ist, hat die Rechtsprechung noch nicht entschieden. In der Literatur werden vorgeschlagen die Annahme eines Anerkenntnisses mit Neu-

---

827 Dauner-Lieb/Heidel/Lepa/*Mansell*, § 1 Rn 150, 151.
828 BGH NZV 1997, 432.
829 BGH NJW 2001, 885, 886.
830 BGH NJW-RR 2001, 1168, 1169; BT-Drucks 14, 6040, 112.
831 Palandt/*Heinrichs*, § 203 Rn 2.
832 BGH NJW 1994, 1004.
833 BGH NJW 1999, 2961; 1996, 2226; *Ball*, NZV 2004, 217, 226 f.

beginn der Verjährung (§ 212),[834] einer Hemmung (§ 203),[835] einer stillschweigenden Verjährungsverzichtsabrede (§ 205)[836] und die analoge Anwendung des § 203.[837]

Praxistipp 2922
Vorsorglich ist dem Käufer zu empfehlen, Maßnahmen i.S.d. § 204 zu ergreifen, um sich auf keinen Fall der Einrede der Verjährung auszusetzen,[838] zumal auch vertreten wird, dass die Verjährung nur bei **mangelhafter** Nacherfüllung neu beginnt,[839] also durch das Verlangen der Nacherfüllung keine Hemmung eintritt.[840]

IV. Übergangsregelung

Das bis zum 31.12.2001 geltende Verjährungsrecht (für Sachmängel und zugesicherte Eigenschaften sechs Monate, für Arglisthaftung 30 Jahre) behält noch in folgendem Umfang Bedeutung: 2926

Für die am 1.1.2002 bestehenden, noch nicht verjährten Ansprüche gilt grundsätzlich das neue Verjährungsrecht; für den Zeitraum vor dem 1.1.2002 bestimmen sich Beginn, Hemmung, Ablauf und Neubeginn aber weiter nach altem Recht (Art. 229, § 6 EGBGB). Entscheidend ist der Zeitpunkt des **Vertrags**, nicht der Zeitpunkt des Entstehens des Anspruchs.[841] 2928

Bei unterschiedlichen Verjährungszeitpunkten nach neuem und altem Recht gilt aber weiter das alte Recht, wenn die Verjährungsfrist nach neuem Recht länger ist. Das trifft z.B. für die Mängelhaftung zu. Wurde der Pkw vor dem 1.1.2002 erworben, gilt die alte Verjährungsfrist von sechs Monaten, da die neue (zwei Jahre) länger ist. Ist die Verjährungsfrist nach dem neuen Recht jedoch kürzer (wie z.B. für die Arglisthaftung), so wird die kürzere Frist (drei Jahre) vom 1.1.2002 an berechnet. Läuft aber die Verjährungsfrist nach altem Recht (bei Arglist 30 Jahre) vorher ab (der Fall wird kaum praktisch: Übergabe vor dem 1.1.1975), so gilt das alte Recht. 2930

---

834 *Graf von Westphalen*, ZGS 2002, 12, 21; ähnlich: *Haas/Medicus/Rolland/Schäfer/Wendtland*, S. 242 Rn 332; dagegen zutreffend: *Reinking*, ZGS 2002, 140, 144; *Reinking*, zfs 2003, 57, 63.
835 *Arnold*, zfs 2002, 438, 440; *Reinking*, zfs 2002, 140, 143.
836 *Mansell*, NJW 2002, 89, 98.
837 *Auktor*, NJW 2003, 121.
838 *Ritzmann*, MDR 2003, 430, 433.
839 Palandt/*Putzo*, § 438 Rn 16a.
840 Palandt/*Putzo*, § 439 Rn 22b.
841 BGH NJW 2006, 44.

§ 7 Gutgläubiger Erwerb vom Nichtberechtigten

2934 Wer ein Gebrauchtfahrzeug erwirbt, welches dem Veräußerer nicht gehört, erwirbt dennoch das Eigentum daran, es sei denn:
- der Käufer ist nicht gutgläubig, also es ist ihm bekannt, oder infolge grober Fahrlässigkeit unbekannt, dass es dem Veräußerer nicht gehört (§ 932 Abs. 1, 2),
- das Fahrzeug ist dem Eigentümer gestohlen worden, verloren gegangen oder sonst wie abhanden gekommen und wurde vom Käufer nicht in einer öffentlichen Versteigerung erworben (§ 935).

I. Guter Glaube

2936 Maßgeblich für die Beurteilung der Gutgläubigkeit ist der Zeitpunkt des Besitzerwerbs; nachträgliche Zweifel oder positive Kenntnis sind für den Eigentumserwerb unschädlich.[842]

2938 Erste Voraussetzung, die jedoch allein nicht ausreicht, ist der auf dem Besitz beruhende Rechtsschein (§ 1006 Abs. 1 S. 1). Wer sich den Fahrzeugbrief nicht zeigen lässt, handelt in der Regel[843] grob fahrlässig[844] und damit nicht gutgläubig, selbst wenn ein Fahrzeugschein vorgelegt wird[845] oder andere plausibel scheinende Erklärungen des Verkäufers die Zweifel zerstreuen.[846] Das gilt auch für den Verkauf von Schrottfahrzeugen,[847] von Leasingfahrzeugen unter Händlern[848] sowie beim Erwerb durch Ausländer, deren Heimatrecht keinerlei Fahrzeugbrief kennt.[849]

2940 *Praxistipp*
Der Käufer sollte die Eintragung in Fahrzeugbrief und Fahrzeugschein prüfen und mit den Eintragungen im Kaufvertrag vergleichen.

2942 Auch wer sich den Fahrzeugbrief zeigen lässt, kann gleichwohl noch bösgläubig sein, wenn konkrete Verdachtsmomente für das fehlende Eigentum bestehen, z.B. in folgenden Fällen:
- es handelt sich um eine Tageszulassung[850] oder Auslandszulassung,[851]
- der Preis ist besonders niedrig,[852]

---

842 Palandt/*Bassenge,* § 932 Rn 16.
843 Beispiel für eine Ausnahme: BGH NJW 1966, 1970.
844 BGH NJW 1975, 735; 1996, 314; LG München I zfs 2006, 92.
845 LG München II NJW 1957, 1237.
846 BGH NJW 1965, 687; OLG Karlsruhe NZV 1989, 434; OLG Hamm OLGR 1993, 237.
847 OLG München DAR 1965, 99.
848 BGH NJW 1996, 2226.
849 OLG Celle JZ 1979, 608.
850 OLG Düsseldorf NJW-RR 1997, 246.
851 BGH NJW 1991, 1415.
852 BGH NJW 1994, 2022; OLG Düsseldorf NJW-RR 1999, 615.

I. Guter Glaube § 7

- Veräußerer und eingetragener Halter sind nicht identisch[853] (zweifelhaft, da vor allem Händler häufig nicht als letzte Halter eingetragen sind),[854]
- dem Käufer fällt eine auffällige Fälschung des Dokuments nicht auf.[855]

Die Anforderungen an die Prüfungsobliegenheit des Käufers richtet sich nach den Umständen des Einzelfalls, insbesondere nach der konkreten Veräußerungssituation, den Marktgepflogenheiten und dem Sachverstand der Kaufvertragsparteien sowie deren vorgegebenen Vertrauensverhältnis. Der Privatmann handelt i.d.R. gutgläubig, wenn der Verkäufer Besitzer und letzter Halter gem. Kfz-Brief ist; ein Vergleich der Fahrzeugidentitätsnummer wird nicht erwartet.[856] Für einen Händler sind die Anforderungen strenger, ebenso bei einem Importkauf.[857]

2944

Selbst wenn nicht feststeht, ob bei gehöriger Aufmerksamkeit (also z.B. dem Blick in den Fahrzeugbrief) die wahren Eigentumsverhältnisse aufgeklärt worden wären, führt allein das Unterlassen der Nachforschung zur Bösgläubigkeit.[858]

2946

Beim Kauf durch einen Stellvertreter kommt es auf dessen Gutgläubigkeit an, nicht auf die des Erwerbers (§ 166 Abs. 1).[859] Beim Verkauf durch einen Stellvertreter oder Vermittler muss der Käufer gutgläubig an das Eigentum desjenigen glauben, für den das Fahrzeug verkauft wird.[860]

2948

> *Praxistipp*
> Wenn der Fahrzeugeigentümer nicht selbst mit dem Käufer verhandelt, sollte sich der Käufer eine schriftliche Verkaufsvollmacht und die Ausweispapiere des Bevollmächtigten vorweisen lassen und dessen Anschrift notieren. Am besten sollte er auch mit dem Eigentümer telefonieren, um auszuschließen, dass ein gestohlenes Fahrzeug angeboten wird.

2950

Verkauft jemand betrügerisch einen Pkw unter Benutzung des Namens des letzten im unrechtmäßig erworbenen Fahrzeugbrief eingetragenen Halters, ist von einem wirksamen Vertragsabschluss auszugehen[861] und auch von einem gutgläubigen Erwerb; denn es ist ohne besondere Umstände nicht grob fahrlässig, sich den Personalausweis des Verkäufers nicht zeigen zu lassen.

2952

---

853 KG NJW 1960, 2243; OLG Hamm NJW 1975, 171; OLG Karlsruhe OLGR 1999, 125.
854 BGH NJW 1975, 735; OLG Hamburg NJW-RR 1987, 1266, 1267.
855 BGH MDR 1966, 754; KG MDR 2002, 1350.
856 OLG Naumburg MDR 1998, 1347.
857 BGH DAR 1991, 294; NJW 1994, 2022.
858 BGH NJW 1994, 2022; 1991, 1415.
859 BGH NJW 1982, 38.
860 Staudinger/*Wiegand*, § 932 Rn 100.
861 OLG Düsseldorf NJW 1989, 906; a.A. OLG Düsseldorf DAR 1985, 255.

§ 7 Gutgläubiger Erwerb vom Nichtberechtigten

II. Abhandenkommen

2956 Der gute Glaube nützt nichts, wenn das Fahrzeug dem Eigentümer gestohlen wurde, verloren gegangen oder sonst abhanden gekommen war (§ 935), er den Besitz also ohne seinen Willen verloren hat.[862] Das ist der Fall bei Weggabe durch einen Geschäftsunfähigen,[863] nicht jedoch, wenn der Eigentümer das Fahrzeug „freiwillig" gegen einen nicht gedeckten Scheck herausgibt.[864]

2958 Kommt das Fahrzeug einem Besitzmittler des Eigentümers (z.b. einem Mieter oder einer Werkstatt[865]) ohne dessen Zustimmung abhanden, ist ebenfalls kein gutgläubiger Erwerb möglich (§ 935 Abs. 1 S. 2), wohl aber dann, wenn dieser den Besitz freiwillig aufgibt,[866] also z.b. dass gemietete Fahrzeug selbst weiterverkauft. Unterschlägt ein Kunde anlässlich einer Probefahrt ein Fahrzeug, kommt es dem Eigentümer **abhanden** i.S.d. § 935 Abs. 1 BGB und gutgläubiger Erwerb ist ausgeschlossen, denn der Kaufinteressent ist auf der Probefahrt nicht Besitzmittler, sondern nur **Besitzdiener**.[867]

III. Rechtsfolgen

2960 Der Käufer eines abhanden gekommenen Fahrzeugs ist dem Eigentümer zur Herausgabe verpflichtet (§ 985), bei Unmöglichkeit haftet er auf Schadensersatz nach den §§ 990 Abs. 1, 989,[868] ohne vom Eigentümer die Erstattung des Kaufpreises verlangen zu können. Ein Mitverschulden (§ 254) des Eigentümers kommt z.b. in Betracht, wenn er vor der Scheckeinlösung den Fahrzeugbrief ausgehändigt hat.[869]

2962 Seinerseits hat der Käufer eines abhanden gekommenen Fahrzeugs gegenüber dem Verkäufer ein Rücktrittsrecht (§ 323) und einen Schadensersatzanspruch (§§ 276 Abs. 1, 280 ff.) und zwar aufgrund einer verschuldensunabhängigen Garantiehaftung.[870]

2964 Die Rechte des Käufers bestehen nicht, wenn er die fehlende Eigentümerstellung des Verkäufers kannte (§ 442); grob fahrlässige Unkenntnis des Käufers war dagegen nach der alten Rechtslage vor dem 1.1.2001 unschädlich.[871] Diese Rechtsprechung wird voraussichtlich für § 442, der auch für Rechtsmängel gilt, bestätigt, da in der Regel von einer Garantieübernahme für die Eigentümerstellung des Verkäufers ausgegangen werden kann.

---

862 Palandt/*Bassenge*, § 935 Rn 3.
863 OLG München NJW 1991, 2571.
864 OLG Hamm NJW-RR 1989, 890.
865 OLG Koblenz NJW-RR 2003, 1563.
866 BGH NJW-RR 2005, 280.
867 OLG Köln VRS Bd. 109/05, 322.
868 OLG München DAR 1975, 71.
869 OLG Celle OLGR 1995, 185.
870 BGH NJW 1997, 3164.
871 BGH NJW 1999, 310.

III. Rechtsfolgen § 7

Der gutgläubiger Erwerber eines nicht abhanden gekommenen Fahrzeugs darf dieses behalten und ist auch bei Fahrlässigkeit keinerlei Schadensersatzansprüchen des früheren Eigentümers ausgesetzt.[872] Gibt er es freiwillig an den früheren Eigentümer zurück, hat er keinerlei Ersatzansprüche gegen den Verkäufer.[873]

2966

---

872 BGH NJW-RR 1987, 1456.
873 BGH NJW 1952, 778.

§ 8 Erwerb über einen Vermittlungsvertrag

2970 Der Verkauf eines Fahrzeugs durch einen Händler für einen Kunden in dessen Namen ist als Geschäftsbesorgungsvertrag mit Dienstcharakter anzusehen.[874] Dieser Geschäftstyp wird wieder stärker praktiziert, da die für den Verkäufer ungünstigen Regeln des Verbrauchsgüterkaufs (§§ 474 ff.) nicht anwendbar sind, wenn der Kunde, in dessen Auftrag verkauft wird, Verbraucher i.S.d. § 13 ist (vgl. Rn 2874 ff.).

2972 Der gewerbliche Vermittler hat das hereingenommene Fahrzeug pfleglich zu behandeln und zu verwahren sowie gegen Diebstahl zu versichern[875] und auf Mängel zu untersuchen, wenn er über eine Werkstatt verfügt.[876] Auch vom Abschluss einer Vollkaskoversicherung darf der Kunde in der Regel ausgehen, sofern der Vermittler dies nicht ausdrücklich ablehnt[877] oder – vor allem bei Gelegenheitsvermittlern – eine solche nach den Umständen vom Kunden nicht erwartet werden kann.[878]

2974 Ohne abweichende Vereinbarung hat der Vermittler mit dem Abnehmer Barzahlung zu vereinbaren. Ist ein unteres Preislimit vereinbart, haftet er auf Schadensersatz, wenn er zu einem niedrigeren Kaufpreis verkauft. Bezüglich der Beschreibung des Fahrzeugs muss er sich an die Angaben aus dem Vermittlungsauftrag halten, bei weiter gehenden Zusicherungen handelt er ohne Vollmacht und macht sich schadensersatzpflichtig (§ 179),[879] beispielsweise bei der eigenmächtigen Gewährung einer mehrjährigen Garantie.[880]

2976 Der Vermittler hat nach erfolgter Abrechnung den Überschuss an den Auftraggeber auszuzahlen (§§ 675, 667). Er ist zur Entgegennahme von Rücktrittserklärungen berechtigt (§ 55 Abs. 4 HGB), jedoch nicht zu Erklärungen hierzu.

2978 Der Auftraggeber hat die Provision zu zahlen, falls eine solche vereinbart ist (sie entfällt gelegentlich bei Inzahlungnahme über eine Agentur), in der Regel beläuft sie sich auf den erzielten Mehrerlös über dem vereinbarten Verkaufspreis.

2980 Ohne besondere Vereinbarung ist der Vermittlungsvertrag vom Auftraggeber jederzeit kündbar (§§ 675, 671 Nr. 5); üblicherweise werden jedoch Bindungsfristen vereinbart (häufig sechs Monate), in denen nur aus wichtigem Grund gekündigt werden kann.[881]

---

874 OLG Stuttgart DAR 1988, 346.
875 OLG Hamm NJW-RR 1999, 777.
876 *Reinking/Eggert*, Rn 1143.
877 BGH NJW 1986, 1099.
878 *Reinking/Eggert*, Rn 1145.
879 BGH NJW 1988, 1378; OLG Hamburg MDR 1991, 1039.
880 OLG Celle OLGR 1994, 33.
881 *Reinking/Eggert*, Rn 1155.

III. Rechtsfolgen §8

Der Vermittler darf im Fall der agenturweisen Inzahlungnahme den Agenturvertrag nur aus wichtigem Grund kündigen.[882] Ein Mangel des Fahrzeugs stellt keinen Kündigungsgrund dar,[883] wohl aber eine arglistige Täuschung[884] oder eine falsche Zusicherung[885] durch den Auftraggeber. Bei unberechtigter Kündigung haftet der Vermittler auf Schadensersatz. Dieser besteht zumindest in der Wertminderung, den Mindestkaufpreis kann der Auftraggeber nur verlangen, wenn er den Nachweis erbringt, dass der Verkäufer den Pkw zu diesem Betrag verkauft hätte.[886]

2982

Der Käufer hat bei Sachmängeln und Pflichtverletzungen in erster Linie Ansprüche gegen den Verkäufer. Darüber hinaus haftet aber auch der Vermittler regelmäßig auf Schadensersatz (§§ 311, 241 Abs. 2, 281):

2984

- bei schuldhaft falschen Angaben über den Fahrzeugzustand,[887]
- bei schuldhaft unterlassener Aufklärung über wesentliche Eigenschaften des Fahrzeugs (z.B. Unfall),[888]
- bei unterlassener Untersuchung und fehlendem Hinweis hierüber an den Käufer.[889]

Ist die Haftung des privaten Verkäufers wirksam durch Vertrag oder AGB ausgeschlossen oder begrenzt, kommt dies auch dem Vermittler zugute, dessen Haftung nicht weiter gehen soll als die der vertraglichen Käuferhaftung.[890] Das Verbot eines Haftungsausschlusses für Verbrauchsgüterkaufverträge (§ 475) gilt nur, wenn mit dem Agenturvertrag ein Verbrauchsgüterkauf umgangen werden soll (§ 475 Abs. 1 S. 2).[891]

2986

---

882 BGH NJW 1982, 1699.
883 *Eggert,* NZV 1989, 546.
884 BGH NJW 1978, 1482.
885 BGH NJW 1982, 1699.
886 OLG Hamm NJW 1974, 1091.
887 OLG Köln DAR 1993, 350.
888 BGH NJW 1975, 642; 1979, 1707.
889 BGH NJW 1983, 217.
890 BGH NJW 1975, 642.
891 Vgl. Rn 2874 ff.

§ 9 Erwerb über das Internet

2990 Kaufverträge können auch im elektronischen Geschäftsverkehr, insbesondere auch über das Internet, abgeschlossen werden. Im Gebrauchtfahrzeughandel hat die Bedeutung des Internet als vertragsbahnender Verkaufskanal zwar stark zugenommen, Vertragsabschlüsse sind aber noch die Ausnahme.[892]

2992 Rechtsgeschäftliche Willenserklärungen, insbesondere Vertragsangebot und -annahme, werden im www (world wide web) per Mausklick oder durch Drücken der Returntaste, bei der E-Mail mit der Erteilung des Sendebefehls abgegeben.[893] Willenserklärungen an einen Empfänger, der im Rechtsverkehr mit E-Mail-Adresse auftritt (z.B. auf Geschäftspapierbögen), gehen mit dem Eingang im Empfangsbriefkasten des Providers zu, beim Eingang zur Unzeit am folgenden Tag,[894] wobei nach richtiger Auffassung hinzukommen muss, dass die E-Mail abrufbereit in der Mailbox des Empfängers angekommen ist.[895] Bei direkter Übermittlung nicht über einen Provider geht sie dem Empfänger mit dem Passieren der Schnittstelle zu ihm zu.[896]

2994 Wird im Geschäftsverkehr keine E-Mail-Adresse benutzt, kann allein das Unterhalten einer Mailbox noch nicht als uneingeschränkte Bereitschaft zur jederzeitigen Entgegennahme rechtserheblicher Erklärungen verstanden werden.[897] Nur der Empfänger, der mit E-Mails am geschäftlichen Verkehr teilnimmt, muss sich also bei Eingang in der Mailbox so behandeln lassen, als ob er sie rechtzeitig erhalten hätte.[898]

2996 Bei Eingabefehlern[899] oder irrtümlicher Absendung[900] kann die Erklärung gem. § 119 wegen Erklärungsirrtums angefochten werden. Die Verwendung von falschem Datenmaterial begründet dagegen als Irrtum bei der Erklärungsvorbereitung kein Anfechtungsrecht.[901]

2997
> *Praxistipp*
> Angebot, Bestellung und allgemeine Geschäftsbedingungen des Verkäufers sollte man sich als Käufer vorher ausdrucken lassen.

2998 Eine über das Internet übermittelte Aufforderung zur Bestellung ist im Zweifel noch nicht als konkretes Vertragsangebot, sondern als unverbindliche „invitatio ad offerendum" (Einladung zum Angebot) aufzufassen,[902] falls sich nicht aus den AGB des Ver-

---

892 *Backu,* DAR 2001, 106, 113.
893 *Geis,* NJW 1997, 3000; *Scherer/Butt,* DB 2000, 1009.
894 *Ultsch,* NJW 1997, 3007; *Vehslage,* DB 2000, 1803.
895 *Taupitz/Knitter,* JuS 1999, 839, 841.
896 *Krüger/Büttner,* WM 2001, 228.
897 *Taupitz/Knitter,* JuS 1999, 839, 841.
898 Palandt/*Heinrichs,* § 130 Rn 17.
899 OLG Hamm NJW 1993, 2321.
900 Palandt/*Heinrichs,* § 130 Rn 4.
901 Palandt/*Heinrichs,* § 119 Rn 10.
902 LG Frankfurt NJW-RR 1997, 1273; LG Essen NJW-RR 2003, 1207.

käufers etwas anderes ergibt.[903] In der Regel ist also erst die Bestellung des Kunden das Angebot, welches dann per E-Mail, Fax, Brief, Anruf oder durch Warenzusendung (§ 151) vom Verkäufer angenommen werden kann.

Die Annahme muss ausdrücklich ohne Einschränkung erklärt werden. Es genügt weder die Ankündigung der Lieferung noch die Lieferung falscher Ware.[904]   3000

Beim Verbrauchsgüterkauf (Unternehmer an Verbraucher) per Internet muss der Verkäufer den Käufer ausführlich nach Maßgabe des § 312c über alle relevanten Informationen unterrichten, insbesondere über seine Identität und Anschrift, die Vertragsbedingungen, Liefervorbehalte, den Preis und weitere Kosten sowie das Widerrufsrecht. Der Käufer hat ein Widerrufsrecht[905] von zwei Wochen (§§ 312d Abs. 1 S. 1, 355 Abs. 1, 2). Die Frist beginnt erst, wenn der Pkw übergeben ist und der Händler seinen Informationspflichten aus § 312c nachgekommen ist, anderenfalls erlischt das Widerrufsrecht nicht (§ 355 Abs. 3 Satz 3). Das Widerrufsrecht besteht nicht bei Versteigerungen i.S.d. § 156 (§ 312d Abs. 4 Nr. 5).   3002

Zur Einbeziehung seiner AGB muss der Verkäufer Sorge dafür tragen, das entweder die Einblendung eine zumutbare und umfassende Information des Käufers ermöglicht[906] oder die kostenlose Möglichkeit des Herunterladens eingeräumt wird.[907] Der Hinweis auf eine BTX-Seite genügt nur, wenn es sich um einen kurzen Text handelt und für die richtige Bedienung eine verständliche Information gegeben wird.[908]   3004

Bei **Versteigerungen** im Internet kann nach den AGB des Versteigerers schon der Internettext ein Angebot des Versteigerers für den Einlieferer darstellen mit der Folge, das die Abgabe des Höchstgebots zum Vertragsabschluss führt, selbst wenn dieses nicht einmal 50% des Verkehrswertes des Fahrzeugs erreicht.[909] Die Wirksamkeit des Angebots wird auch nicht durch die nach den eBay-Grundsätzen mögliche vorzeitige Beendigung der Auktion berührt.[910] Das Angebot kann auch nicht widerrufen,[911] sondern nur im Wege der Anfechtung beseitigt werden,[912] wenn nach den Versteigerungsbedingungen der Vertrag durch Zuschlag (§ 156) und nicht durch Angebot und Annahme (§§ 145 ff.) zustande kommt.[913]   3006

Ist im Internettext nach den AGB und den sonstigen Umständen noch kein verbindliches Angebot zu sehen, ist der Text als Aufforderung zur Abgabe des verbindlichen   3008

---

903 OLG Hamm NJW 2001, 1142.
904 LG Gießen NJW-RR 2003, 1206.
905 *Grigoleit,* NJW 2002, 1151, 1156.
906 OLG Köln NJW-RR 1998, 1277.
907 *Mehrings,* BB 1998, 2373; LG Essen NJW-RR 2003, 1207.
908 LG Bielefeld NJW-RR 1992, 955.
909 BGH NJW 2002, 363; OLG Hamm NJW 2001, 1142; *Hager,* JZ 2001, 786; Palandt/*Heinrichs,* § 156 Rn 3; a.A. LG Berlin CR 2001, 412.
910 OLG Oldenburg DAR 2005, 631.
911 KG NJW 2005, 1053; LG Berlin NJW 2004, 2831 f.
912 OLG Oldenburg DAR 2005, 631.
913 BGH DAR 2005, 24.

§ 9 Erwerb über das Internet

Preisangebots durch den Bieter zu werten. Dessen Angebot erlischt mit Überbietung oder Veranstaltungsende oder es wird durch Zuschlag (§ 156) angenommen.[914] Das Einstellen eines Pkw unter der Option „sofort kaufen" stellt ein Vertragsangebot dar, welches der Interessent durch Auslösen der Option annimmt.[915]

3010 In der Regel kommt ein Versendungskauf zustande, so dass die Gefahr der Beschädigung oder des Untergangs erst auf den Käufer übergeht, wenn der Verkäufer den Pkw der „zur Versendung bestimmten Person" übergeben hat.[916]

3012 Erfolgt der Verkauf durch einen Unternehmer an einen Verbraucher, hat der Käufer ein Widerrufsrecht gem. § 312d (vgl. Rn 1394). Die Beweislast für die fehlende Unternehmereigenschaft trägt der Verkäufer.[917]

---

914 AG Hannover NJW-RR 2002, 131.
915 LG Saarbrücken MMR 2004, 556.
916 LG Berlin NJW 2003, 3493.
917 OLG Koblenz NJW 2006, 1438.

Stichwortverzeichnis

Die Zahlen verweisen auf die Randnummern.

Abhandenkommen 2956 ff.
Ablehnung der Nachbesserung 716 ff., 1618 ff.
Abnahme 420 ff.
Abnahmefrist 444
Abnahmepflicht 1362
ABS 2064, 2426
Abschleppkosten 714, 1596
Absolute Unverhältnismäßigkeit der Kosten 1646 ff.
Abtretung 136, 2720, 2866, 2882
Abzahlungskauf *vgl. Finanzierungskauf*
Achsvermessung 1948
ADAC-Mustervertrag 2758
AGB 5 ff., 2736 ff.
– Einbeziehung 2 ff., 2740
Agenturgeschäft
– als Umgehung eines Verbrauchsgüterkaufs 2874 ff., 2986
Agenturvertrag 239, 2970 ff.
Allradantrieb 2066, 2706
Alter 2068 ff.
Anderslieferung, *vgl. Falschlieferung*
Änderungen am Fahrzeug 402 ff.
Andienung, Recht der 2. 242, 1550
Anfechtung 1360, 2050 ff.
Angebot 21, 1308, 2992
Annahme 21, 108, 1308, 2992
Annahmefrist 21 ff., 1320
Annahmeverzug 446, 804, 1410, 1690, 1755
Anpreisungen 2078 ff., 1432 ff.
Anspruch auf Abtretung 2724
Arbeitskosten 712, 1596
Arbeitsplatz 91
Arglist 943, 1740, 1912, 2672, 2678, 2892

Aufklärungspflicht 1942, 1970, 2704, 2984
Aufrechnungsrecht 283
Aufwendungen für Nacherfüllung 714, 1596
Aufwendungen, sonstige 850, 1768
Aufwendungsersatzanspruch 920 ff., 1554, 1892 ff.
Ausland-Direktwerb 1058
Auslandsimport 2090
Auslandszulassung 2942
Auslaufmodell 1306
Auspuffanlage 2546
Ausschlachtung 2098
Autoradio 1768

Bagatellisieren eines Mangels 1916, 1972, 2102 ff.
Bagatellunfallschaden 766 ff., 1972, 2120 ff.
Bagatellvorschäden 2120 ff.
Bastlerfahrzeug 1430, 2498, 2816
Baujahr 2128
Bedienungsanleitung 2158
Bedienungsfehler 2855
Bedingung 1824
Befundberichte 2812, 2858
Begutachtungsverfahren, Hemmung der Verjährung 2918
Behauptungen ins Blaue hinein 1980, 2690, 2708
Belehrung 101, 1398, 3002
Benzinverbrauch *vgl. Kraftstoffverbrauch*
Bereitstellungsanzeige 444
Berichtigung der Werbung 618, 1514 ff.
Beschaffenheitsgarantie 1984 ff.

Stichwortverzeichnis

Beschaffenheitsvereinbarung 545 ff., 1414 ff., 1998 ff., 2786
- beim Verbrauchsgüterkauf 1430, 2808 ff.

Beschlagnahme 1540
Beseitigung des Mangels 1572 ff.
Beseitigungsverlangen 1574
Bestätigung, schriftliche 109
Bestandsfahrzeug 1306
Bestellung 2, 21, 1316
Bestzustand 2132
Betriebserlaubnis 1936, 2136
Betriebssicherheit 2146
Betriebsstörungen 390 ff.
Beweislast 116, 661, 682, 855, 890, 1356, 1409, 1496 ff., 1632, 2032 ff., 2658, 2694, 2710, 2740, 2796, 2826, 2840 ff., 2886, 3012
Beweislastumkehr
- Verbrauchsgüterkauf 2804, 2824 ff.
- Verschulden/Vertretenmüssen 2032 ff.

Beweisverfahren, selbständiges
- Hemmung der Verjährung 2918

Billigreparatur 2702, 2374
Bindungsdauer, -frist 21 ff., 1320
Blechschaden 2154
Bordunterlagen 2158
Bösgläubigkeit 2936 ff.
Bremsen 1028, 2160 ff., 2544

CD-Player 1706, 2168
Chip-Tuning 2136, 2317, 2476
Culpa in contrahendo 1416, 2058, 2092

DAT-Schätzpreis 1360
Dichtungen 2170
Diebstahl 2172, 2956
Diebstahlsverdacht 1540
Dienstwagen 2174
Direktionswagen 2176

Drittbetrieb, Nachbesserung durch 748 ff.
Durchgriffshaftung 2178, 2722

eBay-Versteigerung 3006
Eigentumsvorbehalt 476 ff.
Eignung zur gewöhnlichen Verwendung 606, 1456
Einwandfrei 2182
E-Mail 42, 2992
Entlastungsbeweis 2034
Erfüllungsgehilfe 880, 995
Erfüllungsort 701 ff., 1337, 1586 ff.
Erfüllungsverweigerung 1724 ff.
Erheblichkeit der Pflichtverletzung 783, 858, 903, 1412, 1690, 1702 ff., 1882, 1886, 2120
Ersatzteile 772, 1584
Ersatz vergeblicher Aufwendungen 378 ff., 1892 ff.
Ersetzungsbefugnis 218, 244, 1562
Ersthandfahrzeug 2184
EU-Neuwagen 1058
EU-Zulassung 2188
Erweiterter Eigentumsvorbehalt 485 f.
Extras 2426

Fabrikneuheit 550 ff., 1306
Fahrbereitschaft 2003, 2194
Fahrgestellnummer 2198
Fahrkomfort 642
Fahrlässigkeit 1928 ff., 1974 ff.
Fahrschulwagen 2202
Fahrwerksveränderungen 2204
Fahrzeugbrief 498 ff., 1339, 2206, 2938 f.
Fahrzeugschein 1340, 2938
Fahrzeugtausch 226, 2730
Fälligkeit 214
Falschlieferung 665, 1534, 2208
Farbabweichungen 2209

Stichwortverzeichnis

Fehlschlagen der Nachbesserung 810, 1546, 1690, 1732
Fernabsatzvertrag 42, 1394
Fernbedienung 642
Fertigungsmangel 2210
Festfrieren der Türen 2474
Finanzierter Kauf 74, 1394 ff., 1800
Finanzierungshilfen 1394
Finanzierungskosten 1364, 1884
Fingierte Unternehmereigenschaft 2866
Fixgeschäft 300, 810, 1748
Form des Vertrages 126
Formularverträge 2736 ff.
Freizeitveranstaltung 94
Fristsetzung *vgl. Nachfrist*
Frustrierte Aufwendungen 1892, 1898
Führerscheinfreiheit 2212
Funktionsprüfung 1938, 1950, 2670

Garagenwagen 2214
Garantie 885 ff., 1884, 1984 ff., 2061 ff., 2218 ff., 2674
Gattungskauf 673, 740
Gebrauchsvorteile 1614 *vgl. auch Nutzungsersatz*
Gebrauchtwagengarantie 1780, 1802
Gefahrübergang 679, 1410, 2060, 2824
Gehilfe 1490 f.
Geländefahrzeug 642, 2226, 2706
Generalüberholt 2224
Gerichtsstandvereinbarung 1010
Gesamtlaufleistung 1786, 2228
Geschäftswagen 2230
Geschwindigkeit 2231
Gestaltungsrecht 934, 1688, 1806, 1822 ff.
Getriebe 2232
Gewährleistungsrechte 683 ff. *vgl. auch Sachmängelhaftung*
Gläubigerverzug *vgl. Annahmeverzug*
Grauimporte 602

Grobe Fahrlässigkeit 1742, 1974 ff.
Grob fahrlässige Unkenntnis 2660 f.
Gruppenfreistellungsverordnung 1014 ff.
Gutachterkosten 714, 1604, 1874
Guter Zustand 2234
Gutgläubiger Erwerb 499, 1350, 2934 ff.

Haftpflichtversicherung 1345, 1372, 1382 ff.
Haftung des Verkäufers 343 ff., 992 ff.
Haftungsausschluss 919, 1424, 1430, 1910, 1914, 2650 ff.
Haftungsbeschränkung 345 ff.
Haftungsfreistellung 1313
Hagelschlag 2238
Haldenfahrzeug 840, 2236
Haltbarkeitsgarantie 1986, 2061
Halterhaftung 1388
Hand, 1. 2184
Haustürgeschäft 87 ff., 1396
Haustürwiderrufsgesetz 40
Hebebühne 1946
Hemmung der Verjährung 947 ff., 1240 ff.
Hersteller 1002, 1490
Hinweispflicht *vgl. Aufklärungspflicht*
Höchstgeschwindigkeit 2244
Hochwasserschaden 2242
Höhere Gewalt 390
Hotelkosten 714, 1600
Hubraum 2246

Import 2248
Importeur 1002
Individualabrede 295, 300, 1126
Informationspflicht 1504
Inserat 1424
Inspektion 2252
Inspektionskosten 1764
Internet 45, 1424, 2990 ff.

313

Stichwortverzeichnis

Inzahlungnahme 218, 226, 1758, 2730, 2982
Irreführung bei Preisen 160, 174, 179
Irrtum über Mängel/Unfall 1968

Jahreswagen 2254

Katalysator 2258
Kauf auf Probe 1311
Käufermehrheit 1924, 2798
Kaufpreis 143 ff., 1354 ff.
Kaufvertrag 1 ff., 1300 ff.
Kenntnis des Mangels 2652 ff.
Kilometerstand 2262 ff.
Klimaanlage 2280
Kompressionsdruck 1950
Konkludentes Verhalten 1428, 2016
Kontokorrentvorbehalt 489 ff.
Koppelungsgeschäfte 156
Kosten der Nacherfüllung 712 f., 1580, 1596 ff., 1632 ff.
Kraftstoff 609
Kraftstoffverbrauch 623, 639, 1508, 1528, 2282
Kühlsystem 2288

Lackierung 646, 2290
Lackschichtmessung 1948
Lagerdauer *vgl. auch Standzeit* 550
Lagerfahrzeug 2292
Lagerschaden 2544
Laufleistung 1444, 2294, 2706
Leasingfahrzeuge 1952, 2776
Leasingvertrag 2882
Leistungsabfall 2544
Leistungsfreiheit 1386
Lenkung 2296
Lieferbarkeit 32
Lieferfrist 290, 306 ff., 387, 402, 1327 f
Lieferung 122, 286
Lohnkosten 712, 1596

Magerausstattung 2092, 2298
Mahnung 333
Mängelansprüche 1400 ff.
Mangelfolgeschaden 1576, 1870
Mängelhaftung *vgl. Sachmängelhaftung*
Mängelhaftungsausschluss, Verbot des 2802 ff.
Mangelkenntnis 1914, 2652 ff.
Mangelschaden 1874
Mängelverdacht 1948, 1956, 2300, 2708
Marktinformationspflicht 1504
Materialkosten 712, 1596
Mehrmarkenvertrieb 1036
Mehrwertsteuer 144, 193
Merkantiler Minderwert 1624, 2306 ff.
Messeverkauf 95
Mietwagenkosten 714, 1600, 1734, 1874
Minderung 858 ff., 1806 ff.
Mitteilung an Zulassungsstelle 1344
Modelländerung 402 ff., 567 ff.
Modelljahr 2312
Montage, unsachgemäße 652, 1532
Montageanleitung 659, 1532
Montagsauto 2314
Motor 2316 ff.
Motorstärke 2376
Motorumrüstungen 2346 ff.
Motoruntersuchung 1948

Nachbesserung 747 ff., 1572 ff., 1628
Nachbesserungsversuche 1732
Nacherfüllung 690 ff., 1550 ff.
Nachfrist 335 f., 807 ff., 1714 ff.
Nachlieferung 744 f., 1556 ff.
Navigationsanlage 1706, 2350
Neulackierung 2354
Neuteile 772, 1584, 1608, 2752
Neuwageneigenschaft *vgl. Fabrikneuheit*
Neuwagenverkaufsbedingungen 1 ff.

Stichwortverzeichnis

Notwendige Verwendungen 849, 1760 ff.
Nutzfahrzeuge, Bindungsfrist 24
Nutzlast 609
Nutzungsausfallschaden 355, 714, 1600, 1874
Nutzungsersatz 823 ff., 1782 ff., 1888
NWVB *vgl. Neuwagenverkaufsbedingungen*

Offensichtlichkeit des Mangels 2712
Öffentliche Äußerungen 614 ff., 1476, 1484 ff.
Ohne technische Mängel 2364
Oldtimer 2368
Ölverbrauch 2360, 2544, 2546
Organisationsfehler 2028
Originalteile 2372
Osteuropäische Reparatur 2374

Pauschalierter Schadensersatz 1368
Pflichtverletzung, erhebliche 783 ff., 1702 ff., 1886
Prämienrückstand 1386
Preisänderung 181 ff.
Preisangabeverordnung 176 ff.
Preisauszeichnung 176 ff.
Probefahrt 58 ff., 420 ff., 1309, 1313, 1752
Produkthaftungsgesetz 999 ff.
Prospekte 1484
PS 2376

Rabatt 168 ff., 469 ff.
Rabattgesetz 148 ff.
Rahmenschaden 2380 f.
Raucherfahrzeug 2384
Rechnung 268
Recht der zweiten Andienung 1550
Rechtsanwaltskosten 714, 1596, 1874
Rechtsmangel 680 f., 1538 ff., 2830

Reifen 629, 1946, 2386 ff., 2764
Reimport 2394
Reimporteigenschaft 1418, 2706
Reisekosten 1600
Relative Unverhältnismäßigkeit der Kosten 1640 f.
Reparaturkosten 1764
Reparatur, unsachgemäße 2398
Restlaufzeit 1786
Rostschaden 2400
Rücktrittsabwicklung 822 ff., 1754 ff.
Rücktrittsrecht
 – bei Betriebsstörungen 400
 – bei höherer Gewalt 390 ff.
 – bei Lieferungsverzug 364 ff., 1329
 – bei Preisänderung 200
 – bei Sachmängeln 777 ff., 1690 ff.
 – bei Unmöglichkeit 820, 1280
 – bei Zahlungsverzug 273
 – ohne Fristsetzung 820, 1734 ff.
Rückwirkungsvermutung 2826, 2838
Rügelast des Kaufmanns 1554, 1604

Sachmangel, Begriff 541 ff., 1403 ff.
Sachmangel, Erheblichkeit 783, 1412, 1702, 1882, 2120
Sachmängelhaftung 534, 683 ff., 1400, 1544 ff.
Sachmängelhaftungsausschlüsse 919, 2650 ff., 2802 ff.
Sachverständigenkosten 714, 1604, 1874
Schadensersatz 353 ff., 369 ff., 452, 867 ff., 1854 ff.
Schadenspauschale 453, 1368
Schadstoffarm 652, 2402
Schätzpreis 1360
Scheckheftgepflegt 2406
Scheingeschäft für Unternehmen 2866
Schikaneverbot 1412
Schriftform 109, 126, 129, 1308

315

Stichwortverzeichnis

Schuldnerverzug 449
Schweißarbeiten 2408
Selbstvornahme, eigenmächtige 683, 1554, 1615 f.
Serienmäßigkeit 2412 ff.
Servolenkung 2422
Sichtprüfung 1938 ff., 2664, 2670
Sonderausstattung 2426 f.
Sorgfaltsmaßstab 1928
Soweit bekannt 2770
Standgeldkosten 1364, 1764
Standheizung 2426
Standzeit 550 ff., 1416, 2432, 2706
Steuerpflicht 1376 ff.
Steuervergünstigung 2434
Stillschweigende Garantieübernahme 2014 ff.
Stillschweigender Haftungsausschluss 2730
Strohmannverkauf 2866
Stückkauf 677, 740, 744, 1564

Tacho 2438
Tageszulassung 2436, 2746, 2942
Tausch 226 ff., 2730
Technisch einwandfrei 2442
Teilzahlungsgeschäft 126
Tempomat 2426
Testfahrt *vgl. auch Probefahrt* 1304
Tieferlegung 2446
Tierhalterfahrzeug 2450
Tip-Top-Zustand 2448
Totalschaden 2454
Tragfähigkeit 2458
Transportkosten 712, 1588, 1596, 1604
Transportrisiko 1602
Tuning 2196, 2476
Türen 1706, 2474
TÜV-Abnahme 2460 ff.
Typbezeichnung 2478 ff.

Übereignung 1349
Überführungsfahrt 1304, 2488
Überführungskosten 146
Übergabe 286, 1333 ff.
Übergangsregelungen für Verjährung 986, 2926 ff.
Übernahme einer Garantie 1984 ff.
Überrumpelung 87
Übertragung von Rechten 129 ff.
Umgehungstatbestände zum Verbrauchsgüterkauf 2864 ff.
Ummeldepflicht 1370 ff.
Umrüstungen 2490 f.
Unerlaubte Handlung 1005 f.
Unfallfreiheit 1444 f., 2496 ff.
Unfallschäden 1624, 1972
Unfallverdacht 1948
Unkenntnis, grob fahrlässige 2660 ff.
Unmöglichkeit der Nacherfüllung 737, 1558, 1624, 1720 f.
Unterboden 2544
Unternehmer 40, 92, 99, 2786 f.
Unternehmereigenschaft, fingierte 2866
Untersuchung 1309, 2664, 2984
Untersuchungskosten 714, 1604
Untersuchungspflicht 1930 ff., 1980, 2524
Unverhältnismäßigkeit der Kosten 716 ff., 1632 ff.
Unzumutbarkeit der Nachbesserung 820, 1734
UWG-Verstöße 157 ff.

Veränderungskontrolle 1936
Veräußerungsanzeige 1376
Verbindliche Bestellung 21 ff., 1316 ff.
Verbraucher 40, 76, 97, 2784
Verbrauchsgüterkauf 919, 1302, 1430, 1436, 1974, 2716, 2782 ff., 2898, 3002
Verbundes Geschäft 83, 1800
Verdacht auf Mängel 2530

Stichwortverzeichnis

Verdienstausfall 1600
Verfügungsverbot 509 f.
Vergebliche Aufwendungen 378 ff., 920 ff., 1892 ff.
Verjährung 930 ff., 1914, 2890 ff.
– abweichende Vereinbarung 979 ff., 2898 ff.
– Anderslieferung 668
– arglistige Täuschung 943 ff., 2892
– Beginn 932, 2902 ff., 2906
– Hemmung 947 ff., 2914 ff.
– Neubeginn 963 ff., 2920
– Übergangsregelung 986, 2926 ff.
– Vereinbarungen 979 ff., 2898 ff.
Verkäufermehrheit 1922
Verkaufsgespräch 1424
Verkaufsschild 1424
Verkehrssicherheit 2532
Vermittlungsgeschäft *vgl. Agenturgeschäft*
Vermittlungsvertrag 2970 ff.
Verschlechterung der Kaufsache 1694 f.
Verschleißerscheinungen 1458, 1694, 2840 ff.
Verschleißmängel 2536 ff.
Verschleißteile 2840
Verschulden bei Vertragsschluss 2058
Verschweigen eines Mangels 1916, 2706
Versicherung 993
Versicherungspflicht 1382 ff.
Versicherungsschutz 2550
Versteigerungen 2934, 3006
Vertragskostenersatz 1774 ff.
Vertragsschluss 2 ff., 1308 ff.
Vertragsstrafen 1368, 2866
Vertrauensschaden 1894
Vertretenmüssen 880, 1902 ff.
– Beweislastumkehr 2032 ff.
Vertriebssysteme 1022 ff.

Verweigerung der Nacherfüllung 810, 1724 ff.
Verwendungsersatz 1760 ff.
Verwirkung 2774
Verzicht auf Sachmängelansprüche 2774, 2866
Verzinsung 270, 1358, 1798
Verzögerungsschaden *vgl. Verzugsschaden*
Verzug 260 ff., 333 ff., 1358
Verzugsschaden 270, 353 ff., 371, 1358, 1678, 1860, 1901
Vibrieren 642
Vollmacht 1692
Vorbenutzung 2552
Vorbesitzer 1416, 2562
– Angaben des 2770
Vorformulierte Vertragsbedingungen 2736 ff.
Vorführwagen 427, 2546, 2746
Vorsatz 880, 1908 ff.
Vorschaden 2108, 2566
Vorschadensverdacht 2568
Vorvertragliche Verhandlungen 2058

Wahlrecht 768, 1548, 1568, 1844, 2766
Wartefrist 307 ff.
Wartungskosten 1764
Weiterfresserschäden 802, 1576
Werbeanschreiben 1424
Werbung 614, 1476
– Berichtigung der 1514 ff.
– Ursächlichkeit der 1524 ff.
Werkstatt, fehlende 1626 f.
Werkstattgepflegt 2570
Werkstattgeprüft 2572
Werkstattwissen 2026
Werkunternehmerpfandrecht 486
Wertausgleich 1608
Wertersatz 1610, 1694
Wertverbesserung 1612

317

Stichwortverzeichnis

Wertverlust 373, 1874
Wettbewerbswidrigkeit 148 ff.
Widerrufsrecht 40 ff., 46, 76, 101, 1394 ff., 3002
„Wie besichtigt" 2732
Wildschaden 2496
Windanfälligkeit 2574
Wissensvertreter 2026

Zahlungspflicht 214 ff., 1356 ff.
Zahlungsverzug 260, 1358
Zahnriemen 2544, 2576 f.
ZDK Musterbedingungen 1, 1324, 1327
Zentralverriegelung 2582
Zinsen *vgl. Verzinsung*
Zitronenauto 2314
Zubehör 1337, 2584

Zugabeverordnung 148, 154 ff.
Zugang 110 ff.
Zugesicherte Eigenschaften 1984, 2000
Zulademöglichkeit 2586
Zulässiges Gesamtgewicht 2586
Zulassungsfähigkeit 2588
Zulassungskosten 1764, 1884
Zurechnung von Handlungen Dritter 2022 ff.
Zurückbehaltungsrecht 283
Zusatzgarantie 1884
Zusicherungshaftung 2000
Zustandsberichte 2812, 2858
Zustandsbeschreibungen 1436
Zustandsnoten 2592
Zweithandfahrzeug 2594
Zylinderkopf 2596